# 胡風主編期刊彙輯

第一冊

北京魯迅博物館 編

國家圖書館出版社

**圖書在版編目(CIP)數據**

胡風主編期刊彙輯/北京魯迅博物館編. —北京:國家圖書館出版社, 2010.5

ISBN 978-7-5013-3832-0

Ⅰ.①胡… Ⅱ.①魯… Ⅲ.①期刊—彙編—中國—現代 Ⅳ.①Z62

中國版本圖書館 CIP 數據核字(2010)第 054924 號

ISBN 978-7-5013-3832-0

**書名** 胡風主編期刊彙輯(全五冊)

**著者** 北京魯迅博物館 編

**出版** 國家圖書館出版社(原北京圖書館出版社)

(100034 北京市西城區文津街 7 號)

**發行** 010-66139745 66175620 66126153

66174391(傳真) 66126156(門市部)

**E-mail** btsfxb@nlc.gov.cn(郵購)

**Website** www.nlcpress.com→投稿中心

**經銷** 新華書店

**印刷** 河北三河弘翰印務有限公司

**開本** 787×1092 毫米 1/16

**印張** 216

**版次** 2010 年 5 月第 1 版 2010 年 5 月第 1 次印刷

**書號** ISBN 978-7-5013-3832-0

**定價** 2980.00 圓

# 前言

作爲文學評論家、活動家的胡風，編輯文學刊物是他最主要的文學活動之一。他先後主編編輯過《木屑文叢》、《海燕》、《工作與學習叢刊》、《七月》、《文學報》、《希望》等六種共五十一期文學期刊。通過這些刊物，團結、影響、培養了一大批青年作家，形成了中國現代文學史上著名的文學流派『七月派』，同時也形成具有鮮明個性、極富創造力的胡風文藝理論。

這些期刊無疑是研究胡風、胡風文藝理論及『七月派』的基本材料，但研究者搜尋這些材料并不容易，搜集齊全就更是難乎其難了。原刊固然難見，即使曾經影印出版的《工作與學習叢刊》亦不易得。二〇〇七年我館以胡風家屬所捐胡風梅志遺書爲基礎建立了『胡風文庫』，六種期刊湊齊五種，僅缺《文學報》一種一期。

二〇〇九年底，我館與國家圖書館出版社就《胡風主編期刊彙輯》項目達成出版協議。由于我們準備有素，再加出版社相關人士高效的工作，這皇皇五巨册《胡風主編期刊彙輯》，纔能在不到半年的時間裏得以出版。在此，我們還要特别感謝中國人民大學圖書館，惠允翻拍《文學報》，使此書得成全璧。

《胡風主編期刊彙輯》項目由我館黄喬生副館長主持策劃，文物資料部（信息中心）劉思源、劉寧、馬俊亭、李科、劉然、韓喆負責搜集資料、編輯、掃描、拍照及編製篇名、人名索引等工作。

北京魯迅博物館

二〇一〇年三月

# 總目錄

## 第一冊



## 第二冊



## 第三冊

# 木屑文藝

（評論與作品的不定期刊）

第一輯

一、有熱心的朋友搜集了一些在公開刊物上通不過的或元來就不預備在公開刊物上發表的文章，又有熱心的朋友從生活費里面節省出了印刷費，這就是本刊底由來。

二、所以本刊底編輯並不是先有很好的計劃，收在這里的文章也沒有一個整然的系統。但共同的特色却是有的，否則這些文章就不會負上了只能在這里刊載的命運。

三、這里面沒有佳作巨製，也許不過只是一些竹頭木屑，但偉大的匠手在柱石棟樑之外，對於一釘一楔也是不肯抹殺它們底功用的。自命為「木屑」並不完全是由於自謙，在時代底泥濘的道上如果能夠盡點木屑的任務，在力微的我們也是一種安慰。

四、對於極端壓迫進步文化活動的現狀，我們很想把本刊當作一個事實上的抗議繼續下去，但假使集不攏稿子或籌不起錢，當然只好停止。會不會「第二輯」「第三輯」地出下去，就要看諸位同情者諸位讀者肯不肯給我們以稿件上的和經濟上的助力。

一九三五、四、十日。

# 木屑文叢

(1)

1935

普羅列塔里亞文化並不是從什麼地方跳出來的東西，也不是在自命爲普羅列塔里亞文化底專門家的人們腦子里造出來的東西。這些都是胡說八道。普羅列塔里亞文化應該是人類在資本主義社會，地主社會，官僚社會底壓迫下面所造成的知識底積畜之合法則的發展。

——烏梁諾夫

# 木屑文叢　第一輯

目錄

汽笛响了　　雾城

游擊隊　　霧城

# 蘇聯作家大會的兩個決議

## 1 蘇維埃作家第一次大會關於高爾基的報告和附加報告的決議

蘇維埃作家第一次全體大會，聽取並研究了高爾基底關於蘇維埃文學的報告，白露西亞社會主義共和國，哥魯金社會主義共和國，阿爾緬社會主義共和國，阿支爾白德山社會主義共和國，塔德支克社會主義共和國，土爾克明社會主義共和國，烏支別克社會主義共和國，和韃靼自治社會主義共和國，關於諸民族共和國的文學附加報告和兒童文學的附加報告以後，作了如下的決定：由於蘇維埃聯邦的無產階級和勞動者所執行的社會主義建設的勝利和敵階級的消滅的結果，蘇聯諸民族底藝術的文學，成功了社會主義的文化和社會主義精神上的勞動大衆教育底宏偉力量。在以史達林為領袖的英勇的共產黨的指導之下，並且由於黨底不斷的扶助，全蘇維埃社會主義共和國人民的作家，在黨和蘇維埃政權底周圍組成了在理想上，在組織上具創造性的結合的蘇維埃作家的單一同盟，在這裏舉行了第一次大會。

大會承認蘇維埃作家組織委員會底努力，它完成了統一蘇維埃作家在蘇維埃作家同盟裏面的課題，執行了第一次大會的任務。

大會特別提出準備偉大的無產階級作家瑪克辛・高爾基在這件事業上的光輝的策助。

大會委託蘇維埃作家同盟的指導機關，以如下的任務：即，根據各種報告和大會上所交換的意見：(一)迅速以實際的方法促進蘇維埃作家向着他們的創作活動，(二)援助青年的新進的蘇維埃作家，(三)作成使作家與勞働大衆的連結堅固起來的實踐方策，使蘇維埃作家同盟的一切努力在所有蘇維埃文學領域內促進創作活動向上，達到透徹使了社　主義精神上面度的深刻的藝術創造工作之昂奮。

（環譯）

## 2 蘇維埃作家第一次全體大會關於拉狄克的報告的決議

蘇維埃作家第一次全體大會，聽取了拉狄克同志關於國際藝術文學的報告，和對這報告所交換的意見，作了如下的決定：雖然各國的統治的資產階級對工人階級和勞働知識階級加以殘酷的壓迫，雖然有法西斯主義的淫行和流血的反動，雖然革命文學的優秀代表的隊員困在法西斯的牢獄裏，嚐受直接的肉體的滅亡，——但革命文學的力量，正如工人階級的力量一樣，依舊在向上發長，它的戰鬥之聲的傳播且益加廣大，引導被壓迫的大衆到那反對做資產階級的奴隸的鬥爭。

蘇維埃作家大會號召自己的兄弟們，全世界的革命作家，用藝術的言語之一切力量去反對資產階級的重壓，法西斯的暴虐，殖民地的奴隸統治，反對新的帝國主義戰爭的準備，來護衛蘇維埃社會主義聯邦——勞動人類的祖國。

以我們的作家爲模範——從以高爾基爲首的一小部份作家依從列甯的黨而走上光榮之路的時候起，直到目前的階段，作社會主義在蘇維埃社會主義聯邦共和國里得到勝利的結果，蘇維埃文學變成了偉大的文化力量，成了在它的創作力中把蘇維埃聯邦勞動大衆在新社會主義建設中的偉大活動表現出來的各民族文學，以便過了這樣光輝的道路的我們作家爲模範，優秀的國外文學的代表漸漸確認了文學與藝術的眞實的開花只有在社會主義勝利的條件下才有可能。

在蘇維埃社會主義聯邦共和國，正進行着人民大衆底創造的文化之偉大的成長。而在資本主義的國度——正進行着經濟的混亂，文化的崩潰，科學的衰退，統治階級的文學的腐敗 眞實的藝術作品，只是那些對於資本主義病患資產階級社會悲慘的矛盾張起了反抗聲音文字藝術家才能夠創造。

法蘭西、英吉利、北美合衆國、中國、德意志、土耳其、捷克斯拉夫、西班牙、腦威、丹麥、希臘、荷蘭底諸位作家慨然接受邀請，不辭跋涉地來到蘇維埃社會主義聯邦共和國，活潑地參加大會的工作，蘇維埃作家大會對他們熱烈地表示感謝。

出席大會的外國作家瑪爾丁・安迪生・涅克斯、瑪爾洛、山里沙而・波洛克、牙枯・卡德里、戒列戒留、卜里禾、胡蘭哇、阿拉龔、別海隆、安那別・爾・愛立斯、對於蘇維埃社會主義聯邦共和國和社會主義建設，蘇維埃社會主義聯邦共和國人民創造的新文化所表明的同情，大會給以深的評價。

大會向英勇地執行了自己的正確的義務的勞動人類的最好朋友羅曼羅蘭、安德・列紀德、安里・巴比塞、伯納・蕭、秋德爾・德萊塞、艾卜頓・辛克萊、諾里希・曼和魯迅致送兄弟的祝問。

對於國際革命作家——爲了保衛勞動大衆底事業和人類進步底事業而成了國際反動底囚虜的作家，大會表示和他們之間的深的連帶性，願用全力爲他們底解放而奮鬥。

大會堅信，未來是屬於國際的革命文學的，因爲它是和爲全人類解放的無產階級底鬥爭結合着的。

（環譯）

# 關於青年作家底創作成果和傾向

谷非

## 一

革命的左翼文學運動作，爲勞苦大衆爭求解放的生活慾求和對於世界的能動的認識在文學上的反映，作爲勞苦大衆在意識形態上的鬥爭底一翼而被發動了以來，還不過六七年的歷史。在這六七年中間，雖然嘗過了許多的艱楚，忍受了極大的迫害，但隨着勞苦大衆底鬥爭力量之發展和鬥爭形勢之深化，漸漸擴大了影響，經驗着向上的成長。從理論鬥爭底發展看來，經過了「目的意識論」「新寫實主義」「唯物辯証法的創作方法」以至現在的「社會主義的現實主義」幾個階段，對於馬克斯主義藝術理論的認識這樣一步一步地加深，是國際普羅文學運動發展過程上的經驗在中國左翼文學運動上的反映，刺激了領導了勞苦大衆在文學上的要求和活動，同時也是對應着各個階段上勞苦大衆底實踐要求和對於客觀現實的認識而產生了的創作成果在理論上的反映或綜合。從初期的標語口號作品（「革命底喇叭」）到近兩三年來革命的現實主義的文學之廣大的發展，那意義只有從這個觀點才能夠被正確地理解罷。

所以，現在我們特別地檢討近兩年來青年作家們底創作成果，並不是把教育了他們的文學運動底傳統忽視了，而是想說明，因了九一八和上海戰爭後民族危機和革命危機底深入。工農底前衛隊伍所領導的鬥爭方向普遍地成了勞苦大衆日常生活底憧憬，因了對於半殖民地中國的榨取更加強了的經濟恐慌，農村破產，和以爭取解放的勞苦大衆爲對手的殘酷的內戰在各個生活領域面上所掀起了的變動所強化了的矛盾。因了勞苦大衆對於文學的需要底加高和創造性底高揚，因了這些客觀條件的基礎，從工農勞苦大衆底生活學得了新的感覺新的看法新的表現而積極地光大了革命文學底傳統的青年作家們，呈現了怎樣的成長姿態，從他們底作品裏面我們能夠發見出一些什麼進步的要素，爲了他們底更茁實的成長。我們應該指出一些什麼非注意不可的傾向。

然而，這裏也並不能個別地分析每一個作家底成長過程和特徵，只是綜合地把論點放在他們底創作成果所包含的新的社會的主題(Theme)上面。「文學裏面的最困難而且是最成果的新機軸是內容的新機軸」(V. Kirpotin)。所以，由於這個綜合的說明。讀者們大概多少可以自動地理解到近年來勞苦大衆底鬥爭過程和革命普羅文學底成長過程的血緣的關係，可以理解到在技術的運用上在形式的完成上都經驗了許多失敗的青年作家們何以形成了文壇上的中堅力量。對於勞苦大衆（目前主要地）還是通過知識份子給與了廣大的教育的影響，對於進步的既成作家們發生了補血注射的作用罷。

## 二

那麽，靑年作家們在創作成果上所表現出來的特徵是什麽呢？

首先，我們應該從原則上指明的，是他們底創作內容對於發展着的複雜的現實社會生活的依存關係。蠢動在急迫的民族危機和革命危機下面的現實社會生活，它的肯定的或否定的要素，被統一在發展底勝利的方向之下，在靑年革命作家們底創作裏面比較廣泛地得到了藝術的反映，使左翼文學在主題上展開了從來所沒有的廣大的視野。由於創作活動上這種現實主義的發展。我們將要在下面指出的新的社會的主題就不是單純的主觀上興奮底表現，不是對於政治任務的機械的適應，例如「目的意識性」理論所說明的，而是以現實社會生活爲母胎統一在勞苦大衆爭求解放爭求生存的鬥爭之下的革命普羅文學本身底新的勝利。

那麽，作爲主要的特徵，我們能夠在靑年作家們底創作裏面發現出什麽新的主題呢？

第一是反戰文學底成長　對於中國勞苦大衆，「戰爭」現在主要地有三方面的含義：帝國主義侵略中國的戰爭（已有的或正在身受的痛苦經驗和壓在頭上的威脅）。軍閥底混戰和進攻工農政權的反動戰爭，工農勞苦大衆所發動的革命的民族戰爭。戰爭已經影響到了大衆生活的每一個角落，戰爭在大衆生活裏面燒下了斑斑的烙印，勞苦大衆漸漸地感到了只有革命的民族戰爭才能夠擊碎帝國主義和地主資產階級底「神聖的戰線」。反映在青年作家們底作品裏面的，是戰爭所加到勞苦大衆日常生活上面的悲劇的眞實，是各種方式的革命的民族戰爭（東北游擊戰爭，上海抗日戰爭各地反地主政權的遊擊戰爭。防衛或擴大×區的戰爭）發展過程上的英雄的足蹟。反戰文學底這種史詩的展開，掃除了民族主義法西斯蒂「文學家」們鼓吹反動戰爭的武斷宣傳，向一般大衆傳達了革命的民族戰爭底興奮。

第二是農民文學底廣大的發展　農村底破產，和衝破了堤防的洪水似地，已經成了漫天的「草木俱下」的形勢。一天天加緊的各樣封建剝削，宗教和原始的迷信，天災，饑餓，死亡，騷亂，鬥爭，……這樣浩漫的歷史底動態，成了本來大多數是農村出身的青年作家們創作活動底豐富的源泉。在他們底作品裏面的已經不僅是殭化了的農村和命定了的人物，更無論牧歌的空氣或帶有原始性質的兩性生活，而陸續地出現了新的農民典型和撫育他們的新的農村性格，最近，農民通訊員也表現了優秀的寫作能力，豫約了農民作家的出現。

**第三是工人生活和鬥爭底反映**　工人階級在勞苦大衆爭求解放的鬥爭裏面是領導的力量，這是週知的，二·七以後，工人階級底英勇的戰鬥是大衆生活裏面的主流，也是週知的。然而，因了文學運動裏面的工人幹部養成底艱難，因了作家們一向和工人生活的隔離，不能夠在日常生活裏面去體認工人底社會去獲得工人階級底觀點，所以工人生活在創作裏面向來沒有廣泛地得到強的反映。但近兩年來，由於工人大衆對於文學的需要和創造性底高揚。由於文學運動動員了青年作家們去接觸了工人生活，工人底英勇鬥爭和新的工人性格開始在創作裏面比較廣泛地得到了初步的反映。在他們底作品裏面的工人，已經不是抽象的「革命意識」底傳播者，而是能哭能笑的被壓在現社會下面和圍繞在鬥爭大潮底週圍的眞實的人物，和工人作家空前地出現了這件事相聯系，在革命普羅文學運動史上，那意義是應當得到高的評價的。

**第四是×××運動的反映**　和帝國主義地主資產階級政權對立的工農政權，是一切進步勢力所趨赴的中心，它底光輝的然而是艱辛的戰史，它在勝利底途上所忍受的犧牲，它所創造的新的生活樣式，它給與勞苦大衆底世界觀和性格上的改變，勞苦大衆對於它的熱望和爲了爭取最後勝利而執行的各種鬥爭……——在一部份青年作家們底創作裏面或強或弱地反映了這些活的形象，這個新的主題底展開，明確地反映了兩個政權對立的情勢，說明了**左翼文學戰線底一切鬥爭**有了統一的發展。

這裏所舉出的不過是他們所獲得的新的主題底幾個主要方面，但由這就可以明白青年作家們底成長和急激發展着的現實社會生活的血緣關係。當然，在題材底處理上在形式底完成上。有不少値得研究的成果罷，但那些是不能不以上述的新的內容新的主題底獲得做中心來說明的。



## 三

然而，我們也並不是以爲革命普羅文學已經到了一個萬花爭放的黃金時代，不過是想從青年作家們底創作成果上指明，它已經展開了一望青葱的遠景，向我們證明了只有從勞苦大衆裏面產生的和勞苦大衆底鬥爭方向相一致相呼應的文學才有偉大的發展的前途而已。實際上，一般地說來對照着工農勞苦大衆的創造性和認識力的高揚，文學上的成績就現得貧弱單薄，並沒有充分地適應了客觀的需要。所以，吸取國際革命文學底經驗，對於現實生活底新的本質的內容之追求，在現實生活裏面鍛鍊或堅定自己的觀點……——在爲了成長而掙扎着的這個艱難的進程上，青年作家們也在經驗着大的迷惑或苦悶，這迷惑或苦悶底痕跡一樣地反映在他們底作品上面。一般所說的青年作家們底「傾向」(實際上是應該作爲「偏向」的，和所謂「傾向文學」的傾向不同)，不外是由這種成長的進程上的迷惑苦悶所生的難避的現象。對於這些傾向的指出和說明，也許可以作爲作家們戰勝他們底迷惑或苦悶的功力能。

第一、一部份青年作家底認識還是把藝術底創造過程看作事實底紀錄或故事底編排，因而在他們底作品裏面很少有創造「綜合的典型」的努力，然而，他們底用一個見到的或聽到的人物作「模特兒」而加上了一些「創造的」成份的人物。「雖然能夠做成多少是成功的一個人底照片，但那不過是喪失了社會的教育的意義的照片而已」（高爾基）。我們讀了這樣的作品，雖然知道那裏所表現的並不是架空的人物，但總感受不到逼人的魄力。所以，高爾基所說的應該從二十個五十個一百個小店主，官吏，工人裏取出性格上的特徵、習慣、趣味、慾求、信仰、語法等等來，把這些結合在一個小店主，官吏，工人裏面的話，青年作家們是應該記起的。魯迅所說的不專用一個人做模特兒的話，也是應該記起的。因爲，只有通過這種藝術的概括過程。才能夠捉住階級的＝本質的特徵，才能夠創造出綜合的典型，使我們底認識「擴大」「深化」。

第二、一部份青年作家停滯在濃厚的客觀主義的觀點上面，甚至於原來是階級的觀點很明確的作家，有的也漸漸現出了客觀主義的傾向。在他們的作品裏面，展開了廣大的視野，彩色濃郁地畫出了許多到現在爲止還沒有在作家筆下出現過的社會生活底姿態。這些雖都是可寶貴的，但却缺少了明確的階級的觀點或勞苦大衆變革現實社會的强烈的意志和實踐鬥爭所掀起的波紋。作者熱心地在追求生活底豐富，但却過於天眞好玩了，弄得眼花撩亂，忘記了路，忘記了自己。「主題積極性」問題，雖然現在一方面受到了消極的毋視，一方面遇到了機械的理解，但如果是以革命普羅作家在創作活動上能動地解釋社會或追求客觀現實裏面的典型的東西來說明，那應該是一個在革命普羅文學運動上屹立的原則罷。「客觀主義者當證明所與的一聯事實底必然性的時候，常常陷入站到這些事實底辯護者底見地上的危險，……而他（唯物論者），不僅指示出過程底必然性，尤其要說明給這個過程以內容的是什麼社會——經濟組織，尤其要說明决定這個必然性的是什麼階級」（伊里支）。雖然在這樣戰雲迷漫的大多數民衆在死綫上掙扎的民族危機下面，然而連自己所要描寫的事實底必然性都覺得朦朧的我們底作家。是應該警惕的罷。

第三、因爲對於生活內容的體識不能和創作底企圖相副，在一部份作家底作品裏面强烈地現出了，理智分析的影子，一付峻峥的瘦骨，而不能使人感受到血液底溫暖和肌肉底豐腴。「工人階級的事業是應該成爲作家底個人的事業的。和工人階級一同喜，惱，愛，惡——這而且只有這才能給與社會主義的藝術創作以深的眞實性和情緒的飽滿，提高它對於讀者的藝術的反應底力量罷」（法捷耶夫、幼錦）。當然，我們尊敬作者們底明確的階級的觀點，那一根粗勒的紅線。但我們所希望於他們的是用那在氣息如焚的現實社會裏面穿起圓潤的生活的珍珠。缺乏了感情的東西就不能達到完全認識的境界，只有和現實生活得到更深的融合。作家才能從作品裏面給我們以深的眞實性和情緒的飽滿罷。

第四、還有一種傾向，雖然也是因爲對於生活內容的體識不能和創作底企圖相副，但在這裏並不是缺乏情緒，而是情緒不能夠寄付在具體的生活形象上面。或者被迫於突起的情熱，或者被急變的社會事象所鼓動，作家熱烈地想抓住階級的課題，但有時却忘記了他底創作對象而性急地喊出了口號，好像光靠積極的企圖就能夠補償他底作品底藝術力的微弱一樣，在這樣的作品裏面，有的是對於客觀環境的「敍述」，有的是作品裏面的人物底主觀意志底「表白」，但在那裏出現的並沒有眞實的人物，而是趕造的紙人紙馬，這是由於標語口號作品底創作方法所殘留的影響，我們雖然承認它是新的現實之藝術的表現底萌芽，但也不過是萌芽而已，它本身並不能取得藝術的價値。在這裏，恩格斯所說的「我以爲所謂傾向性(即貫穿在作品裏面的思想——引用者)是應該對那並不特別地指示出來，而自然地從境遇和行動流出的」的話，是値得青年作家們記起的罷。因爲，藝術作品要能夠有說伏的力量或奪人的完全價値，只是當思想已經不是「思想」，而是活生生的感性的體具形象的的時候因爲「有同樣思想的內容的兩篇藝術作品之教育的效果，那藝術的形式更完全的一篇就更大」（基爾波丁）。

第五、對於他所要創造的人物底心理或性格的固執的追求，當然是可寶貴的努力，但有的作家有時候却輕視了或者忘記了他（他所要創造的人物）底環境，露出了抽象的心理主義的傾向底萌芽，活生生的行動的形象只有由活人底心理來表現，但革命普羅文學裏面的心理描寫，是要包含在主題和方法的問題裏面的。因爲，在現實裏面，只有特定時代的階級的人；在他和他底環境的複雜有機的關係裏面才能把握到他底心理的眞實。離開了這種有機的關係，對於心理底一狀態的變態的追求，是會看不到人底意識，觀念，表象之社會的基礎而陷進觀念論的誇大裏面去的。伊里支寫給高爾基的話，「如果不理解事態，對於人也僅僅只能夠得到外面的理解，……」也只青年作家們所應該記起的教訓罷。

## 四

在上面，簡單地提出了我們以爲在青年作家底創作成果裏面所表現出來的應該被注意的傾向，然而，對於這些迷惑或苦悶底痕跡，我們應該怎樣解釋呢？換句話說，這迷惑或苦悶是從什麼地方來的呢？

對於這個問題的回答，我以爲主要地是由於作家底主觀生活和現實生活的參差，作家不能和現實底眞完全融合，對於作爲材料的現實生活，不能有深的貫澈和滲透，作家（當然不是指全體作家或一個作家底整個經歷）先就不熟識現實生活裏面的勞苦大衆的姿態，感受不到伏在他們底生活裏面的底流，又怎樣能夠廣泛地攝取他們底特徵來創造典型的人物呢？這，從差不多每一個青年作家在創作上都經驗着坷坎的歷這件事也可以說明的，因爲他們沒有可以把他們一直向發展的路上推去的實踐生活。所以，雖然他們原則上是望着了正確的方向，但因爲生活內容的貧乏和不能充分地感染勞苦大衆底鬥爭意志，在創作活動上有時候把捉不住重心或塗畫不出濃厚的色澤。或者寫些表面的紀事，或者和啦啦隊員一樣地空叫，或者游山玩水，或者閉門臨帖。……這些多少是因爲和勞苦大衆底現實生活需要相游離而生的創作態度，也反映在他們對於表現的方法的探求上面。

第一是一部份而且是有能的作家對於技巧的過重。我們要探求能夠表達「新的內容」的「新的技巧」，是當然的，但這種新的技巧必得是從新的內容流出的，必得是因爲只有這種新的技巧才能夠使那內容更正確地更有效地更容易地傳達給讀者大衆。然而，這裏所提到的一部份作家却不一定是這樣的在他們的掉鎗花的技巧下面並不一定找得出內容上的必要，他們却技巧底把他們所要傳達的內容和甚至是有教養的讀者隔開了，好像他們底技巧是用來遮飾內容的貧弱，根本就忘記了大衆讀者一樣。借用法捷耶夫和幼錦的尖刻的然而是天才的說法，這是「技巧的焦燥」，但「技巧的焦燥是什麼用處也沒有的」。

第二是差不多全部的作家都放棄了創造勞苦大衆比較能夠接受的大衆文藝形式的努力，文藝大衆化問題幾次被嚴重地提起過，在理論上建立了一些原則，提示了具體的工作。除了很少的例外，這些差不多從來沒有被移到作家底創作實踐裏面。不錯，我們底作家在形式上有了不少的新的成績，是值得讚美的，但就是從多樣的發展這個原則來看罷，他們却單單忘記了一件，單單忘記了也應該認真地創造一份勞苦大衆比較能夠接受的大衆文藝！連環圖畫故事，報告文學，新的章回小說。改編的演義，小歌劇，街頭劇本，故事唱本……等，我們底作家已經有了什麼成績呢？好像他們只肯爲了幾千至多不過一兩萬的知識份子讀者而創作，無數萬的勞苦大衆沒有資格向他們分淸精神的糧食似的。

第三是大多數的作家對於文學上的用語向來沒有付過大的注意。然而，言語是文學底基本的要具，在筆頭語與勞苦大衆無緣而大衆的口頭語既沒有在文學上獲得市民權而又各地分歧的中國，這個問題的性質是更加嚴重的。最近爆發的建設大衆語文學運動，鮮明地反映了客觀的需要。到現在爲止，除開很少的例外，一部份的作家只是徘徊在語彙語法都很貧弱的白話裏面，不能夠豐富地正確地表達大衆底生活和需要，一部份作家却把文言和歐化的語彙語法採用到了完全不顧大衆讀者底消化力的程度。我們應該積極地推動這個大衆語文學底建設運動，在文學用語上發動實踐的努力，一方面爲大衆底口頭語（方言土語）爭取在文學用語上的市民權，一方面接受高爾基底指示，從一切過着苦難生活的勞苦大衆底活生生的口語底自然力的奔流裏選擇最正確的最妥當的最有意義的言語。

## 五

然而，作家底主觀生活和現實社會生活的參差，幾乎是一切偉大的藝術家都苦惱了過來的問題。由這所生的一切迷惑或苦悶，不像近視眼者流所想像的那麼輕鬆，要經過多難的精誠的努力才能夠戰勝的罷，在這里，祇看到現實生活底冷酷而感受不到溫暖的一面的敗戰心情，政治任務的機械的說敎，對於作家底艱難細緻的生活內容之衙門式的解釋，都是有害的東西。藝術的創造是複雜的多面的；各種各樣的作家能夠由各種不同的道路來達到社會主義的現實主義；對於那接近的程度，各種各樣的作家是各個不同的；反對的傾向之克服底程度，各種各樣的作家能夠在相種不同的狀況之下執行——基爾波丁底這樣意思的提示，在作爲努力接近現實生活和提高自己底階級觀點的道路這個前提條件之下，對於我們也是含有教訓的意義的。

原來是在主題上追求歷史的新的眞實的青年作家們，雖然現在不少是在迷惑着苦悶着，但他們並沒有把他們底創作實踐離開了發展着的現實社會生活和勞苦大衆底鬥爭方向。那迷惑或苦悶。大多數却正是由於他們一方面和主觀生活底限制鬥爭，一方面努力於現實生活底眞實之固執的追求而來的。所以，對於現實生活底激動的脈搏，對於現實生活底時時在發展在成長的新的姿態，作家們會在多樣的方式之下突破限制他們的主觀條件而感到更强的吸力更向那走近，深入，漸漸地消滅他們底主觀生活和現實社會生活的參差，更深地更明確地體識到現實底眞實罷。爲突破民族危機而鬥爭的勞苦大衆底影響到了各個生活領域的火一樣的意志，也會把作家們底「心靈」動員到壯烈的革命的民族戰線上面，使他們得到更鋼强的成長，生活內容底充實將糾正他們觀點上的虛弱，將補救他們形式探求上的失敗，使他們底作品取得更高的藝術的完成而發生更深的思想的或教育的影響罷。

作者附記——這篇文章是去年九月間在友人們底催促之下寫成了的。寫成了以後就交了出去，但因爲事實上的困難：直到現在還沒有發表的機會。現在略加修改，又投給了本刊的編者。

要寫這樣的題目，本來是應該把近兩三年來的青年作家們底作品舉出來作例證的，或者說，應該從他們底作品之具體的叙述展開論旨的。然而，因爲一來作者自己沒有充分地做這個基礎工作，二來也怕對於要論及的作家們有所不便，終於寫成了這個樣子。如果在別的地方有分別地接近這些優秀的青年作家們的機會，在這里所大胆提出的結論，也許能夠得到說明甚至訂正罷。

幾個月來，論壇有了新的氣象。像在本文裏所提到的創造「典型」的問題，在報紙上已有人另零碎提到了。但這個問題也不是可以離開現實的情狀，單獨地抽出來作架空的發揮的。所以，這篇過時的文章也許對於讀者還有一點參考之用罷。

一月五日一九三五。

# 『子夜』與革命的現實主義的文學

何丹仁

1．關於子夜的意義
2．茅盾的題材與『子夜』的內容
3．在現實的幾個主要的關係的把握上的茅盾的力弱
4．一個藝術表現上的問題
5．結論

## 關於『子夜』的意義

我曾在幾種重要的雜誌上留意過關於『子夜』的批評，可是非常可注意的或者正確的批評却差不多還沒有；最近，韓侍桁先生在『現代』雜誌上發表了一篇『子夜的藝術思想及人物』，自然其中可以使我們首肯的地方是完全沒有的，但有一節話我却不能不提及。因爲那些話我以爲恰正反映了目下我們仍不得不去注意，分析，了解以及與之戰鬪的一些人們的意識，同時又恰正和

『子夜』的眞的價値與意義的問題直接相關聯的，現在，我就從韓侍桁先生的話說起罷。——

韓侍桁先生，大家知道，是和其他與他差不多的先生們（在最近的以前曾盛行以「第三種人」自稱或被稱的）一樣爲了顯示他的『公正』起見，說話的曲折是他的文章的特色。例如他開口就允許『子夜』是一部『偉大的作品』，甚至『在五四後的全部的新文藝界中，也是有着最重要的地位』的；但接着却是『牠的偉大祇在企圖上，而並沒有全部實現在書裏。』——這在我們是不懂的，爲什麼僅僅『企圖的偉大』，就能取得『偉大的作品』的榮譽？但是這且不說，最能表示他的本意的是在他說：

『最後，我必須聲明，我不是從無產階級文學的立場來觀察這書以及這作者，如果那樣的話，這書將更無價值，而這作者將要受更多的非難，但我相信，在目前的中國的文藝界裏，對於我們的作家。那樣來考察的話，是最愚蠢，最無味的事。』

這是什麼意思呢？這是說，爲了愛護『我們的作家』起見，並且爲了聊以滿足我們中國現在的文藝起見韓先生不從高的標準——即在現在是『最愚蠢』，『最無味』的無產階級文學的立場來考察，而取了有利於『子夜』與作者的另一種的他的『公正』的立場。這是，說『子夜』如果從無產階級文學的立場來考察，則牠『將更無價值』了。直接了當的說，『子夜』是與無產階級文學無關的，牠夠不上算是一部革命文學作品，……可是，這是眞的麼？『子夜』果眞算不上一部革命文學的麼？『子夜』與茅盾眞的能夠從革命的，無產階級的文學裏面拉開去的麼？

自然，這是無論如何都不可能的。首先，我就不得不要『最無味』地指出來；韓先生對作者的好意與『公正』就是十分可疑的，因爲如果看見過韓先生那些要證明中國普洛革命文學不能成立的文章。如果看見過韓先生應影着楊邨人先生而樹起的那小資產階級文學之旗，那就掩瞞不了這個『公正』的眞意——拆穿的說，無非想證明公認的革命作家的茅盾並非革命作家，於是茅盾就一定降低了作家的地位，這樣也就證明了普洛革命文學不能成立，如此而已。至於文藝評價可以隨意有高的和低的標準，而對於一部自己認爲有價值的作品，却又相信如果從無產階級文學的立場來看就會無價值起來，也就足見這位批評家的批評的靠不住，他對自己的評價的無堅信了。

在這里，就正有談到『子夜』本身的革命價值之前，先說一說牠在我們文學上的意義的必要了。並且這在我，不但是爲了要對韓侍桁先生證明一件事，而且要對許多人證明一件事的。什麼一件事呢？也還是先引用韓侍桁先生的話罷，他說過，『「子夜」在五四後的全部的新文藝界中，牠也是有着最重要的地位』，這是要承認他說得對的。但所謂『五四後的新文藝』是怎樣的東西呢？韓侍桁先生却不能正確地理解了。

所謂『五四後的新文藝』，許多人，像韓先生這類人，最願意時常說起的，不會是一個混統的『黃金時代』，『或一匹無疵的錦繡；但那主要的勢力，牠的一貫的主潮，却自始就是革命的，戰鬪的現實主義的，一貫地或遠或近地跟着社會的前進的戰鬪勢力而發展的。換之言，中國十幾年來的新文學雖仍是很薄弱，但牠已有一個一貫的主潮，在『聊勝於無』地反映着十幾年來中國無產階級所領頭的那一貫的戰鬪的情勢。只有這個，才是『五四』戰鬪精神的一個小小的文學的傳統。四五年來的普洛革命文學運動，是一個嶄新的運動，因為牠第一次意識的接受了無產階級的革命政治勢力的領導，更意識的而向着現實而立着鮮明的新的文學口號，並且從新參加進非智識階級的份子來。但牠也不是一個新的運動，因為牠秉承着十幾年來中國戰鬪文學的傳統，牠先有這個歷史的基礎，牠是從『新青年』與魯迅一直到後來的一切社會的，現實的，前進的文學勢力之更有自覺的發展。總之，中國『五四後』的十幾年來的新文學，那主潮是社會的，革命的，現實主義的，前進的文學，而不是『現代評論派』，『新月派』，『××××派』，……或者現在的乏力的『第三種文學』等等所代表的那些僵屍與鬼影。在現在，普洛革命文學早已是中國新的文學的主潮，早已取得新的文學的領導者勢力，也是當然的，——可惜的是，直到現在，所有

『第三種人』以至一切文學上反動的人們，竟還不能明白這一個分明的事實。對於目前的我們的文學運動，他們彷彿總願意相信這是暫時的病態的現象，於是就想要樹起各種各樣的文學的旗幟，並且也就時常要好像很可懷念似地提起『五四』，彷彿要挽回另一個的『五四』後的文學的『正統』。

說到『子夜』，因此，牠一方面是普洛革命文學裏面的一部重要著作，另一方面就是『五四後的前進的，社會的，現實主義的文學傳統之產物與發展。中國普洛革命文學如果不能承繼『五四後』的前進的現實的文學的這個傳統，如果沒有這個基礎，那麼牠在現在恐怕還沒有力量產生出像『子夜』這樣的作品：但最重要的是在如果『五四後』的文學傳統不向普洛革命文學的方向發展，如果牠不與革命的實現更接近或者竟與之背離，那麼這個傳統現在就絕對不能有『子夜』似的產物。因此，只有證明了『子夜』是一部重要的革命文學的時候，韓侍桁先生才能夠論定牠是在『五四後的全部新文藝中也有着最重要的地位』；只有這樣才不致於陷入謬誤，因為韓侍桁先生現在還不能無顧忌地以同樣榮譽去送給那和『子夜』站在相反的階級的立場的『名著』，是非常明白的，其次，卽在所謂『第三種文學』中也仍分明地沒有可以接受同樣的榮譽的作品。總之，現在的中國。文學的情勢正在證明只有普洛革命文學才能夠使『五四後』的中國文學發展，而

『子夜』似的巨著，是只有普洛革命文學才能擁有的。所有現在中國的一般的進步的文學都要趨向着這個主潮而發展，同時那些文學的價值，不管那作者還不曾加入革命文學的團體，現在也還是屬於革命的。

『子夜』不但證明了茅盾個人的努力，不但證明了這個富有中國十幾年來的文學的戰鬬的經驗的作者已爲普洛革命文學所獲得；『子夜』並且是把魯迅先驅地英勇地所開闢的中國現代的戰鬬的文學的路，現實主義的創作的路，接引到普洛革命文學上來的「里程碑」之一。

附記——這是作者去年這個時候離開這「古老的中國」之前留下來的。作者底意思是要我續作下去，但時光雖然流去了一年，種種的煩難使我還無暇回答他底希望。雖然現在我因爲和作者的一點友誼關係成了造謠的目標，但還是趁本刊索稿的機會將它發表了出來。我這樣做，並不是想替也許不會回到這個中國來的作者出什麼風頭，而是覺得它對於經過了一年的我們文學界也還有兩點不小的意義。——

第一、「子夜」自出版以來，引起了各種非常不同的評價。這不同當然是由批評者底不同的立場來的，但正確的評價只有由革命普洛文學底運動進程上去觀察才能夠做到。作者在這里提出的意見，我以爲是我們進行「子夜」評價的時候所不得不依據的出發點。

第二、在許多批評「子夜」的文章裏面，韓侍桁先生底在原則上包含了最大的歪曲。和韓先生底一貫的文學主張相關聯，撕破他底假面是絕對必要的。作者從這一點出發；我覺得對於讀者有很大的意義。

當然，這不過是一個發端，但如果能從這個發端展開對於「子夜」的研究，將是批評家底一件名譽的工作罷。

（十一，二四，一九三四，K. F.）

# 中國的文字革命

葉籟士

## 一　中國的大衆沒有文字

直到此刻爲止，中國人還使用着一套希奇古怪的象形文字。當在別國人們只要記得三十內外個字母的時候，在中國要習得這一套文字，人們却不得不花費十年以上的精力，一塊一塊地去辨認成千累萬塊各式各樣的圖形：記好它的形狀，它的讀音和它的意義。這件事在被壓迫的中國工農大衆是種永遠不能實現的奢望，於是中國的文字變成了特權者的專利。他們用了種種理由來歌頌這種「神聖的」文字，反對一切對於它的改革，爲了誇耀他們的「尊嚴」起見，他們甚至故意使這種文字更加艱難起來。因爲他們很懂得，大衆的愚昧就是特權者的利益。於是在中國存在着百分之八十的文盲。但是這是官家的統計，不大好作標準的實際上，一定還不止二個數目的。

這種文字，除了學習上的艱難以外，而且無法接受在別的各種文字中業已國際化的現代科學上文化上的各種新的術語，就是對於現代大衆的口語，也是無法一致起來的。

象形文字不單是排斥大衆於文化之外的萬里長城，而且也是大衆解放途上的最大障礙之一。因爲，正如列甯所說的，「文盲是站在一切政治之外的。他首先要學習念。此外對於他任何政治都不存在的。此外對於他所存在的，只是風聞，雜談，傳奇和偏見，政治是不存在的。」

自從前清末年以來，對於這種象形文字，曾有過不少改造的方案——其中首先是到中國來傳教的外國教士所製成的各地羅馬字土白，其次是勞乃宣王照他們的「簡字」，以及歐美留學回來的語言學家所制定的「國語羅馬字」(Gwoyeu Romatzyh)。這些方案各各有着缺點，有的是動機本在於使大衆更易接受麻醉的教義，有的是一開頭便把這種新文學作爲次要的特爲「可憐的下等人」而造的卑屈的文字，有的是在專家的書齋里所製造而漠視了這種文字對於大衆的簡明性和適用性。這些致命的缺點使得這些改造運動絲毫沒有動搖象形文字的支配的優勢，因之自然也不能完成中國文字革命這一個任務。

另一種改革應該提及的，便是五四時代所提出的「白話運動」。這種和古典格式的「文言」對待的「白話」，因其比較「文言」容易，某程度的接近口語，而且還能吸收國際化的語法，因之也比「文言」來得精密，所以被進步的知識者支持了下來。這種白話，在某些領域內，甚至已戰勝了舊有的文言了。但是在白話中同樣存在着一個缺點，就是它和「文言」一樣地用象形的圖形所組成的，所以不管它有不少比文言好的地方，但是對於大衆依舊是非常艱難的。

到在目前爲止，中國的大衆是沒有文字的。

## 二　大衆語問題的討論

一九二八年在中國開始了新興文學運動，得到了廣大的前進讀者的支持。但是這個運動却停留在知識者的圈子里沒有能深入到工農大衆裏面，亦不見有多數工農階級的作家。於是被提出了「文學大衆化」的問題。當時有些人說，新興文學本來就是大衆的，而另一些人却在怪怨大衆的文化水準太低。這個討論沒有觸到問題的核心便中止了，問題還是留着沒有解决。

接着，一九三二年開始了「用什麼話寫」的討論。在革命作家的陣營內，這是第一次控告「十惡不赦的混蛋而野蠻的象形漢字」，五四以來第一次注意到語言問題，大胆指出了白話的不中用，也是第一次握着了文學大衆化問題的解决的關鍵。這個討論不幸沒有充分展開便因種種困難而又中止下來了，而且因爲當時並未產生具體可行的文字方案，所以也沒有得到實際的效果。然而這一次的討論却給予我們在目下文字革命上有着决定的意義的輝煌的原則，那就是一切東西都應當用現代中國活人的話來寫。「總之，普洛大衆文藝要用現代話來寫，要用讀出來可以懂得的話來寫。這是普洛大衆文藝的一切問題的根本問題。這個問題不解決，其餘的努力大半要枉費的。」

最近隨着中國政治的日益反動化，在南京喊出了「文言復興」的口號。這種文言復興運動是和祭孔，時輪金剛法會，賽會，求雨，新生活運動一樣，都是奴化大衆的復古狂潮中的一脈支流。作爲對復古傾向的答覆，在進步的作家之間，提出了這一次的大衆語問題。雖然在首倡者不一定意識到，這個問題無疑地是承繼了一九三二年「用什麼話寫」問題而來的。一方面爲了反對文言的復活，爲了最後一次來葬送文言，但是另一方面却又發覺白話本身的無力，無法成爲廣大羣衆的武器，甚至在白話中也混進了不少文言的成份，因此建設大衆語成爲必要的了。

大衆語是怎樣的一種文字呢？綜合參加討論的各家的意見，大衆語在內容上是代表前進大衆的意識的，在形式上是大衆說得出，聽得懂，寫得順手，看得明白的文字。

作爲建立大衆語的具體的途徑，被提出了各種的方法——洗清白話使它和口語一致，採用簡字，詞類連書，注音字母等等。對於大衆語要不要以某種方言作爲標準以及對於白話，和方言土話的問題，都曾有過很熱烈的討論。但是多數的論客還只管在象形文字這個範圍里兜圈子。然而歷史已經無數次証明：封建的象形文字是和大衆無緣的，用象形的圖形所組成的文字決不可能成爲現代大衆的文字的。五千年來，中國的文字由表形而表義而表音這樣地演變着，目前的象形文字已走進了絕境，它的唯一的去路便是廢棄象形的圖形而採用拚音化。

直到拉丁化(Latinxua)的提出，才指示出了大衆語建設應走的具體的途徑。

## 三　中國話寫法的拉丁化

隨着社會主義建設的偉大成功，肅淸文盲已成爲蘇聯境內各民族一致的要求，因爲只有這樣，才能發展各民族的「在形式上是民族的，在內容上是無產階級的文化」。在蘇聯居住着十萬以上的華工，他們中大多數是文盲，蘇聯政府爲結束這些文盲起見，根據了瞿秋白的草案，經過了蘇聯言語科學研究機關兩年的研究和修正，才公佈了中文拉丁化的二十八個字母：A,B,C,Ch,D,E,F,G,I,J,K,L,M,N,Ng,O,P,R,Rh,S,Sh,T,U,W,X,Z,Zh。

一九三一年九月，在海參崴(Vladiostok)舉行了「第一次拉丁化中國字代表大會」。大會通過了拉丁化的字母和它的書寫規則，並決定了如下的「中國文字拉丁化的原則」：

(1)大會認爲中國漢字是古代封建社會的產物，是中國統治階級壓迫勞苦羣衆的工具之一，是文盲掃除的主要障礙。

(2)我們要創造一種通俗而接近大衆的，適應現代科學要求的文字。

(3)要進行文字國際化的路線，在中國語言中，要助成中國語言中的國際化的過程。

(4)因此，我們要根本剷除象形文字，代以拚音文字。大會堅決反對用象形文字的旁邊來作拚音文字——日本的「假名」高麗的「諺文」及中國的注音字母；爲解決上述諸項，大會認爲只有採用拉丁化的中國文字，也只有在拉丁化的基礎上，才能發展形式是民族的，內容是社會主義的大衆文化。

(5)「文言」是特權階級的言語，和大衆的活潑的言語隔絕的；實現拉丁化，是爲接近大衆，使大衆獲得新的語文的運動。

(6)大會反對那種對拉丁化的自由主義的態度，說：拉丁化只是初級教育的工具，以後，仍要教授漢字的，大會認爲拉丁化的中文和中國大衆的口頭話，不僅有發表政治的，科學的，技術的思想之可能，而且也只有中國文字的拉丁化，只有中國大衆口頭話的書面化，才能使他們的語文有發展的可能。

(7)大會絕對反對資產階級的國語統一運動，認爲這是最有害的，違反民族政策一切原則的運動。大會認爲採用中國的一種方言，作爲全國的標準語是不可以的。中國的方言，至少可分爲五種：(一)北方音，(二)廣東音，(三)福建音，(四)江浙音，(五)湖南及江西一部份的口音，各種方言，應有其獨立的文字，以便這些地方用土著言語，自由地發展文化。

(8)大會認爲在中國文字拉丁化的過程中，必須以中國大衆生活中所使用的言語爲根據，而進行清洗言語中的一切政治上有害的，思想上是異已的因素，清洗極端的土話和那些本來有相當中國話的失却原意的夾雜的俄國話(這是指旅蘇華僑而說的)。

(9)大會認爲只有拉丁化，才是國際革命的，政治的，科學的，及技術的各種術語有機地灌輸到中國語言中的一條容易的道路，因此大會反對那些不需要外來語的國粹派的理論，同時也反對那些要把各種術語卽刻一律用國際化的形式的左傾的主張。

(10)大會認爲語言文字的發展過程，是隨着社會經濟政治的發展而發展的，但是這個發展過程，而且可以必要用一切所有的方法，來意識地加以推進的。所以，對於那些認爲中國文字的拉丁化一般的是不可能的，或是說在現在不可能的——消極的觀點，以及那些認爲拉丁化文字尚未深入大衆之前，要卽刻一律廢止漢字——左傾的觀點，大會認爲都是不正確的。

(11)因爲拉丁化的出發點，在於根據勞動者生活的言語，所以研究中國方言的工作，在文化政治的意義上，有第一等的重要。大會認爲各方面來研究中國方言，廣大地來發展這個研究工作，是非常必要的。大會特別地贊許蘇聯科學學院方言研究院所進行的中國方言學的工作，並認爲必要在比較廣大的範圍內繼續進行這個工作。

## 四　拉丁化運動的前途

拉丁化是對現存象形文字的澈底的變革，是中國大衆要求解放而爭取文字武器的鬥爭。拉丁化反對過去對象形文字的局部改良甚至要求妥協的一切改良主義的方案，主張以現代中國大衆的口頭話爲準而創造拉丁化的新文字。只有拉丁化才是大衆語問題獲得正當解決的唯一途徑。只有拉丁化之後，中國工農大衆才能獲得自己的文字，才能解決文學的大衆化問題，才能提高大衆的政治文化水準，才能發展中國工農大衆的文化。

拉丁化被實施以後，在蘇聯遠東邊疆已開始了急速的文盲清算運動。只要在280到400小時之內，就可以學成這種文字，就能自由讀書寫信。這個事實說明了，只有拉丁化才能完成現階段中國文字革命的任務。

拉丁化在中國前進的文化工作者——其中包括着中國進步的世界語者（esperantisto）——之間，已獲得無數的支持者了。因爲他們非常明白：只有拉丁化才能把中國工農大衆從愚昧的深淵中，從精神的桎梏中解放出來。他們正在宣傳，編印字典和課本，起草北方話（在蘇聯只公佈了這一種）以外的拉丁化方案：他們準備更大規模地發動這個文字革命運動。

在另一方面，正和一切改革的主張一樣，拉丁化在中國也遭遇了一些人的譏笑和反對。甚至在前進的知識者之間，也有人對拉丁化表示了動搖和懷疑的。他們說，拉丁化是最「理想」的辦法，我們「將來」要實行的，我們現在要「準備」。或是說，目前立刻要實行拉丁化是困難的，做不到的，我們還需要一個過渡階段。這樣，這些意見都是有意無意地把拉丁化排到現在以外的「將來」去，或是把它作為一種似乎是非現實的，美麗的「理想」。

是的，象形文字並不是目前立刻所能廢除得掉的，但是這並未說明拉丁化要到「將來」才動手。拉丁化要此刻目前馬上開始！文盲大衆和知識者不同，他們無福享受象形文字的教育，所以他們不需要過渡階段。於是文盲，這種要求拉丁化延期的過渡階段，只是「沒有文字的階段」。他們不能等待到「將來」。而且任你怎樣清洗了的白話，也無法叫不懂象形文字的文盲來理解和使用。清洗了的白話並不是中國文字革命的主要部隊，它只是搗亂敵人後方的次要的部隊。

問題在這裏是非常明白的。

拉丁化是五千年來第一次給文字與中國的大衆。不用說這是非常艱難的工作。但是這個運動無疑會得到千千萬萬大衆的支持和參加，因爲這正是中國大衆要求生存的運動的一翼，正是中國大衆獲得解放的先決問題。五千年來在暴君軍閥買辦地主重重壓制下的中國數萬萬工農大衆，將爲拉丁化而鬭爭，在亞細亞的廣漠的大地上，會長出革命中國工農大衆自己的文化的燦爛的花來。

一九三四年十一月十七日

# 論文學及其他

M. Govky　　楊潮譯

從前有人講過一個有意味的故事，而且是眞實的，關於一個小孩子。他坐在街中一只木箱子上，絕叫着。一位過路人問他：

「你爲什麽這樣叫？你找不到你的父母嗎？」

「不。」

「你不舒服嗎？」

「沒有什麽不舒服。」

「你餓嗎？」

「不。」

「喝嗎？」

「不。」

「那麽你究竟要什麽呢？」

「我就要這樣叫。」

當我出席一次龐大的，喧鬧的著作家和批評家會議時，這個小孩子便跑到我心裏來了。在這會議中也有不少的叫喊。雖然我狠注意的聽，我簡直不能了解所說的是些什麼。

興奮作用使有些演講者說出些非常特別的話。

「既然那 Proletariat 在牠的社會的創造力上已經走到我們作家的前面，我們還有什麼可以做？文學也成無用的東西了。」

也許這是句發牢騷的話，或者是「在興奮和刺戟的壓迫之下」說出來的，除非其興奮的理由有值得審察的價值，簡直不應提及。

究竟爲的是什麼呢？爲什麼這樣叫喊呢？他們究竟要些什麼呢？沒有人能夠嚴重地悼惜文學掉在現實之後的事實。文學一直地是追隨在生活之後，一直地是在「記載事實」，將牠們一般化，將牠們綜合起來。從來沒有人會要求一位作家成爲先知，成爲未來的預言者！

現在的時代已經提到我們的前面那使藝術與現實更密切連繫的問題，使文學貫入新時代底精神的問題，這一新時代的要素是社會革命。

青年作家中有一位曾非常確當地說到勞動階級底意志與心靈所創造的新現實底美好和力量。

另一位也曾很確切地申說一位作家不應害怕批評，任何作家如認識他的著作底歷史的價值，便不應因被批評而感覺不快，無論這批評是怎樣嚴厲：這位作家自己便受過很嚴厲的但是不公平的批評。

但是這些演說均沒有得到牠們所應受的注意。牠們並沒有感動聽衆，前者因爲牠的深刻的感情表現，後者則因牠躁急性。實際呢，這兩位所說的正接近了一般作家所立刻應該用誠懇和友愛的態度來討論的問題。不但不這樣，以後因演辭反而顯明地呈露了那些作家底個人的和職業的嫉恨與瑣屑的動機。

三四十年以前，我曾聽見過克特萊格派 Kulturtraeger（負文化使命者）——他們後來變爲憲法民主派 Cadets(1)，現在差不多成爲黑名單中的人物了——與殘餘的人民黨人 Naroduik，以及後者與 Marxist青年們底這種辯論。

照我看來，似乎在那時候的這種「討論」裏面含有更強的憤怒的與激昂的情叙，也許因爲那時的「討論」底個人性更加强烈，因爲兩個時代不同的人是在決鬥着。舊時代的人固執地信仰着那斷然的「個人的職任」——以爲創造歷史是知識階級底職業的任務——而 Marxist 則否認知識階級有權利能爲「人民底命運底公判人」，堅決地信仰 Proletariat底權力，一個被歷史創造和養成了來掃滅那陳腐的，罪惡的，卑劣的資本主義世界，建設勞苦大衆底自由的國際的手足關係底權力。

這般被人家當面告訴他們的末日已到的人們所顯呈的憤恨，狂怒和歇斯梯里是不足怪的，正如那些流亡在外的白俄殘餘現在的憤怒和號叫一樣，這種白俄，即使他們屈膝請求，是也永遠不會被容許回到我們羣中來的了。

現在這一辯論是被別的人在繼續進行着，這些人是被人類所經過的革命中最重要的，正在不可免地達到普遍全世界的範圍的勝利的革命創造出來並且推動到戰鬥的前綫的人。一個反對舊世界——反對牠的全部和牠的一切制度——的反抗已經開始了。這一反抗底領袖是那雄偉的 Proletariat 政黨，有着一個結晶的，科學的意識，爲武器的政黨。這一反抗是被一個階級領導着，這一階級是隨時間的經過而成爲更年青，更衆多，更強健的。

我們必須記住在十月革命以前一位革命者的訓練從十七至二十歲的年齡時方才開始，然而現在則從前驅者(2)和十月兒童底年歲時已經起首了訓練的程序。這一不可辯駁的事實足以保證蘇聯的人民已經走上了一條沒有回頭路的長途。回頭路便是死路，那已斷了。

資本主義世界也許要陷我們入戰爭的漩渦；牠也許，在短期內，能阻礙我們建設新社會的工作。但是資本主義決沒有力量能翻轉一個歷史的進程，資本主義自己所製備的，並且即因牠本身的性質而不能避免的進程。把那些被自古以來的殘酷的，無限制的，不負責的對於勞動階級之精力和自然界之寶藏底剝削無可調合地分開了的諸集體組合為一整個所必需要的力量與意識，資本主義都沒有。

Prol tariat則保有一個意識，其組織的與文化的力量是狠顯明的，毋庸申說。我們祇應該記住：這一意識包涵歷史底全部意義，而歷史又必要將這一意識灌注於全世界的勞動者。

人將以為在這種環境之下，一位作者將能十足地知道他的工作底意義及牠所應取的路線。

在我看起來，似乎某些作家並不是對某一個人在號叫，而是對於歷史，因為歷史剝奪了他們在世界鬥爭之外找着一個與世界鬥爭無關的「中立地帶」底可能。這樣的一位作家以為在文學的或政治的批評園地內他是在被攻擊着。但是他錯誤了，因為如果他確被攻擊，攻擊他的乃是歷史，特別是古代的歷史。他抗議着，表面地反對革命指導個人創進能力底權利。他抗議着，當整個勞動階級在創造無數奇蹟的時候；當普羅青年在幹着偉大不可思議的任務的時候；當斑白的個人主義者，幾千年以來一直在保有他的一小片田地底希望中生活着的農民，也了解做一個熟練的工人，一個土地的藝術家，比較做一個奴隸對於他更有利益和更有價值的時候。

這樣一位作家以爲文學是他自己的私人事業有時一般無識者和沒腦子的人們竟承認他這種觀念。最近這樣一個沒腦子的人對一位作家說：「著作是你自己私人的事業，與我無關。」這完全是流毒的胡說。

文學從來不是一位斯丹荷爾或一位托爾斯泰的私產；牠永遠有牠的根株在一個時代，一個國家，一個階級之內。我們有古代希臘和羅馬，意大利文藝復興時代，依利薩柏時代的文藝，頹廢派或象徵派的文學；可是從來沒有人說過什麼伊斯期勒斯，莎士比亞，丹地，等的文學。雖然十九及二十世紀俄國作家中有着驚人的各種不同的典型，可是我們總說文學是反映那整個時期的戲劇，悲喜劇和小說的藝術，而不說是任一指定的個人，如普希金，果郭爾，李斯柯夫，竭克荷夫，底文學。

現在我們可以而且應該比從前用更大的熱忱來認定時下的蘇聯文學爲集體工作。以前任一位作家從來沒有像他今日在蘇聯對於讀者羣衆有這樣的意義和這樣密切的關係的。以前從來沒有一位作家曾受到識字羣衆這樣熱烈地鑒賞過，而且這樣鑒賞是不足怪的，因爲羣衆看見怎樣地他們自己在創造作家，和他們自己怎樣地在這作家的書中反映出來。

自然寫作關於「舊俄羅斯」的東西是較容易，不但因爲牠「遙遠」，較容易以詞句和想像來描畫，而且更因爲牠主要地是與有些作家的靈魂較接近和較親切，特別是那些對於過去祗有狠模糊的概念，而錯誤地以爲過去的生產比現在較安靜較快樂的人們。

我們必須注意我們的最偉大的諸作家是願意學習的，而且是熱忱地在研究着。可是這時候我們執筆的藝人們正應該及早解決下面這一基本的而且極簡單的問題：

究竟能否一面服務「藝術」，同時仍忠實地服務革命呢？當將死的階級正在拚命地，無人性地無意識地企圖爲牠自己保持牠所慣享的關鍵地位的時候，當另一以牠的全部力量前進着來代替前者的地位底階級正在用一種動力，其創造能力雖未曾試驗過，但是確能夠引進人類底普遍的再創造底動力，生長着與工作着的時候，我們在這階級鬥爭中，能夠中立嗎？

也許有人要問：那麼我們便爲時代底革命的要求犧牲我們自己嗎？這樣提出來這一問題是荒謬可笑的。然而我仍肯定地回答。是的，我們一定要再教育我們自己，使服務社會革命成爲每一個忠實的人底私人任務，同時成爲使個人滿足的一個資源。「戰鬥底快樂偉大啊！」

並且一個人不應懦弱地屈服於自己的自我而以這樣的態度持身，使普通的人們有權利認定有才能的人們祗能犧牲自己於舊世界的黑暗影響。

但是，同時我必須也指出某些事實，牠們多少能使作家們困窘，害怕或竟至憤怒以致屏棄現實而專站在屋頂上叫喊。

從前在市集中有一種通俗的游戲，讓人試驗氣力，名爲「搖突厥人的頭。」這頭是樹磁做的畫着些粗陋的花紋，釘牢在一根強硬的彈簧上，彈簧底下連着一個鐵座。要試驗氣力的人便用一個木槌子去敲那頭，敲的力量使頭縮下去，彈簧壓緊，這一擊的氣力便記在一個表上。最要緊的是運用木槌的伶俐，因此得勝的不一定卽是氣力最大的而是揮槌最有經驗的人，如鐵匠，石匠等。

批評家對於著作家的態度常常像運動家底對於這個「突厥人的頭。」描寫批評家怎樣在作家的頭上試驗他的詞句的氣力底可歎的態度是沒有用的。我不願意特別着重於我們的批評家的粗俗，缺乏文化素養，而且常時竟至於無知的情形，給我們的敵人以嘲笑我們的機會。也許我們的批評家在意識形態上是很完備的，可是似乎總有點東西阻礙着他們使他們不能十分清晰地，簡單地說明辯證法唯物論的科學怎樣應用在藝術的問題上。他們引用 Marx，Engels，Plekhanov和 Lenin 的話，但是他們常常把這些引證掩埋在整堆的毫無色彩的贅語之下，蒙蔽了牠們的意義。對於文學和作家提出的要求並沒有清晰的輪廓。常常發生許多意識形態相同的批評家對於一位作家竟提出各種完全互異的要求。批評家隊中發生矛盾是常見的事實，但是在這裏我所最表示遺憾的是：這些矛盾乃根據批評家對於那最重要的問題底態度對於傳達生活之現象的方法底態度，而產生和發展的。批評家大都祇攻擊作家而不教育他，不討論將經驗組織起來的諸方法，而單講作家的政治面目。

但是除非那作家的經驗能被有系統地組織起來，除非他的情感與他的知識諧和，一切政治思想將是從外面硬加在這位青年作家身上，他將機械地吸收牠們，而牠們將虛懸在稀薄的空氣中。杜伯維路薄夫，且尼些夫斯基和樸列汗洛夫教育過作家，然而我們今日的批評家的聲調和方法僅能使我們懷疑他們的啟蒙路線之確知底力量。

個人主義的趨勢和門戶意識在批評家隊中也和作家隊中同樣地高度地發展，常常這種意識竟籠罩文學，革命文化工作中一個最肥腴的園地底諸重要問題。也許正因為這種不表同情的態度以致某些可歎的事件在我們中間發現。

爭訟和內部的鬥爭耗去批評家那樣多的時間與精力，以致在他們隊中真的出現了一個背道者的時候，他們竟長期地不能發現他，一直要等到他趨於極端的時候，他們方才驚覺，開始來加以懲罰。他的門徒們便作公開的懺悔，因為浸潤了這種邪說；而這位可憐的背道者，身上帶着無數青紫的傷痕，則浮腫起來澎脹到「思想的殉道者」的體量。

製造殉道者是我們批評家最不應該做的事。然而，可嘆呵，現在已經有過多少自承背道的事實！常常發現一個背道者並沒有什麼「思想」，而祇是繼續生活着抱取悅於「權威者」的唯一的志願。

又一件事實：多年中某一位教授，作家和批評家一直在把平凡的作者捧到古典的作家的地位。嚴厲的批評家並不曾注意到他的行爲，這些行爲對於聽他講學的青年們實在是難認爲有益的。現在他自己承認「在最近數月中他認識了他的一些錯誤。」然而他不能看見他的全部錯誤，眞可惜。俄國的諺語說：「話已出口，不能收回」；因此這位教授的錯誤便永遠遺留在靑年們心中，繼續毒害他們。在這一事實中，我們的批評家也沒有「保衛」年青的一代作者的利益。

批評家讀起書來是很忽遽的，似乎他們祇想找機會與那作者爭訟，「打倒」他。我認這是對於一個人的著作底狹隘的，偏頗的態度，而且我絕對地確信這種態度祇能引起恨嫉，激怒作者並且不免要在一部機器的軸承中加入沙粒。

文學底文化的和教育的重要性，牠爲歷史底同行的伴侶底職任，牠對於同代生活底批評的態度都被我們的批評家低估了，雖然我們日日說着和寫着關於小說，短篇故事和戲劇底階級內容。我們說了不少，寫了也很多，可是我們沒有提到那可以並且必須應用，如果我們至少要把我們的莊嚴燦爛的現實底一部分或局部的綜合介紹到現時的文學中的技術方法。

以上所說的還不完全。在前述的作家會議中，一位演說人公正地說到我們的畫家描摹現實像一張照片，說他們的風格是艱澀的，無生意的。對於這有人回答說：「這不確實。」但是這的確是確實的。除了少數的例外，我們的美術的與文學的作品祇是暫時的成功的試驗，而且，雖然在我們羣中有的是無可辯難的才幹，這些作品現在尚不能將我們的現實底最特色的表現綜合起來，這一現實的創造者和英雄是那竭盡他們的創造力量的每一纖微的人民底集體勞動。

我們的現實是永垂萬世的，牠的價值值得偉大的繪畫來紀念，值得以塑像來一般化。我們的批評家應該反躬自問他們自己能否幫助作家，作家能否用他所有的技巧與方法創造這些一般化的和這些綜合的作品。難道我們不應該設法將現實主義與浪漫主義融合起來成爲一種第三形態，能夠以更顯著的色彩，更高尚和更能知眞價的情調來描繪那偉大壯烈的現在嗎？

勞動，一切事物所依賴的，永遠是生活底一切神祕之關鍵；今日在蘇聯牠不但給與古代神話中關於赫古里斯及普羅米修士，那與神們挑戰者——底壯烈的事蹟以新的生命，而且竟超越了牠們。勞動是我們的現實底眞正的英雄！卽在勞苦羣衆的「宗敎性」創造物中，勞動也留下了牠的明顯的跡印。勞苦者的神們祇是些理想化的工人：凡爾肯 Vulcan 和托亞 Thoa 是鐵匠；希妣 Hebe 是一位最有本事的廚子；代安娜 Diana，一位成功的獵人；威娜麼倫 Wainamoinen，一位音樂家，等等。

我們必須承認和記着勞苦羣衆的創造藝術並不曾失去。並沒有因爲數千年以來爲那權力無邊的個人做奴隸式的苦工而被破壞，這一個人因爲要使他自己的存在合法便創造一個神祕的上帝。我們必須承認勞苦羣衆創造文學的能力是正在立定牠自己的地位，而且必要立定牠自己的地位，因爲革命解放人不但祇在社會的與物質的上面，並且在情感的和知識的上面。

比如，我們看見列甯格勒城中的舊式的，設備不周的伊玆荷斯克 Izorsk 工廠中的工人曾用他們的赤手造成一座鍊鐵爐。自然那確是在外人監督造成的，但是我們決不能忘記那要製造些新事物的志願却是從工人階級底隊伍中自行爆發出來的。現在正是我們學習怎樣立在這種勞動羣衆的創造精力底表現之上，將這種精力綜合在詩歌和散文之內的時候。文學必須要了解他的職任是促進更偉大的創造精力。

在我們的國中現在有無數的發明家，突擊隊，担任行政職務的工人——從勞苦羣衆中跳出來的男子和女子，他們祇在昨日還是不識字的，退化的，懶惰苟安的，對於自己的命運不關心的，祇在昨日他們還忍耐地担任着一件他們自己所不能支配的生活底重負。從我們的人民底骨和肉中興起了整隊的異於尋常的個人。五年計劃不但建設許多絕大的工廠，並且也創造賦有無量的精力底人物。在這些新人物中，數千百已經在担任着負責的職位，與那般勞動階級的奮鬥士，犧牲了他們半世的生命學習着怎樣在「地底下」在監獄內、在法刑中工作的鬥士攜手並肩地向前鬥爭着。

作者和批評家決不可忘記他們是在這樣的人物中生活着，這樣的人物中數千百是在侵入文學的領域，佔領文化革命的最前線的戰壕。五年之內工人們將不必再空耗他們的精力用空手來製造鍊鐵爐，而且他們之中無慮數百將轉到以藝術的形式來總結最近的過去底一工作。很可能的，當他們研究我們現在的生活，我們近頃的工作，我們的煩瑣的學者的和枯燥的字句的爭訟，我們私人關係間的混亂，和我們繁殖在那上面的粗俗的空談底豐富狀態的時候，他們必定表示驚異。

我絕對地確信我們的普羅羣衆，我們的土地上的新的，自由的工人們，將迅速地進展來發揮藝術所有的一切面目；我更信我們將要看見一種新形式的集體藝術底創造。我們的職責使我們一定要給他們以援手。

我們的作家和批評家當前有許多重要的和複雜的問題，其中一個是避免那大隊的個人主義知識份子所曾走過的路，這條路已經把這喧囂叫喊的隊伍帶到崩潰和整個破產裏面去了。

作家和批評家必須找出並製定一個爲勞苦羣衆的利益集體地工作底方法。生活的意義是服務革命。在我們的時代牠是不能有別種意義的。革命要求一切忠實的人們，一切感覺和了解工人們所担負的任務的偉大性底人們之友愛的協和。我們已被人信任，但是我們並不曾表現我們值得人家這樣信任。我們的工作與羣衆的工作比較起來太差多了。羣衆是充滿了一種壯烈的，特別的熱忱，一種焚燒着的情緒，而我們同志們，作家和批評家，為了某種原因對於這些還祇是很微弱地染及。(3)

一九三三，十二，十六。

註(1)即 Constitutional Democrato，俄國布爾竭維克革命以前的一個自由派布爾喬亞政黨。

(2)前驅者 Pioneers，達到學齡的兒童底康明尼斯托組織。未達學齡的兒童稱為「十月兒。」

(3)注意點都是譯者加的。

# 蘇聯作家總論

幼錦著
徐行譯

一九三二年四月二十三日決定成立蘇聯作家總會，在蘇聯文藝發展上起了特別積極的作用。自決定之後，經過了一個蘇聯作家之意識與組織的統一的過程。蘇聯作家總會之成立，及其於蘇聯作家大會上澈底的完成，表現出所有蘇聯作家之眞實趨向。總會不僅是作家有組織的聯絡。

在總會的章程上極端顯明地規定了對入會者政治的和創作的要求。那裏說過，站在蘇聯政綱上願以自己的創作積極謀工人階級利益及社會主義建設之作家都可以作會員。徵收會員大致已經完結。所有多少著名的作家都已表示願爲會員。

蘇聯的文學比前幾年大有長進。在這期間創作了許多名著。試舉例證如下：飛丁之「歐洲之綁架」，梭羅可夫之「已耕的處女地」，梁洛夫之「司庫達列夫司基」，潘非洛夫之「木羅斯基」第三卷，伊凡洛夫之「托鉢僧之怪事」，法捷耶夫之「伍節格之最後一個」，加達耶夫之「時光逝水」，格拉特可夫之「毅力」，加達耶夫之「相見」，以及其他許多好的作品。

在這時期中，黨內和黨外的作家間的關係已經改變了。

前幾年常常聽着對黨內和黨外作家一類的論 是這樣的：眞正的文藝是黨外作家創作的，然而他們的意識形態一向就不好，他們的作品在意識上是不堅定的；黨內作家呢，出了些藝術上薄弱的文學作品，然而他們意識上都是正確的。

甚至造成各種特殊的理論，想用它們證明，作家意識的改造，必然暫時降低作品之藝術的價値。不難看出這些「理論」根本上擺着一種公開反動的觀點，認爲社會主義不能造成高尙的藝術價値，藝術與它是不相容的。大家都知道，托洛茨基證明過創造無產者的文化與文學之不可能。同樣知道，有人認爲社會主義的文化和文學只有在開展了的社會主義社會中纔可以創造出來。

可憐的預言家和可憐的理論家都坐在白墅上，而他們的理論像有產者的擺設一樣都被丟到垃圾桶裏去了。

蘇聯的文化與文學在第一屆和第二屆五年計劃期間、經過了發展的光明大道得到了偉大歷史的成功。無產者的藝術在蘇聯地面上堅強起來了，並得到了全世界的聲譽，認爲是現代人類意識上前進的藝術。

大家都知道的，我們的戲劇是世界上最先進的戲劇，我們的電影是最革命而意識上最高尙的。在我們的文學上當時出現與世界先進作家文範並列的作品。

不算什麽祕密，在頭幾年社會主義內容的藝術是很薄弱的，在許許多多地方對革命前夜有產者的藝術與文學及對革命同路人的作品，都有遜色。當時在這領域工作的少數幹部面前擺着非常困難的任務：要教育自己，要懂得藝術創作的高尙技巧，要理解以前典型作家的經驗及先進的較好的知識分子的代表之文化和藝術的經驗，而同時又要進行所謂同路分子意識改造之艱苦工作。

應該極懇切地說，黨內作家在這些任務上鄭重地工作過，並且在這點上得到了不小的效果。

成立作家總會的決定把該會特殊的職責放在黨內作家肩上。

作家總會的黨員應執行黨的路線，應把黨外作家結合於黨員四周，應幫助他們理解無產者宇宙觀的基礎，應與他們一同研究蘇聯文學的基本問題及應領導爲創造質地高尙的藝術作品而奮鬥。

在藝術和文學領域內也和在一切事業上一樣，如果黨人自己沒有藝術的技巧，如果自己不成爲眞正的作家和藝術家，是不能成爲領導的核心的。

只有這樣纔能在文學上執行黨 路線，如黨所要求者同；只有在這條件下，黨員會有必要的威信。與黨外作家堅忍合作，在他們中間吸收經驗，黨內作家幹部質地和數量之增長，是和蘇聯文學之增長一氣的。

現在作家總會中有大部分的黨員，在其藝術作品的質量上於蘇聯文學中佔有前列的地位。

爲着證明黨眞成純熟作家的堅強核心起見，只要指出黨內作家的一部份就夠了。

綏拉菲莫維支是一個千百萬人所誦讀的作家，他創造了許多特出的作品，寫過出色的內戰的史實——「鐵流」在文學史上是永垂不朽的。

鄧萌·伯底利是一個最老而最著名的無產者的詩人，數十年來在成千成萬的讀者中有極大的聲譽。無產者的文學有權以鄧萌爲自己作家而誇耀，他的文化程度極高而又有特出的技巧。

拉杜基是一個大詩人，在蘇聯東方各民族中極有聲譽，他的詩在東方各國起着極大的革命作用。

哥爾佐夫是第一流的雜感，短評和時論之技師。哥爾佐夫無條件是一個偉大的辭章藝術家而在其刻畫世態上是蘇聯文學的一個領袖人物。

梭羅可夫是一個以自己的作品取得蘇聯讀者的聲譽和世界名譽的作家。「已耕的處女地」是一部偉大的藝術作品，可作黨內外的作家技巧的榜樣。

法捷耶夫在蘇聯文學上有權佔一個領袖地位。他的「毀滅」是一部崇高天才的藝術作品，是一首歌頌遊擊戰爭的英勇的好詩。「伍酌格之最後一個」是一部尚未完成的著作，還難斷定它全部如何，然而起初兩部分就是蘇聯文學上特出的現象。

「文學報」上密爾司基的文章，說「蘇聯文學達到高級水平，而法捷耶夫不在內」的話，是一種把天才作家不算數而拋棄的人不負責任的攻訐。只有不痛惜蘇聯文學的人，纔能這樣容易對作家算賬。發表這篇文章的「文學報」的編輯人波羅特尼可夫知道對一個在蘇聯文學上有大貢獻的人是不能這樣寫的麼？只奇怪「文學報」親熱地給密爾司基以造謠中傷之篇幅，似乎法捷耶夫的創作的開展『是和蘇聯文學增長之共同趨勢背馳的。』

潘非洛夫是一個天才的大藝術家。他的「木羅斯基」，雖有高爾基及「眞理報」編輯所指出的許多缺點，却是一部蘇聯文學的大作品。在「木羅斯基」中用藝術形式表現出蘇聯農民的歷史及工人爲成立集產制度之英勇奮鬥。高爾基以自己的論文幫助着潘非洛夫去除它的缺點，這是眞正的批評告訴作家應如何訓練製作和完成自己的創作。高爾基的尖刻而有益的批評有人企圖用來把潘非洛夫從蘇聯作家隊伍中排擠出來。這是做不到的。

路拉特可夫是一個老作家，在蘇聯文藝上有極大的勞績；他是無產者作家中第一個提出在藝術創作中反映出社會主義工業及建設社會主義的工人的任務的。「士敏士」在蘇聯文學上佔一個時代。「毅力」是關於社會主義改造的一個偉大的樞機。這也實在是蘇聯文藝上第一部寫社會主義時代無產者的偉大創造工程的書。

司達夫司基是一個經過積極的革命活動由工人記者而走入文學的作家。他的每一部書（「羣居」，「急走」，「在輪齒上」）都反映出在農民大衆之社會主義改造上偉大的創造工作。他的書充滿了對敵人之不屈不撓和對本身事業之至愛——戰勝敵人和建設新生活。司達夫司基在刻畫世態上是巧合而別緻地把短評的創作提高到藝術作品的水平。司達夫司基還是多加努力使他的作品獲得極大的文化價值。

西歷山大伯齊萌司基是一個詩人，他的作品得了讀者稱許和愛護，尤其是我們的青年。伯齊萌司基的許多作品是站在詩的創作的最高水平上的。「射擊」，「悲痛之夜」在文學上是留傳的。伯齊萌司基有布爾什維克作家的美質：和工廠，農村，軍隊中的羣衆工作相聯絡。這是一個作家兼宣傳家。然而伯齊萌司基有許多大缺點。這點在他「政治部長之夜」的詩中特別顯明表現了。伯齊萌司基往往着急，自己的作品都不做完。

基爾桑，他的歌劇在蘇聯的觀衆中是卓著聲譽的，並不但在蘇聯而已。基爾桑以天才的戲劇家出名。他的歌劇常出現於西歐和美洲各大戲院。基爾桑的歌劇（「軌道怒吼」，「麵包」，「法庭」，「奇怪的雜金」）政治上是尖刻的，充滿了憤恨的。基爾桑還沒有做到使他的歌劇佔領舞台多年。然而他屬於堅忍工作而能長進的作家之內。

亞芬羅根羅夫是著名戲劇家之一，是一個大藝術家。他的歌劇（「怪物」，「恐怖」及其他）證明他的大藝術天才，用意之周到，對字句，體裁等等的大費工夫。亞芬羅根羅夫缺乏具體現實之嚴重和深刻的意義，——這是越上前越覺着的。

布魯羅耶森司基是一個有藝術的創作的高尙水平的作家，是一個能予最困難的材料以藝術形式的作家，因此他的作品好讀而爲大衆所領悟得到。這可舉他的非常有趣的小說「人換皮」爲例。

我們沒有可能繼續再談黨內個別的作家。只要還指出幾個在蘇聯文學上起着大作用而全無爭辯的人名。戲劇家有比利白羅澤爾可夫司基，密基田哥，哥爾尼曲克，維司禾羅底維塞湼夫司基。散文家有巴勿田哥，伯納伊略施，巴喀姆契夫，求馬底甯，列雲，哥爾巴多夫，基里田哥，里比金司基，加拉瓦塞瓦（女），格拉辛莫瓦（女）。巴施基爾共和國文學的主角，偉大的天才作家達紀羅夫，他的二十五齡慶祝不久以前已由蘇聯社團舉行。詩人有勃羅哥菲夫，達施拉剎羅夫，紀達施，蘇爾可夫，亞歷山大羅維乞及其他許多人。所有這些人名，我們引來證明一個不可爭的論據，黨內作家與黨外好作家並駕齊驅，佔有領袖的地位。

我們無論如何不因此取消對他們加以批評和教育的任務，我們只想說明，我們的批評應該幫助這些作家藝術上的長進，把他們在原則的基礎上團結起來。可是近來在「文學報」上表現了黨內作家工作之不良傾向。這種所謂批評，像「文學報」允許對潘非洛夫，華捷耶夫，司達夫司基及其他等人的批評，對作家無幫助，使讀者無標準，而與眞正加爾的批評少有共同之處。它不能結緊黨內作家，也不能團結黨外作家。

有應特別說明者，我們毫不欲使黨內外之作家對立。黨外作家中有一班文藝大技師，有世界聲譽和高度文化，在蘇聯文學上佔有最顯著的地位，受千百萬讀者之稱譽和愛戴；黨內作家可從這些作家學習者尙多。

儘夠舉出這種作家，如飛金，托爾斯泰，巴比爾，伊凡洛夫，奧列沙(女)，沙金讓，巴司特爾拉克，梁洛夫，白利施雲，羅維可夫白利波，契杭洛夫，亞雪葉夫，愛倫堡，丁讓洛夫，福[illegible]，馬立施金，顧巴娜(女)，哥拉司，狄青娜(女)，恩宜，西爾凡莎凡，亞哥比亞合賓，底沙瓦哈施維利及其他諸人。事已顯然，在黨外作家中有大批文化上及藝術上站得很高的人，不能和彼等於此及黨內外作家間有任何對立。

談到現時黨內外作家間之關係根本改變，黨內者可從黨外作家學習許多藝術技巧，黨外者可從黨內作家學習對工人利益及黨的政策之正確瞭解，黨內作家幫助黨外者瞭解社會主義建設中文藝的作用，幫助他們受社會主義文化精神的教育。

這路線實現之結果，在作家大會前文學上造成了一種狀態，蘇聯作家成了爲社會主義文化凱旋，爲人們意識上改造的自覺奮鬥的生力軍。

# 日本普羅文學最近的問題

方樳譯

## 一

日本普羅作家同盟（Nalp）在一九三四年三月自己把組織解散了，是一個劃期底事件。自解散以後到現在差不多過了一年的時日，日本的普羅文學，無論在怎樣的形態上說，還不見有什麼統一底「組織」存在。中斷了自「日本普羅文藝聯盟」以來十年，「全日本無產者藝術聯盟」（Nalp）以來七年，作家同盟成立以來六年的「有光輝的」歷史，一直到現在。日本的普羅文學，在這十年間，把所謂「無產者藝術」裏面的無政府主義，代表社會民主主義的傾向，以及那主張在資本主義社會裏建設普羅藝術不可能的托羅茲基主義，幾乎完全肅清了，由少數的集團底存在，發展如和布爾文學正面對立的一個巨大的運動了。就是在國際上，日本的普羅文學也是一個巨大的存在。這，在第一次全蘇聯作家大會上的加爾•拉克的報告演說中的一節裏，也很明顯地反映着。

「日本的普羅文學，除開蘇聯的以外，恐怕就是世界普羅文學的最光輝的成果罷。這個文學了。這個事件，在日本國內自不待說，就是在國際間也引起了非常的憤激。如中國方面的魯迅及其他諸同志，也送來了對日本的白色恐怖的抗議及弔慰小林同志的英靈的書簡。從這時候起，日本普羅作家同盟的活動，便急激地增加了許多困難。機關誌「普羅文學」，「文學新聞」等，雖然極力抵抗着警察的壓迫繼續發行下去，但在一九三三年的下半期，便常常處在發行不能的狀態中了。和這同時，東京支部及全國的地方支部受到了破壞，在十六個支部之中，能夠和中央部取得連絡的，終於激減爲五、六個了。被破壞的支部在最近的將來是完全沒有恢復的希望，就是殘存的支部，獨立的活動也可以說是等於零的狀態。在一九三二年全國據說是組織了概數五〇〇，團員三千的外圍團體，也受了破壞，如東京支部在一九三三年的下半期，竟連十個的外圍團體都數不上了。在這個時期，因爲同盟沒有發行定期刊物，所以作家的作品的發表也很少。從三二年起作品的發表便激減起來，三二，三三年這兩年，算是普羅文學作品被痛感到是最缺乏的時期。在三三年的下半期，同盟員的脫退者陸續出現，就是不脫退的，也大多數離開了組織關係，所以對於中央部的維持，都要感着困難起來了。對於這種現狀的打開方策，從三二年春起便被極力地講究過，但一到了三三年，同盟的組織竟完全形骸化起來，而臨着自滅的危機了。

當時，在日本普羅作家同盟里所顯現着的現象，也正是其他一切的藝術文化團體所共通的事因於它底簡素和接近普羅列塔里亞特的血緣性，强有力地打動人心。那是以大衆的呼吸而呼吸，把日本普羅列塔里亞特的鬥爭及其路線反映出來的。那，就是在廣汎的智識階級之間，也受着非常的歡迎。這種事實，我們只要看一看布爾雜誌迫於一般大衆的要求，把許多的紙面分給普羅文學的作品，便可以明白的罷。」

即日本的布爾文學，在國際上只是偏促於狹隘的國家這個框中的一國底存在，但普羅文學在它的十五年的歷史途上，已經成爲世界文學的一環了。這個成果，在日本文學的歷史上，實在是空前的。

作爲世界革命作家同盟的日本支部的日本普羅作家同盟，非自己解散組織不可的種種事情，及其後的發展樣相的變化，提供了今日値得深刻地加以分析和研究的大的問題。

## 二

因一九三二年春的檢舉，日本普羅作家同盟及其他的文化藝術團體，許多最活動的有能的指導分子被投獄了。就中尤其是日本普羅作家同盟所受的創傷最大。至翌三三年春，逃出了前年的檢舉網而繼續着非合法底活動的，「蟹工船」的作者小林多喜二同志被捕，竟在數時間內被虐殺實。因此，日本普羅文化聯盟也全然沒有指導諸團體信其打開現狀的方法。文化聯盟自一九三二春的檢舉當時起，便已經限入非合法底狀態中，要指導各團體是極端困難的。因此，和那無論怎樣也非保持合法底活動分野不可的日本普羅作家同盟，演劇同盟等團體的結合，越加無力起來。非合法底文化聯盟的存在本身，對於日本普羅作家同盟及其他的藝術團體，就已經成爲超越了一定限度的矛盾桎梏了。

一九三四年之物，「治安維持法」(共產主義運動取締法)的改正案被提出於議會，一般是作量其必通過的(這個改正案後來遭過着那代表反對獨佔資本主義的法西斯化的貴族議員的部分的反對，在貴族院被否決了)。若據這個改正單案，則參加文化聯盟的諸團體的成員要被檢舉是很明瞭的事情，即，規定處一般的同盟員以兩年以上，指導部員以五年以上的有期徒刑。而已經得着社會底存在的作家，在日本普羅作家同盟裏不下五十八(同盟員總數約有五百人)。這些作家的社會底影響是很大的。不待說，照今日的日本情形之下，企圖把日本普羅作家同盟移行於非合法底活動的這種方針，在戰術上是絕對不正確的。警察方面，已經着要這個改正案向議會提出的政治底方向，無理由地檢舉同盟員，而強要其轉向。活動底指導員常常要被拘留在警察署半年以上，對於固守政治底態度的，便要藉着什麼理由起訴，而把他監禁起來。這樣的情勢很明顯地是一個危機。因此，從三三手下半期起，盟員的脫退若接連地出現。像美術家同盟，竟至於在三四年一月，復活了一個很明顯的錯誤的理論，說在資本主義社會裏建設普羅列塔里亞美術不可能，而從這種錯誤的理論底立場實行解散了。日本普羅文化運動，在一九三四年初頭，實在是被一個未曾有的危機所襲擊了。

不待說這種文化運動的危機，是和日本的普羅列塔里亞特的全運動的危機，有着直接的聯繫的。組織的破壞，在全般的政治經濟運動上，是最根本的原因。

在如上的情勢裏面，日本普羅作家同盟從前年起雖然準備召集擴大中央委員會，傾注了最後的努力；但是，很明顯地，這時候的事態不能不報本的加以處理。就是，現在下的作家組織，成了和作家所處的政治的條件完全不適合的東西；這不僅是不能夠完成它本來的任務，而且在客觀上存了普羅列塔里亞文學今後的發展，已經成爲反對物妨害物了。非把這件事情認識不可。還有，作家的大半數很隨便地移轉到其他的活動分野裏去，在同盟的組織外面創辦刊物發表作品了。（這種現象因爲同盟陷於困難，從運動內的要求出發，在前年交天已經表現出來了。同盟本身，也很強然地感到有開拓那在形式上是同盟獨立的，活動分野的必要。）

這裏，很明白的，除了解散現在的作家組織以外，沒有其他的精力和方法，所以終於採取了了自己解散底決然的手段。這種手段很明顯的是敗在，但是，這時候的日本普羅作家同盟如果從素樸的革命主義出發，建立非合法組織，那樣做也設犯下更大的錯誤罷。在正當的時機裏面不知道退却的必要的軍隊，一定會自己壞滅，而不能夠從新培養勢力捲土重來罷。襲擊着日本普羅作家同盟的危機，要用組織之部分的編成或方針的訂正來突破它，這件是幾乎是完全不可能的。把不適合於運動的狀勢的，形骸化了的，而且桎梏化了的組織解體，用在新的活動形態上所積蓄的勢力，在將來（這是幾年以後的事，目下不能預測）再形成統一的作家組織；這是一面意識着「敗在」而被採用了的方策。

不待說，當這種自己解散的宣言發表了的時候，也發生了反對的意見；但是，同盟員的多數部份知道除此以外沒有其他的方法，馬上移轉到新的活動上面去了。就是被發表的反對意見，也是從外部來的較多；關於將來的估量，都沒有任何的把握。說到其他文化運動的分野，演劇同盟想由綱領方針名稱的改造企圖恢復，但是終於和日本普羅作家同盟一樣地宣言解體了。關於美術家同盟，因爲是像前面說過的那樣解體的，解體後的活動被放棄了，到現在還沒有露面；但在最近的將來也許要顯露自己底姿態罷。其他映畫，音樂部門以及科學方面三個團體，因爲在當時不能採取正確的方策，終於聽憑組織荒廢下去而自然解體了。祇是，在科學同盟的分野裏面，從現實的必要出發，依新的活動形態出發的理論的啓蒙的刊物，今夏以來開始出現了。日本普羅列塔里亞文化聯盟在日本普羅作家同盟解體後，受了最後一次的破壞，終於自然消失了。正如這些事實所昭示的，在這種危機的瞬間，日本普羅列塔里亞文化運動，不能採取當作全體的一致起來的行動；現實的情形，暴風雨似的把文化組織都一掃精光，這樣，已經達到無論如何不能不依賴新的形態來活動的階段了。

## 三

上面我把日本普羅作家同盟解體的事情，主要的在和政治情勢的關連上加以觀察了；不待說這類事情是和文學運動底理論的以及組織的問題相結合的。各作家的創作活動以及同盟的出版，組織活動等，在情勢惡化裏面，陷於不振；因此，藝術的方法問題，批評的方法問題以及以文學circle 爲中心的組織問題等等，都從新被議論起來了。

這些理論的諸問題底議論，不待說是從打開事態的現狀府必要上被提起的。這些議論，在日本普羅作家同盟解體前，達到了怎樣的理論的解決；那以後一直到現在指示了怎樣的發展方向，這兒試加以敍述。

正如日本普羅作家同盟底內外情勢所表現的空前的危機一樣，在這個時期理論的無出路，因爲有能的理論家被逮捕下獄這一件事，就更不容易打開。一九三一年下半期由藏原惟人所指導的諸理論，很銳利地批判了原來理論上的小資產階級的缺陷，它底影響力在當時是壓倒一切的。但是，這個藏原底理論也包含着機械論的錯誤的事實，隨着在運動的發展中所表現的困難之全般被認識上面浮現出來了。藏原惟人在日本普羅列塔里亞藝術以及文化運動上底馬克思主義理論的功績，無疑的是很大的。這裏希望加以注意的是一九三二年春，藏原惟人對於自己底理論的體系上的普列漢諾夫哲學的影響已經注意到了。他明白地認識了在藝術理論的全體上應該從列甯底反映論和科學（文學）的黨派性的見地出發加以克服的諸問題，這在一九三一年十月發表的在藝術理論上爲列甯主義的鬥爭上面被表示出來了。但是，這個任務給留到將來，是一個非解決不可的問題。

日本普羅作家同盟所焦急地要解決的理論的問題如下：即創作方法和批評問題上面所表現的指導上面的公式主義，這是從「唯物辯證法的創作方法」的口號所直接引導出來的問題。第二，作家和大衆的結合問題上面的素樸的機械主義，即對於「文學circle」的活動之一方面的理解和對於同盟員的強制的官僚主義的傾向。當時階級運動的傾向在這兩個問題上面發生很強的作用，被文學團體底政治主義的偏向表現出來了。

「唯物辯證法的創作方法」的口號，在藝術文學的創造上面，作家底世界現有重要的意義這一點，使作家自[illegible]者應該深切的注意，這是一個很大的成果。但是，這個口號裏面所包含的錯誤，是把藝術創作底具體的過程平板化，離開了與社會的環境結合着的作家底個性，才能，生活和創作的有機的關係，而理解成社會現實底眞實之藝術的描寫，必須以完成了的馬克思主義的世界觀底把握當作前提才能達到這一點上。這是因爲不理解作家底世界觀是在生活創作的實際的過程中一步一步地被提高被形成，不是單靠「唯物辯證法」之書齋的研究能夠給予世界觀的提高和藝術的眞實成功的原故。

因此，從這種藝術的認識出發，僅是以表現在作品上的意識形態的水準當作問題底「意識形態批判」非常盛行。從同樣的根據出發，把作品上「主題的積極性」這個本來是正確的要求，機械的和當面的政治課題所指示的政治口號相連結，而產生了對一切作品一律加以批判的批評態度。從這些影響所引導出來的是，作品成存一律的缺少魅力的平板化的東西，題材選擇的自由狹隘化了，作家底創作的痛苦，終於從作家方面引起了對於「唯物辯證法的創作方法」底懷疑的批判和反撥的態度。

一九三三年夏天起，藏原方面的當作創作方法底統一的口號「社會主義的實主義的」討論翻現介紹過來，馬克思，恩克思對於藝術的見解被研究了，於是明瞭了「唯物辯證法的創作方法」這個口號的錯誤。在這個「社會主義的現實主義」的見解里面，未成熟的勞農作家以及進步的知識份子作家，要怎樣地站在普羅塔里亞特的見地上把自然和社會的合法則性的發展在藝術上的眞實上面實現底方法知道程，在馬克思主義的實踐的正確性上面被照明出這件事是成爲可能的了。

第二，是關於「文學circle」的問題。在工場農村中的文學circle，是當作教把普羅列塔里亞文學的影響在大衆裏面培植起來，從布爾喬亞反動的文學的感化羣衆的活動分野；這在日本普羅作家同盟一九三一年秋的轉換期中，當作重要問題而被提了出來是極有意義的。但是，同盟要於一切作家都組織circle，隸屬在那裏面，以爲這是普羅列塔里亞文學與大衆的結合。以及普羅作家底成長之一絕對的條件而指導活動，舉起同盟的全部精力，集注在地區circle的組織上面，這件事不免惹起了重的的結果，在這個方針下面，大半的作家都要做和工會底工場組織者設有分別的日常的組織活動的必要。不待說工場組織的工作，是冒犯資本階級和官憲的監視和壓迫而執行的，必須有很大的精力與專門的準備。在日本一般的條件下面，當工會合和文學circle發展組織的時候所碰到的實際上的困難，並沒有本質上的區別。在文學的出版物底刊行配布以及活動的自由多少還存在的當時，據報告全日有五百個 circle 三千八 circle 員被組織起來了。但是，情勢惡化以及不斷的組織的破壞，到一九三三年來，就是在東京，都不能夠數出十個 circle 的地步了。同盟的方針，依然得調着除了 circle 的再建以外，沒有文學運動的再建的方策，督促盟員的奮起；但是，作家的大半數，爲了 circle 的活動，完全喪失了執筆創作的可能性。因此，就發生了作家迴避 circle 的活動而離開同盟的狀態了。

這種事態爲化工會起來的呢？這就在於用關於 circle 的一面的理解解決完了普羅文學和大衆的結合問題。這一點上，普羅列塔里亞作家在作爲創作底源泉的生活裏面，設法與勞農大衆相接觸，相結合，這無疑的是正確的思想。但是，爲了實現這個目的所定採取的手段是多種多樣的，如果千篇一律的統制着從事於文學 circle 的組織活動，這是機械主義的指導。「組織活動與創作活動底辯證法的統一」，當時這個口號，是把與大衆接觸的現實生活爲創作底源泉，這個意義理解成以「組織活動」爲唯一的方法，而把文和藝術創作的過程直線地結合起來，表現出性急的錯誤的指導。

這種指導方針的產生，是有實際的根據的。在日本當作大衆的自立組織的 circle 問題，在政治經濟運動的分野裏完全被忽視過去了，它足是主要地從文化運動底立場被提了出來。根據就在這裏。因此，在一九三三年左右，作家同盟員從組織 circle 的任務引伸到完成工會和黨的組織任務，在階級鬥爭的見地上是正確的，表現出了這樣的指導見解。很明顯的，這不是把各個運動分野的有機的相互作用放在組織與組織的質的關係上，而放在個人身上，卽這是以文學運動代替政治經濟的運動的「左翼」的見解。這是文學運動底政治主義的偏向。把作品底「主題的積極性」機械地結合在政治的口號上的偏向，是和這直接對應的。

這樣，「circle」問題，在日本普羅作家同盟解體之前，從向來一面的理解出發的以文學組織代替政治經濟組織的任務對於作家的強制的態度，開始被算了。

「文學 circle」是大衆中文學愛好者的自主的集團，這時候，從作家方面給予文學的援助是必要的作家與「circle」相結合，是回答大衆的文學的要求，豐富作家的生活的。但不能把這當作義務，一律的要作家編入「circle」。這裏需要完全現實的多種多樣的考慮。作家應該從「circle」的細密的組織雜務解放開來。「circle」和作家的關係，如果不在文學的意味上去理解，那就沒有本質上的意義。日本普羅作家同盟由於三年間的活動而達到了這種正確的認識。

## 四

理論的諸問題，大體像上面所說的給解決了。然而，當作文學運動的組織的日本普羅作家同盟的存在一天一天的困難，成了大半數同盟員離開了的形骸，它本身什麼文學的活動也不能執行。指導部對於日本普羅作家同盟的存續是盡了最後的努力，但是在這種內外情勢的變化下面，移轉到新的活動形態是必要的；因此，達到了認爲解散日本普羅作家同盟是妥當的結論。這樣，日本普羅作家同盟在一九三四年三月被解體了。解體的時候，我們意識着這種處置到底是一種敗北的退却戰術。如果像文化聯盟及其他團體，不去具體地認識現在的困難性，固守着原來的活動形態，以這爲絕對的革命的方法，把同盟員的離散單單批評爲小資產階級的傾向，雖然一方面焦慮着事態的推移，但結果，却是追隨它，終於在日本普羅作家同盟解體的前後，陷進了自然崩潰的狀態，運動一時中絕了。比起這種事實，日本普羅作家同盟的解體，把移轉到新的活動形態底必要，向大衆明確的指示出來，這件事很明顯的是有積極的意義。

在當時把痛感的事情，是創設普羅文學底文學的環境資產階級的營業雜誌上面有執筆的可能性的，僅僅是少數的作家，而且也昭昭地狹隘化了。這裏第一件要着手的是普羅文學雜誌的發行。在日本普羅作家同盟解體前後，刊行了下列各種雜誌。

文化集團（三三年五月創刊）。文學評論，文學建設，詩精神（以詩爲中心的），現實，文學界，婦人文藝，關西文學（是以大阪舊日本普羅作家同盟支部爲中心的）等。

此外，當作文化雜誌的有讀書，進步，和季刊雜誌，現代文化等，以及其他幾種同人雜誌。

舊日本普羅作家同盟員，在上述諸雜誌裏面，加上小資產階級進步的作家，自由地工作。在這僅少的期間裏，幾乎是在三一，三二，三三年所不曾看到的很多的作品被發表了，新的作家出現了，雖然產生了種種的文學的傾向，但是，優秀的作品也發現了。現在發表中的長篇小說約十篇。這個事實，眞是在普羅文學上到今日爲止所不曾看見的現像。就是雜誌的發行狀態，比起日本普羅作家同盟困難的當時，常常幾個月間機關誌休刊的事實，現在總計約有三萬部的發行部數。這些現像，看來似乎表現普羅列塔利亞文學捲土重來的形勢。

但是，我們還有細密地加以觀察的必要。以上各雜誌不是有一定的綱領和規約的團體的機關誌，而是當作營業雜誌在編輯者獨自的方針下面，或者採取同人雜誌的形式被編輯出來的。作家過着各種生活，從心所欲地執筆。因此，這裏所謂組織的指導是不存在的。批判各人工作的成果，以這當作發展的基礎，而集約於單一的集團上面的這種組織工作的方法是不存在的。雖然，如此，當作運動的普羅列塔里亞文學的存在及其發展，在現實裏面被推進了。因此，現在日本普羅文學的樣相是複雜的，而發展的速度也不快。但質的方面起了很大的變化，在三四年度，普羅文學表示了獨特的發展的方法。

那就是普羅文學運動是歷史的階級的鬥爭，在被課給的條件上面，雖然，不能夠有明確的一定的組織，但推進運動是可能的這事實。這是指示出普羅列塔里亞文學的黨派性應該當作運動的指導精神和基礎，而在各個作家的工作中生動起來的不錯，現在的狀態是普羅文學運動的後退期，結果期。比現在更反動的局面在最近的將來會不會出現也難於預測。但是，無論仍在何時期，普羅列塔里亞特的黨派性要人在文學上自己反映出來這件事却是不成疑問的。

這件事，若是觀察一下新形成的普羅集納主義提出的諸問題就可理解。第一必需舉出的是蘇聯底社會主義的現實主義理論之研究，和把那在日本現實地創立起來的課題。日本普羅文學運動，在十月革命底直接影響之下產生以來，不斷地攝取了蘇聯的普羅文學底成果；三三年之夏，社會主義的現實主義理論一被介紹過來，爲了突破在日本的當時的理論底困難，引起了非常的論爭。日本普羅文學理論，在三四年之夏，明顯地進入了新的階段。一次全蘇作家大會底報告，現在傳到日本來了。在日本普羅文學空前的困難期間，蘇維埃文學對日本普羅作家現實地給與着突破困難的偉大的指導力。高爾基底作品，霍洛訶甫底開墾了的處女地，蒲力貝底對島（以日本海海戰爲主題的長篇）等，在日本演着大的任務。

第二，日本普羅作家同盟解體後，普羅文學否定論，文學超黨派的理論，政治與文學的絕緣轉向問題），個人主義主張，神祕的觀念論，在普羅文學上明目張胆地橫行，這是反映着社會的政治的不安，助長了普羅文學里的脆弱部分的東西。這些反動的理論作品傾向鬥爭，是在三四年及新課給普羅文學的任務。

第三是在列甯底反映論的見地上再建作品批判的方法。以前被唯物辨證法的創作方法所引導的批判，是離開藝術形象而此甚麼都重要地，論究顯現在作品上的意識形態或作家底世界觀問題的機械主義的批判。它以所謂「意德與邏輯」批判的形態給了作家以有害的影響。藝術作品，有時就是包含着有害的思想，但也能夠傳出現實之某方面的眞實描寫，就是看一看托爾斯泰底作品，也可以明白的，這時候，批評家一方面指明有害的錯誤的思想之階級的，個人的，根據，同時有進行如下的分析的任務：眞實的藝術的描寫怎樣才能達到了藝術的描寫和思想，這兩者底相互關係。把作品引到了怎樣的樣相或方向？作家所有的社會的階級的限制，在怎樣的意味上，使作家底工作前進或退後了。

作品底主題底傾向，表示出了複雜的變化。多方面的題材被把握了。簡單的分類：第一，知識分子之階級的動搖和不安。這一主題，知識分子出身的舊作家同盟的作家，最多量地寫了。在很多的場合與這些作品，是和從普羅列塔利亞轉脫離的傾向和反唯物論的傾向相結合的。島木健作是優秀的新人。第二，農村底破滅狀態，被年青的新作家描寫了。平田小六底長篇被囚的大地，橋本正一底山谷中的村落，以及貧農作家佐佐木一夫之出現，第三，比起農民文學的誕生來，工廠的普羅列塔利亞特底生活，幾乎沒有被描寫，這件事有指摘的必要。轉換期的普羅文學，掃蕩了像向來那樣的藝術性很低的，描寫公式的勞動者底模型刑的作品。爲了描寫優秀的工廠普羅列塔利亞特底典型，相當時日我想是必要的。這在歷來的知識分子作家，是需要大的努力的事。第四，從殖民地現出了兩個新作家：朝鮮的草刈六郎（朝鮮人），台灣的楊逵。在朝鮮已經有張赫宙，但普羅列塔利亞傾向是稀薄的。

日本普羅文學，現在正在經過一個重大的時期。作爲世界革命作家同盟支部的作家組織沒有了；但以在作品及理論里面，建設社會主義的現實主義的事當作自己底任務的藝術家底工作，專蒂了普羅文學要消滅的人們底預期相反將以更擴大了深的要求而出現了。

一九三四，一一。

附記——日本普羅作家同盟的解放，不但是日本的文學運動以至革命運動上的一件大事，對於同在遠東的我們也有相當的影響。曾經有一個專家在報紙上造謠，把作同的解散當作普羅文學的消滅，而且把那責任放在解散當時的指導部里的某一個人底身上。

我們也是對這問題關心的，但因爲資料不夠，寫信去問了日本方面的朋友，本文就是爲了解答我們底質問而寫來的。當然，作者不便用他在日本用過的筆名，我們也不便介紹，但可以說的是，他是「戰旗」時代以來的鬥士，下過獄，做過工會工作，在作同解散之前，他是到最後爲止留在中央部里爲解决當前之困難而努力了的一員。現在也還是繼續着地下的生活。

作爲研究批判底底子，我們把它在這裏發表了。作者注重地說明了作同底解散是一個「敗北」，這到可以使我們這裏的在作同解散了這件事裏面感到了「快意」的「伙伴」們短氣，但他同時也分析了主觀客觀的原因，這就可做我他底「他山之石」。因爲，在我們這裏，雖然客觀的環境大不相同，但主觀却是時時在要求着新的養份的。

作者來信中還報告了一點有趣的消息。從前的活動份子同時是解散案底製成者現在是用了非常大的自信和鎮定在工作，而從前對組織活動抱着冷淡態度的人們現在却强烈地感到了孤獨和寂寞。這一方面顯示了對於前途的樂觀，一方面顯示了對於「集體」的要求，不就是證明了健全的組織活動在革命的文學運動裏是有决定的意義的麼？

# 動盪

——謹以此紀念叔父死難一週年——

鄔契爾

## 一

五月裏的火燄般的太陽，掛在黎戶埠村背後繁密的竹梢上。一股富於熱與力的光輝，從那裏漸西斜射到吳家台德春叔這間和他同樣快到衰老的「三合頭」（註一）的屋頂上。在那裏，鮮明地飄搖着一把新製的旗子。

旗子看去雖是嫌小，但是它的顏色，在微風中蕩漾得像台後雙口湖的湖水，閃耀着光明的漣漪。

村人們看到這把旗子，都會含笑地想到德春叔跟他的妻梅嬸娘，爲了它，曾經費了許多口舌。梅嬸娘是全吳家台著名的貪嗇的老婦人。當德春叔在一個月以前，從脈旺嘴用他的魚划子偷偷載着天漢游擊指揮湯耀廷，溜過了「綠軍」的防線，而達到了這裏的時候，恰巧碰到黎戶埠鄉的後威岩新成立。由於游擊指揮的提議，他——德春叔以五十開外的老角色，當選了這鄉的主席。

在他當選了主席以後，他一天回到家裏，用了平時所沒有的威風，很丈夫似的對梅嬸娘吩咐道：

「聽到嗎？（註二）趕快去縫一把旗子，要像迴龍灣區裏的那樣。」說完，笑嘻嘻地撚着鬍子。

「你這老鬼。你這老鬼。」梅嬸娘老是一抹三跳的脾氣，從來說不慣細言細語，一開口就像吵架。「旗子？隨你的便，我是沒有布去縫它的。」

「拿幾個錢去集上買幾尺布哪。你這老刻薄鬼。」德春叔幾乎冒起火來。「難道現在你還想積錢買田置地嗎？況且……錢也不是你的命。」

「你說得這末容易。『拿幾個錢去集上買幾尺布？』你曉得我荷包裏連一個刮痧錢也沒有了嗎？集子上一些壞蛋們，一見我提了幾串魚去趕集，他們就嬉皮笑臉地說一聲——『主席太太的魚，難道還要錢的嗎？要錢？假革命，打倒。』說完，給你拿得一乾二淨。這都是你做了這什麼屁主席，弄得魚也換不出錢來了。」梅嬸娘忿忿不平的反駁，那隻朝天的大鼻孔，連連的哼着氣。

「哈哈……！」想到人們對於妻這樣的頑皮，德春叔笑了一笑。「對的。主席太太的魚是不賣錢的。對的。先從我公起走。好囉，由他們去，橫直魚是從湖裏撈起來的，有什麽了不起。再說，將來打到了漢口，成了功的話，哪不是我們的？包你要什麽有什麽。啊！好，讓我來打開箱子找找看，看有沒有一塊現成的紅布。總之，當了主席，是應該做把旗子掛掛，面子要緊哪。」

一這樣，德春叔就把梅嬸娘的那口唯一的衣箱打開來，翻來覆去，才發現了一條萬年紅的包袱。雖是小了一點，但顏色却很鮮明，是可以製一把小小的旗子。

可是，爲了這事，梅嬸娘跟德春叔一連吵了三天嘴，說不該把她這塊包袱拿去掛在屋頂上，讓風吹雨打，糟塌了這塊好料子。

台上幾個年輕班子，曉得了這回事，就故意逗着梅嬸娘生氣。尤其是年生跟金麻子們，常常裝得很正經說：

「梅嬸娘，眞是多好看的一條包袱呀！可惜掛在那裏就要變色了，您老人家不心痛嗎？」兒常

「可不是。都是那個老背時貨想出來的新法子，放在箱子裏不好，他硬要拿去掛在那裏。唉！不過，我也老了，過不幾天就要歸黃土的。橫直我又沒有大的兒，小的女。我那個獨種兒子，已經被『綠軍』打死了，叫我把這些東西留把哪個呢？我想穿了，隨他去，就是他要把他的褲子脫下來送人，我也不管他了。」梅嬸娘一面說，一面長聲嘆氣。

現在，旗子是掛在屋脊上，紅豔豔地在薰薰的南風裏飄揚着。對着碧粬粬的天，火似的太陽，像一個紅衣的仙子，翩翻地跳着舞。

時間已到正午了，全台子上是靜悄悄的。人們在這天氣清朗的日子，是不願留在屋裏的。不是跑到洄龍灣集子上，圍着區蘇大叫大嚷，就是立在黎戶埠鄉蘇的禾場上，盡情地笑駡。

祇有金麻子，年生這兩個傢伙，今天沒有離開村子。他們在北頭福三爺的門外，那叢柳樹底下，橫七豎八躺在陰涼處，眼睛貪饞地望着兩匹從地主手裏沒收來的大牯牛。那兩匹畜牲，毫不知道牠們現在換了新主人，成了村子裏貧農們的公牛，依然搖頭擺尾，在樹陰下吃稻草，不時舉蹄——

「哞～～嘆～～」的叫着。

金麻子是一個二十五六歲的青年，從前是種尹寶台尹大發老爺家裏的田的。現在，尹大發是跟「綠軍」逃跑了，八畝好水田歸了他。為了這，他臉上的麻子都喜紅了。以前老是板起苦臉，不聲不響做活的他，現在，却常常像挖得了黃金那樣的高興，而且成天嘮叨不休：

「我老早就想：這幾畝好水田，總有一天歸我的。要曉得我是費了多少年的氣力在那上面啊。簡直那上面每一粒泥土，都給我糅得爛熟了。你只消把一把棒棰插在那裏，包你第二天就會發靑的！眞是再好也沒有的田！從前，我是夢想慢慢積下錢來買它，可是，錢總像跟我老子是仇人，老不照顧我！不過，現在，哈哈！梭威岩給了我，謝天謝地，一錢不化！所以，那個人沒有天良呢？以後，隨便梭威岩跑到那裏，我都是要跟着去擁他的護的！就是跑到五湖四海，我也要跟着去！」

他是變成這樣一個「講斤講兩」的人了。照例，他在說話的時候，臉上的大麻子格外放豪光，一顆顆好像鴻鈞帽子上的星徽。

不過，他，田是有了，只是還有一門恨事，就是他缺少一匹耕牛。從前耕田的時候，老是向尹大發老爺家裏去借。借一天牛，是先交三串錢的牛工錢。恰好，梭威岩幫他解決了這個難題，昨天給村子裏發下了兩匹又肥又大的黃牯，所以金麻子今天自告奮勇地來照料牠們，比照護娘老子還肯細心。他一時牽去堤坡下啃靑草，一時牽去兩口湖喝淸水。他又怕牠們受了熱，所以這時把牠們拉到柳樹底下去繫着。

「我說：年生老弟！這兩匹黃牯該是多末强壯呀！」金麻子把頭枕在拱出的樹根上，一手掩着被樹葉縫裏鑽出來的太陽所晃照着的眼睛，一手指着跟前的牛。「那匹金黃色的，現在還只四個牙（註三）哪，那匹黑花的，四個牙。……」

「但是，我總沒有福氣請牠幫我耕田！」年生用着雖說惋惜，却又矜持的口吻回答金麻子。「我，他媽的，生來就是做長活（註四）的八字！」說罷，順手摸了一根稻草，放在口裏毫無所用心的嚼。

是的，年生是吳家台一個幫人做長活的僱工。他無家無室，全靠他一手好力氣換飯吃。你只消看他那黑鐵似的臉，鋼打似的臂膀，你就曉得他是一個性格和釘子一般硬的傢伙。

「也不是這樣說法，伙計！現在……」金麻子費力解釋。「現在……伙計！一有飯吃，都有飯吃哪！做長活還不是一個樣。並且，聽說集子上，你們那個僱農工會，跟梭威岩一樣有權柄哩！伙計！你是在工會囉，比哪個不有面子些。」

年生把齒間嚼爛了的稻草吐了出來，一手把身上穿的藍布短掛的大襟一摀，露出他挺起的胸膛。他兩隻富於青春和剛直的圓眼睛，眏了幾下，好像心裏有事。一會，把頭歪向金麻子，很認眞地問道：

「喂！金麻哥！這次德春叔當選了我們這鄉的主席，覺得怎末樣？你說……」

金麻子此刻的全心靈，已爲那兩匹牯牛的喜悅所沉醉。經年生這末冷不防地一問，直問到摸頭不着腦了。於是他迅速把眼睛從牛身上溜回來，謎似的盯住年生的眼睛。

「你覺得德春叔怎樣？眞是有什麼天大的本事嗎？哼！我才不相信！」以下年生本來是想說：

「照我看，也不見得比我年生強好多！」但他憤憤地忍住了。

「我看……我看……」金麻子對於這問題顯然沒有什麼成見，因之吱吱呀呀起來。「德春叔……總之，比你我活的年紀大哪！當然……當然…他也不過是一個日巴彈琴的人，（註五）耳根子太軟，三心二意的！」

「還不只這，金麻哥的話！他老人家實在是跟我一樣，趕麵杖吹火，一竅不通！你看他能說會道，實在做起事來，比三歲的小孩子還不如，一點主張都沒有！」

年生帶着非常瞧不起德春叔的神氣。然後，他蹲了起來，把背抵住樹幹，特別用勁兒說了下去：

「並且他有房子，有田，有耕牛，還有一隻船。哼！他總比你我都『有』！（註六）誰曉得他會幹出什麼好事情來呢？再說，他家的梅嬸娘，更是個日天不省的老刻薄鬼！從前請我做短工的時候，飯也不讓我吃飽的！」

「呃！……老弟！照你這樣說來，德春叔光景不行哪！但是爲什麼那天開選舉大會的時候，都贊他的成呢？」金麻子用他的竹筒烟管，開始吸起絲烟來。

「是那個天汗游擊指揮湯什麼的傢伙的意思哪！因爲德春叔秘密地用船划那人來囘走過了幾次『飯桶區』，所以那位同志就相信他了。其實，他，呸！不是我說句刻薄話，他幾天不還在想買田置地呢？要不是鴻鈞打來了，包他幾年就變成土豪的。再說，區裏陳鐵匠前天也跟我說過：『你是在工會，應該多多注意鄉下的事！』」

「那也不見得，老弟！」金麻子覺得年生說的太過了火，馬上搖頭說：「他雖是比我們『有兩個』，其實也不過：從地下滾到簟席上，高一蔑片！那裏會變成土豪的呢？況且，他的幾畝低田，雨水多的年程，一顆穀也收不回來的。他全靠『業事上』(註七)賺幾個錢過生活。」

「我不跟你說，我不跟你說……」年生忽然把眼睛一翻，給金麻子一個藐視。「總之，他的家私比我們強。不是我年生瞎吹牛皮，我們眞比他更那個……那個……」他囁嚅了許久，好像要用一種顯示他身份和一切的優越的話，來證明他所持的理由。於是他「那個」了好久，忽然獲得了表示法似的，堅決的，硬挺挺地衝出口：

「更革命些！」說罷，他驕傲地把拳頭向上一伸。

金麻子這時也折服地點着頭，慢慢跕起身來，用着對付女性的手，溫柔地撫摸那匹金黃色的牯牛的耳朵，一面喃喃讚嘆着：

「該是多末可愛喲！這眞是一匹再好沒有的畜牲！」隨卽裝出滑稽的樣子，拍着牛的頸項。

「哈哈！怎樣？你這個傢伙，稻草也不吃？啊！一定是光吃靑草，把嘴吃刁了，好傢伙！」

這之間，村子後面，有一隻黃蘇蘇的漁船，在平坦的，閃耀的，雙口湖的水上向這裏划來。由於水面反射太陽光的刺眼，使年生跟金痲子看不淸楚是什麼人的船。只看見船頭向前一鑽一揚，船上划槳的人的肩背，起伏地動彈着。

於是他們兩人同時把手遮着刺眼的太陽，瞇着眼睛望了過去。

「哈哈！乖乖！眞是『汗川地土輕，說話有人聽』！年生老弟！看！——那不是我們的主席叔叔，跟主席嬸娘，從集上囘來了嗎？一說到他，他就來了。」金痲子隨卽用手兜着嘴巴，提高聲浪朝那邊喊去：

「德春叔！您兩老囘來了！集子上沒有什麼事嗎？」

船上的人，聽不淸金痲子的叫喊，祇用手向這邊招呼了一下。

船很快地靠近了岸，首先是那個矮胖胖的梅嬸娘，像一頭貓，從船上跳了下來。跟着，是那個中等身材的德春叔，也跳上了岸，把船繫好在柳根上，就向金痲子，年生這邊走來。

「都變成懶死鬼了，都變成懶死鬼了！」梅嬸娘呱喇呱喇的高尖音，直震破這兩個年輕人的耳朵。「你看，金麻子，年生，這兩個狗養的，不去找點事情混混手，白天裏却躲在樹陰底下乘涼！不怕你們見怪的話，伙計！我問你們一句：——」梅嬸娘嘲笑地把頭一偏，顯出着非常刻薄人的歪臉。「是幾時變成王孫公子的？有這乘涼的工夫，爲什麼不去田裏扯扯草呢？」

德春叔在旁邊不置可否的笑着，用手扯他那刺蝟般的黑鬍子。

「現在革過命了，我愛玩就玩，愛做就做！怎樣？您老是主席太太嗎？來管我們？哼！不要看錯了黃曆頭！」年生依然帶生氣的臉，不可諒解似的加以反責。

「不是這樣說。我們這夥人，生來就是要弓着背做的。是的，我也曉得現在革過命了，是梭威岩的天下了！但是，橫直一個樣，伙計！穀米不會從天上掉到你的嘴裏呀！」梅嬸娘急急說完這幾句話，像風車一般，一翻身，就向自己家裏走去。

她走路，老是這樣匆迫。她那活像「枒杉船」的兩隻粗大脚，老是一步緊逼一步地追逐。好像有一股勞苦與飢餓的火，在後面深深燒着她的靈魂，使她片刻不停地向前掙扎。

德春叔在這兩個年輕人的面前站了一會，很想找點什麼事來談談，可是，忽然碰到了年生底陰鬱的冷眼，其中似乎有一種敵對的，否定的火，直燒透這老人的平靜的心坎。於是他馬上轉向金麻子，可是金麻子却在自言自語：

「這眞是……眞是一匹再好也沒有的畜牲啊！我敢賭東道……」而又裝了很泰然的神氣，拍着黃牛的頭，借以掩藏他內心的忸怩。

德々叔覺得怪沒趣，只好自己提醒自己似的，設法提高他勉强的聲音，向那兩個年輕人說道：

「啊！太陽已經偏了西！」隨卽望一望太陽。「實在不早了，我還得趕到梭威岩裏去辦公事。啊！你們兩位委員，啊！忘記對你們說了，今天區裏叫我們把那些沒收來的衣物等件，分把各村子的人們。好，你們也去走一趟，幫助幫助我！」他隨卽又把頭朝向自己的屋，大聲喚叫梅嬸娘：

「聽到嗎？我到梭威岩裏去了。」

說完，他就朝黎戶埠的田塍子路走去。

（註一）「三合頭」是鄉下有兩個正房，一個客屋的瓦房。

（註二）「聽到嗎」是鄉下夫妻間相呼叫的代名詞。

（註三）「四個牙」是說牛有四歲。

（註四）「做長活」是做整年的工。

（註五）—「ㄈ巴彈琴」係土話。意思近於莫名其妙。在鄉中一帶。這句話很通行。

（註六）「在」這裏是暗示有錢。

（註七）「業事上」是漁業，有時亦稱「討漁業事。」

# 二

鄉蘇設在黎戶埠從前一家秀才老爺的大屋子裏。在吳家台左前方兩三里路遠。

當德春叔一到黎戶埠，就看見梭威岩裏擠滿了人。甚至於門外禾場上，也紛亂地站滿了人。許多男人們平濁的鈍音，跟女人們尖銳的，震耳的高音，中間還夾雜了些小孩子們叫笑哭罵的雜音，一起混合起來，等於去年襄河裏發大水，把德春叔的腦筋都吵昏了。

「唷！眞熱鬧，眞熱鬧！這比前幾年夏家場唱大戲還要熱鬧！我敢說……」德春叔從人叢裏擠向前，口裏吆喝着。

「啊！我們的主席老大爹來。好了，讓開路呀！」一個粗大的，開玩笑的聲音。「長庚嫂，聽見嗎？……」

「什麼屁主席！一個老傢伙，不中用的！我家的長庚那點不比他強，不比他年輕！」那個所謂長庚嫂的，一頭黃髮，披得像泡雞母的女人，一面讓開路，一面半眞半假的諷笑。

『「老」？……老的就不值錢嗎？哈哈！長庚嫂！你嫌我老嗎？哼！不要瞧不起人，『老可老，鋼火好！』不信，試試看。」德春叔說完，向那黃頭髮的女人做了一個猥褻的醜臉，鬍子一撓，趕忙向人客裏溜進了屋裏。

「站住！你這個老扒灰頭！讓我來跟你把那幾根騷鬍子扯掉了它！虧你還是主席哪，這樣不正經！」長庚嫂並非惡意的叫罵起來，兩手一揮一揮。

「哈哈～～～！罵得蠻好！眞是上樑不正下樑歪，中樑不正倒下來！該罵的。」

「好吓！長庚嫂再罵幾句。」

「去，長庚嫂！去扯光他的騷鬍子！」

旁邊所有的男人們，都像捧名角戲子，慫恿地呼嘯起來，怪笑起來。

「走出去，伙計們！你們看，把我的辦公室都塞滿了，叫我怎樣辦公事呢？」德春叔在屋子裏亂。

「喂，主席叔叔！聽說區裏有命令傳下來，叫你分東西給我們了。今天就分嗎？」

「我們等了好久了，主席叔叔！快點分啊！不要讓那些衣服堆在房裏生了綠霉！」

擠在屋裏的人，迫不及待地囉唣着。

實在說起來，鄉人們老早就瞪住眼睛，暗地釘着那堆封在鄉蘇裏的衣服與傢具。簡直連睡覺也在夢想獲得它啊！

這些東西——衣物等件，一部份是打倒了土劣沒收來的；一部份是前些日子，鴻鈞攻下田二河，沒收兩家當舖裏的東西。

區蘇決定分給各鄉的農民。

「馬上就分，馬上就分！伙計們！都出去，在禾場上等着好呀！」德春叔幾乎叫破了喉子，才把人們推出了屋子。

於是，德春叔卽刻吩咐幾個小伙子，把封存在房裏的東西，一抱一抱地拿了出來。

其中有很漂亮的綢緞衣服，有花花綠綠的被子，帳子。甚至還有許多女人的繡花小衣，裙子最後是抬出來的一些傢具。當中有幾把銅器磁器的茶壺茶碗，簡直亮晃晃，刺人的眼睛。另外，在那堆香爐花瓶裏，翻出了約莫兩尺高的一座古銅的觀音娘娘的鑄像，大概是從前那家吃長齋的老太太供俸的玩意兒，這使人們卽刻哄笑了起來！

「『閉口劣紳』（註一）！哈哈～～～！」

接着，從重重的人堆裏散亂的驚嘆不止：

「啊嚇！~~~好傢伙！那件藍甯綢的八團花馬掛，多好看喲！我想一穿到身上，骨節都要酥起來的！……」

「唔~~~小狗他娘，瞧，那條裙子！……」

「喂~~~！石頭哥！看見沒有？那條紡綢褲子！嚇嚇！現在……說句心思話，實在是在得一條啊……」

這些雜亂的聲音，活像人們在大旱年望雨的時候，突然看見了天上湧出來一股烏雲，那樣心喜庠的歡呼。

「分哪~~~！」

「分哪，主席叔叔！……」

人們，你推我，我推你，深怕落在後面，撈不到東西。

「我跟我當家的，簡直連換的洗衣服都沒了呀！我應該多分幾件！」長庚嫂一面用肥大的屁股狠莊向前擁擠的人，一面扯開嘶喉嚨，比戲上王婆罵鷄的勁兒還大。意思是好讓別人知道她的理由。末了，口裏像在吃着酸梅般的，咀嚼得嘓噠的響。

「我也一樣！他媽媽的，我眞話窮到沒有第二條褲子換洗。」另外，一個正對着德春叔站着的，外號叫獨眼龍的人，而刻也隨着長庚嫂叫起苦來，並且叫到頸項上的青筋，像蚯蚓一樣凸漲着。

這是村人們的一點老毛病——叫苦叫窮！從前，他們這樣叫，爲的希望老爺們少來向他們要幾個，現在，他們依然這樣叫。不過意思變了，是希望梭威岩多分給他們一點東西。所以那怕剛才那個口裏訴苦說：「窮到沒有第二條褲子換洗」的獨眼龍，誰都曉得他有一條嶄新的，沒有下過水的白竹布褲子，前不好久，還穿着到過勝利大會的。

「我也只有一條褲子！」

「實在……我光光只有一件破短掛！」

千把隻眼睛，都向德春叔脚旁堆着的那堆衣服瞟着；幾百張口，都向德春叔那邊張着。

「唉！眞沒辦法！這叫我一個人……」對着這紛亂的人羣，德春叔突然感到困難了。他，只聽到上司對他說：「羣衆要怎樣分就怎樣分。」然而實行起來，到底該怎樣分呢？他想不出辦法。他只好呆呆地，用勁扯他那黑晶晶的鬍子。好像鬍子能夠幫助他似的。心裏着急着：

「我敢斷定，弄不好，這一定是要打破頭的！但是那兩個委員爲什麼沒有來呢？」

「分哪，主席叔叔！……」

「分呀，早點！……」

羣衆又瘋狂地叫喚起來，催促起來。

「好！——」這下，德春叔才硬着頸項，活像很有辦法的樣子。「區裏跟我說：『按照羣衆的意見分！』我哩，大家是曉得的，是一個拋皮貨（註二）！實在想不出好法子。頂好是大家作主，看到底應該怎樣分法？」說到這裏，望一望眼前那些興奮的臉。

「好！我我……」黃頭髮的長庚嫂把胸脯一挺，表現出男性的强悍。「按各家的人口分！」再下一句，本來是：「我家連大帶小，是一共九口。」不知怎樣，她終於滾到口邊，又復把它吞回去了。

「哈哈！～～～長庚嫂！你也太聰明了一點咧！照你這樣說，頂好，是你把這些東西都扛回去！」

人們同聲譏誚起來，把長庚嫂的臉羞得紅紅的了。

「按村子的大小分！……」不知是哪個在人羣的後面，這樣吼了一句。

「對！贊成！按村子的大小分！」是獨眼龍的附和。而且拚命拍着胸膛。

「不行！你們黎戶埠當然比我們尹寶台大些。但是，村子小的就該倒霉嗎？況且……你們村子大的未必替梭威岩出力出的大些嗎？」

「是的，不行！」吳家台的福三爺也馬上嗄嗄反對。

這時，德春叔越發着急。想了許久，才慌忙從人們的爭吵中，提高破喉嚨叫道：

「不要吵！放啞靜點兒！諸位同志！我主席是有權柄決定的，最後……」

「但是，到底該怎樣分呢？主席老爺！你是做什麼的？你是光會吃飯的嗎？呸！去你的吧，你這屄好主席！」長庚嫂惱火了，兩隻脚足足跳了三尺高。

「你這女人家，曉得什麼？」德春叔由於女人的責備，約莫提高了一點兒自信心，同時拿出他主席的威風來。「我主席有一句話，請你們大家聽到……」

人們這才平靜了一點。同時也才明白各人是站在太陽底下，已經晒得黑水汗流了。於是趕快拉着袖口揩頭上的汗。

「我主席的意思，按照今天到場的人均分！」

德春叔滿以爲這均分的主張，是可以得到人們的贊成的。誰知，還有人在反對啊！

「這也不行！不能說沒有到場的人就不分東西。況且，他們……比方我家小三子今天就是到集上刺尾隊去會操去了！」說話的是一個白髮的老頭子。

糟糕！人們的情勢，更鬧到按捺不住了。有的簡直胡吼起來，有的幸災樂禍似的「噓～～～噓～～～」一吹起口哨。忽然，不知道是那個壞蛋，在人叢裏放了一把野火：

「他媽的！還等個鳥！分總是分不均的。頂好是看那個會搶，搶一點拉倒！」

這一把野火，即刻燃燒了人們原始的，自私的貪慾。一刹那，人們就險惡地鬧了起來，吵了起來。這動作跟聲音，簡直像一羣吃大斤的亂民。幾隻站在人圈子外面的「張口劣紳」（註三），也驚駭得狂吠起來，大大加以助威。

德春叔這時慌慌張張，用手掩護住那幾堆衣物，口裏祈禱般的對人們亂喊：

「不要放野，這裏是什麼地方？是梭威岩呢？還是亂葬坑？你媽媽的們！……」

正在這不可開交的時候，突然從德春叔背後擠來了幾個人，氣勢洶洶的。是年生跟金麻子！還有梅嬸娘，張開口在喘氣。

「眞是一夥兇棍！眞是一個兇棍！鬧得昏天黑地呀！嘖！眞有什麼寶貝東西，值得這樣命也不要的吵嗎？」梅嬸娘擠在那堆衣物面前，口裏雖是這樣高傲，可是眼睛却很很釘住一條黑綢裙子。

「伙計！來得正好！」德春叔連忙拍着年生金麻子的肩膀。一面得救似的，望着那兩個青年非常有信心的臉。

年生對着金麻子會心的笑了一下，然後像一隻決鬥的雄鷄，站在衆人的面前講道：

「這裏剛才的把戲，我們都知道了。福三爺跑回去一五一十都對我們講了。哈哈！～～」他冷笑了一聲。「今天大家眞是熱心，比那次響應鴻鈞還要熱心！但是，早像這樣熱心，『綠軍』不老早就被我們打光了！但是，請各位同志必不要見怪，我問一問：爲什麼那天『綠軍』反攻的時候，很多都跟烏龜一樣，把頭縮得緊緊的，我們打鑼集合，死也不肯出來呢？」

這傢伙的話，照例是扛着南竹不轉灣的。金麻子到底比他大兩歲，深怕他鬧僨了事，就一跳跳到年生面前，把年生向後一拉，自己開口了：

「我說，就是這幾堆東西，全給哪一個人，也不會發財！這原不過是梭威岩一點意思，望大家以後好齊心協力呀！所以，我的想法，是按照我們這鄉村子分爲九份，然後再由各村子負責的人，按照各家各戶缺少的程度，再去公平地分一次。不能說，每家都一模一樣分！因爲各家有各家的不同的境況。有些原來就不缺衣少用，那就不能再分給他。……」

「你說的蠻對，金麻哥！」

「是的，這不過是梭威岩一點意思，以後我們更要齊心協力啊！」

「好囉，隨便怎末分都好！」

「將來梭威岩發達了，還愁什麽衣服穿！」

如是，人們都像醒了酒，虛心地贊成金麻子的意見。祇有獨眼龍一個人，還在呱喇呱喇，很不服氣。以致惹得年生動了火，把袖子一摟，指着獨眼龍的鼻尖臭罵起來：

「你這狗入的！前次要你進『刺尾隊』，你說你只有一隻眼，拿着決鎗瞄不好準！你媽的，未必今天那隻瞎眼睛睜開了？你靠什麽狠氣，要比別個多分些？你哪沒有？你比別個家裏好！」

獨眼龍這才貼貼服服不响了。

於是衣物很順利分成了九份，每村得一份。人們馬上散了場，「歐和連天」地在路上唱着。

「嚇嚇！是你們來跟我解了圍，否則不曉得要鬧到什麽田地？」德春叔在人散後，非常感謝年生跟金麻子。

「我跟您老說……」年生不客氣指教德春叔。「做事要有點決斷，要把眼睛對住頂窮的人。光是一味活搖活動是不行的呀！我看，您老平日不見說得怪嘴響的嗎？為什麽今天這點事，就『巴到鍋』（註四）了呢？」

年生說龍，同金麻子向集上去了。落得梅嬸娘在後面對德春叔連連埋怨：

「我叫你不做這屄事了，你偏不聽！好啊，被晚輩當面指教，我想你祇有把臉放在褲當裏去！」

「但是，我總是主席哪！」這是德春叔自己安慰自己的話。

（註一）「閉口劣紳」見那邊叫菩薩的專門術語。

（註二）「拋皮貨」是說自己什麼事都不行。

（註三）「張口劣紳」是那邊叫狗的專門術語。

（註四）「巴到四」意思是像鍋巴巴到鍋上，弄不脫。用來說人，就是事情做不清爽，沒有辦法。

## 三

從那次分衣物的風波過去以後，德春叔近些日子以來，算是比較過得安閒點了。

雖說各村也不斷發生幾件事，要他親自去處理。但比了分衣物那次事，總算容易得多了。

他是學乖了一點，從上次金麻子，年生們的幫助中。所以後來碰到這樣的事，比方一次湯家灣的農民們，爲了分咬氣大爹家裏的穀，他就是運用前次的經驗，按照貧苦的程度分。因之結果很好。人們一見到他，就歡呼道：

「啊！您老好！眞是我們有本事的主席叔叔！」

他也私自矜喜着。而且高興起來，還跟着年輕班子的後面，不入格個地學着唱幾句歌：

「起來！……飢寒交迫的……」

不過，他老人家的聲音，却總是跟他的骨頭一樣：老而且硬！叫人聽了，等於在一個黃昏的晚上，打到一口破鑼的沙音，發生鈍濁的不快之感。因此，有幾次在他唱得正高興的呼候，就碰了年輕人的釘子？

「喂！主席叔叔！我請您老還是不唱的好！眞的，您老一唱，就把我們的聲音都弄昏了！好像在一碗清水裏撒上了一把灰土！」

但是，他老人家還是不服氣，依然暗地拚命的唱。尤其是跟梅嬸娘早晚在一塊「起卡子」（註一）的時候，更要唱得蠻起勁兒。

然而，這快活也不是很久的。一件事，又把他老人家弄到：十八把弔桶打水，七上八下了。

這件事，便是肅清地主以後，一時風捲各鄉的「清富農」的浪潮。

富農，依照上面的提示，是：

「灰色的狗！」

因爲他雖不像地主老爺們那樣，肚子漲飽到凸凸地；但也不像普通農民們那樣，肚子餓到一張皮。你要一不防備，他馬上會變成大肚皮，而且張開口咬人啊！

黎戶屯鄉的「清富農」的呼聲，在年生跟金毓子這一夥人的號召之下，也鬧得風起雲湧了。

第一個該倒霉的，是尹寶台的尹和尚。

被人告發以後，尹和尚這天就被德春叔傳來問話了。

尹和尚是個四十多點歲，遠近有名的，外號叫「胡椒老鼠」的人物。這外號，並不是一定指他那矮小身個兒，跟那對狡猾的老鼠眼睛；而是指的他那平日作事的精明强幹，而且手段潑辣。

「啊！德春哥！你好呀！」尹和尚一到德春叔的面前，就映着陰鬱的眼睛，非常沉着，跟德春叔打招呼。

「啊！和尚哥！」德春叔的肩膀聳了一下，帶了一點侷促的神氣。「今天請你老哥來，沒有別的，不過一點公事商量商量……」說完，好像對不住人似的，卽刻陪了一個笑臉。

「是的……我已經全都曉得了。德春哥！」尹和尚也冷冷地笑了一下，樣子表示滿不在乎，而又早有主見。

「本來，和尙哥的話，我們都是鄉鄰，並且大家都是非親卽故！私人方面，又早日無寃，近日無仇。我德春出來當主席，原也是大家抬出來的。這次請你和尙哥來，也是大家的意思！」

「是的，我們彼此都不必客氣，公事公辦好了！我曉得你還沒有窮到要打我的主意！」尹和尙還是冷冷靜靜，把身子挺得直直的。

「好囉，和尙哥！你是明白人，現在有人說你是富農，意思不過請你委屈委屈，捨一點財，舒服舒服大家。」

「我是富農？」尹和尙極不以爲然地拿眼睛釘住德春叔。

「是的，……富農！……」

「照這樣說，我是犯了罪了，該打倒！是不是？」尹和尙忿忿地問。

「嚇嚇！這……這……打倒是不會的囉！」德春叔搖頭。

「這裏准許人說理的嗎？」

「當然！和尙哥！這裏是梭威岩，不是『綠軍』的衙門！你有理只管說好了！」

「嗯……嗯……『富農』！……」尹和尙從容不迫，像在想文章。「『富農』！啊，也該打倒！這是說不該比別人多有兩個錢！但是，喂！」轉爲不平的聲調。「德春哥！恕我說句放肆的話，你們的蘇威若實在有點兒愚蠢！爲什麼富農也該打倒呢？」

「因爲要貧富一般平！」德春叔理直氣壯的回答。

「是的，『貧富一般平』！不過，這中間我想總該有點分別的。」尹和尚侃侃而談。「比方那些士劣，該打倒！因爲他們不是敲詐別人的錢財，就是享受祖上的餘業，那打倒得有理由。但是我，第一，我是自己一生勞碌奔波掙出來的江山，不比靠祖先積蓄的人們，一生袖着手吃現成的飯；第二，我是光明正大的做我的事，又不是敲詐別人的血汗錢！即是說我現在比別個多有兩個，這是我勞心勞力的結果！你們的××主義，不是說要『反對不勞而獲』嗎？我哩，我……是勞了心力的，絕對不應該打倒！……」說到這裏，他把牙齒咬緊了。

不錯，尹和尚有他自己的理由。他，從前死年輕的時候，實在是一個『精打光』的人。後來，虧他巴巴結結地做，一手做起了二十多畝好高田，外帶開着一座作坊（註二）。家裏僱了兩個長活司務，一個放牛娃子；作坊裏僱了三個木匠司務，兩個徒弟。外加餵了兩匹壯大體面的牯牛，五六條大肉猪。而且，手裏積有一兩千現洋，騰賤賣貴。這，由他說，是他一生辛辛苦苦掙來的。所以，他是一個例外咧！

他的話，說得如此堂堂皇皇，弄得德春叔，這位活搖活動，沒有一個定力和主見的人，也無形屈服了。

「要貧富一般平！」德春叔又用這句話，來擁護他毫無具體辦法的意見。

「十個指甲也有長短呀！怎樣能一般平呢？」尹和尙一句話，把德春叔駁倒了。

於是德春叔呢喃了許久，才緊繃着臉，咬住牙巴骨說道：

「總之……勿論如何……你家裏僱了那許多司務，賺了不少的錢，應該捐些出來！」

「是的，我僱了幾個司務，但是，我也一樣跟他們在一起做。再說，我已經加了他們的工錢，跟工會裏的規定一樣！我並沒有刻薄他們！」尹和尙顯出不可侵犯的堅決。

「依你這樣說，你……你……」德春叔到了這時，毫無主見，只低好聲下氣的問道：「和尙哥！一點也不應該侵犯嗎？」

「哼！當然！」尹和尙狡詐他一笑，而在心裏加以輕蔑的想着：

「呸……當什麼鬼主席！……滾你的蛋吧！……」

「嘻嘻！……」德春叔忸怩起來，坦白地承認自己的不行。「和尙哥！你是曉得我的根底的，我……嚇嚇！實在不過是『日巴彈琴』！既然他們抬舉我，我也不過盡我的一點力哩！」

「你很好，德春哥！你比那般年輕伙子懂事。那般年輕伙子，好像要把隨便那一個，都要變成跟他們一樣！——脫下身上的那條褲子，就再沒有第二條！這，他們才說是眞主義！哈哈！」尹和尙得意地，像野馬般大笑了起來。

「但是……不過……不過他們也不錯，他們眼睛是望着頂窮的人！」

德春叔心境顯然陷於矛盾，無所依歸的動盪。

「不然，都變成『精打光』了，那還成一個什麽蘇威岩呢？」

「好！和尙哥！說來說去，這次清查富農，也不過是爲的經濟問題，你老哥是很開通的人。我想，你總得捐幾個出來，好平服平服大家。」

「這……我看……請你給我寫上二十塊錢吧，算是我報效蘇威岩的。好！我家裏還有點兒小事，我去了！」

這件事，就這樣解決了。

而同樣的事，也是這樣解決了。

（註一）「起卡子」是去湖裏起出先放下去的，釣到了魚的竹卡子。卡子是一種弄魚的工具，用竹青削就，就如弓形。

（註二）「作坊」即木匠鋪。

## 四

迴龍灣集子上今天是個「熱集」(註一)

這沿堤的，五六十家店舖的小市鎮，每在熱集，倒也熱熱鬧鬧。雖說以前的幾家大舖子，像尚萬和榨坊，現在是關門大吉了。但其他的中小舖子，戰後，生意却逐漸好了起來。

各村子人們像趕廟會似的，提着籃子，揹着「口袋」(註二)，或是挑着一籃筐粮食，提着一隻鮮魚，忙忙碌碌地來趕集。

回龍寺前面的一塊大空場，習慣上是這集子上頂熱鬧，頂有生氣的地方，在那裏，有鮮魚攤子，有小菜担子，有棱威岩「應鹽」(註三)公賣的布篷子。

這時，太陽光直射在魚攤子上，魚鱗迎着陽光閃着白晃晃的光輝。

一個賣魚的女人，手裏捉着一條尺把長的鯉魚，一閃一閃。口裏正跟一個買主，涎沫噴噴地議論價錢——

「望保平！你轉來！這魚眞有兩斤十兩，你再添幾個嚼。你未必金口玉言，說出一串錢就不再添了？」

這聲音很急促，很粗大，隨便誰都曉得是梅嬸娘那「鴨子啃田螺」的腔調。

以外，各個攤子上，担子上，在呱喇呱喇叫着，

「要莧菜嗎？」

「要白菜嗎？」

「啊啊～～～！嫩菠菜，八個『角子』（註四）一斤喲！」

在這緊張的場所的對面，是一座有樓房的茶館。一塊黃紙招牌，貼在大門口粗木柱子上，寫着：

「勝利茶館」四個盌大的紅字。

樓上，幾張粗木桌子，長板櫈，都坐滿了客人。

一股好南風，帶着秧田裏的清香，迎面吹拂着這些喝茶的村人們。村人們把短褂脫得精光，讓那些「涼悠悠」的好風，撫摸他們黑釉釉的胸脯。

這之間，獨眼龍跟福三爺，坐在左首一張桌旁，態度很安閒的喝着茶。

「『加開』（註五）！運生伙計！……」獨眼龍一隻脚斜擱在旁邊一張板櫈上，扭轉身子叫着。

「跑堂倌」的運生，像戲台上的丑脚，把上巴一歪，趕快給獨眼龍跟福三爺加了開水。

「再拿一盤西瓜子來，運生！你這狗入的，也跟老子一樣，瞎了眼睛？先一盤瓜子老早就嗑光了哪！……還有，再跟我拿兩根哈德門香烟來！」獨眼龍非常闊氣地吩咐跑堂倌。

「好，獨眼龍同志，就來！……」

獨眼龍這才舒舒服服，端起泡茶碗咕了一大口。

「喂！獨眼龍伙計！你……你剛才說的是眞的嗎？尹和尚他眞……」

坐在獨眼龍對面的福三爺，用着他昏花的老眼瞥着獨眼龍。

「呃！……」獨眼龍把那隻好眼睛翻了一下。「您老人家幾十歲，未必我還哄您老人家不成？那……全是眞的！」

「是哪個說的呢？這話……」

「『是哪們說的』！都這樣說！」獨眼龍活像有所根據，神氣十足。「啊！是長庚那傢伙親口告訴我的。他是尹寶台的人呀！」

「他是怎樣告訴你的呢？」福三爺咕了一口茶，然後又加上一句：「說淸楚點，你勿論說什麼總是含半截，吐半截的！」

「他告訴我說：尹和尙他們這一夥的，暗地裏攤了三百多洋錢，送把德春叔了。又說，還送了好幾套夏布衣服！」

「這話，伙計：我說……」福三爺半信半疑。「光景不大靠得住。我們跟德春住死一個台子上，什麼事情還瞞得過衆人的眼睛嗎？」

「笑話，靠不住！爲什麼別個鄉裏，老早就把富農們淸查光了呢？未必尹和尙是外國洋人保過險』的，爲什麼不把他家的東西拿出來分一分呢？還有，他餵的兩條大黃牯，爲什麼不牽他一條呢？再說，他家存有一滿倉穀，餵了幾條大肥猪，並且，田又比別人的好！……您老人家想一想，光罰他這點屁錢——」獨眼龍使氣把兩個指甲一伸，作爲二十塊錢的數目。「算什麼事？這不是德春叔跟尹和尙他們，內中有玩頭是什麼呢？」

停了一下，他又忽然猛猛地把大腿一拍，加上——

「未必我獨眼龍寃枉人不成？」

正當獨眼龍說得口沫橫飛，揚揚得意的時候，是梅嬸娘的聲音，在樓底下喊着：

「福三爺！您家花子的魚賣完了，我們一路回去哪！」

「哎！梅嬸娘！您上來坐坐，我在喝茶。」

梅嬸娘上樓來了，手裏提着一隻空籃子，裏面放着一瓶米老酒，跟幾塊豆腐乾。

「獨眼龍！……」梅嬸娘一開口便是教訓。「我老看見你在坐茶館的，你這東西，眞是……眞是遊手好閒！」

「我不像您老想發財呀！要曉得，這是什麼年頭？」

這是獨眼龍的處世哲學。照他想，這年頭，應該坐坐茶館，說說閒話。要是還有事要做的話，那就是設法打聽：哪裏再可以去打倒，去分點東西。

「唔！我要去了。」獨眼龍臉上突然很正經，用着不眞誠的誠意對梅嬸娘說：「呃！梅嬸娘！回去跟德春叔說說，叫他遇事過點細，外面有風聲！」然後又大聲叫着：

「運生伙計！今天的茶錢，都寫在我的賬上。」

他站起身來，一搖一擺地走了。

梅嬸娘在跟福三爺從集上囘到吳家台的路上，問福三爺：

「福三爺！剛才獨眼龍那壞蛋說了什麼呀？那樣鬼頭鬼腦的？」

福三爺把剛才獨眼龍說的話，詳詳細細告訴了她。

急得她連跳帶跑地向家裏直奔。

在家裏，這時德春叔正坐大門口「理卡子」(註六)，不時把眼睛從村前一叢綠陰陰的密樹中，透過了望着那條延向集子的路，心理想：

「今天的魚價該賣得好吧？」

村子裏是如此的沉靜，眞是一個可愛的天氣啊！

從附近，清清楚楚傳來一陣陣兒童團的歌聲，借了雙口湖水面的迴響，特別現得清脆，而且活潑，像吹着銀笛：

「我家的爺爺頂可愛，

頸項上飄着『犧牲帶』！

……………………」

這使德春叔的心胸，發生了很快活的，幼年人的感情。因之他停止了手中的工作，歪着頭，撚着鬍子嘆息說：

「啊！這眞是年輕人的世界啊！他們比起我們老一輩的，該是多末有福氣呀！唉：要是我那個寶貝兒子——丙生不給『綠軍』打死，我想，他這時一定像一隻喜鵲跳跳蹦蹦啊！……」他隨即又自感着：「是的，那天游擊指揮說的對：那些年輕班子，還不是跟自己的兒子一個樣！」

他沉默着，浸於深思。忽然，村前田塍子上浮現了妻的身影，他趕快站起身來去迎接她。一面口中興奮的說：

「啊！老伙計！你回來了！啊！好大一瓶酒。讓我們今天晚上，好好地喝它幾杯。但是，你聽——」他把手向前一揮，提起妻的注意。「那些小娃們唱得多末好聽呀，嘻嘻！就是我這五十多歲的人，也好像變成年輕了呀！」

可是妻並沒有他預料的感應。反之，却把嘴巴撅得足足有兩寸高了。

「怎樣？我的老伙計！」

「『怎樣』？」梅嬸娘焦燥地把眉毛一蹙，把剛才福三爺對她說的話，一五一十轉告給他了。最後，她憤慨地埋怨他說：

「你這個老背時貨，好哪！你這樣跳死跳活，爲的什麼？你說：爲了梭威岩，爲了大家。嚇嚇！可是大家曉不曉得好歹？反說你得了人家的賄賂！好！……這一次，該輪到你被人家打倒了！」她否認一切地把手一揮，吵嘴般的詛咒着：

「我都看穿了，我都看穿了！這般喉嚨裏伸出手來的光棍們！我求你，以後再不要管這淡閒事（註七）了！」

德春叔聽了妻的責備之後，思慮了一下，隨即苦笑道：

「呸！媽媽的！老子偏不信這邪！老子行得端，坐得正。況且尹和尚他們並沒反動。雖說『有兩個』，但……他們也是勞心勞力的呀！這也要打倒，將來哪個還有心事去興家立業呢？豈不是都要變成叫化子嗎？」

「看這個樣子，獨眼龍們光景是要搗你的鬼的了，我看，你頂好乘這機會，把職務辭掉它吧？」

「笑話！眞是……我這職務，是他狗入的一個人說要就要，說不要就不要的？我是大家公舉的！並且獨眼龍，他媽媽的，誰都曉得——『白日鬼的乾兒子』！（註八）一味胡說霸道。哼！我老子怕他？」他很很地吐了一口痰水。

然後，他又坐下來重新去「理卡子」。然而，他平靜的心，終於受了剛才那消息的搖動。因之他又不知不覺把「卡子」放在脚前，用手抱了頭，而開始沉思起來：

「獨眼龍這傢伙，老是游手好閒，一心一意想多『撮幾個昏水魚』！（註九）但是，這就算是比我還行些，還革命些嗎？」

他儘想，儘不能得出一個解決。

「是尹和尚的理由對呢？還是獨眼龍的理由對呢？」

他的心，是動盪着啊！

（註一）「熱集」是鄉鎮上有人趕集的一天。大多數是分單日雙日熱冷集。

（註二）「口袋」即裝米粮之布袋。

（註三）「應鹽」係湖北應城縣出的鹽。

（註四）「角子」湖北人喊銅板的名字。

（註五）「加開」是茶館裏通行的喊加開水的名詞。

（註六）「淡閒事」猶言這事淡而無味也。

（註七）「白日鬼的鬼兒子」是黑扯謊的人的一種刻薄話。

（註八）「撈昏水魚」等於乘刼打刼。

## 五

「德春叔跟尹和尚們勾結！……」

「主席受了尹和尚們的『買活』（註一）！……」

「打倒維護富農的主席！……」

像一把石灰，撒在狂風裏，鄉人們關於德春叔的攻擊，很快散佈到各個村子裏了。

尤其是獨眼龍，近來特別起勁。在茶館酒樓中，他連連拍胸捶桌子，眨着他那隻唯一的好眼睛，對着村人們，用着煽動家的口吻：

「你們這班人都睡在鼓裏，被德春叔欺騙了，還不知道。所以，我們要自動起來幹一傢伙呀！現在我們不是都有了權柄的嗎？愛怎樣幹就怎樣幹！」

如果有人這樣問他：

『那末，照你說應當怎樣幹呢？』

「怎樣幹嗎？就是我們一下子擁到尹和尚的家裏去，把他的東西分得精光。我是調查得一清二楚，他家裏有好幾千洋錢，埋在他老婆的馬桶子底下，那牆角裏。你媽媽的們！要是都聽我老子的話，包你們比上一次分衣服更有『甜頭』！」

可是，獨眼龍有一天却碰了一次釘子。

事情是這樣的——

當他有一回正在黎戶埠鄉蘇的大門口，行他的宣傳時，恰巧年生跟金麻子跑到那裏去了。冷不防，在他正說得涎沫亂飛的時候，金麻子攔腰一問：

「喂！獨眼龍！要分尹和尙的東西，是對的。但是，你有什麼權柄邀入去呢？」

獨眼龍幾乎囘答不出來，好久，他才說道：

「那個主席叔叔既是不革命了，我獨眼龍就要再起來革一次命！哼！」

「你的命是怎樣革法呢？」

這囘是年生的話。

「『怎樣革法』！……『怎樣革法』！……」獨眼龍馬上口噤了起來。

「我跟你說——」年生把腰一挺。「乖乖！你獨眼龍我是曉得的。你……你做夢都在打人家的主意！你……你只想多分點東西。就是把天下所有的金銀化成水，你也想喝一個飽頓，不怕把你的肚子脹穿！你媽媽的！你一天到晚不是坐茶館，就是偸偸押彈錢寶（註二）。你這流氓！你做了點什麼正經事？游手好閒！哈哈！革命就是這樣革法的嗎？這叫着墮落，腐化！滾你媽的蛋！要不然，老子的火氣上來了，一拳頭，跟你把這隻燈也吹掉了它（註三）！……」

「你這狗入的！你未必比我強！好，依你，怎樣辦呢？」獨眼龍還是不心服的問。

「我們自然有我們的辦法！我們要先去發動大家來幹。」

在這人們議論紛紛的火頭上，那個中心人物的德春叔，一天天弄到孤立起來了。甚至碰到村人們，也遭受別人不尊敬的，甚至敵忌的白眼。

他是說不出來的煩悶着啊！

你看他那長長的，黑晶晶的，漂亮的鬍子，近來也低垂下來了。人也好像老了許多。而且老在跟梅嬸娘吵嘴。

梅嬸娘哩，現在一開口，就埋怨他，說他：

「尤就不該答應稿這猴戲的（註四）！幾十歲了，犯不着討這些寃枉氣嘔！」

「未必眞該輪到打倒我了？我做了什麼錯事呢？我那一點對不住大家？有什麼私心？……」

他成天苦苦地想。

一直想到這天區蘇開黎戶埠鄉的大會，他才得到了一個結果。

開會的這天，非常熱鬧。平常迴龍寺的空場上，滿是排菜攤子的。現在，沒有了。全讓給站滿了千把個趕會的人。

寺門口，臨時搭了一座四根柱子的主席台。樣子就跟往日唱「花鼓戲」的戲台差不多。

一把區政府的大旗，在台頂上飄着火的色調。

德春叔跟梅嬸娘到達會場的時候，台子底下已經黑壓壓地擠滿了人。人們，照老規矩，是你不顧我，我不顧你：各說各的，各笑各的。

「啊哈！~~~~主席叔叔，主席嬸娘來了！」

「看他怎樣說？爲什麼霸着不許分尹和尙們的東西？」

「人老了，到底不中用囉！哈哈！受了人家的買活！」

這是德春叔兩夫妻一踏到主席台，所聽到的呼聲。

台上，除了區主席陳二喜——一個油黑面孔，三十歲上下的人，從前是集上的打鐵匠。另外，是年生，金麻子，獨眼龍；還有尹和尙也在上面。

奇怪得很，獨眼龍今天反沒有平常高興，把嘴巴抿得緊緊的。祇有年生金麻子，倒還是照樣雄糾糾的，尤其是金麻子，一顆顆的麻子，興奮得好像變成了一張張小口，會說起話來似的。

此外，是那個最惹人注意的尹和尙。不過，他却沒有一點兒變態，依然是那胡椒老鼠的本色——陰鬱而且沉着。

德春叔一點氣力也沒有，謹謹愼愼走上去跟陳二喜握手。鬍子動了一下，似乎想說什麼，但隨即閉住了口。他驚異地瞥那些台下各色各樣的臉嘴。梅嬸娘還是拿出她年老人的身份，異常高傲的搖着頭，喃喃着：

「如今世界上，你去打鑼也尋不出一個好人了，尋不出一個好人了！天哪，從前這都是些弖屁也不放一個』的人呀！現在，嘻！都變成舌頭比刀子還快了！」

區主席馬上走向台口，手對台下一揚，隨卽有力的落了下來，這動作活像他打鐵時的神氣。

於是他講話了：

「今天……各位同志！……這個，這個……」他是不大會講演的人，向來是簡簡單單幾句話。

「黎戶埠的全體同志都在這裏，我要講的話是：你們的主席德春同志犯了錯誤！有的說他得了尹尙們的錢，所以放掉淸査富農的工作。這是獨眼龍說出來的。」他隨卽回頭望一望獨眼龍。

獨眼龍趕快把頭一低，像小孩說了謊，被大人說破後的忸怩不安。

主席接着又說了下去：

「有的說，德春同志不去淸査富農，是因爲他本身原是一個中農，富農的思想很濃厚！所以這個……這個……活搖活動！這是年牛跟金廠子兩個說的。」

年牛在旁邊，憤憤地把頭一點，口裏含的話忍耐不住了，就理直氣壯地冲了出來：

「是的，主席同志！德春叔實在太……」

「啊！年生同志！我的話還沒說完哪！你停一會再說不遲呀！伙計，不要作急！……」主席制止了年生，又接着說下去：

「所以區裏今天答應年生跟金麻子爲首的，六十三個同志的請求，開這次大會，大家好好來討論討論。再有一點，就是我們區這一方面，已經決定下來，要改換黎戶埠鄉的主席，也請大家想想，看是推舉哪個的好？……」

「好哇！～～～」

「主席老爺，贊你的成！～～～」

台下的人，高聲響應着。

「陳司務，你這個打鐵老！你也跟他們一鼻孔出氣！…… 你也寃枉我的老頭子！……」梅嬸娘跳起脚來，把台板跌得「碰通～～～碰通～～～」的響。

「哈哈！……『陳司務』？『打鐵老』？他如今是我們的區主席哪！你還喊他是這！……」

人們一起粗暴地吼笑起來。

可是梅嬸娘依然不管這一套，還是一跳三叫地說她的：

「我們的一個獨種兒子，爲了你們這什麼屁梭威岩，被綠軍打死了！我家的老頭子，成天爲了你們，『漁業事』也討不開去討！唉！我們得了你們一點什麼芝蔴大的好處？呃！……呃！……現在，你們反來咬他一口，你們這些該天雷打的，該天雷打的東西喲！……」

「唷！梅嬸娘！您老這樣大的一把年紀了，為什麼還是這樣小孩脾氣呢？現在是開大會，議正經事哪？您老不要這樣喳喳呱呱！什麼事，總可以問個水落石出的。哪個也不能寃枉您家的老頭子的！」區主席連笑帶說，才把梅嬸娘的火氣平服了下來。

「好，現在幾方面的人都在場，先讓獨眼龍同志來說……」

獨眼龍顯然失去了平日大口大氣的風度，像「跛姑娘穿裙子」，紐了半天，才心虛臉紅地囁嚅道：

「我也不過是聽見人家說：德春叔得了尹和尚的錢！是哪個說的嗎？呃……呃……我忘記了！不過……假設眞沒有這事的話，好！」他把頭一拍。「就算我獨眼龍錯了！」

說完，他把頭一縮，連躬也不鞠一下，慌忙退到台後去了。

「哈哈~~~！眞是白氣鬼！」

「媽媽的！眞是個『石灰袋子』(註五)！」

這是台下的人的聲音。

「各位！這一下該曉得我吳德春沒有受人的『買活』吧！敢誇句口，我活了這大半生，從來沒有用人家一個寃枉錢！况且……」德春叔這時非常憤激，連他那嘴鬍子也為之抖動了。况且……現在做革命工作！就是說上次處置尹和尚們的事，我先不過聽他說的怪有理性，我才那樣辦。尹和尚那天說的對不對，今天他在這裏，叫他自己講，大家來評判評判着。至於我哩，好！……」

他像頓悟了一個難題似的，坦然自責道：

「好！我算是個中農！我算是『活搖活動』！現在請你們換個比們高強的人來幹，我甘願在家務『向粗糠火』！(註六)……」

忽然，台下叫喊的聲音，把德春叔的話打斷了！

「叫尹和尚來說！」

「看他那個胡椒老鼠有什麼鬼理性？」

「打倒！這個狡猾的雜種！」

胡椒老鼠，他在這些人們仇恨的詛咒之下，還是滿不在乎，還是異常沉着的神氣。他從從容容把那天對德春叔說的那一套，重新向大家說了一遍。最後，他用一種敵意的容忍，反抗的冷笑，結束了他的話：

「總之，我尹和尙比大家『有兩個』，這就算是我的罪惡！你們儘管到我家去分好哪！不過，我剛才已經說過了：這是我辛辛苦苦積蓄的一點家私喲！……」

末了這一句，似乎含着壓抑住的怨恨跟悲哀。

現在，年生再也忍不住氣了，走上前去就聯珠炮似的講着：

「各位同志聽見了嗎？尹和尙剛才的狗屁！大家想想看：他說他的家私，是他自己辛辛苦苦掙來的。但是，我問他一句：要不是他僱的那幾個司務，成年成月駝着背跟他做，那末，他一個人掙個屁家私？所以不要相信他的花言巧語！凡是富農家裏多餘的東西，都該拿出來分給大家！」說完，他勇敢地把兩手向上一舉，像舉起了千斤的担子。

「是的，說的蠻對！年生老弟！」

「分尹和尙的多餘的東西！把他的好田跟我們的壞田混起來重分一次！」

「他有兩匹牛，牽他一匹，給沒有耕牛的人！」

這些聲音，轟轟地像打土雷。剛剛一停止，忽然又一陣捲了起來，這囘不是憎恨，而是愛好，如春天裏的波浪一般柔和的聲音：

「年生！你這個乖乖兒子！你眞是我們的人啊！」

「好！都擁他的護！」

「舉他當主席喲！」

接着，人們自動的，把手舉了起來，密得像麻林一樣。

等台下的暴風雨過去以後，區主席才正式提出大會的決議：

「新主席——年生同志！委員照舊……」

「清查富農的突擊隊長——金麻子同志！」

「德春同志並沒有意勾結富農，並且對於梭威岩還是很熱心的，特爲調他到區政府當土地委員！」

如是，德春叔那顆動盪着的心，所有村人們動盪着的心，在一陣歡喜的鬧聲中似乎都得到了一個定力。

（註一）「買活」等於收買。

（註二）「彈錢寶」是用兩個制錢轉的賭博。

（註三）「把這燈也吹掉了它」是說把獨眼龍那隻好眼睛也打瞎了它的借用。

（註四）「猴遺猴戲」就是：幹這玩意。

（註五）「石灰袋子」是說一肚子白話。

（註六）「向粗糠火」意思是什麼事都不管，躲在屋裏烤烤火而已。

一九三四三二二脫稿於香港。

# 棉袴

臧其人

團長，營長，保安隊長騎起馬在城外頭四方八面跑，跑到泰山廟，跑到紫霞宮，跑到肩膊山山頂上；太陽giang(一)冒過屋山子就跑出去，太陽偏da(二)西又跑回來。馬底蹄子打在街心的石頭上，響成很脆的聲氣(三)，響得一城人底心zsan(四)跳。

——來da！來da！

謠言就kiang(五)這秋天裏的風，吹落根根樹上的葉子，也吹得個個人底心緊fungbung的。街上的人，就kiang瘋da一樣，三個人pung(六)在一塊，五個人pung在一塊，kiligungli說。各人底臉，都板得kiang死人，眉毛ki得緊緊地。nanggao(七)呢？nanggao呢？好kiang他們底主意都叫小摸(八)摸走da。

有錢的人們搶地搶地朝城裏頭搬。早晨搬走da商會會長，吃中飯的時候，搬走的是團款主任。不到一天，東街裏搬走da十幾家。長得體體面面(九)的年青的少奶奶小姐們光起臉，披起頭髮，穿起跟她們那體面不相稱的壞衣服，ka(十)的跟那體面不相稱的大步子，朝城裏頭走。街上的人，看見她們掷 kiang 眞正躲反去的樣子，心裏格外慌起來。也有些幸災樂禍的傢伙，不曉得是怎樣，倒覺得舒服。他們想：

——巳，這些破屁股（十一）也有今朝的！

六十幾歲的吳 aiba（一）揹起炸油窩子（二）的傢傢伙伙，回屋裏去。她底背本有 ikar（三）駝，揹起東西，格外顯得 kiang 山 da。今朝生意很不好，xai（四）剩下十幾個油窩子 mao（五）賣完。這幾天，灰麪跟黃豆都漲 da 價，今朝就多花 da 一百幾十錢的血本，賣的錢倒 maode（六）往常多。世界一亂，連小生意都不消做得 da！吳 aiba 一路走，一路頭頭也是搖，氣也是吐。

吳 aiba 是城牆上的麻雀，嚇大 da 胆的。活 da 六十幾，該見過多少事，甚土匪，甚反王，不拘哪樣兒，無非是奸，擄，燒，殺。這些都不怕；自己是窮人，是孤老（七），反也反不到我頭上來。作算死，幾十歲，也是順便一條路；人家殺我做 syngguo（八）呢？可恨的是，一不太平，趕

註：一，剛，剛才，讀『將』或『姜』。二，助動詞。表過去完了意，即普通話的『了』。三，聲音。四，不住地。讀『只三』。五，即『像』，讀『槍』。六，圍攏，聚集，讀『蓬』。七，怎麼辦，讀『朗稿』。八，賊之小者，不敢挖洞，只乘人不備，竊取小東西，略同『扒手』。九，美麗，好看。十，跨步、邁步，此音無漢字可寫。十一，帽女人，下流話。

衖的人就少da，油窩子賣不得；還有，別人該自己底賬，收不回！

老頭子在，靠老頭子；兒子在，靠兒子；如今，都 maode 靠的 da，靠自己牙齒縫裏積幾個錢，做生意，放賬，過日子。要是生意不好，賬收不回，天，吃 synggu o 呢？喝 synggu o 呢？說反不到頭上來，xai是反到頭上來da！這些血cang(九)死的，活過da円，造反！

到 da 屋，腰裏搜出鑰匙來開脫門，聞一聞屋裏的氣色(十)，她就揹起傢傢伙伙進去 da。這屋，在大東門外頭濠溝對門，是靠別人底大屋，用竹子編好da搭起來的，頂上是茅草跟蘆席。從前太平時候，窮人們蓋不起屋，就在城牆跟濠溝中間，靠 dou (十一) 城牆根，搭起這樣草棚子來住，爲的便易幾個錢。後來世界亂，怕來攻城的靠這些草棚子會有些甚方便，衙門裏就叫把這些屋拆da。圍城一轉幾百家，maode 地方住，就搬過濠溝，靠 dou 人家底大屋，搭起跟原先一樣的草棚子來。住在這樣的草棚子裏的人，有做小生意的，有做手藝的，有挑水的，抬轎子的，洗衣服的。他們都窮，叫住瓦屋的人看不起，不跟他們結親，有親的也不走(十二)。他們另外成一個世界。吳aira就住在這另外的世界裏。

屋只有一間，裏頭黑漆漆的；窗子也maode，只有壁眼縫裏射進來ikar亮光。現在天已經黑下來da，屋裏格外跟夜ga(十三)一樣。黑是黑，吳 aiba倒是摸熟da的，別看她是個爛anxian(十四)，在這屋裏，她 syngguo 都看得見。她放下da傢傢伙伙，自已搥da搥腰，馬上從籃子裏摸出洋火來燒夜飯。

夜飯過後，她把碗傢什都檢da，該出去收一回賬。擺滷盒子的老七屋裏兩百，陳裁縫四百，李跛子三百……一共一串出頭，她天天都是要去收的。這幾十串錢，差不多一半是這幾天放出去的。要是眞來da，nanggao呢，他們xai肯還！事到如今，要多賠小心，自己多捏ikar皮（十五）。

風聲一天緊一天，搬家的格外多起來，挨門抵戶的人家上da鎖，搭的封條。城外頭的機關都搬進城去da，紮的軍隊也扯進城去da。報信的馬，接二連三，不曉得從哪裏跑來，飛一樣跑進城去。街心裏颺起丈把高的灰，馬蹄打在石頭上kuad kuadi響。天一黑，街上就maode人走。城上一夜到天亮有燈，有人守城。半夜裏只要哪裏有 syngguo 一響，馬上，mao睡着的人推醒睡着da

註：一，老太婆，讀『哀巴』。二，一種油炸的養物，不知別處叫做什麼。三，一點兒。四，卽還，讀『孩』。五，未，讀『冒』。六，讀『冒得』，專作『無』用。七，年老無子者，無依者。八，甚麼，甚麼東西，讀『悚個』。九，氣促，讀『蒼』。十，氣味。十一，助動詞，表存在，得到，讀『斗』，或爲『到』之訛。十二，走，來往。十三，『夜ga』爲一詞，夜間，夜晚。十四，『爛anxian』爲一詞，卽爛眼沿，讀『爛俺嫌』。十六，『捏皮』爲一詞，聽別人底斥責，忍氣吞聲。

的人，慌裏慌張爬起來，豎起耳朵聽。

不曉得是甚鬼，說要來，就眞地要來da。哪個也dan(一)不住。他們到da天門，到da皂市，到哪裏就燒得哪裏，殺到哪裏。gao(二)得鬼哭神嚎，雞飛狗上屋。那兒法，就kiang比八多幾個腦殼跟胳膊，就kiang心都不是肉做的。眞估不透，不是說都是鄉裏種田打土fa(三)的麼？平常趕街進城的時候，一個個都蠻老實的，怎陡然這樣兒呢？有人說，這回可眞不是玩的，那些鄉巴老，平常受飽da城裏人底轄制(四)；賣柴賣米，受行裏經紀底轄制；完差，受櫃上的先生跟粘竿子(五)們底轄制；打官司受歇家(六)跟司法狗子(七)們底轄制；賓谷借錢，受債主底轄制；送稞又受田東老爺底轄制！如今，他們反da，要來da，有寃的報寃，有仇的報仇，白刀子進，紅刀子出！明白da吧，為甚事人們拚命朝城裏頭搬。

吳aiba底油窩子越過越賣不得da。到那家去收錢，那家不把；到這家去收錢，這家也不把。

註：一，攔阻止，讀「胆」。二，做，弄，幹，讀「稿」，大約是攪之訛。三，「土fa」為一詞，即土，打土fa，也是種田意。四，欺負。五，替人辦完差手續而從中取利者。六，替人做狀子，打官司者。七，法警，因一名司法警察，故有為「司法」；狗子，替人跑路，欺負窮人之意，有警狗子，團防狗子，厌狗子(兵)等名。

不是說，這日子哪個吃滷菜呢？就是說，這日子哪個做衣服呢？好話說da千千萬，半個錢也收不到手。你要吵，該錢的人比你 xai 狠些：

『這是甚日子，討債！』

『怎樣，債都討不得da！又不是偷來的，又不是搶來的，就是反，也 xai mao來呀』。

『mao來？就要來 da！放胯子錢(一)神氣不過！看吧，有仇的報仇，有寃的報寃，一來，少不得問，哪個是放胯子錢的呢？現在知ikar趣兒，到那時候，大家不做聲。不的話，哼……』

『哎喲，ar(二)，少說些！我是孤老，我也是住草屋的，天底下，地上頭，哪裏 maode 孤老放胯子錢呢？你再說得嚇人些，就說油窩子也炸不得，我也不怕。』

『好，你天不怕，地不怕，閻王是你底乾親家！你也住草屋，我們該你的錢，你是孤老，我們養活你！』

『哪樣？你養活我？你養得活我？』

『你說過 giangas (三)，只有五串錢，如今五十串都不止；哪裏來的呢？動不動，就恃起孤老，草棚子狠，到人家裏討死放 pian (四)，不把錢不走。去年胡媽叫你逼得上吊，不是我們救的話。好，說一是一，說二是二，你說你不怕。吳媽，ma(五)是放胯子錢的麼？來，賞一百塊！』

吳aiba心裏有ikar抱黃(六)，哪樣？胯子錢也放不得，這是甚洋理性(七)呢？xai說反不到我頭上來咧。

一夜睡不着，一翻翻到這邊，一翻翻到那邊。油窩子生意不好，糧食漲da價，胯子錢放不得！有冤的報冤，有仇的報仇！

月亮從壁眼縫裏一條條射進來，屋裏黑洞洞的，又kiang看得見一些傢傢伙伙底影子。不曉得nanggao的，她有ikar怕。

死da十幾年的老頭子底臉。那死鬼在世是當司法的，一生裏不曉得到鄉下去苛詐da多少人，a(八)鍊子[illegible]da多少人來da。死da好幾年的兒子是當刑杖的，打鄉裏人的板子，皮鞭，xai上壓槓。現在，鄉裏人反da，有冤的報冤，有仇的報仇！他們都死da，莫非要報到自己頭上？

半夜三更，一giou(九)就起來da。點燃maode罩子的洋油燈；燈在桌子上，壁眼縫裏進來的風吹得一閃一閃。挨dou桌子的壁子上，貼的一張脫da色的紅紙條兒，有歪鼻斜臉的『天地君親師』幾個字。她洗da手，想敬神，香也maode，錢紙也maode，一ke膝(十)跪在地下。頭碰得da-ndunsen(十一)響，滾熱的眼雨(十二)從爛anxian裏頭流出來，流到兩個顴骨的時候，就老實一下，kiang下山地流到那凹進去幾深的顋顎子那裏去，一滿的折(十 )子的臉，歪得不成樣子。

『天，菩薩，祖宗，要睜開眼睛；各人做的事各人當，那些死鬼都短da陽壽，報應報到他們身上da。我，我……我再不放胯子錢，我不曉得放不得的；放出去da的，別人還，我要；不還，算da。只當害da病吃da藥的。說一句算一句，只要菩薩睜眼睛，如有瞞心昧己，閻王割我底舌頭！』

報信的馬飛一樣地從別處跑來，城門一天只開幾個鐘頭。一升米兩串，一担紫四串，xai搶不到手。搬的人越發多da，從前搬的人是幹差事的，當紳士的，吃衙門飯(一)的，大商家；現在差不多的人都搬進去da。有親戚的進去靠親戚，有朋友的進去靠朋友，沒有的就租房子住，找廟住，找大戶人家底門樓子住。城裏頭的人，把茅廁都填平da來出租，城外頭一條一條街的房子maode人住！

來da，的確來da，到da天王寺，到da瓦廟集，那裏連街都洗da，打倒劣紳土豪！打倒流氓地

註：一，印子錢。二，孩子。三，剛開始。四，放pian為一詞，放賴。五，你之尊稱，等於您。六，抱黃為一詞，著慌，無主張。七，道理。八，『用』，『以』。九，躺着抬起身來之動作。十，ke 膝為一詞，膝頭。十一，duudun擬聲，sen，副詞語尾。十二，眼淚，十三，皺紋。

痞！打倒放債的，質谷的！死da不曉得多少人，不曉得多少人入da他們底伙；還有隔得很遠的人們，一聽見他們來da一閙一伙地跑去跟他們一路gao。不光只鄉裏人，就是城跟前的人，這幾天陡然不見da的也不少，賣湯元子的陳味清，摸魚的毛老二，種菜園子的石頭……都不見da。說是進城去da吧，總該帶起被窩傢伙，總該有人曉得。看，不拘syngguo都mao帶走，不拘那個也沒有說一聲，只是人不見da。屋裏東西 yanfuyanxiao(二)！

以前說來da來da，xai以爲是外鄉人，是鄉裏人；如今可眞不得了，本鄉本土的人，城跟前的人，都有！有寃的報寃，有仇的報仇，哪個是哪個，都曉得頭穿底落！一聲不對，這些傢伙們翻臉不認人，可不是玩的！害人之心不可有，防人之心不可無，xai是早ikar溜之大走！連打更的和尚都跑進城去da。

無早八早，吳aiba就爬起來da。洋燈點在桌子上，翻箱倒籠地在找她底東西，淸她底東西；她也要朝城裏頭搬。連夜裏睡不着，連夜裏聽見鬼wang(一)，就算不怕，就算菩薩有眼睛，城外頭的人太少da，不叫人嚇死，也會叫鬼嚇死。城裏頭人堆成山，說不定xai可以做做生意，她 xai

註：一，在衙門（讀政府）做事的。二，原樣，讀『原福原消』。

有十幾串錢。

城裏頭沒有親戚，幾個熟人，不是愁吃就是少穿的，也招呼(二)不起她；不過，她不管，搬進去da再說。那大一個城裏頭，就多da一個人不成？

她有兩隻大菜籃，一口木箱子。她想ga籃子裝炸油窩子的燒飯的傢傢伙伙，箱子裏就裝衣服被窩傢伙。她把箱子裏的衣服一件件清出來看，棉衣服傢伙都有，只是舊的。她想好da今年冬天做一件棉襖的，哪個 gingguo (三)會槑反的呢？只有一條棉袴是新的，今年春上才做，做da也mao捨得穿。別人不曉得，她幾十歲da，又無兒無女的，說聲有甚事，哪個跟她譸這樣譸那樣呢？只有自己跟自己辦。她春上做da棉袴，冬天裏就做棉襖，明年春上，把放出去的錢都收回來，好幾十串。她要看哪裏有好壽器，買一口。老頭子死da 沒有壽器，兒子死da 沒有壽器，都作da大難；自己又沒有哪麼靠，不先弄好，叫鴉雀老wa(四)收屍？世界一亂，錢收不回，不曉得明年太不太平，一想起就好哭。

她把棉袴拿出來抖開，在亮跟前翻過來翻過去看。袴當那裏，有ikar草渣子，連忙用手拈得丢da。怕有灰，摸da又摸；怕不平展，摸da又摸。棉袴軟軟的，鋪da寸把厚的棉花，穿起曉得多暖和。面子是漆黑的是三陽鎮出的上好的墨青布，要串把多錢一尺。kiang 緞子一樣光溜，大呢一樣厚，在城裏有錢也不容易諜(五)dou。裏子，腰，都是上好的家機布，賽過捻綢。不是說的，些把些(六)的人，都沒有穿過這樣好的料當(七)。自然這棉袴不是暈的；又不是官家，又不是官家，穿暈的做sɿ ngguo呢？她站起，把袴腰靠着自己腰裏那塊兒，袴脚拖到脚跟前，這樣比一比，長短恰恰合式。是陳裁縫做的。那雜種，看人樣子不出，倒一手好手藝。xai是料當好，身上的衣服，本來又破又髒，滿處都是油印子，跟新棉袴一比，格外顯得kiang鬼da。她低起頭看dou棉袴，來囘地走da幾步，當作袴子穿在身上一樣，看好不好。臉，乾得kinng過da幾個六月的劈柴，只有這氣工(八)，臉上的每一個折子裏面都露出da ikar笑的意味，人也覺得年青些da。

她從前有一個舅母子(九)，是做月母子(十)死的。死的時候mao穿袴子。被窩一揭，一陣血腥氣，眞難聞。後來入材(一一)，袴子是穿da的，可是單袴子。聽說一個人落氣的時候穿的甚衣服，死過去做鬼也xai是穿的甚衣服；落氣打的長赤膊(一二)做鬼也xai不是打長赤膊。一個女人家，不曉得前生裏做da甚guai(一三)事，死的時候，連羞都mao顧住！老頭子死，兒子死，都穿da袴子的，xai是棉袴，可惜都是舊的，都是洋貨，哪有自己底這新墨靑布的好呢？她想起這些，好kiang就算現在這樣死da，就算xai maode新棉襖，maode棺材，總算有da一條新棉袴，也不枉一場da。

棉袴貼好a，周周正正ga(一五)進箱子giou(一六)，她又一椿椿地清別的東西。

月亮毛毛糊糊地照在城跟前的濠溝上。濠溝當中有一口口兒水。月亮一照，水giou看得見天，看得見月亮跟雲頭在水giou走，好kiang溝裏的水xai蠻深的。

離濠溝一丈多遠，是橫七豎八的一些草棚子。草棚子都很矮，屋檐maode一男人高；都是靠dou別人底磚牆高屋搭起來的。橫着一望，從小東門到大東門，從大東到新南門，到小河溝子，有百把多家。在這夜ga，大街上都黑漆漆地，靜板板地，鬼也摸不dou人。只有這些草棚子底壁眼縫裏，射出些亮光來；比dou天上的月亮跟水giou的月亮，草棚子，這一回倒顯得蠻氣象，好kiang臘月三十底夜ga一樣。

註：一，哭，叫，讀『汪』。二，接待，款待。三，想到，以爲，讀『井過』。四，老wa爲一詞，卽烏鴉；鴉雀爲另一種。五，搜尋。六，平常的，普通的，隨便的，輕易的。七，材料。八，一瞬，一忽兒；一口氣的工夫之略。九，女人底兄弟之妻。十，生產後未滿月的產母。十一，專名詞，指死人進棺材的那一個整節日。十二，長三赤膊爲一，裸體，一名tiaotou，無字可寫。十三，壞，惡，讀『拐』。十四，專指便易，好看，不經穿之日本織物。十五，放，置。十六，名詞，裏面，內中之意。與前文抬起身之動詞同音，讀『糾』。

濠溝那邊，城牆上也有些稀稀朗朗的燈火。守城的人們，三個一起，兩個一起，在kiligunli(一)講話。守城的不是兵，也不是保安隊；是城裏頭住的做買賣的做手藝的老板跟伙計們。他們都打的短把式(二)，手裏拿的矛子，大刀，馬棒傢伙。

屠戶劉歪嘴拍da拍麻花子王慶三底背說：

『giang跟縣裏老爺來查夜的那個大個頭是哪個？』

『C！你xai不認得，是團長呀。』

『認是認得啲，黑裏k ma(三)，哪個看得清楚呢？e，他們在這裏站da好半天，手朝外頭指呀指地，說的些syngguo？』

『哪個曉得呢？看那樣子，kiang是說城外頭的那些草棚子。不過，作興是說那草棚子裏住的人。——口令！』

遠處有幾個黑影子攏來da。

註：一，表低聲之副詞，第一節同。二，打，用途極廣，穿短衣叫做打短把式；不穿衣叫做打赤膊；短把式，短裝，三，黑裏kima，必連用，朦朧模糊之意。

團長跟縣長在城上查夜的時候，吳 aiba xai在任皮匠屋裏 mao 回去。一間草棚子，一盞洋油燈。皮匠老婆在皮匠担子上坐起捺自己底鞋底，看，她 xai 在捺鞋底呢。

『nna怕synguo？』皮匠拿起一根水烟管，坐在鋪上，一路xo(一)，一路說：『我們都不走的。有錢的人怕，做da guai事的人怕，我們不怕，包nna maode甚事。』

『你不曉得，這inangz(二)，眼皮總是跳，睡也睡不安，天天聽見鬼wang，幾十歲，xai怕死不成？受不得這罪。』

『是呀』，皮匠老婆插嘴：『世道不好，一個兒，也是有ikar怕喲。

好吧，吳媽！』皮匠站起來正經八兩地，『來跟我們一塊兒過，有柴帶 ikar柴來，有米帶一顆兒米來，maode也就算da，各憑各各底良心。』

『ar(三)！有這心兒，菩薩都要保護你的。這日子，各顧各 xai 顧不來，我哪好來吵(四)你們呢？不wo，我看風聲，好，xai是不搬的喲。』

『甚看風聲？nna怎x i mao想轉？不要緊的。殺呀砍，是殺的那些有錢的人們，做da guai事的人們，與我們甚相干！經得是的也是三斧頭，不是的也是斧頭三，那不連人都要絕種？』

吳aiba有自己底心事，看見皮匠兩口子都不懂，只好自己吞吞吐吐地說出來：

『你們不曉得；他們說我是……你看我從前又不曉得。再，那些死鬼們，又mao跟我留下一渚好事；他們說，有冤的報冤……』

她說完da，三個人都不做聲。皮匠fud，吹燃火香(五)xo烟；皮匠老婆cy地在鞋底上gida(六)一錐子。

『不過』，皮匠有聲mao氣地說，『不過，我看不要緊吧。吳伯伯跟吳大哥都死da，哪個xai問起不成？放膀子錢，放膀子錢……』

『我說』，皮匠老婆說，『我說，放賬的又不止哪個一個人；好多住高屋，有錢的人xai放賬，xai放大加一，大加二的錢咧！』

『可不是麼？』皮匠經老婆一提，有話說da，『放賬，也有各式各樣的人。有錢的人，不做事，放賬，要不得，nna是一個兒，無依無倚，不放賬，吃syngguo呢？喝syngguo呢？』

『你看』，吳aiba吐da一口長氣(七)，『我從前又不曉得。』

『不要緊，不要緊』，皮匠說，『nna又mao得罪哪個，哪個去尖道嘴(八)呢？作算有事，只要我們在，我們帮nna說。』

疊夜深da，皮匠兩口子送吳aiba出來。皮匠老婆端起燈，照在門口。

『喲！』皮匠老婆說，『外頭漆黑的，要皮匠送nna回去吧。』

『不要，不要，maode好遠，有月亮，我摸慣da的，看得見。』

『nna不消怕得。』皮匠跟在後頭說，『叫nna來跟我們一塊兒住，又不；一聲有事，xai是來吧，我們不要nna底synguo。』

『好wo，好wo，聽你們底話，不怕，好歹碰我這老命吧，en（九）！』

在路上，吳aiba聽見城上的人說話的聲氣。

城裏頭，文廟裏滿的人，武廟裏滿的人，城隍廟，萬壽宮也滿的人。老頭子，aibaz，多的是，姑娘az（一），兒az（二）懷裏cyaidou（三）奶az（四）的母媽們也多的是。az（五）們底爸爸呢？那些當家的，賺錢的男子汗們呢？一個也望不見。

註：一，吸。二，好些日子，讀『一浜子』。三，孩子，親暱或輕視意，多用於年老人對年輕人的稱呼，讀『阿兒』。四，叨擾。五，一種沒有鐵子的昝，專爲吸水烟用者，能吹燃，如紙煤子。六，gi，剁，，錐也，動詞；da，即表過去之da。七，吐長氣必通用，嘆息意。八，尖嘴必通用，告密意。九，歎息聲。

他們都是從城外頭搬進來的。城裏頭的屋都住滿da人，租也租不到，借也借不到，都叫先搬進來的搶起跑da。先搬進來的都有錢，不怕貴，就算剩下的也有吧，他們也租不起。無法，搶廟住。先來的搶大殿，後來的住兩邊，住山門，再後來的住廊檐；到da廊檐都搶完da的時候，只有在天井裏開地鋪，風來dɪ，搪風；雨來da，cya(六)雨。

一滿廟都是人。一滿廟都是鋪。一滿廟都是鍋呀灶。一滿廟都是屎呀尿。az們哭呀吵的。大人們喊呀罵的。老傢伙們吼(七)呀嘈(八)的。一座廟變成da從前躲長毛的砦子。giang搬進來的時候，各戶人家一家人ɤai是在一塊兒的。過不到兩天，衙門裏來叫男人家們去守城；區公所營盤裏也來叫男人家去守城。個個都要去。一回不去打，兩回不去關，三回四回，哼槍斃。天天守，夜夜守。az們看不見爸爸，堂客們看不見男的，老傢伙們看不見兒子da。天咯，叫那砍頭的們不來吧！——天咯，叫砲子子長眼睛吧！——天咯，叫……

註：一，二，四，五，az，孩子也，跟前文ar一樣；不過ar多用於喊人的時候，此則一般場合都用。讀『阿子』。又，作爲名詞語尾，表幼小，如小刀爲『刀az』，小箱爲『箱az』；故姑娘az卽女孩，兒az卽男孩，還未成年者都可用；奶az卽嬰兒。三，抱，藏，讀『揣』，上午，無漢字可寫。六，淋。七，喘，哮。八，咳嗽。

吳aiba到底xai是搬進城da。擠在很多人當中，好容易在城隍廟大殿前頭的苑子裏找dou ga東西的地方。這裏有很多她認得的人，有很多是從東街裏搬進來的人；只是住草棚子的，除da自巳就只有一個年紀小ikar的王aiba——王aiba也跟她一樣，是放膀子錢的孤老。她就跟王aiba睡在一塊兒，算是一張鋪；鋪當頭，ga的她們底東西傢伙。

『ma屋裏的東西都搬進來da嗎？』

王aiba看見她maode甚東西，覺得她，聽說手裏xai有幾個，不該窮到這步田地，忍不住問da一聲。

不說起東西xai好，說起東西眞傷da她底心。

『en-！』她吐長氣，『窮家小戶man，有syngguo呢？搬不動的爛傢爛伙，儘宅去；換洗的幾件舊衣服，離不得身，就帶來da。xai有syngguo呢？』

口裏這樣說，心裏蠻不好過的。一箱子衣服，兩籃子別的東西，收拾好da，說da搬進來的；mio想到自己年紀來da，東西本也不少，蠻重的；挑也挑不動，扛也扛不動！請人搬吧，那些草棚子裏多的是人，可不好請得。他們都勸她不搬，她也答應da不搬的；又去請，他們要笑，說這老傢伙這樣怕死！幷且，一個男人進da城，聽說不容易出來，城裏頭拉夫守城拉得蠻兇。nangg-

..o呢？nangg ao呢！拚da吧，不搬他娘！

不搬，一夜睡不着，一夜聽見鬼wang，一夜怕。頭wung(一)在被窩裏xai嚇得kinkinsen(二)。第二天，又是無早八早爬起來，滿屋瞄，看有地方sh她那搬不動的東西maode。她把那條新棉袴捲起來，捲得緊緊地，ga舊布包da一層，又ga油紙包一層，外頭又ga舊布包一層，zaxa(三)才跟幾件別的舊衣服，gade(四)一口小篾箱子裏，揿d又揿，zouda(五)又zou，箱子外頭，鎖da一把小鎖。弄好da，自己跪在地下，鑽進床脚底裏，把那口小箱子ga在牆golao(六)裏，又爬出來，把床上的床巴草xa(七)起來zou到床脚底裏，把那箱子wungdouda，xai有ikar沒有燒完的yang柴(八)，也一齊zou到床脚底裏da。zixa，她又掃da掃鋪板，掃d掃地，看dg看，這屋裏不kiung sh(九)得有sgnguo的樣子，她才放da心，才又收拾別的。

別的東西，她很隨便地zou到一個籃子裏，蓋的，墊的，布衫子，袴子。一顆顆米跟灰麵，一口小鍋，鍋鏟，飯碗……灶，就是炸油窩子的小灶，太重da，沒有ga進去。她提da提籃子，雖說也不輕，自己總算弄得動da。找da一把彎fus(十)的鎖鎖門，提起，不，拖起她底籃子出來da。她累da。氣吼八吼地忙da大半天，水都沒有喝一口，她進城的時候，太陽偏da西，巳經快關城門da。

從她底屋裏到城門口，雖說只 ikakar 路，她也回頭望 da 好幾回；又是捨不得屋跟屋裏的東西，又是怕隔壁左右看見da。一擠進城門，不曉爲甚事，忍不住一陣鼻子酸，一路走，一路抽地抽地哭起來。

月亮照在城隍廟大殿前的苑子裏，照得大殿裏頭跟旁邊的十殿裏頭，毛毛糊糊，有好多大神小鬼底泥巴像，欲看見不看見。az們，白天裏，從齒子門（一）底門縫裏擠進十殿裏頭，無章打綠野地（二），la（三）閻王底蟒袍，嘗無常大爹底口a（四）裏吊下來的鴉片烟膏子，大人dan都dan不住；一到夜ga，看見十殿裏頭黑黑的，好 kang 菩薩們都活da，在動，就怕起來；哭，喊，往母媽底懷裏鑽。母媽們一滿肚子心事，maode 幾多工夫招呼az們，一聽見哭，就不耐煩，不是罵，就是幾巴掌。az們格外好哭，吵得maode az的人，也睡不着。

老頭子們一路xo水烟，一路望天上的雲頭跟月亮賽跑。聽見az們哭，喊怕，自己也覺得這

註：一，𥨊，蓋，讀『翁』。二，戰慄。讀『慶慶聲』。三，這一下，這之後，再；讀『札卟』。四，放到。五，將某物置於某物中，以力使入之動詞。六，隅。有人寫爲角落，讀『各老』。七，雞子以足爬搔地上之物之動詞，無漢字。八，軟柴，對劈柴之硬者言，大都爲樹枝之類。yang 讀『讓』，平聲。九，藏，穏藏，讀『實』。十，結實，讀『富實』。

方是該有些不 linsin(五)，小az們是不曉得說假話的，他們底火光又低，自然看得見，一想，就禁不住身上打冷襟。張三爹是個講鬼的好老。他肚子裏只怕記得百把個鬼故事。哪一年，哪個半夜三更從這廟門口過，聽見裏頭人xoxcs n(六)，跑進去一瞄，是城隍老爺在審案；哪一年，哪個夜g'a在十字街碰見神隍老爺查夜，xai在街心裏匍dou換過幾十板屁股；xai有，哪個做夢，看見城隍廟裏出來da三個姑娘，走進自己家裏底大門來da，第二天起來，元來是母狗過da三個狗子……

現在他開口講：『人無神，寸步難行』，古話xai有錯的？纔兒，一些年青az們，信洋教，進洋學堂，不信神；所以，世道不好，反；這是末刼年到da！

他一講，不光只az們，連大人也有ikar怕。怕得最狠的是吳giba。本來這夜ga有ikar風，她簡直身上kinkinsen，把跟她一塊兒睡的王aiba擠得緊緊地。隨做甚事都要菩薩保護。油窩子賣不得，錢收不回，辛辛苦苦存的幾件衣服，ga在城外頭，不曉得xai是不是自己底，這怕不都是菩薩底意思。說起菩薩，這人嘞，眞該死，giang

註：一，柵欄。二，胆大妄爲，不守禮法等意。三，以手觸物之動詞，用的[illegible]合很多。四，口a，口角也。五，原爲潔淨，齊整意，此處加不，轉爲有鬼意。六，喧嚣。

進來的時候，怎連錢紙香都沒有帶 ibar 來燒的呢？好城隍老爺，大神不見小怪，我明朝一定去買來加補。

夜深下來 da，macde az 們哭 da，講鬼的也講得有一句 maɔ 一句地。吳 a iba 可沒有睡着。東西 ga 在城外頭，眞不放心，明朝要囘去看看才行。要來的 xai mao 來，為甚事不去拿進來呢？xai 等來 da 才去拿麼？搬進來 da 兩天，作算當天來不 ce(一)再出城，昨兒跟今朝，就該出去拿。是的，出去要買通心証。買就買吧，只要一串二百錢；那些東西，總不値這些錢。一個人大處不慳小處慳，sa (二)得疼不疼！就說怕隔壁左右的人看見吧，這日子，活得成就算 da，xai 怕甚醜呢？

記 dou，明朝有兩樁大事！第一，出去拿東西；第二，買錢紙香來敬神。不，第一敬神，第二拿東西。菩薩保護。那砍頭的們要來，也等把明朝過 da 再來。想到這裏，她翻過來翻過去，恨不得天馬上就亮。

她睡得半醒不着，忽然一陣 zazaWaWa(三)，把她吵醒 da。睜開眼睛一看，天 xai mao 亮，很多人都爬起來 da，七嘴八舌，不曉得在吵 syngguo。az 們也叫大人吵醒 da，醒得不新鮮(四)，『a，nanggao 的！』亂 wang 亂喊，格外吵得兇。

『火！火！』在很多人的聲氣中，不曉得是那個在說，她抬望一望，在月亮跟雲頭底底下，當眞好像有一道淡紅色的光跟些烟子。是哪個不小心，一定是ro大烟的人搞的事。她慌忙火急地爬起來，這苑子裏xai是黑黑地，月亮xi是迷迷糊糊地，neideikar火星子。大殿裏，兩旁，山門那邊，也是一樣。她放da心，不是這廟裏。

黑裏kima，哪個也不曉得是哪個，只好king有人站在階沿坡子上，有人爬到右首那十殿的柱頭上，有人爬在kua(五)d i半截的牆上，朝外頭望。口裏聽不淸楚地亂喊——

哦！好喲！大烟子！——哦，喲好大火！——峨，曉得z izasen響里！——一定是來da！——抱起媽入的們來da！——不要跑出去呀，街上不許走的呀！

王aiba mao看見火，只看見半天裏些紅光，是的，xai有些烟子。怎麼，是城外頭麼？城外頭都看得見麼？天咯，那砍頭的們就來da，那殺腦殼的們這樣快就來da！——來就放火，這砍頭的們不怕王法！菩薩保護，該不是從我們那條街上來的吧，沒有燒到我們那裏的吧。不能夠的，我屋裏離城離得頂近，只隔一條壕溝，城上守城的人多的是，那砍頭的們就當眞不怕死不成！

幾十個az們扯起喉嚨在wang，幾十張嘴幾百張嘴在罵，砍頭的，遭砲子打死的，千刀萬剮的，只要罵得出來的話都罵出來da。站在高iker地方的，顚起脚來望，望到iker syngguo da，口裏就喊，別的人聽也聽不清。幾十張嘴都在叫別人不做聲，聽喊的些syŋgguo。可是哪個也沒有不做聲，扯起喉嚨來問這問那，問出來da也meide人回。

哦，越燒越大da！——看喲，那火球，一衝幾丈高！——你說你說呀，是燒的那裏？——聽，xai有人在喊哩。——是東頭，是東頭呀！——看得見麼？是不是來da？——遠不遠？泰山廟麼？春秋閣麼？——聽，城上的人們說得xoxosen哩——爲syŋgguo不開槍？聽見槍響da沒有？——maode好遠呀，不曉得在哪一帶，很近很近，kiang就在跟城前——鬧兵出去呀，鬧搶呀，要守城的做syŋgguo的？——近極da，就在大東門外頭。

天啦，很近，就在大東門外頭，獨獨在大東門外頭！不是我屋裏？——吳aiba在很多話中間，聽見da這幾句話，kiang聽見打一個炸雷，嚇癡da。她顛起腳來想看，人矮，背又有irar駝，m ode用。跑到大殿裏，爬da爬柱頭，跑不上，又爬到苑子裏那壞爬da的牆，抓掉da幾口磚；磚打在自已腳上也不曉得疼。站在牆上的兩個老頭子不許她上去，wo(六)她，板開她底手。

註：一，來不ce連用。來不及也，ce讀策。二，傻之變音讀『紹』下年聲。三，喧嘩，讀『查查瓦瓦』。四，清楚，只有用於剛睡醒時有此意。五，坍塌，倒下，音略同謍，上聲。六，呵斥，讀『惡』，想是呵之訛。

她，手一鬆，腳一軟，一個仰面朝天，da在地下da。

這時候，城外頭的火燒得正旺。吳daibda底那間大屋，叫火舌頭只一舐，早舐得海干山拉da。一城人講go(一)da各種各樣的謠言。本來都以爲是來da的可並mao來。槍也mao聽見放，仗也mao聽見說打，大東門x是一天開幾個鐘頭，哪裏kiang來da的樣子呢？沒有來，大東門外頭發那樣大的火；這就難怪人家講。

有人說，李六老爺是個大烟鬼，他底家眷早已搬進城da，他捨不得他底東西，就自己跟一個tosoi z(一)留在屋裏照門，不等眞的來d是不肯走的。他xo烟，他底tosoiz也xo烟，兩個人半夜裏過迷癮，把ə燈go潑da，這樣引起火的——說這話的就是李六爺門口住過屋的，爲屋錢們挨過李六爺底兩個嘴巴。

從火神廟的道士那裏又講出另外一種話——火神廟在大東門外頭，道士也是進城來躲反的。這火不是人放的，人放的不能這樣大。這是天火，是火神菩薩底意思。火神廟裏，本來有好多火龍，火虎，火鷄，火鴨，這回跑出來da。

又有人說，都不是，是來da。雖說沒有都來，先派da一批人來放火的。守城的有人看見火光裏有穿軍裝戴軍帽的人，拿的槍，不許人救火，救火就開槍。看見濠溝對門草棚子gion的人們哭，喊，跪dou求，強不放火。要救火，吃拿槍的人ga槍do(三)，ga刺刀刺，看見幾十幾百個草子zion的人，連哭帶喊地，拖兒帶女地，叫別人不曉得趕到哪裏去da。放火的也不見da。

『爲甚事不開搶打呢？』聽的人問。

『開槍？軍隊mao上城，別人又macde槍，把da一百道信給兵們，兵們說，不要緊，不要緊。』

謠言是各式各樣，不曉得哪一樣對。只苦da大東門外頭住的人，聽說燒da百把多家，聽說草棚子燒得一展平陽da。

吳aiba瘋da。衝da幾回城，要出去看，mao出得成；幾回喊地喊地要上城望望自己底屋，又叫兵們拉下來da。她滿街跑，滿街打聽，碰見人就扯起咳嚨；

『我底屋呢？我底東西呢？我底棉袴呢？我底裝老衣(一)呢？』

她打聽到，火是兵們放的，是團長叫放的。她滿街問團長在哪裏，盤裏在哪裏，她要去向他要賠，去拚。可是不曉得去。

註：一，普遍，讀『高』。二，聽差的，讀『㚢手子』。三，以棍棒或矛鎗之端向人刺之動詞，讀多，入聲。

下午三點鐘，團長從團部裏出來到縣政府去。四個掛盒子砲的在他後頭。走到翰林牌，忽然十幾個老百姓跪來dan dou da。團長嚇da一跳，掛盒子砲的連忙從盒子裏頭搜伙。老百姓們跪在街心裏亂磕頭亂喊。

『甚麼事？甚麼事？』團長站dou問。

『大大人呀——救救——團長呀——開恩呀——可憐……』

『起來，有事好好地說，站起來說，一個人說。』

『說呀，說呀！』大家xai不站起來。一個年青人推一個老頭子，『大人叫說，劉三伯，你說呀』

『你你……』，劉三伯身上zsan(二)，結(三)da半天，結不出一個字來，『你你們說，我我……』

『你說』年青人，『你底年紀……』

『隨便哪個說，不要推哪』團長。

『回大人的話』。年青人壯起胆子來『我們求大人開恩，我們十幾個人，都是窮人，求大人底恩典……』

『說就說，不要大人大人地，都站起來。』

——

『聽見mao－！』掛盒子砲的一個，『不許叫大人，要叫團長！』

『是是，團長大人恩典，我們窮，都是西城外頭的人，在西街裏住da幾十年da……』

『是呀』，十幾個人又吼起來，『幾十年，求大人，團長……』

甚麼事呢？團長戚（四）起眉毛。

『東街裏燒da幾條街』年青人又說『聽說是造反的要來，不好打仗，怕他們上屋，怕他們躲在草棚子裏頭，是團長下命令叫……』

『胡說！謠言……』

『胡說！』掛盒子砲的，『不准胡說！』

『聽說西街裏也要……求團長成全。我們底屋，都是挨dou那草些棚子的。求團長，我們是窮人，辛辛苦苦，一xiang（五）屋，求團長想法子，不要燒我們底……』

陡然又一個人從人空（六）裏鑽進來，一個老虎下山（七），一雙手抱dou團長底靴統子，跪在地下亂wang亂喊：

團長呀！大人呀！我底屋，我底裝老衣呀！我是孤老，我是住草棚子的呀！是，是團長叫燒的呀！洪昌發裏老板跟高全長扯皮（八），要賠他底瓦屋。說團mao叫燒瓦屋的呀！這不是說團長叫燒草棚子的麼？xai有，聽說，一搽黑(九)，老總們叫草棚子giou的人趕快搬東西，搬起走；人家不搬，半夜裏就把他們趕出來，放火。這不是團長……別人我不管，我是孤老，我底裝老衣，我底……』

這個人是吳aiba。

『趕開他們！』團長命令掛盒子砲的；自己一脚踢開吳aiba拿脚就走。掛盒子砲的們比dou手槍，向跪dou的十幾個人亂打亂zya(十)。吳aiba在地下打da一個滾，又爬起來跟在後頭kiang豬子拖去殺地那樣亂叫。別的十幾個都爬起來跟dou喊。街上看熱鬧的人跟起走的一兩百。一個兵，從對面跑來，一個敬禮：

『報告：大東門外頭有幾百人要衝進來。』

『甚麼人？城門xai mao關麼？』

『關da。是那些草棚子gi u的人』

註：一，死人穿的衣服。二，戰慄。三，口吃，四，皺。五，kang 一棟也，讀『向』。六，隙，縫，讀『控』，去聲。七，猛撲之姿式。八，搗蛋。九，黃昏。十，踢，無漢字。

一二月八日，一九三四

# 心的俘虜

王苦手

孟氏宗祠，一間牆壁很高，面積並不寬闊的長方形的陳舊傾頹的建築物，位置在惠愛東路冷靜的馬路邊。牠底尖屋背已經有碰碎的傷口，四週滿佈着水跡，畫出灰白相間的條紋，像被放在鹽汁裏面浸過一個很長的時期。通體看來，牠並不很像房屋，牠底狹長的身體，有着某一種大而無肉的鹹魚，被伙計亂砍了幾刀，然後拋棄在路邊的形狀。——全市中這樣的地方，從民國三四年起，就由一些自作聰明的，皮膚帶赭黃色的副官之類的人物，判定了牠底最正當的用途，而永遠住着許多不付租錢的房客了。現在，在孟氏宗祠大門口不久以前曾用灰粉刷過的牆壁上，也貼着一張八九寸寬的長紙條。牠已經給風雨嚙得殘破了，字跡洗得很淡，僅僅可以從孤零零地站在門口，臉上大半有呆滯的表情的徒手衞兵底肩膀上，看出「……第卅四特務連……」這些字樣。

這里大概只住着二三十個襤褸的兵士。每天從早晨到晚上，除了喝罵聲音之外，總能夠聽見一種嗓子非常尖銳的山歌——摹倣着女人底口氣在懶懶地互相調情。生活在附近的小茶居，餛飩麵館，甜紅薯湯店：和收買破舊物件的「雜架攤」裏的人們，大概都知道那些兵士底歷史。從談話，探問，或者代他們寫家信，就可以知道許多。下士張貴達是一沒上過戰場的新兵，也是一個喜歡說話，眉毛很粗，臉和眼睛都很圓的旗人。年紀三十左右，裝做老於閱歷而且很乖巧的樣子。他對什何人都不隱瞞自己的事情，不論屬於父代的或女人的。當他在興發牛腩粉館子裏喝了半斤酒以後，就對無論認得不認得的人說着親密的話。

「大家有說有笑的吧，爲什麼你好像不認得我的呢？不要提防着我，以爲我不過只是一名丘八——完全不對，一個讀書人呀！只要問問他們，看我有沒有託過誰寫借餉報告，你就可以相信了。我是第一回吃軍界飯的……無疑我底老子是一個吃糧的防兵，可是我一向却是做買賣的，我賣的是甘蔗，夏天就賣花生或者黃皮。隔年講臭屁的話你不高興聽吧，今天的牛肚你吃過沒有，那才是好東西，就是請你吃一碟我也肯的……」

張貴達跟其他老兵士一樣，也愛聽別人講話。即使沒有錢，也跑到小吃店裏乾脊嘴巴，耐心地咀嚼別人一些冗長的，關於打架或者抓手的敘述，坐上兩三個鐘頭。所以人們要瞭解他們底性格，僻好，和生活習慣，完全不是困難的事。

「呵，孟家祠，東西萬萬賒不得賬的。」一些小商人在談論到他們的時候，常常用這樣的口氣別的人也許會這樣批評道，「唉，完全是一些可憐的傻子！」

離中山大學約莫有半里路的光景，這大東門一帶，都是市面冷落的區域。除了陽光以外，平時看不見美麗的東西。大學生不常到那邊去，來來往往的多半是到城裏人家來倒尿回去做肥料的近郊農民。瑟瑟縮縮地站在路旁的小商店老擺着一些舊得發黃的貨品，不論什麼地方都滿積着灰塵。當初那二三十個叫化子一樣的兵士，腰間懸着刺刀和漱嘴盂，碰出克令克令的聲音，一羣鴨子似地用軟弱的脚步從江西南部拉差回到廣州的時候，他們中間有些神經衰弱地叫嚷出來了，有些舉起身臂，默默地淌眼淚，而突然地，像解放了的囚犯，一齊唱起夾七雜八的宏亮而抖顫的歌來——於是，附近的人們便驚駭地開始猜測了：

「多淒涼的世界，嘖，你看這些不是死剩的兵種麼？不像是那個樣子麼？」

「他們也許會以為在省城住下來，搶什麼東西都比搶屎吃來得容易的吧，這些雜種？」

但是他們好像忘記了旁人底存在。光頭的卑微的長官敷敷衍衍地做過了散隊的手續，他們就出了籠的公鷄一樣，到處亂跑，小孩子似地跳躍，互相推撞着，扭打着，一面還在瘋狂地叫喊，要使他們底聲音衝破那做出虛偽的和平臉孔的雲層。

從報紙上看來，這本來是一批得勝回來的凱旋軍。官辦通訊社底記者在竭力描寫他們剿匪的勝利，和臨陣的神勇，人民的擁戴，好像他親眼看見過他所說的一切；而且特意提出幾個高級長官底姓名——熱心地說是救國的英雄。他所舉的證據是奪獲步搶二百枝，土砲二十門，解回俘虜五六百人。事實上，這剩得了命回來的兵士完全是徒手的，而照外表看來，他們自己倒反而非常像剛被釋放回來的俘虜。從新兵下士張貴達，或臉肉鬆弛的火伕李存，或那只有一隻耳朵，鑲着三顆金牙，頭髮永遠剃得光光的排長廖世雄——總之不論從他們中間任何一個底臉上，都找不出一點點打了勝仗的軍人那種驕傲和矜持的氣味。但是大東門一帶的居民沒有注意這些。他們從兵士們口裏聽來的，完全是報紙所漏掉的另外一回事。他們瞭解排長廖世雄是一個脾氣暴劣而整天希望升做正式的特務連連長的傢伙。廖排長和私娼紅喜在孟家祠裏面住了兩個禮拜，夜深或日裏和她坐着手車經過惠愛東路，一看見有弟兄在路邊買鷄蛋捲或薄切酥的時候，就跳下車來打他部下的耳光；在那些弟兄們和別的傷兵一伙子去搗亂東興電影院的案子發生之後，他就命令弟兄們在祠堂院子裏排着隊，自己握着手鎗在那些人前前後後跳來跳去，彷彿在挑選着，看誰應該先被吞下肚子裏——這是他們閒談和說笑的最好的資料。

瞭解是親密底原料——居民們開頭雖對那些兵士懷疑和歧視，不久就習慣於而且滿足於這些瑣細的事件了，有幾個年老的脚色，就和他們一道喝酒，用從前在城隍廟後門邊聽講古那樣的注意力聽他們講剿匪的經歷。大家逐漸把他們當做了朋友。後來，還有人替廖排長介紹了兩個勤務兵。

除了排長廖世雄，那常常淫邪地露出金牙齒獰笑的清遠縣人之外，最先被人們賞識的是火伕李存。一個雲浮縣菓子園裏的掃樹葉的雜伕。臉孔像一個柚子，腦袋很尖，腮幫却不配襯地非常寬闊，膏油彷彿很多的鬆弛的肉，軟撻撻地掛在那付畸形的頭骨底四週。兩隻棕色的長年害病的爛眼睛閃着和平而懦弱的微光，病態地喜歡瞇起來看人，就像柚子皮上面刻上兩道霉腐了的裂縫，他對人常常是溫和而抑制的，但有一種倒霉的運氣：不知道從那時起，別人老以為他私蓄着一大筆錢，同伴因為想跟他挪借，就和他吵鬧，有時還打起架來……甚至在菜攤或者肉店前面，那些小販子都用玩笑的語氣這樣問他：

「存哥，像那種本事才叫人吃驚……雖說是天生人天養人，可是別人都在闖禍。你肯告訴我們，讓我們見識見識嗎？你怎樣從崇義把那許多錢運回來的，講一點吧。吃了敗仗——就比方拿打了勝仗說，這樣的事情也到底不容易嗄！」

「張貴達那小子因為和我有仇才造出這種謠言來，好在這件事還沒有輪到排長也相信的時候……唉，朋友你看結怨有什麼好結果？」

李存歪着頭，含含糊糊地笑，好像這樣笑是他一種毫無意義的習慣。於是另外一些人就在正正經經地解着：

「是這樣的：女人常常愛會做菜的男人，也不一定要他本身就是廚房大師傅。是什麼道理呢？世界少不了廚子這種人吧，這種人會在人心裏面放點份量很準的油鹽醬醋吧，種之是有一個原故的。而一有了女人，莫說幾百塊大洋錢，什麼冤鬼事情沒有辦法呢——何況，跟他做把手伙計的是那些女『大同友』，多麼利害呵！恐怕除了上天之外……」

而他一聽見「大同友」這樣的字眼，就會收斂起笑容，臉青青地走開。別人會疑心那是因為自己嘴裏說出了他所忌諱的煞神底名字的。後來，他簡直懇求人家不要以為他一向都在當火伕。每逢他對人講述他當廚伕的經過，就用那種可笑的沉重的低聲，說他從前本是一名誰也瞧不起的爛兵，只是那一次打了敗仗，（沒有例外地，他在這個時候常常漏說了地方名字，往後又急忙補上說，是在江西崇義縣。）原來的廚房師傅不曉得丟到什麼地方來了，他才勉強試一試，但是廖排長就高興得揮起馬鞭朝地上的石頭，路旁的檞樹亂抽亂打，瘋了似地抱起他，說三年來沒有吃過這樣好味道的菜。

「但那也許是他底毒辣的詭計哩，」一火伕鼓着那多餘的臉肉，軟軟地依附在上面的黃色的腮幫，痛苦地這樣斷定了，「……一句話，我不願意當這他媽的兵。倒不見得是我光光討厭燒菜……唉，在世界上，我曉得的地方有多少呢？一個是我們這特務連底連部，一個就是我鄉下的菓樹園，此外我什麼都不知道了。別的鬼地方會不會讓我活下去呢，是什麼一個光景呢？假使又是要我這樣好像前世欠下似地燒飯做菜，唉……」

大家聽到這樣古怪的話，都扭起嘴巴，圍着他默默地笑。他們不曾想到是否可以用輕鬆的態度來款待一個兵士，但儘看着這火伕把自己做成一團糯米粉，自己搓來搓去的時候，便在他底哀求底前面得到了勝利的快感。李存會沉思一會兒，就平靜地對大家說：

「也許你們是在圍着看一個掉下陰溝水裏面去的蜣螂——也許比這件事更狠，殘忍萬分地在吃自己的良心。自然，要是有誰當開玩笑那樣問我：『爲什麼，可是害怕那些大同友？』這也是一個很不錯的意思，開玩笑——身體會有益的。不過頂好還是，不要再叫我那個聽得心難過的名字，不要再像蒼蠅那樣追那些討厭的事情——你們那里知道我底受罪呢？」

李存抱着熱誠和沒有斷念的希望使人家瞭解他。他確實地判斷自己並不扯謊，但爲了他底笨贅的言語，漸漸露出着急的窘態來了。因爲他企圖逃走——依廖排長說，「毫無把柄地開小差」——在三個月裏面，就遭受過了四次禁閉的刑罰——這種消息，連部以外的人自然一點都不能夠打聽出來。第一次執行禁閉之前，廖排長完全變成一頭野熊，露出光彩燦爛的牙齒，把長條櫈翻轉來，代替那做柴燒了一直沒有補置起來的軍棍，在孟氏宗祠裏追趕着他，打了他四五十下。使他倒在地上，全身浮腫而且青紫，像一頭死了之後拋進河裏浸了很久的瘟猪。或者也因爲那種舉動使排長推測不出理由的原故，當李存第二次被捉回來的時候，排長就換上了一付寬容的欺詐的面孔，認眞從事一番感化的工作了。

「弟兄——我這樣稱呼你，不覺得慚愧麽？」廖世雄那一次對他這樣說。「把腦漿洗乾淨，重新想一想看看吧。我們這可憐的一連剩下了這幾十個人，你問他們那一個情願當差——還是當願當契弟？誰都有一條野心，時候是要忍耐着等的嘎！不說這些——你另外還應該知道我沒有了你，我怎樣吃飯呢，叫誰弄菜給我吃呢？所以即使我可以鎗斃你……哈哈，現在明白了沒有？唉！……」

「鎗斃我是很害怕的。不過想想也一樣，我也不知道走出去活不活得下去。人總要找一條路走，就是這樣了。那麽現在，沒收去的那些東西呢，就把牠們都還給我吧。」

這時候排長就用橡皮底鞋子踢他，用帶着笑聲的叱罵送他進那間禁閉室，然後隔着一扇竹竿子紮成的柵門訓斥他底妄想，說出一切下流的侮辱的字眼。這使他非常痛苦。被沒收掉的是一個舊的裝銀角子的小皮包和一個塗滿泥灰，髒到連牌號都分辨不淸的火柴盒子。前者裏面裝着一塊白布做成的符號，後者底心子被李存當做鏡框使用着，裏面嵌着一個女人底小照片。無論如何，他哀求他底長官發還他心愛的物件，使用阿諛，賭咒，和其他各種方法。結果他仍然失望。

「你不應該要這些東西，你應該要的是鋼鐵一樣的軍紀。我們都從那裏面壓出來的，而你呢，和原來一樣，還是個鄉巴老——或者一堆陰溝汚垢！如果有一個好模子，你也可以做成像當差的樣子的。」

碰到那種受災害的日子，李存就沉默地蜷縮在禁閉室一個黑暗的角落裏，在呼吸那被夏天太陽蒸發起來的腥悶的土氣。給爪甲或者木刺劃裂了的，全身皮膚上的傷口，每有一顆汗珠滴進去，就痛得使他跳起來；不住地揮着手臂，或迅速地擺動着局部的肌肉，彷彿在憎惡地抖脫一些猛螫他的毒虫。他底嘴不住地大聲噓氣，烏黑的汗流縱横地穿過他全身的毛管。禁閉室後面有一個很高的小圓窗，那兒可以看見天空像一個白色的臉盆。從大自然底晝簞上滴下少量的藍色顏料，就緩緩地溶散着，在那盆水裏面加上一層薄薄的雲翳。夏天的田畝的風吹進來，嗅得出壓積了一個春天的樹葉底霉爛味道。在前面院子裏，閒得無聊的弟兄們爲消遣那乏味的日子，沒有了等待也用不着打算的眞正多餘的時間，就用臉盆盛起水，站得遠遠地互相潑着，把頭髮衣服全弄濕掉。從禁閉室底竹門望到院子底一角，有時也看得見一股清水，像一頭給鎗彈打傷了的鴿子般撲下白石地堂來。先巳經給陽光炙熱了的地方，就發出吱吱的聲音來了。

如果廖排為着公事，或者别的什麼事，和紅喜出去了，號兵霍穆，一個常年患着花柳病的小伙子，就先代表着大家底意思來警告李存，不許他聲張，然後由三四人把大竹籮裏面的飯碗都拿出來，彼此站得遠遠地拋接着。偶然有一個碗跌下地，伴着那清脆的破裂聲，大家就放恣地哄笑起來……他們一般的享樂方法是這樣的。

有一次，出於比幻想還要奇突的幸運，李存在禁閉室裏僅僅躺了兩天，就被釋放出來了。廖世雄跟他喝醉了酒的時候一樣，臉，天靈蓋，和那隻單獨的耳朵，都像塗了某種鮮紅的漆油似地閃着熠熠的光，兩隻脚浮動地踏着步，把李存拖死馬一樣牽到大院子外面來。永遠露出單調的純灰色的人民巳經雜亂地排好一小隊，在等待他們兩個人。

「好弟兄，爬進那裏面，像别人一樣，振作起精神，把自己直直地豎起來吧！」排長親切地吩咐着那萎靡頹喪的廚伕。「等一會我還你那些寶貝。現在，是該你好好地用耳朵聽我說話的時候了。」

李存沒有想到這次排長犧牲了那强硬的，用一定的方式壓服人類的某種欲望的感化手段，是爲着什麽理由。但是他躊躇了一會兒，就勇敢地提出他底要求。

「報告排長：我底銀包，我底火柴盒子，都還給我吧。」

排長瞪起眼睛，睇住那不住地搖動着之角形的腦袋的雲浮縣人，獰惡而狡猾地笑了。他一面從褲袋裏掏出李存那兩件東西，一面對那二三十個共過患難的弟兄說：

「見過這樣的人沒有！這是什麽？値得幾個錢？光記得牠們，連排長都記不得了——李存如果你先就死掉了，即是說，比方或補了連長，別一個排長簡直依軍法把你鎗斃掉了，你要等到什麽時候才要得回那些東西呢？」

廖世雄對大家做了一個暗示的臉色，把小皮包插進褲袋裏，一面彷彿扱柑子皮似地把火柴盒子扔了下地。小隊裏面起了各種各樣的評論。號兵霍穆大聲向旗人張貴達說：

「……就是一共合起來算，也不値得一毛半錢的東西！另外那許多『洋財』，倒是，藏到不知道那個山洞裏去了。」

「怎樣才叫做値錢呢，火柴盒子裏面嵌着一張女人照片——這該做多少錢算？」

於是大家都譁笑起來，排長按着肚子，一匹駱駝那樣走路，渾身都抖動得很厲害，甚至連剛才命令大家歸隊聽他講話那件事都忘記掉了。……等到大家都笑得感到滿足了的時候，他才開始告訴他們那被分配到這一連來的新任務。

「從後天起，我們要演戲了。他們說要把我在崇義所立的功勞做成影戲。什麼都預備好了，還請了一個外國工程師。他們說他是英國人。」

靜默籠罩着這一羣襤褸的兵士。

「我也到葛副官那邊打聽過，說是這三個月欠下的餉銀雖然還發不出來，可是凡做戲的每天都一律發四毛錢——這完全是外快！葛副官聽見上頭說，這回如果大家能夠盡職，一準都有好處。等到我問他是不是要把我們這一連擴充呢，那傢伙却又笑笑地不做聲了。好好地做，你們這班契弟！」

「可是——怎樣做法呢？」號兵霍穆不耐煩地問。

「這種事情！那怎麼得了？打敗了就算了，爲什麼又要做成影戲，不是一點都不好看的麼？」

「可憐我一輩子沒做過這樣丟臉事！」

除了五六個新兵之外，所有的人都煩燥地猜測着。李存斷定這又是英國人攪的鬼把戲。他用他回憶裏面的材料，證明外國人專門愛看中國人醜陋骯髒的地方。他看見過洋鬼子給在河邊洗衣裳的纏脚女人，和坐在小巷口剃頭的農民照相，但更可惡的，是當賣雙蒸酒的乾福叔打他底女人的時候，也給照成相片去了。

「不過那也不一定專照醜事，」新兵張貴達微仰起他底圓臉，表示着異議，「有時迎神賽會，舞龍耍獅子，他們也要提着小盒子來的。」

志成的吳老四嘆着氣，伸出一隻乾枯的，帶着傷疤的手在大家面前擺動着說：「無論怎樣，我們這里還不會有人曉得這回玩的是那一套哩！」

廖世雄仍然同樣高興地在給大家說明道，「盡我所知，就是這部片子叫贛南剿共記，不錯的，那是敗得契弟跑慢的，難道我不曉得？不過這是軍長師長們底意思，大家不必操心，他們總得有個辦法的。『十九路』在上海還不是打了敗仗，為什麼還做了那許多套影戲呢？」

大家都沒做聲，靜靜地散了開去。晚上，孟氏宗祠起了空前的熱烈的爭論。有幾個弟兄跑到外面去，就在小吃店裏把這件奇特的消息散播着，批評着。在這些不能從「長官底命令」那兒拿出對於他們疑問的解答的人們心裏，都魔鬼作怪似地膠固着驚惶，憂慮，和懊恨。他們底思考裏缺乏了光明的要素，使他們得不着可以安慰自己的結果。

「家醜不可外揚！」吳志四低着頭，用這樣的話刺激着各人晃動的神經。「居然沒人懂這句俗語麼？」於是大家就忙着遮蓋什麼似地生硬地笑起來。

沒有人相信廖排長不是在說笑話。甚至有人以爲這是要把他們遣散的意思，斷定那「每人四毛錢」就是遣散費，而別的人却堅信着自己的意見：

「遣散，有這樣好？打敗仗的兵不會給獎賞的——所以嗄。一定又是開拔，唉，開拔！也許編進工兵隊，造公路，拿駁壳和皮鞭在後面押着捱苦工……」

所有的弟兄都興奮得睡不好覺。李存也將那火柴盒子擺在胸膛上面，軟弱地，頹喪地在探測那一套英國人底詭計。

但這是他們共同的錯誤。第二天一早，由廖世雄帶領着，都到羅崗洞演戲去了。導演的是一個圓而且紅的胖團長。他非常忙碌。一會兒騎馬，一會兒跳下來，像水缸似地隨地滾。左手抓住一枝三角形的小旗子，右手握住一個白鐵放聲筒，右臂上還套着皮馬鞭，說起話來總是綷綷地發響，一點聽不清楚。另外還有攝影師，副官，勤務兵，和一大堆戴白手套，拿望遠鏡悠然地在監視着的高級官。

第卅四特務連這二三十個兵士，和其他好幾百人都莫明其妙地忙碌着。他們完全不曉得自己在做什麼，甚至分不出這是在上操還是在游戲。誰也不知道這齣戲怎樣開頭，以及怎樣發展開去……知道的只是結尾，那是他們底圓而且紅的胖團長，在訓話的時候告訴他們的：「這是我們底勝利，黨國底成功，把赤匪打得一個不留……」

張貴達，李存，霍廖，吳老四，都跟他們底廖排長一道慌張地接受着命令。有時扮匪，別一個時候也扮官兵；從這個山頂跑到那個山頂，或者拿起刺刀殺人，或者跪在地上求饒——他們底酬報是疲倦和兩枚小銀幣。所有的人都活潑而且快樂起來，連生着花柳病，走起路來一蹺一蹺的霍廖，都感到日間活動的興味，嘮叨地告訴賣牛肉麵那個守寡二十年的女人，他每天吹了多少次衝鋒號。

別人也許會這樣打趣着：

「操你底老子，想不到回到省城才打了勝仗吧！」

「你別開心，人家不會相信的。怎麼我們就連一回都不曾輸過，儘贏嗎？」

「這回不同嗄！我們有廖候補連長，人家就沒……」

但在這羣精神緊張而愉快的叫化子中間，李存是一個可怕的例外。他瘦了，更頹喪了，眼睛潰爛得快要瞎了。人們自由而且恣意，常常大聲說話，而他就煩燥地躺在鋪板上，急切地在塗着從軍醫處領來的眼藥——那使他非常疼痛，有時整夜不能睡覺。早上，他老是靑着臉，抖顫着手指和小腿，胆怯地鑽進隊伍裏。

新兵們因爲缺乏對自己的事業有益的親身經驗，就在晚上把李存圍起來，要求他講一點不論什麼。

「這世界，人都變成講不出來的東西了，還有什麼好講的呢？」李存這樣開着頭，就嗟嘆地說下去，「比方你們看見的，旗下張一回回地跟我搗蛋，那是什麼意思？難道——」

「總是看不慣把錢藏野仔那樣藏起來的事情……」張貴達假使這樣頂他的時候，旁邊人就把他截住了，「不要吵他，不要吵他，」這樣，讓李存繼續下去。

那火伕就用緩慢的調子說：「人總不過那樣子：得點小利，就嘻哈大笑，好像他媽媽又找着了老公。其實呢，整天瞎着眼睛，在幹跟自己有害的事。傷了自己，還能夠糊糊塗塗，想起來不叫人家毛骨悚？晚上睡不着，大家會知道自己壞到什麼田地，蠢到什麼樣兒，可是一望見太陽，就又顧得要活那一天，什麼全忘了。

「如果世上只有夜晚，大家躺在床上不要找吃找穿，好像禽獸那樣的事情一定少得很多的吧。比方說，我底女人，她雖然有時也要哭哭鬧鬧，可眞是世界上第一個慈心婆子，但是——呵，你們沒有看過這個照相麼？」

他就把那火柴盒子掏出來給大家看。他並不一定講打仗，有時老在說別的話，因爲他底話說得好像很聰明，大家就靜默着，對他起着好像碰到一個陌生人，非常關心自己的禍福，因而使自己感到漠然的慚愧那種敬意。火柴盒子裏貼着一個醜陋的女人底全身小照片，小到眉目看不清楚。身上穿的衣服，式樣古老而且不合身。照片上面印着淡黃的水漬，使李存底老婆像站在很遠的霧裏。

「就是這樣一個女人！懂事而且和順，絕不好多嘴多舌。結果還不是悽悽慘慘地死掉了！天天好像上了夾棍似地活着，餐餐都吃老菜梗和紅薯，有時在菓園裏拾點爛菓子吃。三十四歲那年的夏天，在照這個相片八年之後，她才懷第一胎孩子，可是大災荒來了。菓園跟冬天一樣，只剩下枯樹枝，田裏沒有紅薯也沒有菜，什麼都沒有，盡是像酒罈蓋那樣，中間夾着乾草，裂開深坑的白泥。她到鎮裏去搶着要些從縣裏施捨出來的稀粥水，叫人家把孩子擠了出來。就坐在路邊望，生出來兩個都死掉了。

「這就是人要到世上來的原因麼？人家開口說的話：兵兇戰危。她這樣過世了，剩下我擎起鎗和人家打打殺殺，也許我弄死了別個，也許別個過些時候，自己也不知不覺地送了我底終——這算是什麼意思？在別人或者是爲了主義，而我是沒有主義的！多少人笑我，還羞辱我底女人，隨便他吧，蒼蠅總是喜歡叮人家底傷口的。你怪不得牠愛嗜膿血底味道。」

在別個時候，李存會講另外一些事：

「我時時害怕麼？是害怕的。我扯謊，人家相信了。還關心到我底女人，替我對於她所扯的謊嘆口同情氣。那麼，假使我答應了別人什麼，我不應該常常記在心裏麼？」

「是這樣的。那是在鷄公山一仗，我們崩得清清光光的時候。我傷了腿，倒在別人底屍首上面動不得，有幾個『斧頭鐮刀』搜索着跑過來了，看見我沒有死，就抄我底身。一個長着鬥鷄眼的年輕伙子問火柴盒子裏面那女人是誰，我告訴他那是我底女人，可是同時又哄騙了他。我說我底女人已經有了八個半月的肚子，沒說出她是過了身的。

「幾個人低聲商量了一會兒，鬥鷄眼的年輕人就皺起眉毛對我說，『我們並不要結果你，你如果不願意，也不帶你回去的。你還有女人和孩子——唉，你爬回去吧。看樣子你不會車大炮的（他說起廣東話來哩），你能夠答應一個條件：說回去之後，不要再給人愚弄，不要再當兵麼？』我當然答應了他。那在我聽來是多麼新鮮的，他說是『愚弄』呢！大家看，如果我再碰見他，我怎樣對他講第一句話嘎！」

有時李存甚至直白對排長表示：他不能幹什麼做戲這傻事。但排長答覆他，說，「沒有見過這樣不通事理的鄉下人。你要不幹，去對營長說說看吧；也許他能夠明白你。」

幸運地，李存在不久以後，就碰到一個機會，使他能夠脫離那做戲的苦差了。

影片底攝製沒有受到任何阻礙，暢快地進行着。有一個鏡頭需要李存用拳頭和脚尖狂暴地去打一個女人。女演員是一個從監獄裏面提出來的，犯了謀殺罪，判定徒刑十五年的瘦嫂嫂，現在正患着脚軟病，自已不會走路。她笑嘻嘻地睡在地上，等那火伕來表演和暴露匪兵底獸行。而當攝影機得得得地開始攝拍戲中最精彩的一幕的時候，李存却呆呆地站着，完全像一條木樁一樣了。

導演員在旁邊發狂地吆喝着：「動手呀，你這昏蛋！扯她底褲子，隨便你摸她不論什麼地方，她要是咬了你一口，你就拚命地打她。打，打，越大力越好，不要記住她是一個人，只當你在扯一張棉花胎……天呀，你站着幹嗎，扯她底褲子嘎，你要強姦這個女人嘎！」

他底一隻手顫顫地舉起來，準備去揪那女人底頭髮。那生手女演員因爲已經預先知道了自己的遭遇，便動都不動地躺在陽光底下。他底手剛剛觸到那些蓬鬆的頭髮，好像只在上面撫摸了一下，便癱了似地垂直了。這時候他底身軀却取了另外的方向移動着，逃跑似地，飛竄到一棵矮樹底下，兩手用力搖撼着樹身，恰像他要把牠折斷了，或者連根拔起來。同時，從他底喉嚨裏，用比導演員還要響亮的聲音，喊出一些完全聽不清楚的字眼……

矮團長使勁把那白鐵喇叭筒摔下地，一匹癲馬那樣跑到這違抗命令的演員身邊，彷彿自己兼做了剛才指定由李存担任的角色，用馬靴踢他底屁股和小肚子，用戴着金戒指的拳頭打他底臉部，背脊，胸膛，和其他不是由於選擇的各種地方。完全是在搥一張棉花胎……

鮮血從李存底嘴和鼻孔淌出來，滴到泥土上，很快就變成黑色的泥珠。他用全力抱着樹身，眼睛牢牢地合起來，身體像在水裏面，一浮一沉地抖動着，呼吸微弱而且緊促……最後，伴着旁觀的弟兄們底不約而同的驚嘆聲音，軟軟地，一捆禾草似地掉下去了。

一月二日，一九三五。

# 退却

何穀天

回想起來，這差不多已經是八年事前的事了。

記得也正是這個時光，天上青板板地，沒有一絲雲，沒有一點風，就只是一個火球般的太陽紅辣辣地嵌在上頭，一根根的頭髮跟汗毛都幾乎熱得要炸了。汗水已經流完，如果在臉龐一抹，就是滿把乾沙沙的鹽顆子。這一個小鎮子的背後，是聳入天空的叢莽的荒山，荒山的左右兩臂起起伏伏地延伸出去，像一把椅形似的，抵住平羌江面，這南岸就是我軍對峙敵軍的地方。兩邊的散兵線可以隔河相望。這邊一排掃射，那邊也一排掃射，只聽見啪吧啪吧的聲音，乾燥而沉悶地，穿過煩熱的空氣，激着空谷的回聲，刺進人悵惘的心頭，眞想不到明天這嘴巴會不會能夠再裝下飯去的事了。看，一個個在臉龐上掛着血水的傷兵正拄着竹杖從河邊穿過稻叢退下來着。

「媽呀，喝~~~渴死了呵，嗯~~~」

哼着哼着，把竹杖放下來，便躺在鎮頭的街沿上了。

我們在這兒對峙已經一天一夜了。忽然一種謠言從每個人的心頭掠過，說是我們的指揮部已經放棄了正面的縣城退卻了。一下子，好像突然似的，每個人的臉上都閃上一個陰影，大家都咬着牙，驚惶起來了：我們的這右翼怎麼辦。

半夜的時侯，我正疲倦地蜷伏着睡在門後，不知被誰踢了一下，我便驚覺地睜開眼睛，黑洞洞地，睡前的許多燈光現在是一絲也沒有，就只看見許多憧憧的黑影，像潮水一般無聲地向着門外湧着出去。我這時侯，骨頭痛也忘記了，本能地一翻爬起來，揹上我的槍，就呆頭呆腦地擠進潮水般的人叢，擠出門來了。究竟爲甚麼，向着甚麼地方走，簡直沒有想一想的工夫，在黑暗中的一切全是充滿了恐怖，雖是夏天，然而牙齒却在吃吃地打戰。別人走，自己也走。因爲剛睡得胡里胡塗爬起來，聽見江那面一陣陣掃射過來的槍聲，好像就要刺到背心來似的。兩支脚簡直扉飄飄起來了。不過，脚雖然虛飄飄，可是連倒下去的空隙也沒有，人擠着人，前面走得慢，後面擠得兇，兩邊的要向着中間擠，誰都想搶上前去，我於是便這麼不知不覺地被擠得兩脚離開地，被抬了起來，一直抬出了鎮口。這之間，就只聽見一種悲慘的叫聲從兩邊階沿上送了過來：

「啊喲～～～丟了我們了！啊喲～～～」

「不准做聲！」

我被抬上山的時侯，脚落了地，才慢慢清醒起來，知道離開那個小鎮已經好遠了，但江那面的槍聲還在從背後傳了過來，很清脆地刺進人的心頭。現在雖然快走出了危險界，然而還是那麼擠，我用手抵着前面的背，後面的手也抵着我的背，小心地鑽開那高過頭的叢莽，在崖邊上摸着前進。

「哎喲！媽！」前面傳來驚呼的叫聲。

「叫什麼！」

但是緊接着就聽見一個笨重的聲音就像一捆包裹似的帶着許多小石頭唏哩嘩啦地滾下去了。大家的心一下都又捏緊起來。

「槍呢？槍呢？」

「一齊都滾下去了！」

又是靜默，山頭的叢林跟叢莽好像都一下靜默起來了，黑聳聳地望着我們，好像那裏面藏着許多鬼手似的。然而誰管他，後面的更可怕呢！走到拐灣地方的時候，微微地可以聽見崖下面呻吟的聲音傳了上來，前面的一個就囘過頭來悄悄地說道：

「當心，這兒。」

我摸着缺口的地方，抓着崖上的枯枝，小心地跨過，也囘過頭悄悄地傳下去：

「當心，這兒。」

走到比較寬一點的地方，背後的槍聲已經小起來了，人也沒有那麼擠，但是不知怎麼地我一下怕起土匪來了。這山是有名的萬松林，我們駐札在城裏的時候，就常常聽見說這兒有着幾百名土匪聚集，槍彈齊全，哇，不要是躲在那黑松林裏面等着我們呢！

「當心呵，前面！」誰這麼說一聲。

可是一個最熟悉的聲音馬上就從黑暗中叫了出來：

「笑話。匏哥，怕甚麼！」

一聽我就知道是傳令長。忽然那每年六月六關雲長的磨刀會時的傳令長的面影一下在我的腦子中閃出來了。那一天，我們營理的空氣簡直不尋常，上上下下大小官兵忽然一下子都會親熱起來的。大家都「你哥子我兄弟」的叫起來了。傳令長照例是「承行大五哥」。大家團團地站在大室前面的時候，他便把錢紙一張一張地在一條長凳上擺了起來，左手把鷄頭彎到背上來執着，右手便拿起明晃晃的菜刀，做了一個請安的架勢，就在鷄頭上殺一條口，把鮮紅的血從頭一張錢紙滴到末一張錢紙，於是他便向着站在當中關雲長像前的副官鞠着躬嚴肅地說道：

「稟大哥，恭喜恭喜！」

大家這時都提起穿着軍服的手來打個拱，便高高興興地等着喝酒去了。

想到自已也是「哥老會」的「袍哥」，頓時使我增加不少的勇氣。假使那些傢伙眞的從黑松林裏跳了出來，假使眞的被他們截着的時候，「弟兄，山不轉路轉，場頭不過，轉角相逢。」這幾句話，難道不懂了麽？我一下子胆兒又肚起來了，依然小心地摸着崖邊，抓着枯枝，跟着前一個的脚跟，在高過頭的叢莽中鑽着，直向黑松林的山頭爬去。

天亮的時候，槍聲自然已經聽不見，而且我們已經穿出叢莽了。站在山的頂上，向下面望去，只見遍山都是亂雜的人，一搖一擺地在爬了上來，有些在半夜走錯了路的，現在也從右邊的山谷爬着來了。許多滑竿轎子之類都空着，那些官長們都在牠們的後面一步一擺地走。許多空着背的馬也在人叢中零零落落的走着。想不到我們居然擠在最前面來了。

可是大家都已經很疲倦，骨頭又痛了起來，尤其是被那灰白的晨風跟細雨一吹，心旌就有些搖搖，餓得有點頭發昏，幾乎透不過氣來了。好在已經走到垇口，向着山那邊一望的時候，頓時換了一個新的天地，但見山脚下的叢林旁邊，躺着一兩間艸房，早晨灰白的炊烟，正在從那艸房上方口的烟卣冒出，隨着風一揚，炊烟就散開來，跟林間的薄霧溶和在一處舒捲起來了。

「噲，那兒一定有東西！」

誰這麼叫了一聲，大家的希望都一下燃燒了起來。脚勁都又充滿了。下坡路是好走不過的。大家的屁股上搖着槍托與刺刀的聲音，趺着一些小石頭，一跳一跳地就向着斜坡下面直跑。

我們剛剛走到門邊，陡然就聽見那房後的門碰的一下，接着就是穿着樹林跑的聲音。我們也不管三七二十一，走進門去，眼睛開始黑了一下，稍稍站定，就辨出屋內的方向，哈，灶上的鍋正熱氣騰騰的呢！大家圍了攏來，揭開鍋蓋，裏面正養着熱嘟嘟的豆渣。「好呀！好呀！」大家喊着，於是拿盌的拿盌，抓盤子的抓盤子，可是灶脚下陡然跳出一個老太婆來了。撲的一聲她就跪在地上，戰兢兢地，頭髮已很白，乾癟的紅眼眶流出了兩行眼淚。

「老爺！老爺！我們苦死了！……就……這點點……饒饒吧！……」她哭。

大家都沒有管他，把盌就在鍋裏面舀，舀起來就吃，只見盌在鍋裏翻，有些沒有舀着的，半途就在人家的盌裏截了一半去，然而人還在越來越多，屋子幾乎要擠爆了。你碰着了我的膀子，我又碰着他的背，然而還在來，那個老太婆簡直被擠在灶旁邊大哭起來了。

「你們弄死我算了！弄死我算了！」

我走到後門邊的時候，忽然聽見トトト的聲音，馬上就看見三個赤膊的背影在樹林中像驚弓之鳥似的亂跑。然而後來也據說他們終於被後到的勤務兵拉來做輪夫跟着來了。

下午的時候，據偵探說是敵軍又渡河追來了。我們又一程趕一程的退走。可是剛剛走到豹子崗下的時候，前頭就傳下話來，叫「準備。」糟糕，前面難道也有敵人麼？然而這條路是夠危險的。兩邊是高山，山頂上也是密密的黑松林，太陽已經落下去，晚霧又罩上來了。我們就在夾槽當中的小路走着，前面山頭的目的地幾乎看不清楚了。果然這時候，正從左邊山頭的松林裏射下來一聲土槍——吧~~~！陡然一下，大家都緊張起來。這種据高臨下，準會全軍覆沒的。前面走的弟兄都忽然高聲大叫起來了：

「喂！袍哥！值價的！我們是老邊軍呵！」

上面又再放下來一槍，接着也是百多人的喊聲：

「既然是老邊軍，過去！」

我們好像遇着大赦一般，好容易才揑着一把汗翻過山去，這些傢伙們倒也講義氣，當然後面的追兵一定要倒霉了。

# 文學新輯（第一輯）



# 木屑文叢　第一輯


定價大洋伍角

一九三五年四月二十號出版

編輯 發行　木屑文叢社

代售所　各大書店

通訊處　木屑文叢社


（本刊文字歡迎轉載）

# 准風月談

出版了！

魯迅

這是魯迅先生一九三三下半年的雜文集，作者在後記裏面說：「我的雜文，所寫的常是一鼻，一嘴，一毛，但合起來，已幾乎是或一形象的全體……」，在這本雜文集裏面，一九三三年下半年的社會情勢，尤其是所謂文壇底面貌，有了鮮明的反映。作者用他底戰鬥的筆鋒，把那個時期的各種化裝跳舞的「文學家」畫出了一目了然的臉譜。

定價九角　上海內山書店代售

本刊正向內政部呈請立案中

# XAIJAN

# 1

要目



# 海燕

一九三六年元月二十日出版

# 海　燕

# 1

目　錄

# 出　關

魯　迅

老子毫無動靜的坐着，好像一段呆木頭。

「先生，孔丘又來了！」他的學生庚桑楚，不耐煩似的走進來，輕輕的說。

「請……」

「先生，您好嗎？」孔子極恭敬的行着禮，一面說。

「我總是這樣子，」老子答道。「您怎麼樣？所有這里的藏書，都看過了罷？」

「都看過了。不過………」孔子很有些焦躁模樣，這是他從來所沒有的。「我研究『詩』，『書』，『禮』，『樂』，『易』，『春秋』，六經，自以爲很長久了，够熟透了。去拜見了七十二位主子，誰也不採用。人可眞是難得說明白呵。還是『道』的難以說明白呢？」

「你還算運氣的哩，」老子說，「沒有遇着能幹的主子。六經這玩藝兒，只是先王的陳迹呀。那里是弄出迹來的東西呢？您的話，可是和迹一樣的，迹是鞋子踏成的，但迹難道就是鞋子嗎？」停了一會，又接着說道：「白鶂們只要瞧着，眼珠子動也不動，然而自然有孕；蟲呢，雄的在上風叫，雌的在下風應，自然有孕；類是一身上兼具雌雄的，所以自然有孕。性，是不能改的；命，是不能換的；時，是不能留的；道，是不能塞的。只要得了道，什麼都行，可是如果失掉了，那就什麼都不行。」

孔子好像受了當頭一棒，亡魂失魄的坐着，恰如一段呆木頭。

大約過了八分鐘，他深深的倒抽了一口氣，就起身要告辭，一面照例很客氣的致謝着老子的敎訓。

老子也並不挽留他，站起來扶着拄杖，一直送他到圖書館的大門外。孔子就要上車了，他才留聲機似的說道：

「您走了？您不喝點兒茶去嗎？……」

孔子答應着「是是，」上了車，拱着兩隻手極恭敬的靠在橫板上；冉有把鞭子在空中一揮，嘴裏喊一聲「都」，車子就走動了。待到車子離開了大門十幾步，老子才回進自己的屋裏去。

「先生今天好像很高興，」庚桑楚看老子坐定了，才站在旁邊，垂着手，說。「話說的很不少……」

「你說的對。」老子微微的歎一口氣，有些頹唐似的回答道。「我的話眞也說的太多了。」他又彷彿突然記起一件事情來，「哦，孔丘送我的一隻雁鵝，不是曬了臘鵝了嗎？你蒸蒸喫去罷。我橫豎沒有牙齒，咬不動。」

庚桑楚出去了。老子就又靜下來，合了眼。圖書館裏很寂靜。只聽得竹竿子碰着屋簷響，這是庚桑楚在取掛在簷下的臘鵝。

一過就是三個月。老子仍舊毫無動靜的坐着，好像一段呆木頭。

「先生，孔丘來了哩！」他的學生庚桑楚，詫異似的走進來，輕輕的說。「他不是長久沒來了嗎？這的來，不知道是怎的？……」

「請……」老子照例只說了這一個字。

「先生，您好嗎？」孔子極恭敬的行着禮，一面說。

「我總是這樣子，」老子答道。「長久不看見了，一定是躲在寓裏用功罷？」

「那里那里，」孔子謙虛的說。「沒有出門，在想着。想通了一點：鴉鵲親嘴；魚兒塗口水；細腰蜂兒化別個；懷了弟弟，做哥哥的就哭。我自已久不投在變化裏了，這怎麼能够變化別人呢！……」

「對對！」老子道。「你想通了！」

大家都從此沒有話，好像兩段呆木頭。

大約過了八分鐘，孔子這才深深的呼出了一口氣，就起身要告辭，一面照例很客氣的致謝着老子的教訓。

老子也並不挽留他。站起來扶着拄杖，一直送他到圖書館的大門外。孔子就要上車了，他才留聲機似的說道：

「您走了？您不喝點兒茶去嗎？………」

孔子答應着「是是，」上了車，拱着兩隻手極恭敬的靠在橫板上；冉有把鞭子在空中一揮，嘴裏喊一聲「都，」車子就走動了。待到車子離開了大門十幾步，老子才回進自已的屋裏去。

「先生今天好像不大高興，」庚桑楚看老子坐定了，才站在旁邊，垂着手，說。「話說的很少……」

「你說的對。」老子微微的歎一口氣，有些頹唐的回答道。「可是你不知道：我看我應該走了。」

「這爲什麼呢？」庚桑楚大喫一驚，好像遇着了晴天的霹靂。

「孔丘已經懂得了我的意思。他知道能够明白他的底細的，只有我，一定放心不下。我不走，是不大方便的……」

「那麼，不正是同道了嗎？還走什麼呢？」

「不，」老子擺一擺手，「我們還是道不同。譬如同是一雙鞋子罷，我的是走流沙，他的是上朝廷的。」

「但您究竟是他的先生呵！」

「你在我這里學了這許多年，還是這麼老實，」老子笑了起來，「這眞是性不能改，命不能換了。你要知道孔丘和你不同：他以後就不再來，也再不叫我先生，只叫我老頭子，背地裏還要玩花樣了呀。」

「我眞想不到。但先生的看人是不會錯的……」

「不，開頭也常常看錯。」

「那麼，」庚桑楚想了一想，「我們就和他幹一下……」

老子又笑了起來，向庚桑楚張開嘴：

「你看：我牙齒還有嗎？」他問。

「沒有了。」庚桑楚回答說。

「舌頭還在嗎？」

「在的。」

「懂了沒有？」

「先生的意思是說：硬的早掉，軟的却在嗎？」

「你說的對。我看你也還不如收拾收拾，回家看看你的老婆去罷。但先給我的那匹青牛刷一下，鞍韉曬一下。我明天一早就要騎的。」

老子到了函谷關，沒有直走通到關口的大道，却把青牛一勒，轉入岔路，在城根下慢慢的繞着。他想爬城，城牆倒並不高，只要站在牛背上，將身一聳，是勉强爬得上的；但是青牛留在城裏，却沒法搬出城外去。倘要搬，得用起重機，無奈這時魯般和墨翟都還沒有出世，老子自已也想不到會有這玩意。總而言之：他用盡哲學的腦筋，只是一個沒有法。

然而他更料不到當他彎進岔路的時候，已經給探子望見，立刻去報告了關官。所以繞不到七八丈路，一羣人馬就從後面追來了。那個探子躍馬當先，其次是關官，就是關尹喜，還帶着四個巡警和兩個簽子手。

「站住！」幾個人大叫着。

老子連忙勒住青牛，自已是一動也不動好像一段呆木頭。

「阿呀！」關官一衝上前，看見了老子的臉，就驚叫了一聲，卽刻滾鞍下馬，打着拱，說道：「我道是誰，原來是老聃館長。這眞是萬想不到的。」

老子也趕緊爬下牛背來，細着眼睛，看了那人一看，含含胡胡的說：「我記性懷……」

「自然，自然，先生是忘記了的。我是關尹喜，先前因爲上圖書館去查『稅收精義，』曾經拜訪過先生……」

這時簽子手便翻了一通靑牛上的鞍韉，又用簽子刺一個洞，伸進指頭去掏了一下，一聲不響，橛着嘴走開了。

「先生在城圈邊溜溜？」關尹喜問。

「不，我想出去，換換新鮮空氣……」

「那很好！那好極了！現在誰都講衛生，衛生是頂要緊的。不過機會難得，我們要請先生到關上去住幾天，聽聽先生的敎訓……」

老子還沒有回答，四個巡警就一擁上前，把他扛在牛背上，簽子手用簽子在牛屁股上刺了一下，牛把尾巴一捲，就放開脚步，一同向關口跑去了。

到得關上，立刻開了大廳來招待他。這大廳就是城樓的中一間，臨窗一望，只見外面全是黃土的平原，愈遠愈低；天色蒼蒼，眞是好空氣。這雄關就高踞峻坂之上，門外左右全是土坡，中間一條車道，好像在峭壁之間，實在是只要一丸泥就可以封住的。

大家喝過開水，再吃餑餑。讓老子休息一會之後，關尹喜就提議要他講學了。老子早知道這是免不掉的，就滿口答應。於是轟轟了一陣，屋裏逐漸坐滿了聽講的人們。同來的八人之外，還有四個巡警，兩個簽子手，五個探子，一個書記，賬房和廚房。有幾個還帶着筆，刀，木札，預備抄講義。

老子像一段呆木頭似的坐在中央，沈默了一會，這才咳嗽幾聲，白鬍子裏面的嘴唇在動起來了。大家卽刻屛住呼吸，側着耳朶聽。只聽得他慢慢的說道：

「道可道，非常道；名可名，非常名。無名，天地之始；有名，萬物之母。……」

大家彼此面面相覷，沒有抄。

「故常無欲以觀其妙，」老子接着說，「常有欲以觀其竅。此兩者，同出而異名。同，謂之玄，玄之又玄，衆妙之門……」

大家顯出苦臉來了，有些人還似乎手足失措。一個簽子手打了一個大呵欠，書記先生竟打起磕睡來，嘩啷一聲，刀，筆，木札，都從手裏落在席子上面了。

老子彷彿並沒有覺得，但彷彿又有些覺得似的，因爲他從此講得詳細了一點。然而他沒有牙齒，發音不淸，打着陝西腔，夾上湖南音，「哩」「呢」不分，又愛說什麼「呃：」大家還是聽不懂。可是時間加長了，來聽他講學的人，倒格外的受苦。

爲面子起見，人們只好熬着，但後來總不免七倒八歪斜，各人想着自已的事，待到講到「聖人之道，爲而不爭，」住了口了，還是誰也不動彈。老子等了一會，就加上一句道：

「呃，完了！」

大家這才如大夢初醒，雖然因爲坐得太久，兩腿都麻木了，一時站不起身，但心裏又驚又喜，恰如遇到大赦的一樣。

於是老子也被送到廂房裏，請他去休息。他喝過幾口白開水，就毫無動靜的坐着，好像一段呆木頭。

人們却還在外面紛紛議論。過了多久，就有四個代表進來見老子，大意是說他的話講的太快了，加上國語不大純粹，所以誰也不能筆記。沒有記錄，可惜非常，所以要請他補發些講義。

『來篤話啥西，俺實直頭聽弗懂！』賬房說。

『還是耐自家寫子出來末哉。寫子出來末，總算弗白嗬蛆一場哉啘。阿是？』書記先生道。

老子也不十分聽得懂，但看見別的兩個把筆，刀，木札，都擺在自已的面前了，就料是一定要他編講義。他知道這是免不掉的，於是滿口答應；不過今天太晚了，要明天才開手。

代表們認這個結果爲滿意，退出去了。

第二天早晨，天氣有些陰沈沈，老子覺得心裏不舒適，不過仍須編講義，因爲他急於要出關，而出關，却須把講義交卷。他看一眼面前的一大堆木札，似乎覺得更加不舒適了。

然而他還是不動聲色，靜靜的坐下去，寫起來。回憶着昨天的話，想一想，寫一句。那時眼鏡還沒有發明，他的老花眼睛細得好像一條線，很費力；除去喝白開水和吃餑餑的時間，寫了整整一天半，也不過五千個大字。

「爲了出關，我看這也敷衍得過去了。」他想。

於是取了繩子，穿起木札來，計兩串，扶着拄杖，到關尹喜的公事房裏去交稿，並且聲明他立刻要走的意思。

關尹喜非常高興，非常感謝，又非常惋惜，堅留他多住一些時，但看見留不住，便換了一副悲哀的臉相，答應了，命令巡警給青牛加鞍。一面自己親手從架子上挑出一包鹽，一包胡麻，十五個餑餑來，裝在一個充公的白布口袋裏送給老子做路上的糧食。並且聲明：這是因爲他是老作家，所以非常優待，假如他年紀青，餑餑就只能有十個了。

老子再三稱謝，收了口袋，和大家走下城樓，到得關口，還要牽着青牛走路；關尹喜竭力勸他上牛，遜讓一番之後，終於也騎上去了。作過別，撥轉牛頭，便向峻坂的大路上慢慢的走去。

不多久，牛就放開了脚步。大家在關口目送着，去了兩三丈遠，還辨得出白髮，黃袍，青牛，白口袋，接着就塵頭逐步而起，罩着人和牛，一律變成灰色，再一會，已只有黃塵滾滾，什麼也看不見了。

大家回到關上，好像卸下了一副擔子，伸一伸腰，又好像得了什麼貨色似的，咂一咂嘴，好些人跟着關尹喜走進公事房裏去。

「這就是稿子？」賬房先生提起一串木札來，翻着，說。「字倒寫得還乾淨。我看到市上去賣起來，一定會有人要的。」

書記先生也湊上去，看着第一片，唸道：

「『道可道，非常道』………哼，還是這些老套。眞敎人聽得頭痛，討厭……」

「醫頭痛最好是打盹。」賬房放下了木札，說。

「哈哈哈！……我眞只好打盹了。老實說，我

---

# 在塘沽

## 奚如

這是一個塗染著永難磨滅的恥辱的都市——塘沽。有名的「長期抵抗」主義者們，曾經在這兒同「友邦」簽訂過有名的協定。

當「友邦」更進一步地與咱們「提攜」「親善」，在華北一手撫育成獨立自治，而咱們當代要人們認爲還是可以「和平」的時候，我却正在塘沽小駐我底遊蹤。

天氣是說不出來的寒冷。風刮著黃沙在空中怒嚎，海灣凝結成可以通過騾車的冰。當海船折磨了乘風破浪的威力，笨漢似的突破冰塊前進，在船頭就湧成高厚的冰的山，發出喇喇的響聲。而船尾呢，這塊又迅速集合起來，凝成原有的平面。冰景象，使一個南方生長的我，更加塡實了在平津所見的每天凍死三十個人的那可怕的陰影！

說是到上海的船是十一號開駛，可是我在小客棧里呆到十五號，還看不見開駛的影子。這誤期，却不期然而然地補足了我底另外一些見識。

一個專門在車站碼頭替客棧接客，被同行稱呼爲「老疙疸」的茶房，想是我如願地給了他一筆小賬——兩毛錢，叫他幾次幌著發光的禿頂，搖著紅蘿卜一般的尖鼻子，從大葱氣濃厚的黃牙間，對我友誼地高談闊論起來。

「先生」！他買弄「在幫」的江湖味兒，閃動著酒精泡透了的紅眼皮，說：「當然，……當然，……那並不是有面子的事！就是兄弟我，臉上的確挨過……」他用手掩著嘴，機警地放低了聲音。「東洋人不少的嘴巴子。說句良心話，咱們怎末也不該去貼那些傢伙，去遊什麼鳥街！」

這是他在辯釋他昨天的行動。

昨天，他抱了一堆標語回到客棧，把一隻脚朝火爐上一蹺，拍著胸，趾高氣揚地獨自個兒嚷了起來：

「遊一趟街是兩毛，貼貼又是兩毛

是猜他要講自已的戀愛故事，這才去聽的。要是早知道他不過這麼胡說八道，我就壓根兒不去坐這麼大半天受罪……」

「這可只能怪您自已看錯了人，」關尹喜笑道。「他那裏會有戀愛故事呢？他壓根兒就沒有過戀愛。」

「您怎麼知道？」書記詫異的問。

「這也只能怪您自已打了磕睡，沒有聽到他說『無爲而無不爲。』這傢伙眞是「心高於天，命薄如紙，』想『無不爲，』就只好『無爲。』一有所愛，就不能無不愛，那里還能戀愛？你看看你自已就是：現在只要看見一個大姑娘，不論好醜，就眼睛甜膩膩的都像是你自已的老婆。將來娶了太太，恐怕就要像我們的賬房先生一樣，規矩一些了。」

窗外起了一陣風，大家都覺得有些冷。

「這老頭子究竟是到那里去，去幹什麼的？」書記先生趁勢岔開了關尹喜的話。

「自說是上流沙去的，」關尹喜冷冷的說。「看他走得到。外面不但沒有鹽，麵，連水也難得。肚子餓起來，我看是後來還要回到我們這里來的。」

「那麼，我們再叫他著書。」賬房先生高興了起來「不過餑餑眞也太費。那時候，我們只要說宗旨已經改爲提拔新作家，兩串稿子，給他五個餑餑也足够了。」

「那可不見得行。要發牢騷，鬧脾氣的。」

「餓過了肚子，還要鬧脾氣？」

「我倒怕這種東西，沒有人要看。」書記搖着手，說。「連五個餑餑的本錢也撈不回。譬如罷，倘使他的話是對的，那麼，我們的頭兒就得放下關官不做，這才是無不做，是一個了不起的大人…」

「那倒不要緊，」賬房先生說，「總有人看的。交卸了的關官和還沒有做關官的隱士，不是多得很嗎？……」

窗外起了一陣風，括上黃塵來，遮得半天暗。這時關尹喜向門外一看，只見還站着許多巡警和探子，在獃聽他們的閒談。

「獃站在這里幹什麼？」他吆喝道。「黃昏了，不正是私販子爬城偷稅的時候了嗎？巡邏去！」

門外的人們，一溜煙跑下去了。屋裏的人們，也不再說什麼話，賬房和書記都走出去了。關尹喜才用袍袖子把案上的灰塵拂了一拂，提起兩串木札來，放在堆着充公的鹽，胡麻，布，大豆，餑餑等類的架子上。

---

。操他小妹子！混兩天，怕不就塊把八毛的麼。這很不錯，這比在風里雪里去接客人痛快的多啊，媽的」！

不等咱們這羣坐在爐火旁邊，耐心等船的旅客們爲他投以各種不同的眼鋒的瞬間，他早已一陣風溜走了。

到晚上，當我上街去照顧所謂「西域回回」底小舘子，吃一毛錢的牛肉鍋貼，我就看見滿街貼上值兩毛錢的報酬的輿論了。「中日滿提携呀，獨立自治呀！」五顏六色，在昏黃的夕陽下做著鬼臉。

而我底心裏，猛然憤怒地浮起了這樣一種念頭：

「這就是治者底成績呀！一個將整塊整塊的領土奉送給人的治者，必然祗有養成如此不知羞恥的風氣」！

今天，當「老疙疸」辯護他底行爲，我徒然含著苦笑問他：

「你既然也覺得那是昧良心的事兒，那你幹麼……」。

不等我說完，他底臉上輕輕地有一陣忸怩的紅暈爬過，陡然失去了慷慨的風度咕咕唧唧地回答道：

「我，……我，……先生！……有四毛錢，我可多過一天日子呀！像張老么，他前天不就凍死在碼頭上了嗎？……不錯，愛國是件挺好的事兒，可是，他奶奶：幹嗎他們把現洋都運走，連咱們全凍死餓死也不管呢」？

「如果有一天，……呃，老疙疸！有錢的，逼著他們出錢；沒錢的出人，去跟東洋人拚命的時候，你老兄打算怎末辦呢」？

「我……我……」他深怕失去了什麼機會似的，格外挺高著發光的禿頂，搶著大聲吼道。「要眞有那一天，先生！哪個人底心不是肉做的，兄弟我要不首先抽出刀去『別』（等於刺，殺）那些個東洋鬼子，算不得個男子漢，大丈夫」！

十五號晚上，正逢全塘沽底政府機關準備和平交代給殷汝耕的時候；也是「菊號」巡洋艦開抵塘沽，用探海燈射出恐怖的白光的時候，謝謝天老爺！船是決定了開駛。

於是，我從人叢中擠上船，好多次悄然地立在甲板上，遙對著伴隨我消磨了兩個月旅程的北方，以及許多朋友，投送一個祝福的擁抱。

一九三五，十二，十九。

# 記十二月二十四日南京路

滬　　生

在拋球場下了電車，我底心開始跳躍起來。我睜大眼睛貪婪地向四周望——我並沒有看見什麼。南京路上底電車汽車……接成一串地馳騁；汽車的鈍滯的喇叭聲，電車鈴響……夾雜着報販異常匆促飯的喊叫聲，如同有誰使着蠻勁雜亂地在一架破爛的鋼琴上奏着一支不熟悉的調子似的。

商店的大減價的招旆都懶洋洋地在那不怎麼凜冽的北風中飄蕩。

——也許不會是眞的。

當我看見一架大鐘已經過了八點半，我有些失望地懷疑昨晚一個朋友所告訴我的消息了。但我還是很快地向大陸商場走去。

剛走進大陸商場，我就接着一張上海市民救國會底傳單；我匆匆地望了一眼——上面鮮明地印着打倒××帝國主義！——便走進人羣裏去。

人羣裏，有抹了口紅的燙髮的女學生，戴小球帽的中小學生，戴着呢帽穿着大衣和著布鞋的商人，藍布短裝的工人，面色蒼白憔悴的女工……。人是年青的多，你用眼睛去望，可以望見那些眼睛裏都有一樣恍惚透明的東西——那是興奮的熱情，牠並且顯得異常倔强和沉靜，告訴你，牠們在期待着什麼。

人羣形成了排列地站在大陸商場裏的十字街傍。在他們頂上，從樓上飄落下來的紅的綠的紙條紛飛着，那是口號，上面寫着：——打倒××帝國主義；民衆武裝起來……。

有些個在腋下挾着一疊傳單或宣言在人叢裏擠來擠去，多半的是站着但是顯然地帶着一絲焦急地在徬徨。他們低聲在談着什麼，可是兩條橫街上早已噏嗡地響着了——八點半過了，還沒聽見發動的信炮。

南京路上，不少的人驚異地跑進來接過一張傳單去，讀完了，也在街上徘徊起來。

大概是八點五十分鐘的樣子，信炮終於響了。

我眞不能說出那一聲鞭炮聲是怎麼起的，一聲霹拍響，心是在不能計算的速度中緊張着，碎裂了；同時，一個大的聲浪在我周圍爆炸了起來，人羣湧成了一堆，擁着我——我也擁着人——如同瘋狂地湧出了大陸商場；湧到南京路上去。

雪片般，那疊疊白的傳單在空中飄蕩起來了，帶着那人羣底顫慄的聲音。

人是在一個大漩渦中失去了自己——一個大的聲浪捲進了自己底和別人底喊叫，就彷彿祗一個巨人在忿怒地咆哮：

——打倒××帝國主義！

——民衆武裝起來；

---

# 做賊出身的作家阿烏登珂

外村史郎

他今年二十六歲，可以說不是純粹工人出身的。過去做過浮浪者，也做過賊。但是，在豐富地體驗過工廠生活和鑛山勞動生活這一點上，我以爲可以說他是勤勞者出身的作家。

一九三三年，在一個勞動雜誌上寫短篇小說。一九三四年寫了長篇「我愛」的時候，高爾基感動之餘，寫了序文，由國立出版所出版了。

那是從資本主義時代的一個鑛工家庭底悲劇寫起的。工人一家因爲逼緊來的生活苦，小的孩子死了，全家分散了，主人公少年成了不良少年，姐姐陷身爲娼妓，各爲了求生離開了鑛山。作者强力地描寫了對於資本主義的憎惡反抗，隨著當時的革命糾紛，這個少年變成了賊底引線人，做賊，做扒手，但因爲和賊頭子吵嘴，終於把對手殺掉逃走了。下著雪的某一天，

——打死賣國賊！

………………

這聲浪飄蕩得很遠，街道都像是震動了，電車和汽車都發出了驚慌失措的喊聲來，混亂並且叫囂。

白的紙，上面印着大的黑的字，鮮明地在那瀝青路上堆積起來，掩沒了鐵的軌道，掩沒了街道。人羣就在這堆積的着的重重抑壓下的呼喊底上面站住脚呼喊了。

不少的人，瘋了般站在街心站在車羣之中狂叫，把一疊傳單亂揮到車裏去。

這情形繼續了約莫有二十分鐘。

驀地，人羣擁着向後退了。我聽見一陣木棒擊在人身上發出的鈍重的啪啪的聲音，昂着頭向前看，看見一羣拿着武器的白種人——巡捕們，如些獵狗般露着牙，發着恨聲地對着人羣突擊着。

——不要後退啊！不要後退啊！

這呼聲在每一個角落里悽慘但是憤然地揚了起來，裏面還聽得見女子底尖銳的哭似的聲音；像撲着一塊堅固的岩石的海浪一樣，紛碎的浪花旋卽又聚集起來，又湧成一個大的浪頭撲了回去，人厲聲叫着：衝啊！不要後退啊，衝！

人羣狂亂地喊叫着又向南京路上湧。當又給雨點般撲下來的木棒擊退的時候，女的，孩子和弱一點的倒了下去，人在人身上一排排推起來了。但木棒還是落在躺下的人底背上，頭上：在下面，還有那笨重的皮鞋踢着。

血！鮮紅的血！鮮紅的血在一些蒼白的但有一雙脹紅的眼睛的臉上迸流了！

人羣退出了大陸商場的十字街。南京路上還是堆滿白的印着黑字的紙，但一些笨大的皮鞋在上面踩躪着，鷹鼻子紅臉的白種人獰笑了！

我不能說出我底憤怒和哀痛。我望着那很粗的木棒在一些十多歲的小學生頭上落下去，大的手掌撕扯着女子底頭髮，終於還看見了那迸流的鮮紅的血！但我更感到悲痛的，是當我望見那一些蒼白的臉上懸着一兩滴清瑩的淚珠的時候。

人羣一團團地在山東路，二馬路口邊沉默地站着。

有人走麼？我相信沒有！我祗望見頭部流着血的被逮捕走了。

——到先施公司門口集合去！

人羣又形成一長列，沒有沮喪地移動了。有人叫挽着手，於是大家挽起手來走。

一長列，抹了口紅的女學生，戴小球帽的中小學生，戴着呢帽穿着大衣著布鞋的商人，藍布短裝的工人，面色蒼白憔悴的女工……挽着手向前走。

人羣後面跟隨着武裝巡捕，警車。但人羣還是叫了：

——打倒××帝國主義！

——打倒一切帝國主義！

——民衆武裝起來！

是十二月二十四日，一九三五年的冬天。

天氣陰霧，不見太陽。

---

幾天沒有找到吃的地倒在莫斯科底雪街頭的時候，被警察發現了，收容到勞動天感化院里。

由於長期間放縱生活底隋性，對於勞動感化院底生活不能習慣，常常决心想逃走，但那瞬間又感到了裏面的生活是自由美麗的，想逃走似乎在道德上是一種罪惡。終於熱心於社會主義競爭的勞動：學會了鐵路機關車底製作技術，參加了馬格勒斯小電站底建設。是這麼一個故事，用著愛把蘇聯建設和對於舊社會的憎惡對照地描寫了。這作品和電影「生路」相像，雖然「生路」不是由這小說取來的。

關於從一九三四年作家大會第四天的兒童團底行進所得的印象，他說：

在過去的浮浪生活里面，做賊生活里面，我從來沒有遇到過哭的事情。過去的社會是這樣地使我失去了淚。然而今天，我哭了。爲什麼哭了呢？高爾基底淚，我底淚，以及其他的人們底淚，並不是老年的淚。

我感到了我所過的生活底一切汚穢和在兒童團底前面所展開的未來底一切美麗和清潔。在這一瞬間我想活了。」

他現在正在準備用鑛山題材寫一個長篇。

風 譯

# 向巴比塞的敬禮

J. FREEMAN

我們中間，凡是幸而在美國聽過亨利•巴比塞講話的人，永遠不會忘記這人底道德的和知識的偉大，不會忘記他底動人的口才，也不會忘記他底心地底純潔。

他曾向著廣大的工人聽衆談話，他們是常常和一切種類的演說家相接觸的；他曾向知識份子底小團體講演，他們在修詞術的批評上是特別敏感的。男男女女在這個蒼白的，瘦弱的人物面前，在這個既爲先知而又爲戰士的藝術家面前，總歸是忽然地沉靜下去而興起一種尊敬的心情。他們對於他講話所用的法文，大都是不了解的。但是，翻譯人倘不曾解釋他底話，他們便已深深地爲他底精神所感動。

就是這個人底像貌，也可以表明他底精神底完整。這，你可以感到，從他那高大的，脆弱的身體連帶著彎曲的肩膀，顫動的聲音底誠懇，由於疾病和情感而發著抖的長長的，伸出的胳膊，由於內在的衝突而受了損害的消瘦的蒼白的面孔。這個人的的確確是爲了人類解放而貢獻了他底生命，而且是欣然地貢獻了他底生命，帶著超越的勇敢和愉快。

我很幸福而能够在巴比塞在美國講演的旅程上陪伴著他，從紐約到芝加哥，經過了一打之多的城市。有一個月的時光，我們每日都是一同地在講演台上，在火車上，在旅館中。無論是在任何公共地方或私人處所，他底精神總是集中在一個目標上。他已經有了六十歲的年紀。他病得很利害。他的臉上佈滿了精神的苦痛和身體的勞瘁。但從醒起一直到睡下，他是不倦地爲著那個吸引一切的目標而工作；把一點一滴的能力，情感和行動都用在全世界反法和反帝的聯合戰線上具各種信仰的男女們底組織上面。

爲了這個目標，在巴比塞無所謂過大的或過小的工作。在紐約，費拉得爾費亞，華盛頓和匹茲堡撳動了廣大聽衆之後，他去到賓夕尼亞的一個小市鎮，他底集會在那裏組織得很不好。主持這事的委員會缺乏經驗。在當地不曾有張貼，不曾有廣告，不曾有宣傳。我們看到那個黯淡的廳屋空著一半；祇來了寥寥的幾個人。組織者覺得很難爲情。

『用不著使巴比塞在這二十來個人上耗費氣力，』他們說，『我們還是讓他們散去吧。』

『Non, non, non！』巴比塞不以爲然。『卽令祇有三個人，我也要講話。我們底使命要達到每一個願聽的人。』

帶著發熱的病，帶著工作和旅行的疲困，他講了一個多鐘頭。在他到了芝加哥的時候，他是很嚴重地病了。這裏的集會倒安排得很好。大約將有一萬二千多人充滿那個廣闊的「羅馬大戲場（coliseum）。」離開會祇有四個鐘頭，而巴比塞却躺在床上發熱，神色蒼白。他底翻譯人哈利•達拿教授說：

『他曾在戰爭中受過三次傷。後來他從沒有眞正地好過。他底肺很壞；他底喉嚨也很危險。我們還是請一個醫生吧。』

醫生來了。他禁止巴比塞講話。

『你病得很厲害，』他說，『你不可下床。』

巴比塞强撐著坐了起來：『一萬二千人快要來了。我不能使他們失望。我必須要講話。』

『假如你要講話，』醫生說，『對於你底生命我是不能負責任的。』

『講話是我底職務，』巴比塞說。

這一天晚上，因發熱而抖著，因病重流汗而溼著，巴比塞穿帶起來去開會。

那個巨大的講演廳，也就是「共和黨」和「共產黨」爲推定候選人而舉行集會的場所，這時却被人擠滿了。巴比塞不顧我們底勸告，不肯中斷他底演詞；他一直講完。三個人，三千人，三百萬人：一切願聽的人都應該聽到這個眞理：『對於怠惰的，搖動的，不定的公衆意見，我們必須要向牠表明人們是在被引導到哪裏去』

你看到巴比塞在講演台上，在委員會底集會上，在塵垢的火車裏，在旅館裏對著他底書記起草信件，演說詞和論文，接見退伍軍人，黑人，拉丁美洲人，文人底代表團，你便可以看到一種由肉而消磨到骨的强大的精神。

對於每一城市中的每一羣聽衆，無論他所講的是關於法西主義或戰爭或文學，巴比塞總是說：

『我很榮幸而是一個康穆尼主義者。』

當他平淡地，不帶任何情感地說這句話的時候，每一羣聽衆都禁不住迸發出雷一般的鼓掌。卽是不贊成他底社會見解的人們，也感覺到他底英勇的性格，這種性格曾經使他能够通過理智，意志和科學把他底內心的衝突消釋爲鐵一般的信念，不折不撓的宗旨。

在所有歐洲文化的最優秀者中間，這位主要的脚色，曾經向前邁前，受著極大的犧牲，通過了隔離新舊世界的「無人地帶（NO Man,S Land）。」但他對於這種犧牲，從不計較。他覺得，從他所參加的無產者底戰鬭行列中所獲得的，比之他所給與他們的，要大得多。他曾告訴我們，工人們並不一定要走向知識份子；而知識份子却必須走向工人們。他說這句話，是出自或者比在戰壕中更騷擾而且更痛苦的一種經驗。他是講明世界戰爭實況的第一個偉大的詩人。緊跟著他，別人也講起來了，顯露出武裝衝突底愚蠢的慘酷。在現代的諸主要作家中間，他從表面的實況追尋到不放鬆的結論，且完全摔脫那個必然要發生戰爭的社會，這是他底功績。別人走出戰壕，退入本欲緩和戰爭而適足以從旁鼓勵戰爭的感傷的和平主義，但巴比塞却大刀闊斧地開闢他底由現象到眞實的道路。他看到層類的掙扎可以由廢除層類而廢除戰爭。

巴比塞由爲藝術的藝術過渡到革命的藝術，由布爾喬的個人主義過渡到集體的革命行動，這過渡底本身即是現代文學底一篇英雄的故事。這是在現代相衝突的諸力量中關於道德的和知識的選擇的一篇英雄的故事。就巴比塞底社會背景而言，並沒有在外的什麼逼使他走進無產者底陣營。他出身自巴黎近郊底一個體面的中等的家庭。他底父親是從「南部」來的一個法蘭西作家，他底母親是一個英吉利農民底女兒，他底岳父是有名的法蘭西詩人喀巨爾•孟代（catulle Mendes）。一直到世界戰爭（這時他底父親年四十），他還是——他自己曾對我們這樣講——一個『知識份子，一個和許多別人一樣的布爾喬的作家，』帶著不少的個人主義，並且充滿了不幸地把知識份子宰制得過久的愚昧。

當在戰爭的時候，他已經是一個中年的文人，早先在大學中有過好的成績，此外還有新聞上的成就，出版過一卷詩，得過詩的獎賞，曾經因寫兩個長篇小說而出過名，還有一本論繪畫的書，一部短篇小說集。因爲在布爾喬的社會中有這樣舒適的地位，他曾拿他自己同約翰•雷得和愛彌爾•左拉相比。

『約翰•雷得，』他在芝哥時曾對我們提起，『並不是從革命環境中長大的。他是一個有才能的新聞記者，一個出身自布爾喬的知識份子。但當他底作人的眞摯和忠實同事實相接觸的時候，他便成爲一個革命者。愛彌爾•左拉也是這樣。在一個長時間中，他很矜持地不肯參與社會的和政治的問題。但當他底高尙而公正的性格和得勒許（Dreyfus）事件相接觸的時候，因著法蘭西的反猶太人主義和武力主義底卑鄙和羞辱，他便成爲一個革命者。我也是這樣——假如在某一點上我可以拿我自己和這些顯著的人物相比的話，那是在我和戰爭相接觸的時候。』

巴比塞底性格在戰前便已受『高尙和公正底沾染。』他底長篇小說「地獄」充滿了感傷的和平主義，可是這種和平主義，對於愛國主義底鬼話，總還能加以無情的錐刺。但這位詩人尙不曾十分明白現代地獄底底層。一九一四年，他被徵爲法蘭西步隊的一個兵士。戰爭完成了他作人的教育；在戰壕中他終於理解了許多，『特別是現代社會罪惡底一切廣佈的脈絡。』

他把這種理解，用一切戰爭著述中最駭人的「火線下」（出版於一九一六年）傳達給了我們。在官家扯謊的吼叫中，騰起了這個淸晰的聲音，講說著關於戰場的兇慘的實況，關於無休止的戰爭底緩緩移動的夢魘，在其中墮落著，而且在和自己無關的衝突中屠殺著的人類，覺醒了，要問：爲什麼我們在這裏打？

諸軍事當局斥責這個敢於講明戰爭實況的人，但這本書却像野火似地展佈在全世界。人們正想從一個配講實況的人聽到實況。巴比塞並不曾有什麼憑空的揑造；他底藝術是史詩，牠撼動人們底心靈，是因爲牠不曾和生活隔離。這個作者是和諸兵士在壕塲中排並作戰的一個兵士。他受傷過三次，因傷而退休過三次，回到前線去過三次，因爲在火線下的勇敢而得過獎。他們曾表示要他作一個軍官；他拒絕了；他要仍然當一個兵士。作爲一個藝術者，他處理著經驗；但他底特殊的經驗絕不是波希米的香豔的愛情，絕不是費里斯坦的地方的偏見；牠絕不是巴黎的燦爛的咖啡館，軍官們和政客們在其中相互地而且對著他們底情人舉杯慶祝那無疼痛的光榮。這個藝術者仍然是一個在腥的血，臭的汗和戰場底苦痛中的人，而且在那裏他看到了眞理。

各些知識份子，他們在戰前和戰後，在兩幕愛國主義之間的五分鐘休息中，也曾反對武裝的衝突。但巴比塞却在衝突底進行中對戰爭宣戰。在一九一七年底前幾個月間，在「火線下」出現不久，他便同前線上退下來的一羣傷兵合力組織一種先前服役的人們底組織，叫作「退伍軍人協會。（Associatlion Repubi-cain des Anciens combattants）。這個團體爲牠自己樹立了兩個目標：保護戰事參加者及受害者底特別利益，並此後盡其所能從事於無情的反戰的戰爭，因而使將來的時代不再遭受我們所遭受過的痛苦，因而使對我們所作的虛謊的擔保，以這次戰爭爲最後戰爭的擔保，藉著事情底全力——就是說，藉著人們底全力——能够獲得實現。

巴比塞開始把這個協會擴大，包含著一切國家；他造出一個退伍軍人底國際組織。回憶到過去，他在美國曾向我們解釋，他作這事是因爲他是一個文人，因爲他是用著作提供憑據的一個戰爭底證人。這個與人類合而爲一的作者，把他底藝術的和實踐的才具，鎔合成一種以社會目標爲趨向的單一的能力。

國際退伍軍人底協會在一九二〇年之末曾開會於日內瓦。兵士代表中有法蘭西人，日耳曼人，奧大利人，英吉利人，意大利人。他們曾在戰場上像野獸似地互相逐殺；現在他們像弟兄似地握起手來，決定永不再互相爭打。他們曾宣佈，單祗戰壕中的聯合是不够的；他們應該學會下一次戰爭爆發之前的聯合。

戰爭完成了巴比塞底作人的教育；他學會了超過戰爭恐怖而審視戰爭恐怖底原因。參戰軍人在日內瓦起草的憲章曾特別地指明，爲求有效，反戰的鬪爭必須在社會領域中進行，必須對著戰爭底基本因素進行；這些因素插根在社會底經濟構造中；反戰的鬪爭，祗有牠是一種反資本主義的鬪爭，然後才能得到成功。

不久，巴比塞明白了，『不是爲自己底利益而是爲增進大寄生者和大營業者底利益』而受苦和死亡的兵士們，他們底運動『也就是在工作上爲別人而疲困和死亡的工人們底運動。』他把兵士看作全部無產者底表徵。他還看到，保全道德和知識的知識份子底運動，也就是兵士們底運動，無產者底運動。

這種觀感最先取文學的形式，這對於一個藝術者是很自然的。在巴比塞底第三部偉大的小說「光明」中，那個主人公，被世界戰爭覺醒了，看到一種莊嚴的景象，看到人類心理的普遍的變革和世界共和國底創造。

但是，照例地，巴比塞用行動來補充詩意。跟著「光明」這一部小說，來了同一名字的組織。在去年巴比塞寫給我的一封信中，他對於「光明團作」如下的解釋：這該是具若干地方分部的一種國際運動；牠底宗旨是預先造成革命的意識形態，並且把知識份子引入到工人底運動中。主要的是，『這運動底工作在於設法使布爾喬的唯心主義和辯證的唯物主義接近，這事底成功底方法——牠底唯一的成功底方法——是消除布爾喬的唯心主義底模糊而抽象的公式。』

在美國，我們對於「光明」運動記得很淸楚，而且還記得牠對於本國若干知識份子的衝擊。在我們最初聽到這種運動的時候，我們有幾個人已經各別地根據我們美國的經驗得到了一個論斷，認爲那些幫助剝削者的知識份子和那些站在被剝削者一方面作戰的知識份子中間有了廣大的隔離。但無產者和知識份子的聯盟組織問題是不淸楚的。在西歐，因爲在空間上和「十月革命」更近而且分裂牠本身的階層戰爭底規模比美國更爲發展，這問題便爲「光明」所提出。起初這種組織在原則上是模糊的，在構成上是混亂的。

這事底可能，祗在於「光明」還有一種幻想，以爲知識者羣是獨自存在的一個闊閤。到了一九二一年春天，牠便放棄了這種作爲『知識國際』的態度 而更謙卑地成爲『一個國際革命教育底中心。』

巴比塞——也許在當時是不知道的——會把握到伊里奇所提出的原則：假如工程師走向康穆尼主義 他並不是和秘密工作者，煽動者或著作者取相同的道路，而是經過他底科學底門徑；同樣地，農地經濟學者也是從他自己底道路上走向康穆尼主義；而這個道理對於每一技術家及科學家在他自己底領域內都是適用的。

巴比塞把這個原則應用在文學上和藝術上。起初，他有一種錯誤的假定，以爲一種革命知識份子底組織能够爲工人階層底利益發生有效的作用，無須『預先和諸政黨聯合；』但不久他便知道這樣的一個團體不能够自外於並超越過政治的鬬爭。以「光明」爲試驗，他成爲現已普及全世界的一種運動底先驅者，這種運動在牠對抗反動和戰爭的鬬爭上使一切眞誠的知識份子 工人底政黨相聯合。

結果，革命運動在某一水平上作給約翰•雷得的，在另一水平上作給巴比塞；牠統一了他底創造的和實踐的才能；理智和意志，想像和行動，詩歌和政治鎔化在一起而趨向著一個單純目的。「鎖鍊」，「劊子手——在巴爾幹」，「力」，「耶穌超昇」和「左拉」底作者就是康穆尼主義報紙底編者；引導著退伍軍人協會，領袖著「光明，」站在亞母斯特丹反戰會議底前列，後來還作了全世界反戰，反法的組織底首腦。小的粗糙的作者們爬入象牙之塔，嚇得面無人色，惟恐革命奪去了他們底藝術的『自由，』奪去了他們底『神聖的』自我。這個巨人中的巨人，大家都認爲是現世特出的作家之一，却欣然承認連他底個性和他底才能都是在一種爲了無階級的社會的鬬爭中，和在這一種鬬爭底經過中，得到了發展：我很榮幸而是一個康穆尼主義者。

當他在美國最後給我們的幾次談話中，有一回他說：

『讓藝術家仍然作藝術家。讓每人作他最適宜的工作。這是分工定律底要求。這並不是一個把政治信仰底表白釘在書頁子上的問題。但作家必須站在被剝削者底一方面反對剝削者，站在被壓迫者底一方面反對被壓迫者，明白而誠實地站在他們一方面。讓文學仍然作一種勇敢的前衞———一種戰爭的文學。讓有些書籍改正社會底錯誤並造出正義。你們必須繼續寫書，直到人們建立一種合理的社會，戰爭和社會的反動和法西主義在其中已經消滅，而祇被記憶爲已往的可怕的鬼魅。』

對美國的作家們所說的這些話是巴比塞自己底生活和工作底一個概要，這，他會在未曾有的困難中進行到底。我們在碼頭上向他送行，看到他底從灰色的圍巾上露出來的面孔極端蒼白而且

---

# 大連丸上

田 軍

朋友W•送我們到船上他就走了，還不等待我們和他告一聲別！

船的名字是「大連丸」。

還不等我們習慣習慣這艙底的氣味，他們便圍攏了來。

我和妻是正準備攤開，自己的行李。

『你們到那裏去』？這是一個胜胖胖的人，他問我。他的背後另外還有四個人，一半是穿警察制服和掛著手槍；一半是平常的衣服。

『到青島去——』我心臟的跳動不平均了，雖然這檢查早知道是不可避免的。可是一想到海的那岸就是可愛的祖國，一到了祖國便什麼全得了救，只要這檢查不要太煩難，太……那就好了。

他們和狗用嗅覺一樣，用手和眼，在開始去接觸我們的行李和我的週身。

妻的臉色白白地，病後的眼睛更顯得擴大和不安。我們這好像開始在什麼魔鬼的嘴裏賭運命。

『你們從什麼地方來的』？

『從×××』我的血流强制著安定一些。

『在×××你們幹什麼職業』？

『×××××部裏作辦事員。』作辦事員的只是一個朋友，現在我竟冒起他的職業了。我早就是個無職業的流氓。

『××部的「司令」姓什麼，名字叫什麼，號叫什麼，他多大年歲』？

我的血又開始不受約束了，它要迸出血管那樣貪婪的流走。

『他姓×，名字叫×××，號叫××，今年……他……大概是五十歲』！

『怎麼是「大概」呢』？他的小眼睛一向是細著的，現在圓起來了。臉上的肉一向是皺折著的，現在是鉛一般的平展開。他身後的人們也同樣睜好他們不同形的眼睛——我還看到了掛著槍的，用手去撫摸他們的槍；手裏有棍棒的，也顫動了兩顫動。

妻的眼睛更擴大……。

我說：

『他去年是五十歲，今年該是五十一』。

『怎麼連你長官的年歲全忘了嗎？你爲什麼要到青島去？那個女人她是你什麼人』？

『女人是我的妻子——到青島是回家』。

『怎麼？你是山東人嗎？你的口音……』。

『不，我是「滿洲」人——』我又開始平靜

『你，你爲什麼到山東去回家』？

『我的父親在那裏』。

『你父親在那裏做什麼』？

『開買賣』。

『什麼買賣』？

『錢莊——』

『什麼字號』？

『×××——』

『×××！什麼路』？

『××路——』

『你爲甚要回家』？他的問話又折了回來。

『我們是新婚——要回家去看看老人』。

『新婚』？他瞟瞟我的臉和妻的臉——我不知道我們當時是否眞像一對度蜜月的人呢？

『你請長假，還是短假』？

『長假——』

『拿你的名片和假單給我驗看驗看』。

消瘦。後來，他底書記從巴黎給我寫來的信說：

『我們到來的一個鐘頭之後，巴比塞便埋頭在論史太林的材料中。我想最後他或者能够平安地工作下去並寫出兩部偉大的書——一部傳記和一部長篇小說。幾天之後，他得了發熱的病，比之在芝加哥還要厲害。醫生說這是胸膜炎。經過了幾天的痛苦；隨後來了三個禮拜的休息。巴比塞現在已經在逐漸地痊愈。這大概是長久的而且是艱難的，但他底抵抗力是那樣地大，使一個人能够鎮靜地希望着將來。我也用不着告訴你，雖然發着熱，他連一天都不曾停止工作；他不斷地念着給我抄，完全爲全世界無產者正經過的嚴重的時機所佔據。』

這是去年初間的事。今年夏天，他又不顧醫生底勸告；他去到莫斯科，明知道這樣的旅行牽涉到他底最易損害的健康。他連一天都不曾停止工作，一直到底完全爲的是他所合一於人類運動的無產者底運動。多年的勞動和痛苦把身體弄毀了；志願却一直堅持到底。有如他以自已底生活相比的約翰•胄德一樣，在第一個「社會主義的共和國」——他所憧憬的正義的世界底前衛中，他，爲要實現這樣的一個世界而提供了他底最後的一滴力量，而死在他底職務上。

全世界革命的工作者和知識份子，一切以人類解放的鬪爭爲重的人們，在藝術上以眞實和高尙爲貴的人們，都敬悼這個偉大的詩人和勇敢的戰士。那些在每日接觸中認識他的人，在敬禮之外，還加上個人的愛慕。我們紀念着一個找不出第二的人，就公生活和私生活底完全融合而言。有時，一個著名的作家在公共中是一回事，而在私下是另一回事。巴比塞却沒有分裂。在講演台上和書頁子上使他爲人所注意的那種高亢的直爽和單純，也就是他在最偶然的談話中，最細微的行動上所有的。

也就是這種完整，博得到了你底愛慕和尊敬。有些作家以爲對無產者最好是放棄知識的訓練而滑入虛僞的家常話，巴比塞却不是這樣的一個人。巴比塞在法蘭西的古典底偉大的傳襲中受過訓練，他便用這種傳襲給最不出名的工人階級的報紙寫文章；他用丹敦向「國民會議」演說的格調向無產者聽衆演說，因爲這種格調對於他是自然的，因爲這似乎最適合於他所表達的高尙的願望，因爲工人們應該得到他底最美好的；而這也就是他在最簡單的個人的書信中所用的格調。

藝術家底夢想，兵士底痛苦，康穆尼主義者底信仰和理智和意志，曾經在他底强烈而高尙的性格底坩堝中鎔化成一個强有力的整體。無論你看見他在用他底革命的使命撤動成千的人們，或在和一單個的工人或退伍軍人或著作家談話，你當不住要想：這是一個人，這是一個詩人，這是一個Bolshevik。

—— 何封譯——

---

他的手伸在我的眼前了。——那是一隻肥厚的，有點兇殘意味的手。

『沒有——』

『什麼也沒有嗎』？他的手重新投入褲袋裏。

『沒有——』

沉默了，全船的人聲沉默了，微微聽到海水激蕩着船底的聲音。末春的陽光和着風，愉快的從船板上的圓孔窗投到艙內的蓆子上。

『這些對於我沒有必要吧？我並沒有穿着官公吏的衣服——似乎不必用它來證明我的身份』。

『不——我看你不像正經好人——』他從我的險一直看到我的脚；又從我的脚返回來 恰好我們的視線遇到對頭。

『就從你的眼睛，也不像好人，好人沒有這樣眼睛——跟我來——』

我知道我的眼睛頂撞了他。

在那面我被問訊了近一個鐘頭。最終他要帶我到岸上去問——記得當時我已經什麼全絕望了，只要他把我帶到「水上警察署」，只要橡皮鞭子抽到我的身，只要那煤油或辣椒水一注入我的鼻孔……便什麼全完了！人在知道了完全絕望的時侯，他反是平靜的，勇敢的，當時我是很爽快的走在他的前面——在還沒有走出艙門，他止住了我；

『不要——這邊來——』於是我又隨了他的手勢到這邊來，我想出這也許把妻也一同帶了去，這樣也好哪！死，死在一起，坐監，監在一起。

妻這面詢問的人已經走開，她正在扒着艙板的圓窗，樣子像在看海！我端詳她病後的背脊，胸裏微微感到了刺痛！

『把你的東西全拿過來，我要檢查——』他簡直在命令。

我挪過了我所有在身邊的東西——一隻中型的帆布箱和一隻樹條籃，掛搶的，和提着棍棒的人們又轉過來。

矮胖胖的人，檢視我每件襯衫和襪子，他相同一個買敌衣者，又相同一個典當業的店員那樣仔細，不相同的只是我們沒在論着價錢。

把一頁頁雪白的信紙，全是面了陽光看了又看，當時我眞佩服這是一條忠實的狗！

什麼全檢查完了，他看我吃起蘋果來了，他們說：

『你倒很開心哪！』

在臨出出艙門，他們還在頻頻回着頭，好像迷戀着我一般的說：

『我總看他不像好人——』

鋼練絞咬着的聲音發出了，我們知道這在起錨。

海是多麼美麗和廣茫！我們的心和整個的身，始終是狹窄的，被什麼封鎖了一樣。

妻望望我，我望望她，誰也不說什麼，祇是看着海，無邊無際的海……想着海的那一岸。

『明天什麼時侯能到啊？』

夜了，甲板上再也看不到第三個人，妻才倚近我的身邊，顫着聲音說。

『大約十或是十二點鐘。』我說。

她的手撫摸到我的手，我的手死死捉着船甲板的欄杆，我說；

『如果……』

我們全回過臉去——甲板也還是沒有第三個人。

『如……果……再來麻煩我……我是要投他到海裏去……叫這些狗骨頭去喂魚！』

妻的臉色又蒼白了；

『你——你胡說什麼？』

我知道她又感到了不安。

夜間波浪擊打船身的聲音，顯得急躁，風也不再溫暖。回到艙裏，妻睡過去，我聽着海叫的聲音——在我們同一蓆面上，一個老妖樣的婆婆，正在悄靜的吸着鴉片烟。

第二天當我們第一眼看到青島靑靑的山角時，我們的心纔又從凍結裏蘇活過來。

『啊！祖國！』

我們夢一般的這樣叫了！

三五，五，二。——上海——

# 『題未定』草

魯迅

## 六

記得T君曾經對我談起過：我的『集外集』出版之後，施蟄存先生曾在什麼刊物上有過批評，以爲這本書不值得付印，最好是選一下。我至今沒有看到那刊物；但從施先生的推崇『文選』和手定『晚明二十家小品』的功業，以及自標『言行一致』的美德推測起來，這也正像他的話。好在我現在並不要研究他的言行，用不着多管這些事。

『集外集』的不值得付印，無論誰說，都是對的。其實豈只這一本書，將來重開四庫館時，恐怕我的一切譯作，全在排除之列；雖是現在，天津圖書館的目錄上，在『吶喊』和『彷徨』之下，就注着一個『銷』字，『銷』者，銷燬之謂也；梁實秋教授充當什麼圖書館主任時，聽說也曾將我的許多譯作驅逐出境。但從一般的情形而論，目前的出版界，却實在並不十分謹嚴，所以印了我的一本『集外集』，似乎也算不得怎麼特別糟蹋了紙墨。至於選本，我倒以爲是弊多利少的，記得前年就寫過一篇『選本，』說明着自己的意見，後來就收在『集外集』中。

自然，如果隨便玩玩，那是什麼選本都可以的，『文選』好，『古文觀止』也可以。不過倘要研究文學或某一作家，所謂『知人論世，』那麼，足以應用的選本就很難得。選本所顯示的，往往並非作者的特色，倒是選者的眼光。眼光愈銳利，見識愈深廣，選本固然愈準確，但可惜的是大抵眼光如豆，抹殺了作者眞相的居多，這才是一個『文人浩刼。』例如蔡邕，選家大抵只取他的碑文，使讀者僅覺得他是典重文章的作手，必須看見『蔡中郎集』裏的『述行賦』（也見於『續古文苑，』）那些『窮工巧于臺榭兮，民露處而寢溼；委嘉穀于禽獸兮，下糠粃而無粒』（手頭無書，也許記錯，容後訂正）的句子，才明白他並非單單的老學究，也是一個有血性的人，明白那時的情形，明白他確有取死之道。又如被選家錄取了『歸去來辭』呀『桃花源記，』被論客讚賞着『采菊東籬下，悠然見南山』的陶潛先生，在後人的心目中，實在飄逸得太久了，但在全集裏，他却有時很摩登，『願在絲而爲履，附素足以周旋，悲行止之有節，空委棄于牀前，』竟想搖身一變，化爲『阿呀呀，我的愛人呀』的鞋子，雖然後來自說因爲『止於禮義，』未能進攻到底，但那些胡思亂想的自白，究竟是大膽的。就是詩，除論客所佩服的『悠然見南山』之外，也還有『精衞銜微木，將以塡滄海，形天舞干戚，猛志固常在』之類的『金剛怒目』式，在證明着他並非整夜的飄飄然。這『猛志固常在』和『悠然見南山』的是一個人，倘有取捨，卽非全人，再加抑揚，更離眞實。譬如勇士，也戰鬥，也休息，也飲食，自然也性交，如果只取他末一點，畫起像來，掛在妓院裏，尊爲性交大師，那當然也不能說是毫無根據的，然而，豈不冤哉！我每見近人的稱引陶淵明，往往不禁爲古人惋惜。

這也是關於取用文學遺產的問題，潦倒而至於昏聵的人，凡是好的，他總歸得不到。前幾天，看見『時事新報』的『青光』上，引過林語堂先生的話，原文拋掉了，大意是說：老莊是上流，潑婦罵街之類是下流，他都要看，只有中流 剽上竊下，最無足觀。如果我所記憶的並不錯，那麼，這眞不但宣告了宋人語錄，明人小品，下至『論語，』『人間世 』『宇宙風』這些『中流』作品的死刑，也透澈的表白了其人的毫無自信。不過這還是空腹高心之談，因爲雖是『中流』，也並不一概，卽使同是剽竊，有取了好處的，有取了無用之處的；有取了壞處的，到得『中流』的下流，他就連剽竊也不會，『老莊』不必說了，雖是明淸的文章，又何嘗眞的看得懂。

標點古文，不但使應試的學生爲難，也往往害得有名的學者出醜，亂點詞曲，折散駢文的美談，已經成爲陳迹，也不必回顧了；今年出了許多廉價的所謂珍本書，都有名家標點，關心世道者慭然憂之，以爲足煽復古之燄。我却沒有這麼悲觀，化國幣一元數角，買了幾本，旣讀古之中流的文章，又看今之中流的標點；今之中流，未必能懂古之中流的文章的結論，就從這里得來的。

例如罷，——這種舉例，是很危險的，從古到今，文人的送，往往皆非他命的什麼『意德沃羅基』的悖謬，倒是爲了個人的私仇居多。然而這里仍得舉，因爲寫到這裏，必須有例，所謂『箭在弦上，不得不發』者是也。但經再三忖度，決定『姑隱其名，』或者得免於難歟，這是我在利用中國人只顧空面子的弱點。

例如罷，我買的『珍本』之中，有一本是張岱的『瑯嬛文集，』『特印本實價四角；』據『乙亥十月，盧前冀野父』跋，是『化峭僻之塗爲康莊』的，但照標點看下去，却並不十分『康莊』。標點，對於五言或七言詩最容易，不必文學家，只要數學家就行，樂府不大『康莊』了，所以卷三的『景清刺』裏，有了難懂的句子：

『………佩鉛刀。藏膝髁。太史奏。機謀破。不稱王向前。坐對御衣含血唾。………』

琅琅可誦，韻也押的，不過『不稱王向前』這一句總有些費解。看看原序，有云：『淸知事不成。躍而詢上。大怒曰。毋謂我王。卽王敢爾耶。淸曰。今日之號。尙稱王哉。命抉其齒。立且詢。則含血前。淦御衣。上益怒。剝其膚。………』（標點悉遵原本）那麽，詩該是『不稱王，向前坐』了，『不稱王』者，『尙稱王哉』也；『向前坐』者，『則含血前』也。而序文的『躍而詢上。大怒曰，』恐怕也該是『躍而詢。上大怒曰』才合式，據作文之初階，觀下文之『上益怒，』可知也矣。

縱使明人小品如何『本色』，如何『性靈』，拿牠亂玩究竟還是不行的，自誤事小，誤人可似乎不大好。例如卷六的琴操『脊令操』序裏，有這樣的句子：

『秦府僚屬。勸秦王世民。行周公之事。伏兵玄武門。射殺建成元吉魏徵。傷亡作。』

文章也很通，不過一翻『唐書，』就不免覺得魏徵實在射殺得寃枉，他其實是秦王世民做了皇帝十七年之後，這才病死的。所以我們沒有法，這裏只好點作『射殺建成元吉，魏徵傷亡作。』明明是張岱作的琴操，怎麽會是魏徵作呢，索性也將他射殺乾淨，固然不能說沒有道理，不過『中流』文人，是常有擬作的，例如韓愈先生，就替周文王說過『臣罪當誅兮天王聖明，』所以在這裏，也還是以『魏徵傷亡作』爲穩當。

我在這裏也犯了『文人相輕』罪，其罪狀曰『吹毛求疵。』但我想『將功折罪』的，是證明了有些名人，連文章也看不懂，點不斷，如果選起文章來，說這篇好，那篇壞，實在不免令人有些毛骨悚然，所以認眞讀書的人，一不可倚仗選本，二不可憑信標點。

## 七

還有一樣最能引讀者入於迷途的，是『摘句。』牠往往是衣裳上撕下來的一塊繡花，經摘取者一吹噓或附會，說是怎樣超然物外，與塵俗無干，讀者沒有見過全體，便也被他弄得迷離惝怳。最顯著的便是上文說過的『悠然見南山』的例子，忘記了陶潛的『述酒』和『讀山海經』等詩，捏成他單是一個飄飄然，就是這摘句作怪。新近在『中學生』的十二月號上，看見了朱光潛先生的『說「曲終人不見江上數峯靑」』的文章，推這兩句爲詩美的極致，我覺得也未免有以割裂爲美的小疵。他說的好處是：

『我愛這兩句詩多少是因爲它對於我啓示了一種哲學的意蘊。「曲終人不見」所表現的是消逝，「江上數峯青」所表現的是永恆。可愛的樂聲和奏樂者雖然消逝了，而青山卻巍然如舊，永遠可以讓我們把心情寄托在它上面。人到底是怕淒涼的，要求伴侶的。曲終了，人去了，我們一霎時以前所游目騁懷的世界猛然間好像從脚底倒塌去了。這是人生最難堪的一件事，但是一轉眼間我們看到江上青峯，好像又找到另一個可親的伴侶，另一個可託足的世界，而且它永遠是在那裏的。「山窮水盡疑無路，柳暗花明又一村，」此種風味似之。不僅如此，人和曲果眞消逝了麼；這一曲纏綿悱惻的音樂沒有驚動山靈？它沒有傳出江上青峯的嫵媚和嚴肅？它沒有深深地印在這嫵媚和嚴肅裏面？反正青山和湘靈的瑟聲已發生這麼一回的因緣，青山永在，瑟聲和鼓瑟的人也就永在了。』

這確已說明了他的所以激賞的原因。但也沒有盡。讀者是種種不同的，有的愛讀『江賦』和『海賦，』有的欣賞『小園』或『枯樹』。後者是徘徊於有無生滅之間的文人，對於人生，既憚擾攘，又怕離去，懶於求生，又不樂死，實有太板，寂絕又太空，疲倦得要休息，而休息又太淒涼，所以又必須有一種撫慰。於是『曲終人不見』之外，如『只在此山中，雲深不知處』或『笙歌歸院落，燈火下樓臺』之類，就往往爲人所稱道。因爲眼前不見，而遠處却在，如果不在，便悲哀了，這就是道士之所以說『至心歸命禮，玉皇大天尊！』也。

撫慰勞人的聖藥，在詩，用朱先生的話來說，是『靜穆：』

『藝術的最高境界都不在熱烈。就詩人之所以爲人而論，他所感到的歡喜和愁苦也許比常人所感到的更加熱烈。就詩人之所以爲詩人而論，熱烈的歡喜或熱烈的愁苦經過詩表現出來以後，都好比黃酒經過長久年代的儲藏，失去它的辣性，祇剩一味醇樸。我在別的文章裏曾經說過這一段話：

---

# 訪　問

## 蕭　紅

這是寒帶的，俄羅斯式的家屋：房身的一半是埋在地下，從外面看去，窗子幾乎與地平線接近着。門廳是突出來的，和一個方形的亭子似的與房子接連着，門廳的外部，用毛草和麻布給牠穿起了衣裳，就這樣，門扇的邊沿仍是掛着白色的霜雪。

只要你一踏進這家屋去，你立刻就會相信這是夏季，或者在你的感覺裏面會出現一個比夏季更舒適的另外的一個季節，人在這家屋裏邊，只穿着單的衣裳，也還打開着領口，陽光在沙發上跳躍着，大火爐上，水壺的蓋子爲了水的滾煮的原故，克答克答的在響，窗台的花盆裏生着綠色的毛絨草。諮之，使人立刻就會放棄了對於冬季的怨恨和怕懼。

我來過這房屋三次，第一次我是來訪我的朋友，可以說每次我都是來訪我的朋友，在最末這一次我的來訪是黃昏時候，在冬季的黃昏裏，所有的房屋都呈現着灰白色，好像是出了林子的白兎，爲了疲倦到處蹲臥下來。

我察看了一下房號，在被遺留下來的太陽的微光裏面那完全是模糊的，藍色的牌子上面，並分辨不出寫着什麼字數。我察看着那突出來的門廳，然而每家的門廳都是一律。我雖然來過這房子兩次，但那都是日裏。我兩始留心着窗口，我的朋友的窗口是擺着一盆淺綠色的毛絨草，於是我穿着這灰色天空下模糊的家屋而徘徊…………

『唔！』門廳旁邊嵌着的那塊小玻璃，在我的記憶上恍了一下。我記得別的門廳是沒有這塊玻璃的。

我旣認出了這個門廳，然而窗子裏並沒有燈光

「懂得這個道理，我們可以明白古希臘人何以把和平靜穆看作詩的極境，把詩神亞波羅擺在蔚藍的山巔，俯瞰衆生擾攘，而眉宇間却常如作甜蜜夢，不露一絲被擾動的神色？」這裏所謂「靜穆」（Serenity）自然祇是一種最高理想，不是在一般詩裏所能找得到的。古希臘——尤其是古希臘的造形藝術——常使我們覺到這種「靜穆」的風味。「靜穆」是一種豁然大悟，得到歸依的心情。它好比低眉默想的觀音大士。超一切憂喜。同時你也可說它泯化一切憂喜。這種境界在中國詩裏不多見。屈原阮藉李白杜甫都不免有些像金剛怒目，憤憤不平的樣子。陶潛渾身是「靜穆」，所以他偉大。』

古希臘人，也許把和平靜穆看作詩的極境的罷，這一點我毫無知識。但以現存的希臘詩歌而論，荷денег的史詩，是雄大而活潑的，沙孚的戀歌，是明白而熱烈的。我想，立『靜穆』爲詩的極境，而此境不見於詩，也許和立蛋形爲人體的最高形式，而此形終不見於人一樣。至於亞波羅之在山巔，那可因爲他是『神』的緣故，無論古今，凡神像，總是放在較高之處的。這像，我曾見過照相，睜着眼睛，神清氣爽，並不像『常如作甜蜜夢』。不過看見實物，是否『使我們覺到這種「靜穆」的風味，』在我可就很難斷定了，但是，倘使眞的覺得，我以爲也許有些因爲他『古』的緣故。

我也是常常徘徊於雅俗之間的人，此刻的話，很近於大煞風景，但有時却自以爲頗『雅』的：間或喜歡看看古董。記得十多年前，在北京認識了一個土財主，不知怎麼一來，他也忽然『雅』起來了，買了一個鼎，據說是周鼎，眞是土花斑駁，古色古香。而不料過不幾天，他竟叫銅匠把牠的土花和銅綠擦得一乾二淨，這才擺在客廳裏，閃閃的發着銅光。這樣的擦得精光的古銅器；我一生中還沒有見過第二個。一切『雅士』

---

，我已經感到超過半數以上的失望。

『也許是睡覺了吧？可是這麼早？』我打過門以後，並沒有立刻走出人來，連回聲也沒有，只是狗在門裏邊叫着。

『可多？可多？』我聽出來這是女房東的聲音，誰？誰？自然她說的是俄語。

『請！請進來等一等……你的朋友，五點鐘就回來的。』

方塊糖，咖啡，還有她親手製做的點心。她都拿出來陪着我吃。方塊糖是從一個紙盒裏面取出來的，她把手伸到紙盒的底邊，一塊一塊攫了出來。

『唔，這是不很多，但是，吃……吃！』

起初她還時時去看那掛在牆上的手錶。

『姑娘，請等一刻，五點鐘，你的朋友是回來的，最多也不過六點鐘……』

漸漸她把我看成完全是來訪她的。她開始讀一段書給我聽，讀得很長，並且使我完全不懂。

『明白了嗎？姑娘……』

『不，不十分明白。』

『呵哈！』她搖一下那翠藍色的大耳環，留戀和羨慕使她灰色的嘴唇不能够平順的播送着每個字的尾音。

『明白嗎？姑娘，多麼出色的故事！多麼……！我見過眞的這樣的戀愛，眞的，我也有過這樣的戀愛。明白一點嗎？還是全明白了？』

『不，我一點也不明白。』

但是她並不停下來給我解釋，那攤在她膝頭上的快要攤散的舊書，她用十個手指在把持着牠。

『唔！吃茶吧！』大概她已經讀到了段落。把書放在桌子上，用一塊糖在分着書頁的界綫。

『咖啡，我是只預備這一點點，我來到中國，就從來沒多預備過……可是我會綉花邊了，從前我是連知道也不知道，現在我綉得很好了。你願意看一看嗎？我有各種各樣的花邊……俄羅斯的花，聽到的無不大笑，我在當時，也不禁由吃驚而失笑了，但接着就變成肅然，好像得了一種啓示。這啓示並非『哲學的意蘊』，是覺得這才看見了近於眞相的周鼎。鼎在周朝，恰如碗之在現代，我們的碗，無整年不洗之理，所以鼎在當時，一定是乾乾淨淨，金光燦爛的，換了術語來說，就是牠並不『靜穆』，倒有些『烈熱』。這一種俗氣至今未脫，變化了我衡量古美術的眼光，例如希臘雕刻罷，我總以爲牠現在之見得『祇剩一味醇樸』者，原因之一，是在曾埋土中，或久經風雨，失去了鋒稜和光澤的緣故，雕造的當時，一定是嶄新，雪白，而且發閃的，所以我們現在所見的希臘之美，其實並不準是當時希臘人之所謂美，我們應該懸想牠是一件新東西。

凡論文藝，虛懸了一個『極境』，是要陷入『絕境』的，在藝術，會迷惘於土花，在文學，則被拘迫而『摘句』。但『摘句』又大足以囮人，所以朱先生就只能取錢起的兩句，而踢開他的全篇，又用這兩句來概括作者的全人，又用這兩句來打殺了屈原，阮籍，李白，杜甫等輩，以爲『都不免有些像金剛怒目，憤憤不平的樣子』，其實是他們四位，都因爲墊高朱先生的美學說，做了冤屈的犧牲的。

我們現在先來看一看錢起的全篇罷：

『省試湘靈鼓瑟

善鼓雲和瑟，常聞帝子靈。馮夷空自舞，楚客不堪聽，苦調淒金石，淸音入杳冥。蒼梧來怨慕，白芷動芳馨。流水傳湘浦，悲風過洞庭。曲終人不見，江上數峯青』。

要證成『醇樸』或『靜穆』，這全篇實在是不宜稱引的，因爲中間的四聯，頗近於所謂『衰颯』。但沒有上文，末兩句便顯得含胡，不過這含胡，却也許又是稱引者之所謂超妙。說在一看題目，便明白『曲終』

---

邊和俄羅斯的跳舞一樣漂亮……有名的，是，全世界是知道的……』

我始終看成她是猶太人，她的頭髮雖然捲曲而是黑色，只有猶太人是這樣的頭髮；同時她的大耳環也和猶太人的耳環一樣，大而且沉重。

『不，姑娘，要看不要看呢？我想還是看一看的好……』她緊一緊那掛着穗子的披肩，想要站起來，但是椅背上像有什麼東西牽着她的披肩。

『這是什麼……這是……』那張椅子的靠背有許多彎彎曲曲的鐵絲爬行着，並且在她摘取着掛在鐵絲上的披肩時，那椅子吱吱的響起，好像要碎下來。

『姑娘，這花邊嗎！花邊，花邊……高貴的家庭需要花邊的地方很多，比方……被套，女睡衣，窗帘，考究一點的主婦連飯巾也是釘起花邊來的。多多的，用的地方多多的，趕快學一學吧！』

於是看到她的花邊，但是一點也不出色，那上面已經染着灰塵，有的像是用水洗過，但是也沒有洗淨的樣子，彷彿是些生着斑點的樹葉連結了起來的。

『姑娘，學起來很快，你看我這盤機器，你會用機器吧！只要一個月，只要一個月……學費是三塊錢……』

狗在床上跳來跳去，床已經顯着顫動和發響。這狗時時會打斷我們的談話，牠從床上跳到桌子上，又從桌子跳到窗台上去。這房間一切傢俱隔着過小的距離，床和窗子的距離中間擺着一張方桌——就是我們坐着喝茶的方桌——再就是火爐台，再就是脚下的痰盂。

『喝茶吧！這茶是不很好，我是到中國從來沒預備過好茶。那麼，吃餅乾……』她把那盛餅乾破了邊沿的盤子向我這邊推了推，於是她把眼睛幾乎是合起來問着我：『你不喜歡？你不喜歡吃這東西？』

者結『鼓瑟』，『人不見』者點『靈』字，『江上數峯青』者做『湘』字，全篇雖不失爲唐人的好試帖，但末兩句也並不怎麼神奇了。况且題上明說是『省試』，當然不會有『憤憤不平的樣子』，假使屈原不和椒蘭吵架，却上京求取功名，我想，他大約也不至於在考卷上大發牢騷的，他首先要防落第。

我們於是應該再來看看這『湘靈鼓瑟』的作者的另外的詩了。但我手頭也沒有他的詩集，只有一部『大歷詩略』，也是迂夫子的選本，不過篇數却不少。其中有一首是：

『下第題長安客舍

不遂青雲望，愁看黃鳥飛。梨花寒食夜，客子未春衣。世事隨時變，交情與我違。空餘主人柳，相見却依依』。

一落第，在客棧的牆壁上題起詩來，他就不免有些憤憤了，可見那一首『湘靈鼓瑟』，實在是因爲題目，又因爲省試，所以只好如此圓轉活脫。他和屈原，阮籍，李白，杜甫四位，有時都不免是怒目金剛，但就全體而論，他長不到丈六。

世間有所謂『就事論事』的辦法，現在就詩論詩，或者也可以說是無礙的罷。不過我總以爲倘要論文，最好是顧及全篇，並且顧及作者的全人，以及他所處的社會狀態，這才較爲確鑿。要不然，是很容易近乎說夢的。但我也並非反對說夢，我只主張聽者心裏明白所聽的是說夢，這和我勸那些認眞的讀者不要專憑選本和標點本爲法寶來研究文學的意思，大致並無不同。自已放出眼光，看過較多的作品，就知道歷來的偉大的作者，是沒有一個『渾身是「靜穆」』的。陶潛正因爲並非『渾身是「靜穆」，所以他偉大』。現在之所以往往被尊爲『靜穆』，是因爲他被選文家和摘句家所縮小，凌遲了。

---

我一邊看着她那善於表情的樣子，一邊伸手去取茶盃，於是我發見桌子上面只擺着一個盃子，我用眼滿屋裏尋找，但也沒有第二隻盃子。

我已經感到了疲倦，我想另一天再來訪我的朋友，我站起來時，小狗扯住了我衣裳的襟角。

『看吧！姑娘，這狗最歡迎客人……再坐一坐，等一等，你的朋友大概就要回來的……我把火爐加一點木片……你看，我和狗一道生活着，也實在悶了，牠直是跳着使我愛牠，有時也使我厭煩牠，但是牠不會說話……雖然我發怒的時候牠怕我，但牠不知道我靈魂的顏色……』她打開了爐門，爐火在她的耳環上面擁抱，火光抖動着的熱力好像增强了她黑色的頭髮的倦曲。她的胳臂在動作的時候，那披肩的一個角部要從肩上流了下來，小狗在縈捲她那金黃色披肩的穗頭。

她說那是非洲狗，看起來簡直和袋鼠一樣，毛皮稀疏得和一條脫了鱗的魚相似，但在火光裏面，牠已像增强了美麗，牠活潑，牠豎起來的和耗子一般的耳朶也透着明。

爐門開起來了，燈光減低了牠的强度。當她坐下來，把披肩整理好，又要談下去的時候，小狗在窗台上撕扯着窗帘的角落……

她說到宮庭，說到尼古拉，她說到一些華貴的事物上去的時節，她的兩臂都完全分張開，好像要在空中去環抱她所講的一切。並且椅子也節節枝枝的響了起來。

『我嗎！我此刻不算什麼生活了，俄羅斯，我敢相信，俄羅斯的奴僕也沒有像我這樣過活的……貴人完全破壞得一點也不存在了……貴人完全被他們趕到中國和別的國去了……好生活，那裏還有好生活？俄羅斯的偉大消滅了……』這時候她拾了一塊餅乾伏在手掌上，她眼睛黑色的睫毛很快的閃合了一下，嘴唇好像波浪似的開始蕩動：

『你見過嗎？這叫餅乾，這是什麼餅乾呢？狗

# 文藝界底習風一景

## 胡　風

一九三五年十二月二十一日的大晚報有一篇「北平通訊」，說畫家張大千由滬到平，開過了兩三次畫展以後，「聲譽鵲起」，他底朋友某畫師做文章讚他，裏面有「奴視一切」的句子，張大千本人也賦詩自讚，「老子腹中容有物，蜉蝣撼樹笑兒曹」。於是激起了同業底憤怒，弄到「準備公庭相見」，還有人約他「比藝」。

這當然算得是一條「藝海珍聞」，這珍聞底價值是說明了文藝界底有些人是怎樣一付氣概，他們所追求的是什麼。

然而，在同時的同一個北平，中華民族戰取生存權的壯麗的史詩却翻開了動人的一頁。要把這故事用文字表現出來，當然只有希望偉大的作家，在這裏，爲了略略傳達那雰圍氣，只從報紙的紀事上引下兩個很小的斷片：

**青年熱血淋漓灑街頭**：迫至南池子中間，突有大批警察及保安隊，一面用兩架水龍放水噴擊學生，一面用鐵棍及指揮刀實行與學生衝突。當時學生個個抱定爲國犧牲精神，雖赤手空拳，亦毫不示

---

也怕不想吃這東西……』

於是她把她手掌上的小硬塊向着那袋鼠一樣的狗擲了過去，果然在玻璃窗上發出一聲相撞的響聲，狗的牙齒開始和餅乾接觸着好像開始和什麼骨類接觸着似的。

『姑娘，你知道，這不是俄羅斯的狗，俄羅斯沒有這樣下賤的狗。從前我是養過的，只吃肉和湯，其餘什麼也不吃，面包也不吃……』

後來又談到咖啡，又談到跳舞……

她做着姿式，在顫抖的地板上她還打了幾個旋風……

『俄羅斯的跳舞和俄羅斯的花邊一樣有名，是全世界頂有名的……她坐了下來，好像剛剛她恢復了的青春又從她滑了去：『可是關於花邊，我要找幾個學生，爲的是生活，一點點的補助……你看，兩個房子，我住在廚房裏面，實在是小得可以……前幾年我就教人做花邊，可是慢慢少了下來……到現在簡直沒有人注意我……我來到中國十八年……不，十九年了，那年，我是二十二歲。剛結過婚……可是現在教花邊了……是的……教花邊了……』

窗子的上角，一顆星從帘子的縫際透了進來，她去把帘子舒展了一次，她說：

『這不是俄羅斯的星光，請不要照我……』她搖着頭，她的大耳環在她很細的頸部蕩了幾下，於是她伸出去那青白的手把那顆星光遮掩了起來。

我走出這俄羅斯式的家屋的時候，那黑色的非洲狗向我叫了幾聲。

『姑娘！花邊……有什麼人要學花邊，請介紹一下……』

我想起了，我的朋友說過，她的房東是舊俄時代一個將軍的女兒。

於是我們說着再見。我向街道走去，她却關了門。隔着門，我聽她大聲喚着：

『格賓克！格賓克！』這大概是那非洲狗的名字。　　　　一九三六，一，七日

弱。糾察隊奮勇當先，大演奪刀慘劇，其餘學生，一鼓向前，實行與警察肉搏。結果，卒將水龍奪下。是役警察與學生互有受傷。後大隊繼續南行，並高呼勝利口號，歡迎民衆自由參加愛國運動。出南池子西行，入西長安街，經前軍分會門前時，又與大批軍警衝突。警察以兩次失敗於學生，故此次迎擊甚烈，大刀鐵棍，着處無情，是役學生被擊傷者十餘人……。

………………………………………………

**露立講演悲壯凄愴**：既決定露宿後，各校學生派代表分別購辦食物，因學生皆由早七點出發一粒未下。東北大學學生二百餘人，準備枵腹過夜，師範大學及附中男女同學，捐資購買燒餅千餘套，贈與東北大學充飢。是時各校學生分別向市民講演，全體學生，哭聲凄愴，圍立兩旁之市民，無不落淚涕泣。迫至晚七時餘，在城外各校學生，多有返校率領學校工友，携大批被褥及冷水供給露宿同學應用者……。

（一九三五年十二月十九日申報「北平通訊」）

在登載了上面那條「珍聞」的同一天的大晚報上，報告學生受傷的有兩百多人，被捕的十二人，其它像「自行失足落水」之類尙不見紀載。

爲了自由，爲了反抗共同的奴隸運命，這些「人民之花」的靑年人表現了多麼美麗的共生共死的態度。他們底悲憤是不願做奴隸的一切中國人底悲憤，他們底行動是一首抒情詩，寫出了在壓力和無恥下面忍受痛苦的，期待着解放的日子的中國人民底心情。

在這樣的空氣下面，被叫做「藝術家」的人都夢想着做「無冠的皇帝」，自稱「老子」，要「奴視」一切和他自已一樣地從事藝術的「兒曹」。這消息登在報告學生死傷數目的同一天報紙上，是多麼深刻的諷刺！

當然，這或者是少見的新聞，但決不是僅見的新聞。在所謂文壇上，我們常常聽到和這相像的故事：寫了幾篇文章就想抹殺一切，取得「獨尊」的榮譽，辦了一個刊物就希望同樣性質的刊物死絕，做了一篇小說就「化名」批評那是「無限地深刻」，等等，等等。競爭底能力不够，於是外交手腕來了，造謠政策來了，借刀殺人的本領來了……。

要體驗這類英雄底心理是很不容易的，然而却並不是不可以解釋。「萬般皆下品，惟有讀書高」，但讀書人底最高目標不就是「狀元」麼？站在萬人之上，旗牌在前，護衞在後，那氣槪恐怕也在是威威赫赫的。科舉廢了幾十年，產生科舉的社會基礎還沒有死亡，「狀元」心理底黑影依然或濃或淡地罩在一部份讀書人（文人）底心上。

其次，五·四以來，我們在介紹外國文學了。不幸的是，較之作品，還是更敏感地更多地介紹了外國作家底「名聲」。莎士比亞麼？了不起呀，他是維多利亞王朝底壓倒一切的文豪。托爾斯太麼？也了不起呀，他是十九世紀俄國文學底巨人。……說句笑話，恐怕有些文人是把他們當作變相的洋「狀元」看待的。這影響當然會使我們底國粹「狀元」心理得到了新的培養。我們不大感受得到他們底名聲是終生勞動底結果，是他們底工作在萬千讀者們底心裏所引起的感動造成的，更不大感受得到他們對於社會底前進盡了怎樣大的任務。

於是我們有了爲「奴視一切」而苦心孤詣的文人，有了用壓死別人的手段來抬高自己的文人。自己高不高不是問題，要緊的是把別人削低，低到和自己底脚掌一樣，低到成爲一隻破爛的草鞋。

這是什麼呢？借用高爾基底說法，是「動物的個人主義」，是一種「從集團主義的感情之萎縮發展來的病」。害了這種病的人是不幸的，因爲他不能把別人底有益的工作看成集團力量底一份，也就是自己底力量底一份，不能從別人底有益的工作裏面感到喜悅，感到興奮，從這喜悅這興奮來充實自己底力量；因爲他不能把自己底工作看成集團力量底一份，也就是伙伴們底力量底一份，不能把自己底工作看作是對於集團對於伙伴們的給與獻納，從這給與這獻納來擴大自己底人格。害了這種病的人是不幸的，因爲他不能把伙伴們底錯誤或缺點看成自己和集團底錯誤或缺點，親切地切膚地關心，不能把自己底錯誤或缺點看成伙伴們和集團底錯誤或缺點，無情地嚴格地糾正，從這關心這糾正來達到批判的精神這一崇高的意識作用；因爲他不能把伙伴們底失敗看作集團和自己底失敗，感到眞實的悲痛，不能把自己底失敗看作集團和伙伴們底失敗，感到深重的責任，由這悲痛這責任感來忘掉自私自利的打算。這種人是可憐地「孤獨」，患得患失，獨悲獨喜，不能和集團擁抱，卽令他底嘴裏掛着集團的辭令或光明的字眼。

這種病最利害的時候就會散出極大的毒素，弄得像唱「黑頭」的戲子一樣，這一點鐘做包公，下一點鐘可以做曹操，再下一點鐘可以做秦檜，但他沒有一次認眞，完全是爲了欺騙看客。今天革命，就覺得有用革命之名槍殺異己的權利，明天爲了做孝子或別的什麼不革命了，就覺得有用不革命之名槍殺異己的權利，後天忽然要造謠，又覺得有用謠言槍殺異己的權利。高爾基說這種動物的個人主義是從「個人農」底本能來的，但在我們這裏應該是從「地主」底本能來的罷。所以它底戰法在我們這裏特別兇狠。平心靜氣地說，在結果上，這種動物的個人主義是直接間接地帮助那壓絞人民大衆的魔手的。

被宣傳爲「危機」開始的一九三六年來了。什麼是「危機」呢？用老實明白的話講，那意思不外是中國大陸會被羣虎爭噬，被獨吞或瓜分而已。魔手不是一步一步地逼緊了麼？

然而，是生還是死，是自由還是奴隸，這是中國人民大衆自己底事情。北平以及全國的青年學生英勇地翻開了民族解放史詩底一頁，在這一頁上會寫上一些什麼詩句，這完全要憑人民大衆自己底力量決定。作家也是社會的人，不能逃脫民族底運命。在這個生死存亡的關頭，敏感性最强影響力最大的進步的作家們一定有一番新的奮起，新的努力。爲了力量底健全和强大，當然會防範許多有毒的質素，其一就是這個「動物的個人主義」。像高爾基所說的，它「是風習墮落底源泉，是無聊的自負的鬥爭、充滿了惡意的謠言、派別吵架、一切卑俗底源泉」。這些東西，在過去的文壇上留下了怎樣多的醜惡，犧牲了怎樣多的力量，是我們知道的；對於誠實的認眞的工作者會產生怎樣强的厭惡，怎樣大的痛苦，也是我們想像得到的。

一九三六年一月九日。

## 文人比較學

齊物論

『國聞週報』十二卷四十三期上，有一篇文章指出了『國學珍本叢書』的誤用引號，錯點句子；到得四十六期，『主編』的施蟄存先生來答覆了，承認是爲了『養生主』，並非『修兒孫福』，而且該承認就承認，該辨解的也辨解，態度非常磊落。末了，還有一段總辨解云：

『但是雖然失敗，雖然出醜，幸而並不能算是造了什麼大罪過。因爲充其量還不過是印出了一些草率的書來，到底並沒有出賣了別人的靈魂與血肉來爲自己的「養生主」，如別的一些文人們也。』

中國的文人們有兩『些』，一些，是充其量還不過印出了一些草率的書來』的，『別的一些文人們』，却是『出賣了別人的靈魂與血肉來爲自己的「養生主」』的，我們只要想一想『別的一些文人們』，就知道施先生不但『並不能算是造了什麼大罪過』，其實還能够算是修了什麼『兒孫福』。

但一面也活活的畫出了『洋場惡少』的嘴臉——不過這也並不是『什麼大罪過』，『如別的一些文人們也』。

# 論白黨僑民的文學

（跋D.郭爾白夫所著的書）

高 爾 基

前面這部概論，是一個要想寬洪大量而也眞會寬洪大量的人所寫的，非常之好的質量。有人說，這種質量並不永久是適宜的，我倒有點懷疑。

D.A.郭爾白夫的客觀的口氣和論斷的有根據，使僑民文學家沒有可能說郭爾白夫爲着他們所愛的俄國民衆而給他們著作的那種估量是不公平的。

然而，假使他們看見了郭爾白夫的概論，那他們這些老牌人道主義者，他們這些愛民衆，愛正義，愛眞理，愛美麗的人們，他們這些『沃斯瓦格』的編輯，他們這些『干涉主義者』和俄國將軍的歌頌者，助動者，以致於馴服的奴才，自然要被他氣得發瘋；這些俄國將軍，整整四年努力破壞着俄國的經濟，用人道主義者所愛的民衆的血，灌漑了俄國，俄國將軍幹着這件事的殘酷，——照我看起來，——要比外國的干涉主義者的殘酷，還要厲害，簡直不能够比較；而外國干涉主義者是這些資本家的政府，互相打架打得發瘋了的政府所派來的爲的要鎭壓『 Bolshevik 的瘋狂』，——說得正確些——是爲的要用俄國民衆身上剝下來的皮，去醫治自己皮肉上的傷痕。像大家所知道的，這些沒有受過好教育的，不文明的民衆，認爲這種手術對於他們是多餘的，他們倒覺得『 Bolshevik 的瘋狂』是健全的理智，他們把一切敵人從自己國內趕了出去，而現在，很有成効的創造着自己的，新式的眞正文化。

僑民們不願意相信這個。

『什麼也沒有創造，而是在滅亡』！——他們很一致的講。誰講這個話？

德米特里・美列日珂夫斯基(Dmitriy Merezhkovsky)，著名的基督教裏的愛上帝者，一個小小的人物，他的文學事業很像打字機的工作，字模很容易讀，——然而是沒有心靈的，讀起來很沉悶。美列日珂夫斯基把俄國叫做『牝犬』，就是雌狗。一九〇二年他寫信給A.S.蘇沃林（Suvorin,），請求他出幾個錢來辦雜誌：『我跑到你跟前，像尼古狄謨跪到基督跟前一樣』。他自然知道這個『新時代』的主筆和出版家，無論在外表上在內心上，都不像基督。而等到蘇沃林死了之後，他却盡力的誹謗這個死人，弄得『新時代』公布了那封美列日尼珂夫的卑鄙的信，而維克多・布列寧（Victor Burenin）題上了四句詩：

> 我們對一切都安靜的看著，
> 可是要驚奇這個神怪：
> 此美列日珂夫斯基的尼古狄謨也，
> 忽然間變成了猶達（一）。

也就是這個美列日珂夫斯基，在一九一五或是一九一六年，他在『俄國言語』雜誌上，發表了一篇文章『不神聖的俄羅斯』，而在這文章的末了，吐露了這麼一句話：『我們不是同託爾斯泰在一起，我們是同高

（1）註：猶達是出賣基督的叛徒。

爾基在一起』。他吐露了這麼一句，是因爲他害怕革命，他本來是個很膽小的人。『我們』——大概是說的美列日珂夫斯基的一『黨』了，這個黨並不大，有五六個人。

齊納伊達·希辟烏斯（Zinaida Hippius），基督教徒，是個很有些特別才能的，也就有這麼特別兇惡的人。一九〇一年，她在彼得堡信託公司的歌舞廳裏，穿着一身白衣服，背上還紮着翅膀，跑到舞台上對着聽衆宣布：

我要世界上所沒有的，

世界上所沒有的。

過了二十年，她就要『在沉默之中』把 Bolshevik 來『絞死』了，這也就是我們這世界的一切昏蛋所要的。她就這麼寫着：

我們在沉默之中把他們來絞死。

這黨裏的第三個——D.菲洛索復夫（Frlosofov），一個非常之好的俄國女人的兒子，是那個職業的恐怖主義者——就是兇手——波里斯·薩文珂夫（Boris Sawinhov）的朋友，他熱烈的擁護着暗殺P.L.沃伊珂夫)Woykov）的兇手卡維爾達（Kawerda）。第四個，是安東·卡爾塔澀夫（Anton Kartashev），神學教授。去年，在一次巴黎的僑民集會上，他歇斯特里地叫喊着，請大家去打，砍，消滅『Bolshevik』，也就在去年，據『最近新聞』報的消息，捷克斯洛乏政府徵求劊子手。這個可敬的職務，有十七個候補人去報名願意應徵，其中一個是神學教授。不知道這是不是卡爾塔澀夫，然而我認爲這是可能的——是他。

配做劊子手的候補人的，我看還有美爾古諾夫先生（Melgunov），基督教徒，這個人生着一雙冷酷的眼睛，而是那本撒謊得很的書『紅色恐布』的作者。

他在這本書的序言裏，自已就申明他不能够『對於我所引用的每一個事實都負責，』然而事實是引用了。他知道『白色恐怖總比紅色恐怖要厲害』，而他所暴露的却並非白色的，而只是紅色的。他知道『復辟所引起的犧牲總比革命要多些』，而他渴望着復辟。不行，這些基督教徒，這些僑民的精神上的領袖的趣味是多麼奇怪呵。

## 大小奇蹟

何干

元旦看報，申報的第三面上就見了商務印書館的『星期標準書』，這回是『羅家倫先生選定』的希特拉著『我之奮鬪』（A. Hitler: My Battle），遂『摘錄羅先生序』云：

『希特拉之崛起於德國，在近代史上爲一大奇蹟。……希特拉「我之奮鬪」一書係爲其黨人而作；唯其如此，欲認識此一奇蹟者尤須由此處入手。以此書列爲星期標準書至爲適當』。

但即使不看譯本，僅『由此處入手』，也就可以認識三種小『奇蹟』，其一，是堂堂的一個國立中央編譯館，竟在百忙中先譯了這一本書；其二，是這『近代史上爲一大奇蹟』的東西，却須從英文轉譯；其三，堂堂的一位國立中央大學校長，却不過『欲認識此一奇蹟者尤須由此處入手』。

眞是奇殺人哉！

在他們的旁邊，必須擺上那個著名的黑百黨（2）馬爾珂夫（Markov），似乎也是基督教徒，這個人有一個擀木似的腦袋，特別的蠢笨。如果我沒有記錯，那他就是耶甫格尼·馬爾珂夫(Evgeniy Markov)的兒子或者姪子，耶甫格尼·馬爾珂夫是小說『黑土壤的田地』，『庫爾斯克的外鄉人』，還有那本好好的自傳『小老爺』的作者。而這個馬爾珂夫第二的出世，却大概要來證明世襲貴族的智力上的沒落的。

這一類濃毛狗式的人物在僑民之中是不少，而彼得·史特魯維（Petr Struve），也和我們漸漸地混合起來，這也是一個名人，『過去的』人，當初人家叫他是我們的一切復生運動的『約翰克萊斯特爾』。他是俄國工業發展的歌詠者。不久以前，這個工業裏面的一個事業家古卡索夫，擺出了老板面孔，把他從一個報館裏很粗魯地趕了出來，雖然史特魯維很忠實的很努力的服侍了老板的。史特魯維之外，還有P.N.米留珂夫

（2）註：『黑百黨』是俄國一種殺人放火的最野蠻的反動派的渾名。

（Miliukov），大學教授，文化史家，『家庭讀書指導委員會』的一個創辦人，過去是俄國社會的勤苦的啓蒙運動者，『立憲民權主義者』，後來做過總長，總之，是個偉大的罪人。現在他組織了『共和民權聯盟』，而在一九二七年十二日自己的報紙的第二千三百〇二期上說：

『用不着 demos（平民）有懂得立法的複雜問題所必須的智識，或是認識國家管理的技術』。

『用不着』——是用斜體字特別着重的印在上面的。這大概爲了要安慰『聯合起來了的無用傢伙』。而也一定是爲着他們，爲着這些『無用傢伙』起見，他在自己的報上，印着許多驚人的兇殺新聞和最離凝的『偵探』小說，這種東西在以前的『言辯』報（3）上自然是不會登載的。這個『啓蒙運動者』就這樣結束了自己的履歷。

再還有——A.F.克倫斯基，『亞歷山大第四』。最後一次，我是在冬宮裏，似乎是在亞歷山大第二的房間裏，看見了這個人。我記得，他引起了我這樣的一種印象：像一個在淫浪的貴婦人房屋裏的青年，還只剛才犧牲了自己的童貞給那個自然界，而已經覺得自己是個有經驗的，交了好運的荒淫家了。現在，他單調的，用那種歇斯特里的體裁寫着社論，咒駡着那些不准他坐穩在他所心愛的位置上的人。不知道現在柴爾諾夫（Victov Tchernov）還幫不幫他的忙，從前在這件事情上維克多·柴爾諾夫總是替他幫忙的；柴爾諾夫是個全部用『引證古書』做成功的人，而且做得不怎麼高明。他也算受了侮辱；也沒有給他坐穩那個好位置。在他的生活裏，有過兩次非常之方便的機會，使他可能脫離政治，而做點別樣事情，在他是更加勝任的事情，——譬如做做販賣便宜帽子的小生意。第一次，是他的朋友，那個告密的叛徒亞瑞甫（Azef）被暴露的時候；第二次是他自己從國民會議被驅逐的時候。然而不知爲什麼，他把這兩個機會都放過了，還在政治上指導着什麼人，還在做着『領袖』。

> **我家在滿洲**
>
> 田　軍
>
> 我沒有了家——我家在滿洲：
> 我的家現在住滿了惡霸，
> 他們的戰馬拴在門前的樹上，
> 那樹原先是大家乘涼的，
> 馬却啃光了牠們的皮，
> 明年牠們不會再有綠葉森森。
> 那房內再沒了我一個親人，
> 惡霸們把墻壁鑿穿了，
> 作了放槍的口孔。
> 那墻壁本是爲兒孫們蔽風雨的，
> 每塊石頭全是爺爺親手奠定！
>
> 我家在滿洲，
> 我沒有家了！
> 那一切不久也就是砲火的灰燼！
> 我也不要家了，
> 也再顧不了所有的親人……
>
> 一九三五，十一，十五日

此外，要說到達林們，託林們，擋們，（Dalin Tclins,Dans）），還有這麼二十來個過去的人，過去的社會主義者，這些人物（4），列寧在當時都無情地打過他們的耳光的。所有這些數過的人，互相討厭得痛苦極了，整個兒的精神上窮困了，被瑣屑的惡毒念頭吃光了，一年一年的，一天一天的，他們在誹謗和咒駡 Bolshevik 之中操練着，而比他們當初批評專制制度，官僚主義和俄國生活的恐怖，要差得多了。

所有這些人們，只有一個心願聯結着：就是要消滅 Bolshevik，而使俄國的工人民衆去向他們鞠躬，向他們這些爲着民衆而『自己受苦』的人們鞠躬，並且請求他們：

『來做國王罷，來統治我們罷』。

枉然的期待—— 不會來鞠躬的，不會來請求的！

我把這些人數說出來，爲的要給讀者一個概念：僑民的青年和僑民文學家是生活在怎樣的空氣裏，被誰

（3）註：『言辭』報（Retch）是革命前後的立憲民權黨的機關報。

（4）註：這些人物都是社會革命黨和孟雪維克黨的『理論家』。

教養着。

應當還要提起，僑民文學裏的『高雅的監督』是唯美主義的批評家猶里·愛亨瓦爾德（Julie Aihenwald)在『橹』報裏當編輯的，這個報似乎是最兇惡的，最無理造謠的，『法西斯蒂』情緒的報紙。愛亨瓦爾德鼓勵着舊文學家的精神，就是在吹脹他們，告訴他們還儘在成熟起來，儘在繁盛起來呢。他寫的是扭扭揑揑的文字，好像是很緻細的，然而是沒有心靈的從外國文翻譯出來的東西。而且有時候，他在自己的單調而黯淡的文章裏面，還要加進一兩句對於 Bolshevik 的辱罵，然而並不能够使那死板的文字活潑起來。他誇奬着文學家，他的乾兒子，誇奬着那種『形象』，譬如說，什麼『大聲的小釘子』呀，『萊沃美爾微笑着在台上表演』呀，以及這一類的玩意兒；他很注意的留心着文學家的『方向』。不久以前，他在 F. A. 沃索爾京（Osorgin）的小說『西甫切的斷崖』裏，讀到了這麼一段聰敏的準確的話：

『那種民族是沒有天才的，如果牠在解決幾百年來的爭論的時候，不去嘗試完全打碎舊的，可恨的偶像，而且完全改造日常生活，意識形態，經濟關係，以及整個的社會制度。我要輕蔑這種民族，如果牠沒有做牠所已經做的——而停止在半路上，讓那些學究式的空談家來把俄國照着英國式的模型製造起來『國會，有禮貌的警察，弄得很光滑的謊騙』。

這唯美主義者的批評家，立刻就警告作者說：『這裏，對於許多讀者「西甫切的斷崖」要變成走不過去的陷阱』：

『也許，這裏的陷阱還不是怎麼走不過去的，在這裏，作者要想得到均勢，却不願意看見舊的格言和新的格言之間的區別，舊的格言是爲着兵士想出來的「擁護信仰，皇帝和祖國」，而新的格言是爲着紅兵想出來的：「擁護社會主義和蘇維埃政權」——這種句子同樣是「不明不白的，用不着的」。不是斷崖，不是谿谷，然而是陷阱』，他寫着；這個『然而是陷阱』，更加使我相信他對於俄文的精神是不很了解的(5)。他

（5）註：這裏是俄文的文法和修辭的問題、第一，不應當說『然而是陷阱』，應當說『而是陷阱』；第二，『然而是陷阱』在俄文裏『No rov』，這在讀音的方面是很不漂亮的句子。

---

# 罪　　人

荒　煤

這天晚上我做了一個怪誕的夢，因爲落雨覺著些寒冷，我抱著一雙胳膊在胸前睡了。

我夢見那老人——那個所謂『受賄』的小書記，一個虔敬的天主教徒，被綁在一個很粗的，醜得非常，上面染遍了一些汚黑的血蹟的木十字架上；一些人，那都是些怪令人憎厭的臉嘴，像一團蛆般亂擁擠著，蠢然地盲目地喊叫：『把他殺了！……把他勒死啊！』那老人流著淚掙扎，如同一隻受傷的，被一只鐵鈎抓住了不時蜷縮著身子號叫的老鼠。他那一對渾濁的小眼裏閃著兩點可憐的光波，顯示出不敢洩露的憤恨和哀痛；他喊叫，不，那祇是呻吟——而且我相信祇有我是聽見了的：『我沒有罪！……』

在一個角落里匍匐著幾個孩子；老人又常把頭扭過來望著這一個角落里叫：『我底孩子！』

我十分憤怒，想站起身子去呼喊，但有人用一件什麼沉重的東西壓住我底胸口，無論怎麼也叫不出來。忽然，我身邊閃出了一個聖母般的形像，她在我身上劃著十字，喃喃地念著一些我不懂得的字句。我抬起胳膊亂揮，很清醒地覺得是要驟撲那個形像，但我軟弱無力，身子像一片落葉般顫慄了起來。在我眼前，驀地什麼都看不見了，除了那一片濃厚的黑黯；我心頭難過得要死。

『喂！喂！怎麼啦？』我模糊地聽見有人在低聲喚我。

我被那老人叫醒過來了。許是由於夢中的幻覺的重壓，當我睜開溼潤的眼睛的時候，我望著慘澹的燈光和壓倒在我身上的鐵窗影子，我感到非常地厭惡。但是我很疲乏，我身子出了不少的汗，微風吹到身上也頗有些寒涼。

『醒了麼？』停了一會，那老人在隔壁輕輕地敲著牆板道。『你又是哭又是叫！我叫了多半天才醒——現在好了？』

我告訴他，我把胳膊壓在心口睡了。

『睡著了魘，唉，』他嘆口氣。『那是，心不靜。你，你應該禱告一……』

我沉默著，但旋即怕傷了老人似的，我溫和地低聲答應：

也是個人道主義者，基督教徒，他在這憎恨人類的報紙裏工作着，自然不反對昏蛋們在這報上印出那種啓事：對於P.L.沃伊珂夫的兇手的母親『表示熱烈的悲痛的同情』，而對於她的兒子，『崇拜他的純潔的良心和高貴的性格』。

所有這些『拉撒路』(6)就這麼在發臭，基督也不會使他們復活的了，雖然他們還假裝相信基督有使死人復活的力量。

我讀了僑民的報紙有了六年了。最初我讀着，還很天眞的莫名其妙的自己問自己：

難道這些各種各樣的沒有天才的政論家，就是那些俄國智識份子嗎？——他們以前學習着，並且教育着『小兄弟』：對於實際生活要有『神聖的憎惡』，實際生活也的確是從頭到底都充滿了虛偽，惡毒和謊騙的毒汁的。難道這是他們——以前那些佩服「謊騙」的破壞家的著作的，佩服憂悶的史惠夫特(Swift)，無情的嘲笑着的福祿特爾(Voltaire)，神怪似的龐大的託爾斯泰的？他們敎育了自己的孩子，要他們愛那個神聖的拉曼伽的武士(7)——那個奇妙的理想出來的形象。

他們靑年時代的英雄是斯巴達庫斯，弗臘·多爾奇諾，瓦特·泰祿爾，託馬·蒙朵爾，楊·古斯(8)，以及一切企圖用自己的血肉去創造自由的人，這種自由在世界上從來不會有過，然而對於人是非常之必要的。

他們靑年時候所愛好的詩歌，是强盜的歌曲，是浪漫諦克的抗議的歌謠，是臘晴歌(9)，是聶克拉索夫(Nekrasov)的憤怒的詩篇；看來，他們的眞正的宗敎應當是『社會的浪漫主義』。

現在，所有這些都沒有聲響了，心靈已經啞了。大概，『唯物主義者』的Bolshevik是對的，他們說，意識形態和無情的現實衝突起來的時候，就很容易的對最兇惡的，階級的動物心理讓步了。

(6)註：拉撒路復活是基督敎聖經上的故事。

(7)註：拉曼伽武士就是吉訶德。

(8)註：這都是羅馬英國德國等的古代革命家和農民暴動的領袖。

(9)註：臘晴是俄國古代的農民暴動的首領。

---

『我都忘了！』

『不要緊嘛，』他用那麼誠懇的聲調說。『你就念聖母，主啊……先劃十字，從左到右邊……記得麼？』

我簡直覺得滑稽得可笑，但我還是照樣做了。那老人在那邊又悄悄地祈禱了；但這聲音不知怎地令我煩躁起來。我想起了夢中的景像。

因爲看守在廊道頭的角落里很熟地打著瞌睡，我便自在地站起身來徘徊。

獄裏很靜，只間或聽見一兩聲囚犯在夢中的嘆息和呻吟，像在我四周爬著似的。哦，我還聽見一兩聲寂寞的汽車底喇叭響，那像是十分遙遠，是的，那是屬於我被隔絕的另一個世界的。我有點不安寧了，就像是在黑地裏有不少的魔鬼用什麼網得我緊緊的。

我是在這樣的一個孤寂而又黑闇的場所。對面牢房裏底那一些睡熟的人，在弱黃的燈下，不是恍如橫陣著一些死屍麼？

我不願意我獨自去思想——那已經是夠磨折了我底腦子了——於是，我想找那個老人去談一會兒。

我靠進那板壁下的一個小洞坐下；我伏身去望，望見那老人大睜著眼在角落里發怔；不知他是在注視著什麼地方，眼睛顯得那麼空漠，就恍惚什麼都看不見一樣。

『沒有睡麼？』我低聲問，敲敲板壁。

許是沉思得出了神，我發問的時候，他很受驚，如同一個木偶的玩具般，他扭動著似乎是僵硬的頸項在左右眺望，顯得十分張惶。

我又慢慢地敲了兩下板壁，憐憫地溫和地叫住他。

『喂！這裏。聽不出來是我麼？……』

『唔，唔，』他已經靠近這邊的板壁坐下了，樣子很頹喪不安。

『你在想什麼！』

『想啥子？』他對自已講話般說。『你說嘛，我雖是犯了罪，我那些娃子有啥子罪……』

『嗯……』我實在是不明白他突然說這些話的意思。但他顯然是被那些思想苦惱著。短的濃眉在皺紋下擠成一叢，眼光非常滯鈍，弄得他那張小得可笑的臉滿佈著愁雲，使我也爲他感到哀憐了。

他站起身去走了。我並沒有喚住他，因爲我現在又不找著話說。但一會，我突然叫著他，而且像是不能抑制自己地有些激憤地問他。

生活條件，無論在什麼地方，也沒有像俄國智識階層之中那麼激烈的，那麼各方面的受着批評。無論什麼地方，也沒浪費掉這麼許多的讚美：——對於實際生活的神聖的和罪孽的破壞家，像基督，裴倫，尼采以及一切供獻生活以『並非和平，而是刀劍』的人們的讚美。俄國的智識階層，認為自己是『歐洲的先進的智識階層』，他們的情緒是最大限度的革命的。

很難懂得——這個力量的全部，這麼快的耗費在什麼上了，耗費到什麼地方去了；極熱心的積聚起來的關於民衆痛苦的智識，企圖推翻暴君專制的嘗試，對於使一切人惡化的那種實際生活的憎惡的積蓄，對於正義的渴慕，『對於民衆的愛情』，——關於這種愛情，俄國智識份子曾經互相的說明着，口頭上，書面上，高聲的，很不謙虛的，在大庭廣衆的前面。

我從來沒有訴說過什麼『對於民衆的愛情』，我不過簡單的知道了，現在也還是這樣知道：為着俄國農民，必須建設這樣一種條件，使他們能够很快的學會更理智的生活和工作，這種條件要能够讓他們發展自己才能的全部力量。然而我很誠懇的相信過有一種人，他們的確『愛着』民衆——他們有一種什麼超自然的感覺，是我所沒有的。將來我有功夫，再來說一說，怎樣革命的智識階層把我這種信仰掘掉了。然而在一九一七年，我始終很苦痛的觀察着：當那瘋狂了的民衆，像一座灰色的冰山似的，從戰場上滾到鄉村裏，總算仰起了他們的龐大的憤怒的臉來要土地的時候，我很苦痛的看見，這個臉色用自己的現實主義和無政府主義立刻就把智識階層的『愛情』嚇退了，立刻就把他們那個黃鶯似的心靈嚇跑了。黃鶯躲進了忘却的樹林，而市儈道理的烏鴉代替了牠。

立刻，對於實際生活的批評態度的全部力量，無情的，眞正的積極的革命性的全部力量，都被『Bolshikev』占有了。

我沒有忘記在那幾天的自己的立場，我記得，那時候V.A.巴薩洛夫，也是個 Bolshevik，在報紙上把自己的同志叫做『昏頭顛腦的傢伙』，這並沒有使我替他們很生氣，雖然在他們之中，有許多人是我所誠懇的愛着的，敬重的。我當時深信，『民衆』會把 Bolshevik，同着其他一切社會主義的智識階層，都給趕走，

---

『喂！為什麼你要承認你是有罪的呢？你並不是敲詐或者是勒索人家的，這二十塊錢……』

『不，』他坐下來用一種我沒想到的沉靜的神情，阻止了我底發問，並且好像糾正我底錯誤般地向我說。『你不曉得，我說的，我底意思是說：我在天主面前已經犯了罪了。』

我是很可憐這老人，但是我實在厭惡他腦子裏那種執拗的思想。我起心去突擊它。

『說起來，我可以算是沒有什麼罪。』他老人繼續向我說。『人家陷害我！我曉得：人家望著我這一個位置眼紅，你莫說這只有三十塊錢的事……我一家大小都靠著這……』

說到這里，他失去了平靜；他搖擺著頭，低聲囁嚅著一些我聽不清楚的話，並且顫慄地抬起手在胸前劃著十字。顯然是，全家底生機的問題還是最使他焦慮和苦惱的。

『你說嘛，』他很勉強地向我苦笑道。『我怎麼能够不想？娃子們都小——當然我也不一定要看著他們成家……那是笑話，當眞話我還靠了他們？不過我總想把他們盜（註）起來，讓他們各人能混各人的，免得大了說我害了他們……我那大娃子就吃了沒有讀好書的虧！混進軍隊裏去多年了，我總還是提心吊膽的。二娃子還在初中學堂裏，……那些都還小，不讓他們讀書覺得對不住他們，說讀，這如今不要錢不要錢也得那些。』

他如同眞地感到身上擔子的重壓似的，長長地嘆了一口氣。

『你說嘛！』他用那枯瘦的手敲著板凳剝剝響，又說道：『我這事情一掉，一失業，啷個弄法？入啷個的！「朝內無人不做官」，你再到哪里去找事？這如今，「僧多粥少」。閒著的曉得幾多！』

『這，你也相信是什麼「罪惡」麼？』我突然打斷了他底話頭問。

『什麼？』他不懂我底意思。

『假使你失了業，假使你再也找不著事，你底孩子也許會餓——譬如這麼說：你底孩子餓死了，這是因為你底罪惡還是因為你孩子們底罪惡呢？』我不耐煩地說。

『我底罪惡？……』老人惶恐地說。『你這是什麼意思？娃子們沒有什麼罪惡！他們沒有！』

我不知道我這一下怎會變得這麼不能忍耐，我揑緊拳頭，暴躁地幾乎要叫了起來一樣地大聲說：

『爸給你那「天主」騙啦！你為什麼相信那種東西？』

『那種東西？……』他驚慌失措地，把小眼凝視著我喃喃地低語。『你說啥子嘛？……』

而主要的——是會把有組織的工人一起趕走。那麼，唯一的，能够把國家從無政府狀態之中挽救出來，而使俄國歐化的力量，就要滅亡了。靠着列寧和他的同志的非人的精力，這是沒有實現的。

然而實現的是：差不多整個『革命的』智識階層，拒絕參加革命事業，甚至於拒絕參加文化工作，而文化工作在暴風雨的時期，比『和平』時期更加必要，——假定這所謂『和平』時期在這世界上是有的罷。而在這文化工作繼續的地方，——這是我很知道的——牠，這種工作差不多永久帶着敵視奪取了政權的人的性質。我時常看見，這是習慣上的傳統的敵意，因爲人是只會在口頭上『敵視』，除此之外，什麼也沒有學會。

自然，我道始終找着了很不少的智識份子，他們仍舊擔任自己的職務，忠實的，堅定的繼續自己的工作，而那工作的條件是飢餓，寒冷，新政權的憲兵警察方面的敵視的懷疑和無意識的蹧塌，——這是『小兄弟』方面的待遇，這『小兄弟』對於智識階層的敵視態度，並非單是一個什麼亞契莫夫，馬嚇諾夫派(10)所教育出來的，——你們知道，這個罪過是要更大些的人物來擔負的。

留在俄國的智識份子，直到現在還在這裏繼續着自己的英勇的工作。僑民報紙上的『從俄國來的』，『從莫斯科來的』，『從外省來的』通信，並不是他們寫的；那些不通的，無聊的信，很明顯的是在俄國以外的什麼地方揑造出來的。我親自知道，有些時候的『從莫斯科來』的字樣應當讀做『從柏林郊外寄』。

僑民報紙所引起的我的天眞的莫名其妙的驚奇，在列寧病的時候，變成了對於這些報紙的厭惡。

我在這世界上活了半世紀以上，看見了不少，讀到了不少蠢事，然而我不記得有什麼相像的事情，可以比得上那種醜惡的挑撥，那種瘋狂的叫喊，那些造謠來誣蔑——從這『文化的』僑民之中所放出來的，那只是因爲一個人的病和死，這個人在復興俄國的工作裏用盡了自己的力量，而俄國正是被最蠢笨的專制制度，最可恥的戰爭和最無用的將軍們的野蠻的流氓行爲破壞了的，這些將軍們，屠殺着你們『所愛的』民衆，毀壞着許多城市，算是來『挽救俄國』的。

（10）註：馬赫諾夫是一個無政府主義的派別，他們傳染著游民無產階級的心理，機械的把勞動平民和智識階級對立起來，認爲一切智識階層的份子都是反動派無用的，該『打倒』的等等。

---

我沒想到我會這樣打擊了那可憐的老人。他那樣子，簡直像被人奪去了他所最寶貴的一件東西，弄得不知怎麼好了。他蹣跚地站起身去，怯懦地呆望著我。他想說什麼，但我衹看見他囁嚅地顫著嘴唇，沒聽見聲音。

這樣，我不禁有些懊悔我適才的鹵莽了。

『現在，』我想，『我說什麼好呢？』

我伏身去望那老人，看見他把那像是給什麼綑著的，不能自主活動的身子挨著門頹然地坐了下去。他不時用充滿了疑惑的眼光朝我這邊望；過了一會，他想起來似地，緩緩地在胸前劃了一個十字。

『又要去祈禱，並且爲我禱告，求天主救我麼？』

我惘然地想，心頭覺得有一些難受。但當我想到了夢中的景像，我又不禁苦笑了。

第二天傍晚，那老人被看守帶出去了一趟。

剛叫著他底名字，打開牢門的時侯 他高興得說不出話來，一下子去抓著衣裳，一下又擱了，去抓帽子去穿鞋子，像有不少的東西都得要他兩隻忙亂的手去拿似的。

他朝我這邊望了一眼，猶豫了一會，終於跑過來敲敲板壁叫。我知道他是要告訴我，他出去了。可是正在這時候，那看守我不耐煩地叫了

『喂，快點！打扮什麼，一會兒就回來的！』

……………………

果然不一會，老人又回來了。

他眼睛有些潮溼、神情很頹喪，像挨了一棒的餓狗；那彎著的腰使有些弓起的背更顯得佝僂了。他緩緩地移動著脚步，腿硬了似的；走進牢房，好半天，他還用那抖 的胳膊攀著小窗，惘然地注視著外面。

好一會，他跪了下去；從陰暗的燈光下，我望見了他小眼裏盈著兩滴昏黃的淚珠。他呢喃。我相信我確實聽見了他念：

『我沒有罪！』

——他後來告訴我，他將要被解到法院裏去；同時，他最愛的一個四娃子病重了。

十二月，一九三五。

（註）「盤」是扶養教育的意思。

僑民的報紙的不識羞恥，無恥主義和造謠誑騙，本來就沒有東西可以拿來比較的，除非是他們的僞善。我並不崇拜一些政論家的文調，他們不肯分辨意見自由和用語粗俗之間的區別；而我在這一篇文章裏的語句也很激烈，這却並非因爲我願意模仿僑民報紙的流氓，而只是因爲我沒有更確當的字眼來表示我對於他們的輕蔑和厭惡。

最不識羞恥的，是來說 Bolshevik 的『渴血症』；要知道那些組織了四年的全世界各種民族的戰鬥的人還活着，那些關心着『全世界的和平』而現在正在如此之努力的絞死，斫殺的先生們還活着。

沒有比例的僞善，是只來叫喊些紅黨的殘酷，而不提起淫虐地屠殺紅黨的事實，關於這種屠殺，白黨自己在回憶錄上那麼誇口的敍述着呢。爲什麼有時候不在自己的報紙上翻印一些這類的，譬如德尼索夫先生在『自由思想』上的那種很有敎訓的敍述：

『古斑的解放者，波克洛夫斯基將軍，他在梅玡普地方（一九一八年秋天），殺掉了兩千俘虜，從此之後，就沒有再捉過一個活俘虜，——他有很深的，烏黑的眼睛，軟和的，注意的，像小孩似的，或是像幻想着的女人似的放着光彩的眼睛。「唔，還有什麼給你們消遣呢？——他張開着兩隻手懶洋洋地說，——還是看看我的圖片集上的蘆葦風景吧……」他拿出一本粉紅緞面，鑲着四隻角的又長又厚的畫片集。第一頁上的照片：一所不這麼大的房屋，屋頂上面插着司令的格沃爾奇旗子，在屋子前面站着的是將軍同副官，就在他們前面絞死着四個人……第二頁上：是在伏爾加河岸的峭壁上滾着兩個人。都有紅軍軍官的袖章……第三頁上：是曠場，絞死着便衣的。副官就解釋了：「捉住了幾個有主義的。給將軍去說，怎麼辦呢？——有了俘虜了，——他的答復是：腦袋！正要絞死這些有思想的。總之，沒有思想的，只要打一頓，給點燒酒喝，再趕出去打仗好了。而有思想的又怎麼辦呢？……」第四頁上：就這麼簡單的一棵樹，樹上掛着什麼似的……「自然界要人用！——將軍一隻眼睛溫和的微笑着說，——我和普森一樣，受不住死板的自然界……」我們大家都笑了，走到附近一輛車子裏去吃晚飯。喝過了香檳酒之後，兩個亞爾美尼亞人（一個彈三絃的，一個彈曼陀林的）彈了很久的「吉潑賽」的情歌和民歌』。

這樣的敍述多得很，我很要勸美爾古諾夫注意一下，他可以從這些敍述裏，再編出一本書來。

多麼奇怪的容易忘記了那些似乎很記得住的，很有敎訓的殘酷行動：像一月九日在彼得堡，十三日在里加，白克芒將軍和沃斯特塞貴族的殘殺拉特維亞人，嵛能康甫的屠殺西伯利亞人，屠殺喬治亞人，以及一九〇六——〇七年『鎭壓專家』的其他功績；轟殺猶太人，在林納地方的屠殺工人羣衆，在玆拉託烏斯特，在各處；沃爾洛夫的，以及其他的苦役監獄，亞謨爾（黑龍江）的車道；以及其他的無數的血的敎訓，這都是專制政府給俄國民衆的；俄國民衆本來就是傾向殘酷的，我是這麼斷定。爲着安慰「民衆崇拜者」起見，我可以說，俄

## 詩 二

### 我是的貪婪活着

需要一把木梳，
整理我絞亂的心，
我的心彷彿是深陷重圍里的
一支遠征的孤軍，
那誓言，那紀律，
爲恐慌，絕盡而搖撼了，
在無援的苦戰中，
增加著一條條地血痕……

詩，不是我的至上慾望，
它不准許我盡情的瘋狂；
但那慾望又蒙上了我的眼睛，
像蝸牛那樣滑溜——
我靜靜地摸索著，
我煩悶地躊躇著，
我在失望與苦悶的交織中，
焦躁，粗暴唱的歌。

這就是我的心聲，
是我絞亂了的心聲喲！
像千百匹駿馬之蹄，

國人在殘酷方面有絕對的才能。在這種方式的才能上，說連你們也算在內，雖然你們的殘酷暫時還不過在口頭上。然而我想，如果……，那你們會砍殺許多人呢。

自然，我並不願意替什麼人的殘酷辯護。然而必須承認這樣一件事實，就是在歐洲的民族之中，任何一個都沒有在這樣恐怖的血腥，敲打，最無恥的羣衆屠殺的大學校裏，這樣公開的，這樣用心的教育過民衆，像俄國民衆所受到的教育。大家知道的，從一九〇五年起，俄國的水手受盡了無可形容的苦痛。大家知道的，俄國兵士的生活是多麼不可忍受的困苦；多麼無情的，淫虐的鞭打了俄國的老百姓。對於你們，俄國民衆變成了這麼討厭的通紅的紅黨，就因爲他們從頭到脚都浸透了鮮血。

有人想說服我，說所有這些野獸行爲都毫無痕跡的過去了，而民衆，彷彿保存着什麼良善的溫和的，特別的俄國心靈，這種心靈不記得那些痛苦，侮辱，不知道復仇，寬恕了一切。

然而先生們，要知道這樣的心靈，那纔眞正是死的心靈了！將來的，非常之好的俄國的幸福就是已經沒有了這樣的心靈了，卽使承認在以前的什麼時候曾經有過的罷。現在，這種心靈的半死不活的夢已經醒了，這個心憤怒起來了，牠正在憤怒着，而漸漸的，表現着自己要求生活的意志，越來越聰明了越來越堅强了。

這個心靈表現着自己的意志，並不是親熱的，並不是寬洪大量的，而是有點兒可怕的。這始終還不是健全的心靈，牠還太淸楚的記着不久以前的事情，恐怖的事情，牠怕這種過去又要回來，牠被復仇的毒汁害毒了。你們得同意：牠是有權利憎惡的，牠也的確有仇可復。而事實上，流血的俄國革命比應當預料到的流血要少得多呢。革命的流血還可以少些，如果你們這些先生們的行動客氣些，更適合些你們的才能和能力，不去糾纏在將軍們的冒險裏面，不去請求外國的干涉。革命的發展還會更安寧些，更有成績些，如果你們會忘記一下勇猛行動的人的錯誤，忘記一下你們所受到的『不方便』，你們親身受着的欺侮。然而你們旣不會忘記，也不會了解，因爲你們的小氣。其實你們也是一樣的蠢笨的，復仇性的，像俄國的黑暗農民，穿着軍裝，制服，兵士大衣和水手服裝的一樣。至少，在口頭上，你們也是一樣的野獸，不過是更可憐的罷了。

有人給我說，在烏里茨基被暗殺之後，一個水兵開鎗亂打，打的也許是一些絲毫沒有罪過的人，他叫着口令說：

——『向這些昏蛋，開整排的排鎗！』

之後，他就發了瘋。

太太們，先生們！我並不是犯淫虐症的，逼不得已要向你們說着我現在所說的話，我並不覺得給別人痛苦有什麼快感，而這種快感，在你們報紙的每一個字眼裏面，在你們反對俄國和 Bolshevik 的每一個字眼裏面，却都可以感得到。

我覺得你們大家也發了瘋了，不過並不是因爲復仇心所引起的刑罰的恐怖，像那個不幸的水兵的發瘋似的，不是的；你們的發瘋，是因爲自己的兇惡，因爲虛榮心重的人永久喪失了生活裏的地位而發生的那種卑鄙的兇惡。

你們這些人的利己，和你們的無能是同等的；你們的自以爲是，

## 首

羅烽

在荒原上馳騁，
那被踐踏的荒原，
什麼時候才能安靜？
馭者啊，快揮動你的鞭子吧，
制牠與我們的奔騰。

一九三五，十一，廿五日

## 馭者的鞭子

我若瞭解什麼叫愁，
也許早把生命付諸東流；
如今我是貪婪的活著，
還要將快樂造成不朽，
如今我是貪婪的活著，
直到不可能的時候，

我並不想做個志士。
我也不想當什麼英雄，
祗要是有生命的原子，
在動的社會里有用，
在生的羣衆里有功，
悄悄地死去也行。

一九三五、十一，二日

也和你們的無力一樣。你們的無力是歷史的事實，無可爭辯的事實；這種無力，無論是白黨將軍，無論是『外國干涉』都不能够幫忙的。你們記記看，那些將軍怎樣容易的使你們伺候他們的極簡單的，顯然是土匪式的目的。

那時候起直到現在，領導你們的主要情感，只不過是自己受了欺侮的情感。這種情感是有原因的，你們在俄國文化的發展過程裏，的確起了很大的作用，你們在這個文化裏面，是充分努力的普通工作人員。然而這種工作，並不能够辯護你們的妄自尊大，也不能够辯護你們對於那些敢於奪取政權而現在管理着俄國的人的惡毒。他們管理着，——雖然你們用盡一切力量，要想不看見蘇維埃政權的成績，並且不相信這些成績。

是的，在俄國，現在的管理是殘酷的，然而要知道這是在這樣的一個國家裏面；以前是每一個警察都覺得自己是恐王伊凡（11），而每一個智識份子都覺得自己是左右世界運命的人物。孔斯坦廷·列紛替耶夫和聶察耶夫的精神是相同的，梁斯託耶夫斯基和波別多諾斯切夫（12）也是這樣，而這些都是十足的俄國人。

你們請了『十二種言語』來反對俄國的民衆，不應當再罵什麼殘忍的了。尤其是現在，你們已經因爲自己的惡毒而完全發了瘋，只要看你們對於列寧的工作和死的那種可恥的態度，就可以見得的了；列寧的名字將要永久是俄國的光榮，關於他，我們現在的最偉大的唯心主義者，非常之好的心靈，羅曼·羅蘭就說過的：

『列寧是我們這世紀的最偉大的人，最無私的』。

列寧將要留在俄國歷史上，而你們，被無聊惡毒和愁悶所磨折了的人，很快就要躺到自己的坟墓裏去的。也已經是時候了，爲的不要再變換一次戰線和路標。因爲你們現在雖然敵視 Bolshvik ，然而難道說得來今天的『好好的』俄國人明天又要做誰的奴才呢？你們自己知道，你們營壘裏的人怎樣容易的跑到你們敵人的營壘裏去。。你們大概是不會錯的，懷疑着你們的許多朋友的叛變主義只是出於貪慾的動機。

你們快要跑進這麼一個世界裏，除開你們自己之外，誰也用不着你們的兇惡。而在你們，那種腐爛的兇惡也是很痛苦的。Boishevik 却要留下來的。他們，從自己的目的退後幾步，又重新向着目的走去，在不了解，造謠，誣蔑，野獸似的叫喊和咕咕的空氣裏，始終在向前走着，而且領導着俄國農民跟着他們走。你們的孩子要離開你們而到他們這邊來的。你們不自覺的在教會你們的孩子，使他們懂得你們的無力；你們逐漸的暗示着他們，使他們輕蔑父親，輕蔑你們這些精神上的破產者。

然而，即使這麼想像罷， Bolshevik 去了，而在你們面前，有了回到俄國去的自由的道路。你們用自

## 非常時的心境

志賀直哉

各種各樣的訪問客到我這里來，對於他們我底態度一點也沒有兩樣，但是，在現時，只有叫做法西斯蒂的人們 非常討厭。覺得大約兩三年以來，日本忽然變得完全不像日本了。我氣憤，不愉快得按捺不住。我想叫出一個口號，「把日本做成文化的日本」！這時世實在黑暗。出門去都是不愉快的。要說的話不能說的這個世界，對於無論誰都是難受的。在這一點上，你們在文學工作上面是非常勞苦了的罷。我是不贊成你們底主義也不贊成法西斯主義的人，但對於你們底苦勞是能够同情的呢。然而，再過五六年，世上的情勢要壞也會壞到底，這樣的時期不是會來的麼？那麼，在這樣的土台上面，就會感到一種明朗的希望，這樣的想頭常常浮到我底腦子里面。在這樣討厭的黑暗的不愉快的世界上，實在是忍受不了呀。…………

霏 譯

（11）註；伊凡第四是俄國古代的國王 最暴虐的，所以有『恐王』的渾名。

（12）註：這是說一些殘暴的軍閥和殘酷的文學家，著作家，都有同樣的性格。

已的良心的殘餘想一想看：你們現在還能够拿給俄國民衆什麽？要知道你們的心靈裏，什麽也沒有的了，『民衆』也沒有了，你們向來不很知道民衆，而現在是完全不知道。我個人深信，你們只會給俄國增加些精神上的，叫化子的數目——還是一些殘餘，——以及卑劣化的惡人的數量。你們不要說你們不會躪踐人，不會敲打，屠殺，——我不相信這種話。你們現在就在天天證明你們會幹這類事情的傾向。我深信，你們一定會殺戮許許多多人。你們現在已經在詩歌裏，在散文裏，用絞刑和斫殺在恐嚇。

你們完全是白費力的說什麽愛俄國，說什麽人道主義，以及諸如此類的話。繼續以爲自已是人道主義者——習慣地，機械地這麽想，——你們總還記得，譬如說罷，反猶太主義算是齷齪東西，然而關於拉特維亞人，一般的關於『別種種族』，你們還是像反猶太派說起猶太人似的口吻。誰會相信你們的人道主義，讀着並且感覺着你們是多麽高興的指摘着俄國的錯誤和失敗，而俄國的成功是使得你們多麽眞誠的痛心!?

不管你們怎麽去說 Bolshevik ，然而他們是擔負了鉅大的重任，要去解決非人地困難的任務，因爲這個任務是要實施全世界最賢哲的，最眞誠地愛人類的人所幻想的一切。

在這些人之中，沒有你們的地位。你們的玩意兒是輸了，這是殘酷的血腥的玩意兒。我再說一遍：你們枉然說什麽人道主義。你們的惡毒是瞎子的狗，——牠自已暴露了你們的褊狹的，可恥，畸形。

在歐洲，誰也沒有像俄國的智識階層那麽高聲的埋怨着生活。整個的俄國智識階層，被鎖住在資本主義國家的苦役的各種各樣的鐵椿上，這資本主義的國家僵屍化了，腐爛了，毒害了人。我們的先生，郭果里，朵斯託取夫斯基，託爾斯泰，很正確的說，生活因爲自已的虛僞，僞善，畜生性和無恥的利已主義，所以可惡極了。

生活暴露了自已的無恥主義，而更加可惡了，在這憎恨，惡毒，復仇的空氣裏，人簡直不能够呼吸。這種空氣，越來越濃厚，很有爆發一次最後的暴風雨的危險，這種暴風雨可以破壞，並且掃蕩人類的一切文化成績；反對着這種空氣而工作的，只有俄國。社會主義蘇維埃聯盟在意識上組織着全世界的勞動者。

要衝出階級，黨派，集團的畸形的相互關系的嚴密的羅網，沒有別的方法，只有一下子撕破這整個的羅網。

正是在俄國，開始了最必要的『我們時代的事業』，完成着一種企圖，就是要把生活從愚蠢，嫉妒，貪心這三條「鯨魚」上，移到理智，正義，美麗的基礎上去。這個工作，驚醒全世界一切忠實的人的眞誠的注意和同情，驚醒幾千百萬人的思想。

## 文藝底課題

高爾基

我不是自然主義者。我主張文學要站在比實現更高的地方，即，多多少少是從高處俯視現實。因爲，文學底課題不單是終於現實底反映。僅僅表現現實是不充分的。應該使人想起可以希望的而且是可能的東西。即，現象底典型化是必要的。應該取出小的，然而是特徵的東西，創造出大的而且是典型的東西。

果　譯

而在『過去的英雄』方面，這種工作明顯的只驚醒他們的惡毒。我說『明顯的』，因爲我深信：秘密的他們也不會不羨慕 Bolshevik 。要知道，這些人是在生活着，工作着，將要生活着，而且堅決的深信，除開他們之外，任何別種政權在俄國都是不可能的了。

苦役囚徒的那種心裏對於他們是完全不對勁的，那種對於國家的鎖鍊和鐵椿的拜物教式的態度——是不對勁的。他們極端倔强的不理會『歷史的運命』，雖然在口頭上似乎承認這歷史運命的公律。而在事實上，他們的行爲是老百姓式的簡單，他們深信：

『運命不是我們的審判官，而我們是運命的主人』。

僑民時時常罵 Bolshevik ，說他們『曲解馬克斯』，不『照着馬克斯』生活。這當然並不完全是這樣的；然而馬克斯算什麼。他們還要有罪孽些，他們連『照着達爾文』生活也不願意，倔强地要消滅人與人之間的生存競爭，爲的要把那種無意義的競爭所吞沒了的全部力量，都轉變過來，去進行人對付自然界的鬥爭，爲着要使自然界的自發的能力服從人類理智的利益。

而在國內的智識份子，在愁悶和無聊之中唉聲歎氣着，很快的耗費着殘餘的力量，事實上只在可惜着一件事情：就是那些『心上很甜密的晚上』，可以圍着茶爐坐着，操練着自己的詞令，讀些關於專制制度的專橫，關於對民衆的愛情，以及關於整個宇宙構造得不方便的題目。

很可能的，假使普洛美特斯（13）自己，又偷了什麼照耀生活祕密的新的火，來到他們那裏妨礙了他們的喝茶，——那麼，他們連這個普美特斯也要詛咒了。

（陳節譯）

這篇文章最初發表在莫斯科『眞實報』一九二八年五月十一日，題目是『關於 D，A. 郭爾實的書「論白黨僑民的文學」。原稿註明的日期：5，IV．28年。

（13）註：普洛莫特斯（Prometheus）是神話上的偷火給人類的人。

# 海燕

元月號

每月二十日出版

| | |
|---|---|
| 編輯人 | 史青文 |
| 出版者 | 海燕文藝社<br>上海兆豐路人和里八號 |
| 總代售 | 羣衆雜誌公司<br>上海四馬路中市 |
| 分售處 | 全國各大書店 |

每冊實售大洋壹角
預定 半年大洋伍角
全年大洋玖角
（郵費在內）

## 本期執筆者近著

| | | | |
|---|---|---|---|
| 故事新編 | 魯迅 | 三角五 | 文化生活社 |
| 八月的鄉村 | 田軍 | 九角 | 容光書局 |
| 邂逅 | 聶紺弩 | 二角 | 天馬書局 |
| 羊 | 蕭軍 | 三角五 | 文生活社 |
| 豐收 | 葉紫 | 九角 | 容光書局 |
| 葉伯 | 吳奚如 | 二角 | 天馬書店 |
| 劉麻木 | 荒煤 | 二角 | 天馬書店 |
| 生死場 | 蕭紅 | 六角 | 容光書局 |
| 黃昏之獻 | 麗尼 | 三角 | 文化生活社 |

## 改造

創刊號要目



各大書店均有代售

（定價一角）

## 生活識知

第一卷 第七期

——中華民國二十五年一月五日出版——

要目



代售：羣衆雜誌公司
生活書店

（定價八分）

# 譯文叢書

上海昆明路德安二十號

文化生活出版社刊行

## 死魂靈

果戈理選集之五

魯迅譯

再版 實價 平裝一元 精裝一元五角

本書是苦心經營，六年才成的巨著，不但是俄國寫實主義戰勝浪漫主義的紀念碑也是在世界文學史上佔了不朽的光榮地位的。中國向來祇聞其名，今始由魯迅先生據德文本譯出，文筆鋒利生動，曲盡其妙。在世界文庫陸續發表時，已得讀書界熱烈讚美；現復由譯者大加整理，並增譯近二萬言長序一篇，貴重附錄四種，飾以作者畫像一幅，插畫十一幅。雖未敢誇爲定本，但和英日文的直接譯本比較，是決無遜色的。其第二部殘稿並附「果戈理怎樣寫作」一卷，亦已譯成，不日出版。

## 死魂靈插圖

阿庚繪

魯迅編

即將出版

果戈理氏的死魂靈一書，早已成爲世界文學中的典型作品，各國均有譯本，該書自經魯迅先生譯成中文後，讀書界因之受一震動，初版不到兩月即已賣完，可見其魅力之大了！死魂靈底插圖，更能給讀過這書的人增加很多的興趣和認識，所以也有介紹的必要。此插圖原有數種，但最有名的是阿庚所做的一種，原名「死魂靈百零四圖」，惟年代久遠早已絕版，便在俄國收藏家視之，亦爲不易搜求的寶籍。魯迅先生於多年前即尋覓此種圖本，費了許多精神，纔於去年用大價由某圖書館讓一部。現經全部原版翻印，以貢獻於我讀者諸君。末端並附索羅柯夫所作死魂靈插圖十二幅，也是批評家公認的僅次於阿庚的最好的一種。本圖祇印千册，準於一月內出版，購訂從速。

## 密爾格拉得

果戈理選集之二

孟十還譯

這是果氏奠定了自己的文學基礎的第二部小說，裏面包括四篇：「舊式的地主」，「塔拉斯•布爾巴」，「魏」和「兩個伊凡吵架」。凡是略知俄國文學的人，沒有不知道這幾篇東西的。作者從這部小說開始，已經趨向寫實主義去，所以在這裏就有奇聞，有常事，有嚴肅，也有詼諧，有平庸人的瑣聞，也有歷史上的大事件，用浪漫的才能和寫實的志向，織譯成了燦爛的奇觀。現在全部從原文譯成，不但介紹了偉大的作品，也證實了複譯（其中第二，四兩篇有人譯過）的必要。並將原本所附的著名插圖十餘幅，籤行採入。書已在印，發賣在卽。

即將出版

## 桃園

茅盾譯

（弱小民族短篇集）

實價 平裝六角 精裝一元

介紹弱小民族的文學，並不是容易的事。第一，對於那各個民族的生活和他們的文學就須有深入而廣大的認識。在中國，擔任這工作的祇有少數的幾人，就中茅盾先生的成就尤其是值得讚賞的。這裏十五個短篇（土耳其一，荷蘭一，匈牙利三，克羅地三，羅馬尼亞一；新希臘二，波蘭一，斯羅伐尼一，秘魯一，阿爾及耳一）是茅盾先生近年來繼「雪人」而後在這方面的努力的總結。選擇既極精審，實見苦心，譯筆尤其生動活潑，字字傳神，爲原作增光不少。

## 預告

獵人日記（屠格涅夫作）耿濟之譯

魔鬼的門徒（蕭伯納作）姚克譯

梅里美短篇小說集 黎烈文譯

保加利亞短篇小說集 孫用譯

黃源主編

## 山靈

胡風譯

（朝鮮台灣小說集）

即將出版

朝鮮台灣的大衆過的是怎樣的生活？他們那里有沒有文學？近，而且「同文」，但我們一向都並不知道。

然而，歷史底鐵蹄踏亂了那兒的大地，當然要產生蹂躪，苦惱，悲哀，血祭，以及抗戰，而且這些也當然會被叫喊出？。

這里選譯出來的小說就鮮明地說出了他們底生與死的消息。色調那麼鮮濃，內容那麼沉痛，要說弱小民族的文學，這些作品才眞正充溢着弱小民族底埃灰姿態，要說文學與生活的關係，這些作品才眞正能夠使讀者感覺到不能不提起全部的勇氣來爲合理的生存而戰。

全書約十二三萬字，都從日本大雜誌或日文單行本譯出。有幾篇曾經發表過，讀者們受到了很大的感動。

本刊正向內政部聲請立案中

# XAIJAN

# 2

## 要目



# 海燕

一九三六年二月二十日出版

# 2

# 『題未定』草

魯　迅

## 八

現在還在流傳的古人文集，漢人的已經沒有略存原狀的了，魏的嵇康，所存的集子裏還有別人的贈答和論難，晉的阮籍，集裏也有伏義的來信，大約都是很古的殘本，由後人重編的。『謝宣城集』雖然只剩了前半部，但有他的同僚一同賦詠的詩。我以爲這樣的集子最好，因爲一面看作者的文章，一面又可以見他和別人的關係，他的作品，比之同詠者，高下如何，他爲什麼要說那些話……現在採取這樣的編法的，據我所知道，則『獨秀文存』，也附有和所存的『文』相關的別人的文字。

那些了不得的作家，謹嚴入骨，惜墨如金，要把一生的作品，只刪存一個或者三四個字，刻之泰山頂上，『傳之其人』，那當然聽他自己的便。還有鬼蜮似的『作家』，明明有天兵天將保佑，姓名大可公開，他却偏要躲躲閃閃，生怕他的『作品』和自己的原形發生關係，隨作隨刪，刪到只剩一張白紙，到底什麼也沒有，那當然也聽他自己的便。如果多少和社會有些關係的文字，我以爲是都應該集印的，其中當然夾雜着許多廢料，所謂『榛楛弗剪』，然而這才是深山大澤。現在已經不像古代，要手抄，要木刻，只要用鉛字一排就够。雖說排印，糟蹋紙墨自然也還是糟蹋紙墨的，不過只要一想連楊邨人之流的東西也還在排印，那就無論什麼都可以閉着眼睛發出去了，中國人常說『有一利必有一弊』，也就是『有一弊必有一利』：揭起小無恥之旗，固然要引出無恥羣，但使謙讓者潑剌起來，却是一利。

收回了謙讓的人，在實際上也並不少，但又是所謂『愛惜自己』的居多。『愛惜自己』當然並不是壞事情，至少，他不至於無恥，然而有些人往往誤認『裝點』和『遮掩』爲『愛惜』。集子裏面，有兼收『少作』的，然而偏去修改一下，在孩子的臉上，種上一撮白鬍鬚；也有兼收別人之作的，然而又大加揀選，決不取漫罵誣蔑的文章，以爲無價値。其實是這些東西，一樣的和本文都有價値的，即使那力量還不够引出無恥羣，但倘和有價値的本文有關，這就是牠在當時的價値。中國的史家是早已明白了這一點的，所以歷史裏大抵有循吏傳，隱逸傳，却也有酷吏傳和佞倖傳，有忠臣傳，也有奸臣傳。因爲不如此，便無從知道全般。

而且一任鬼蜮的技倆隨時消滅，也不能洞曉反鬼蜮者的人和文章。山林隱逸之作不必論，倘使這作者是身在人間，帶些戰鬥性的，那麼，他在社會上一定有敵對。只是這些敵對決不肯自承，時時撒嬌道『寃乎枉哉，這是他把我當作假想敵了呀！』可是留心一看，他的確在放暗箭，一經指出，這才改爲明鎗，但又說這是因爲被誣爲『假想敵』的報復。所用的技倆，也是決不肯任其流傳的，不但事後要牠消滅，就是臨時也在躲閃；而編集子的人又不屑收錄。於是到得後來，就只剩了一面的文章了，無可對比，當時的抗戰之作，就都好像『無的放矢』，獨個人在向着空中發瘋。我嘗見人評古人的文章，說誰是『鋒稜太露』，誰又是『劍拔弩張』，就因爲對面的文章，完全消滅了的緣故，倘在，是也許可以減去評論家幾分懵懂的。所以我以爲此後該有博採種種所謂無價值的別人的文章，作爲附錄的集子。以前雖無成例，却是留給後來的寶貝，其功用與鑄了魑魅罔兩的形狀的禹鼎相同。

就是近來的有些期刊，那無聊，無恥與下流，也是世界上不可多得的物事，然而這又確是現代中國的或一羣人的『文學』，在現在可以知今，到將來可以知古，較大的圖書館，都必須保存的。但記得C君曾經告訴我，不但這些，連認眞切實的期刊，也保存的很少，大抵只在把外國的雜誌，一大本一大本的裝起來：還是生着『貴古而賤今，忽近而圖遠』的老毛病。

## 九

仍是上文說過的所謂『珍本叢書』之一的張岱『瑯嬛文集』，那卷三的書牘類裏，有『又與毅儒八弟』的信，開首說：

『前見吾弟選「明詩存」，有一字不似鍾譚者，必棄置不取；今幾社諸君子盍稱王李，痛罵鍾譚，而吾弟選法又與前一

---

# 十二月二十四日續記

滬　　生

一長列，抹了口紅的女學生，戴小球帽的中小學生，戴着泥帽穿着大衣著布鞋的商人，藍布短裝的工人，面色蒼白憔悴的女工……挽着手向前走。

人羣後面跟隨着武裝巡捕，警車，上面坐着白種人望着吼着的一羣發出了異樣的獰笑。當人羣經過先施公司，跑馬廳並沒有停留下來的時候，白種人獰笑的臉又斂收了，用不純熟的滬語厲聲問前頭的人：儂要到啥地方去？——但沒有人做聲，人都昂著頭，眼光充滿了憤怒，用已經有些嘶啞的嗓子繼續叫：

——打倒××帝國主義！

——打倒帝國主義！

——民衆武裝起來！

——停止一切內戰！

——援助北平被捕學生！

——援助東北義勇軍！

…………………

也有人在後面問往哪兒去，但得不着回響，只聽見一陣陣雜亂的口號聲，或是叫緊挽着手緊跟着隊伍的聲音。隊伍終於折進新閘路，北京路去了。

沿路，一長列，不休止地叫着口號，口號聲震動了經過的每條街，人們站在街上得知了一些糢糊的消息，互相傳遞着低語：打倒×洋人!?學生子遊行——救國呀…………

——歡迎民衆參加；歡迎民衆參加!!

——同胞，救國呀！中國要亡脫哉！同胞！救國呀！………打倒××帝國主義和賣國賊去……

但在這種狂亂的呼聲中，人們拍起手掌跟着叫口號了，十多歲的孩子摔開娘底手跑進隊伍來了，不少的人們跟着隊伍走動了，隊伍裏的人都願親切地去挽着一個陌生人的胳膊，那甚至是一隻滿是油污的破爛的。

我親眼看見一家燒餅店裏的一個店夥，呆呆地聽了一會兒人羣的呼號，在身上抹抹黑的手就跑進隊伍來了，另一個同伴着急地在店門口叫道：『喂，喂，×那娘；生意勿做哉？』但這一個一面用那

變；有一字似鍾譚者，必棄置不取。鍾譚之詩集，仍此詩集，吾弟手眼，仍此手眼，而乃轉若飛蓬，捷如影響，何胸無定識，目無定見，口無定評，乃至斯極耶？蓋吾弟喜鍾譚時，于鍾譚之好處，儘有鍾譚之不好處，彼蓋玉常帶璞，原不該盡視爲連城；吾弟恨鍾譚時有鍾譚之不好處，仍有鍾譚之好處　彼蓋瑕不掩瑜，更不可盡棄爲瓦礫。吾弟勿以幾社君子之言，橫據胸中，虛心平氣，細細論之，則其妍醜自見，奈何以他人好尚爲好尚哉！…………』

這是分明的畫出隨風轉舵的選家的面目，也指證了選本的難以憑信的。張岱自己，則以爲選文造史，須無自己的意見，他在『與李硯翁』的信裏說：『弟「石匱」一書，泚筆四十餘載，心如止水秦銅，並不自立意見，故下筆描繪，妍媸自見，敢言刻劃，亦就物肖形而已……』然而心究非鏡，也不能虛，所以立『虛心平氣』爲選詩的極境，『並不自立意見』爲作史的極境者，也像立『靜穆』爲詩的極境一樣，在事實上不可得。數年前的文壇上所謂『第三種人』杜衡輩，標榜超然，實爲羣醜，不久即本相畢露，知恥者皆羞稱之，無待這里多說了；就令自覺不懷他意，屹然中立如張岱者，其實也還是偏倚的。他在同一信中，論東林云：

『………夫東林自顧涇陽講學以來，以此名目，禍我國家者八九十年，以其黨升沈，用占世數興敗，其黨盛則爲終南之捷徑，其黨敗則爲元祐之黨碑。………蓋東林首事者實多君子，竄入者不無小人，擁戴者皆爲小人，招徠者亦有君子，此其

---

滿是煤屑和油污的圍裙揩着臉，一面高聲，如同一個孩子般地叫着：『喂，大家去呀！打倒××赤老！……』

我這時候感動得很利害，我站在那裏不動，擬望着紛紛參加隊伍的人羣，忽然有人拉着我底胳膊道：『去呀！打倒××人，打倒賣國賊去呀！』我回過頭來看，那拉我的是一個約莫有五十多歲的老頭，在一頂烏黑的打鳥帽遮不住的額角上，我看得見那短的頭髮是有些銀白了；他穿着一件破舊的短到膝上的大衣，著一雙橡皮鞋，脚步並且還有點蹒跚。與其說我是挽着他，倒不如說是攙扶他吧，我一路都緊緊地靠着他。他身子常常像是爲了呼號而痙攣地起着激動，並且微喘，這幾乎使我落下淚來。

隊伍經過西藏路北京路轉入北浙江路往北站去了。沿途民衆參加的約有數百人。

到北站，北站的鐵柵子已經閉起來了，在一個入口上排立着五六百保安隊的兵士，攔阻着隊伍進站去。

在前頭的人和士兵交涉的時候，人羣叫着：歡迎兵警參加救國運動！中國人不打中國人！等等口號，但兵警總堅持着不放羣衆進站。有一個保安隊的兵士叫了：我們曉得我們應該救國，我們拿槍的還應該站在你們前面！但是我們有命令……就在這時候，羣衆叫着：『那麼，放我們進去………衝，衝！』隊伍終於在狂喊聲中衝開了鐵柵子和兵警的包圍！

在歡迎民衆參加的呼喊聲中，有人（有不少是婦女）從鐵柵外爬進來了，熱烈的鼓掌及歡呼，內外響成了一片，人們都像瘋狂了。

隊伍進月台的時候，復旦大學的學生在進口攔阻了一些羣衆進去，原因是因爲怕羣衆之中有『漢奸』——一些衣飾不齊的但是屬於廣大層的羣衆就此被隔絕了。那是忍受着飢餓不顧疲乏地跟隨着『學生』的。

在月台上起了擾亂，復旦大學學生急促地叫着羣衆和學生要分開去站着………

——爲什麼？爲什麼！

——你們份子複雜，有漢奸！

——指出來，誰是漢奸？

——打倒漢奸！打倒漢奸!!

——我們不要進×去的！我們不要向什麼賣國賊請願！我們遊行去！

——我們學生是應該聯合羣衆的，不過份子太複雜………

——我們不要聽教訓，走，走！

打倒××帝國主義走狗！打倒漢奸！打死賣國賊！羣衆聯合起來………

隊伍又集合起來，移動了，向寶山路走去。隊

間線索甚嚴，門戶甚迥。………東林之中，其庸庸碌碌者不必置論，如貪婪強橫之王圖，奸險兇暴之李三才，闖賊首輔之項煜，上箋勸進之周鍾，以致竄入東林，乃欲俱奉之以君子，則吾臂可斷，決不敢徇情也，東林之尤可醜者，時敏之降闖賊曰，「吾東林時敏也」，以冀大用。魯王監國　蕞爾小朝廷，科道任孔當輩猶曰，「非東林不可進用」。則是東林二字，直與蕞爾魯國及汝偕亡者。手刃此輩，置之湯鑊，出薪不可不猛也。………』

這眞可謂『詞嚴義正』。所舉的羣小，也都確實的，尤其是時敏，雖在三百年後，也何嘗無此等人，眞令人驚心動魄。然而他的嚴責東林，是因爲東林黨中也有小人，古今來無純一不雜的君子羣，於是凡有黨社，必爲自謂中立者所不滿，就大體而言，是好人多還是壞人多，他就置之不論了。或者還更加一轉云：東林雖多君子，然亦有小人，反東林者雖多小人，然亦有正士，於是好像兩面都有好有壞，並無不同，但因東林世稱君子，故有小人即可醜，反東林者本爲小人，故有正士則可嘉，苛求君子，寬縱小人，自以爲明察秋毫，而實則反助小人張目。倘說：東林中雖亦有小人，然多數爲君子，反東林者雖亦有正士，而大抵是小人。那麼，斤量就大不相同了。

謝國楨先生作『明淸之際黨社運動考』，鉤索文籍，用力甚勤，敘魏忠賢兩次虐殺東林黨人畢，說道：

---

伍中仍然有學生，雖然有人叫學生留在車站等他們自已底學校隊伍。

隊伍經過寶山路，得到沿途羣衆底參加，又集合了兩千多人的樣子。

隊伍到寶山路商務印書館工廠門口停住，叫着口號歡迎商務印書館工友參加，並推出代表去交涉。結果代表出來報告，工廠裏願意以搖鈴表示對我們底同情。一會兒，嘹亮的鈴聲響了，羣衆興奮地和熱烈的口號。隨即，隊伍到以前商務印書館在「一二八」被燬的廠基的空場裏去開會。

場地底草很長枯槁了，有樹，却是枯光着身幹沒有葉子的。倒塌的殘頹的樓及壁，是着深灰色，像是還記着過去礮火蹂躪的苦痛而感到悲憤似的，在北風掠過時，它低低吐露了一些怨訴。

在空場上人羣分列開形成一個圓形，在其中，一塊石頭上，時時換着立着一個年青的人，用嘶啞的嗓子，不同的方言，高揮着一隻胳膊叫；每個眼睛都閃着憤怒和悲痛的火焰，紅着臉頰。我這時因爲站在門口，聽不見那是說些什麼，但我聽見一陣羣衆底呼號，那像霹雷般在滿場角落裏轟轟地響着：

——我們反對祕密外交！…要求言論出版自由！

——我們武裝起來！即刻對×宣戰！武裝起來，收復失地！

——對×宣戰！對×宣戰………

忽然又人叫重新到北站去集合，聯合學生衝進租界去。——有人報告，上午在大陸商場有一個年青的學生被打死了。

——到大陸商場去！到南京路去遊行！

羣衆狂了般叫了起來，紛紛走動

1635，12，24。　　郭　牧

『那時候，親戚朋友，全遠遠的躱避，無恥的士大夫，早投降到魏黨的旗幟底下了。說一兩句公道話，想替諸君子幫忙的，只有幾個書獃子，還有幾個老百姓。』

這說的是魏忠賢使緹騎捕周順昌，被蘇州人民擊散的事。誠然，老百姓雖然不讀詩書，不明史法，不解在瑜中求瑕，屎裏覓道，但能從大概上看，明黑白，辨是非，往往有決非清高通達的士大夫所可幾及之處的。剛剛接到本日的『大美晚報』，有『北平特約通訊』，記學生游行，被警察水龍噴射，棍擊刀砍，一部分則被閉於城外，使受凍餒，『此時燕冀中學師大附中及附近居民紛紛組織慰勞隊，送水燒餅饅頭等食物，學生略解飢腸………』誰說中國的老百姓是庸愚的呢，被愚弄驅騙壓迫到現在，還明白如此。張岱又說：『忠臣義士多見於國破家亡之際，如敲石出火，一閃卽滅，人主不急起收之，則火種絕矣。』（『越絕詩小序』）他所指的『人主』是明太祖，和現在的情景不相符。

石在，火種是不會絕的。但我要重申九年前的主張：不要再請願！

19,XII,1935,

---

了。剛出場，碰見某兩個中學的隊伍，及商務印書館工廠散工的工人，於是聯合起來向北站出發。

重新到北站後，沒有進月台去，祇在站上寫起了「上海市民救國會」的旗子，出站，準備由北河南路進租界去。但北河南路口租界已經把鐵閘門關了。

已經站在鐵閘前的有南洋，廣肇等中學底隊伍，見我們底隊伍走去，都熱烈地鼓掌歡呼；雙方都叫着：「民衆團結起來」！「歡迎民衆參加」的口號，這時候，全體隊伍大約有三千餘人。

停留一會兒，隊伍折進一條巷子想進靶子路去，不料仍被租界巡捕守住弄門。羣衆憤恨地高叫向前衝，擁進小巷子，前面的羣衆就和巡捕衝突起來。但因爲弄口小，把守的巡捕多，羣衆被擊傷了許多。

一個十四歲的孩子頭部被木棍打破了（因爲他爬上弄口的門牆），全身滴滿了鮮紅的血。但在某中學女生含着淚珠爲他包紮時的候，他還用力向人們叫：『衝上去！用石頭打好了……衝上去！』

騷擾了一會，隊伍掉過來向××路抄出虬江路去；恐怕以後會有阻礙，於是叫中小學生及女子的隊伍讓在後面。最前面是「上海市民救國會」的大旗及在那旗下底各色各樣的羣衆。隊伍由虬江路終於經過北四川路衝入租界去。一路狂呼聲中，常引起高樓裏人們同情的鼓掌聲，和民衆熱烈的參加。

隊伍經過北四川路折入蘇州河路，正由二白渡橋走去的時候，遭受了殘酷而毒惡的追逐，木棒，竹棍，皮鞭在羣衆頭上飛舞，女子及孩子們底尖聲的呼叫和哭聲亂雜雜地在蘇州河上蕩漾起來。

——這時候，大概是下午一點鐘左右。多數的羣衆是從清晨到現在餓着肚子無休止地奔波着的，被武器擊打着，有一些身子不能支持的在路旁跌倒了。

……………………

隊伍散亂地被驅逐着退回來路去了。

人羣後面跟隨着大批武裝巡捕，警車。但人們還是叫了——聽得見一些女子底淚聲：

——打倒××帝國主義！

——打倒一切帝國主義！

——民衆武裝起來！收回租界！

——民衆團結起來！停止一切內戰！

——打死賣國賊！

——反對祕密外交！

——援助東北義勇軍！武裝收復失地！

……………………

是十二月廿四日，一九三五年底冬天。

天氣陰霾，不見太陽。

當天各晚報的記載上只說：『南京路小有糾紛有，巡捕捕頭多人受傷！………』

# 一·二八前進

## 路　丁

在電車上，一對穿了新袍子商人模樣的人見了面，滿臉堆上笑容，相互拱了拱手說道，「恭喜恭喜，生意……」我瞅着他們不斷的眯着肉眼在談話，不由心裏感到一陣厭惡，便忽忽的跳下車來。

天沉着灰色的臉，一片片的黑雲急急地飛過一陣又一陣，彷彿也像在準備着一個鬥爭。幾天來期待着的日子，終於到了。但我現在正抖動着全身向天后宮橋走去的時候，反而心裏却直跳起來。我恨我的脚步跨得太小，我恨北京路上竄流不歇的車輛阻住了我的去路。等到我踏上平滑的橋背，市商會前並不見有特別多的人，一輛警車停在路旁，一排外國三道頭立在橋堍，我怔了怔，閃電似的從腦裏幌過一串疑問，也就跨了特別緩慢的步子，在警察與巡捕的注視下，走進了市商會的大門。

會場上已擠滿了人，講台上也站了很多的人。我記起這會場我曾到過兩次，一次是看名流打太極拳，一次是聽要人演說。往台上看，穿着很整潔的男女老少，我隱約的似乎又感到了上兩次的氣氛。等到我擠進旁邊人羣裏，向周圍環視，一個個年青的，充滿了血色的緊張的臉上，彷彿都準備要呼喊起來，暴跳起來一般。他們大半是穿了不整齊甚而破舊的裝束，黑黲黲的人頭的波浪，像快要洶湧起來。使廣大的屋子發出嗡嗡的聲響。我擠在他們中間，全身感到暖和，臉上焦辣辣的在發燒，心裏誇耀着自已能站在這一大羣懷着同一的意志的同伴中間。我從每個人臉上，每個響聲上，看到溶成一種不可觸見的力量；這力量潛進我的血液中，我的心似乎要炸裂了，我要直跳起來，大聲喊叫。我很快的自記憶裏閃過四年前今天的前夜逃難的情形，閃過三次的在街頭紀念這永不會忘去的日子時所遭到的壓迫，一股復仇的念頭，在我內心衝着，我想打什麼了，破壞什麼東西，但我一轉動身子，便被四面的人擠住了。

台上又有人演講了，可是我什麼也聽不淸。一陣拍手一陣呼喊，每送走了一個演講者，我的熱情溶在大的熱情裏，像水在煮着，漸漸的沸騰了。

雄壯的歌聲，鼓起了烈性酒似的情感的爆動。我聽到歌聲，喉管裏像塞住了東西。可是，台上一個穿了西式漂亮服裝的女人，在走來又走去，有時還隨了個光頭的男人，像在對台下誇耀，我又感到了似乎厭惡的東西。這心緒强烈的煽起了一個焦燥的期待來苦悶着我：我要湧出會場，夾在人羣裏奔上廣闊的馬路。這也是每個參加的人的期待，屋子早已關不住羣衆的興奮。

「出發」的消息傳來，立刻波動了人的浪潮，整隊向北作長途的遊行。兩旁的巡捕，卑怯的站着，目送這人民的隊伍通過，於是，這巨流再也止不住被開始感到的勝利所鼓舞，響亮的口號便從前面傳來：

打倒××帝國主義！

一二八精神萬歲！

接着，形成一個巨大響亮的怒吼：

打倒一切漢奸!!!

中華民族解放萬萬歲!!!

傳單雪片似的飛向兩旁人羣的手裏去。在寶山路加上了另外的大隊。宣傳的同伴拉了旁邊的看客，夾進隊伍，一個工人開始不願加入，到聽了宣傳者的說明，他瘋了般轉身拉起別人來。隊伍愈接愈長，氣焰愈燭愈高。這時，太陽也射出鼓勵的光芒，遺留的戰跡，不時在我們兩旁嚴肅的凝視，隊伍中時常湧起歌聲和口號的波濤，漸漸進了零亂的野外，驚集了周圍的農民。這中華民族巨流的一支，便毫不停留地直向四年前的今天，我們英勇的民族戰士曾血染過的，戰鬥最烈的戰地——廟行前進。

從村屋中露出了高高的新式建築。沒有人告訴，自然而然的誰都知道了這是「無名英雄」的墓地。巨流在奔跑了，頭部已沒入了建築的大門，到我自己通過這門，進入了兩旁矮小的柏樹和冬椿排列着的通道，使我感到了一陣靜肅，不覺低下頭看一看腳下早已消失了血跡的泥土。通過了小橋，鐘樓式的墓屋便在前面，當我看到「義薄雲天」四個題字和白石的建築，一種不調和，帶着侮辱的感念生了起來。這建築，這四個字，就能代表了我們光榮歷史的一頁嗎？我不信，當我憤憤的踏着石階向下掃視，周圍，成羣的男的，女的，西裝的，短掛的，還有白鬍子的，已擠滿在墓前，比出發時增加了十倍的人數。我的肺部張開了，我的眼圈擴大了，我對着這「活的建築」——這才是代表光榮神聖遺蹟的「建築」，——久被屈辱抑壓住的心，鹿似的跳躍起來了。我已忘去了自己了，同時，我知道，這震盪着的幾千顆心，也同樣在跳躍。腳下是流過自己的和敵人的血的土地，頭上是耀着自由光芒的太陽，在這中間，便是一顆偉大的，充滿了毀滅一切力量的不願做奴隸的心，中華民族的心。

接着，這顆心，這「活的建築」，更現出了它的雄壯，憤怒，充滿了不可消滅的力量的姿態。紀念的程序開始了，嚴肅的靜默，我閉了眼，彷彿炮聲還在轟轟轟的響，火光還在耀着。每一個提案，被人羣震動天地的吶喊擁護着，每一句沉痛的演詞，打動了人們心坎的痛處，隊伍分開了，有工，農，商，學，和婦女的營陣，也就是爭取民族生存的統一的營陣。

突然，一個人向主席台上奔跑，後面隨了五六個人。人們有的向前擠，有的往後退，一聲「打漢奸」，退的人向前衝了，幾千隻拳頭伸向天空，人圍成了一個大圈，「打啊打啊」的叫聲響澈了天空。這時，救護的警察來了，汽車載了頭上流了血的漢奸，隨着隊伍出發向江灣車站上去了，汽車上有「被羣衆打過的漢奸」的標幟，途中又經過一次痛打，方放他滾蛋。隊伍這時更整齊，更雄壯，支持不住的回去了，但剩下的全抱了一個更熱烈的欲望：衝租界。

交涉好了火車，蕩蕩的直奔閘北。四個人一組，勇敢的當前。饑餓的肚子，都把褲帶束緊，旗幟在燈光下飄着，這是我們沒有刀槍的隊伍，準備對準了刀槍肉搏。

下了車，鐵柵已閉，武裝的軍警巡捕，已在對敵守衞，「衝啊衝啊」，人羣向鐵柵衝去了，槍口和木棒已在迎接。「衝啊衝啊」，紅色警車已成排的開來了。退却嗎？不。我們的憤怒，已湧出了火焰。正在對峙的時候，突然，有人叫着到東方圖書館去開會，隊伍便向後退，集合到東方圖書館的遺跡那裏。

主席團祇剩了一個人，漂亮的服裝也不見了，誇耀的眼光也走了，現在，一個個張着冒火的眼珠，成了一匹巨獸。

「諸位跑了不少路，又沒吃東西，——誰讚成衝的舉手，誰………」

「衝啊!!!衝啊!!!」

「諸位，我們要保持我們的力量，我們要準備我們大會的以後工作，——我們不能衝。——」有人大聲的高叫。

「不衝!!!不衝!!!」人羣又像一個人似的叫起來了。

經過一陣吵雜和混亂，終於這五六千人的隊伍散開了。

我坐上回家的電車，夜的冷氣使我打了幾個寒顫，但我的心裏仍在激動地跳着，面上兩頰在發燒。

# 宣傳隊

## 奚如

這幾天傳來的消息很不好。全村子的人們都象掉在熱鍋上的螞蟻那樣着急地由家裏跑到郵政代辦處，又由郵政代辦處跑回家裏來。郵政代辦處僅有的一份小報，在平常是誰也不睬的，現在就差不多成了每個人久別重逢的親友，都想從它探聽一些新聞。

頂感受麻煩的，是代辦郵政的雜糧行裏的掌櫃，村人們像審問似的要他讀報，向他詢問那，詢問這。他簡直沒有時間去量糧食了，祇好成天戴上老光眼鏡，把小報送到鼻尖上，昏頭昏腦地唸那些重要新聞，而且最後絕不會忘掉裝出先知者底態度來大聲警告村人們——

「懂嗎？這就是說咱們要當亡國奴了！」

「呃！幹嗎咱們一傢伙就亡國了？掌櫃的！」

如果別人這末一問，他就斜瞟着近視眼，鼻子一哼，露出輕蔑的諷笑，一字一板地回答道：

「你還覺得太快的了嗎？東三省是怎末亡掉的？祇一晚上的功夫呀！」

但村人們還是不大相信。他們以爲：若是東洋人眞的進了北平城，幹嗎這些日子來，一點兒也沒聽見什麼響動呢？這兒隔北平不過百十里地，從前政局每次有變亂，是能够聽到轟隆轟隆的炮響的。

然而前天有一部大汽車裝着東洋兵，經過村後的大道，朝保定那方面駛去，是實在的事。昨天老炳打算上天津去辦冬貨，祇到豐台車站，就親眼看見那兒佈滿了東洋兵，在兇兇地用槍托揍下車的人，把他駭得半路上打了回轉，也是實在的事。

「該沒那樣容易吧？未必東洋兵剛剛露一露鼻子，咱們底軍隊就溜之大吉了？」

「一定沒那樣容易的事，我跟你們說。那兒咱們底軍隊，沒有十萬，也該有八萬。我前些日子進城的時候，還看見他們像螞蟻一樣的在打野操。槍是亮晃晃地一色新嚯。呸！難道陡然給東洋鬼子唸了法術，槍口全都封死了嗎？」

這樣解釋的孫家大娘是個五十多歲的老人，她底見識恰如她底熱心一樣，是很被村人們敬仰的。村子裏凡有什麼婚喪慶吊的事，她總是首先捲起胳膊去幫忙的一個。她又善於給孩子們治理積食傷風的小症候，差不多成了全村孩子們底乾娘。她有一頭老是沒空去梳的蓬亂的黃髮，跟一雙杉杉船似的尖而且長的脚。她底身幹簡直跟男性一樣：又挺直又強壯。腿是特別的長，老是像有一把生活艱辛的火燄貼在後面燒着，使她在走路的時候取了鴉底姿態，急急地朝前跳動。

丈夫在十年前就死了，僅給她留下一間烟薰塵滿的小平房。她底那個唯一的兒子，總算從去年起，由拿性命換飯吃的職業退了伍，在北平拉洋車過日子。她每在罎子裏的棒子麵不够作一頓窩窩頭的時候，就起一次五更，趕到城裏去從兒子那兒撈回塊兒八毛來買一斗棒子。同時也毫不會忘記地給鄰里帶回一些新聞。

孫家大娘對那很不好的消息作了寬心的解釋之後，村子里忙惶的空氣並沒有安定下來。因爲天上開始一次又一次地發現了在尾巴上塗着紅圈的飛機，嗚嗚地從北朝南飛翔。這在天上轟隆轟隆叫着飛的怪物，據說是能够從屁股上生下蛋，連人畜帶家產都一炸而盡的。

於是村人們底心，更是弄得一五把吊桶打水，七上八下了。

恰在這樣的時候，突然來了宣傳隊。

宣傳隊是由十二個學生組成的，中間有兩個女的。

正是生冰上凍的時候，路上很難走，泥淋和冰塊把他們底脚踏車底輪胎都擦破了，他們不能不步行。到達村子的時候，他們底鞋子全部裹上了沾膩的黃泥巴，笨重地在淤泥裏掙扎着。脚踏車簡直成了絆手絆脚的廢物，反要他們扶着它拖着它走。北風刮的很大，每個人底手，都紅腫得像肉包子，麻木而且破裂了。

一個帶隊的高個兒，頸子上裹的一條藍毛繩圍巾，在緊貼下巴的那一塊，冷風已經把他吐出來的氣凝結成了亮晶晶的霜花。他戴着一頂高大的土爾耳式的灰羊皮帽，更使他成了一棵巍然聳立的白楊樹底姿態。

他一到村子，不管村人們是從屋子裏剛露出臉，還在眣着生疎和驚疑的眼皮，他就從背上取下喇叭形的傳聲筒，兜着嘴，格外昂起戰馬兒似的頭，憤憤地立在打麥場當中吼了起來：

「喂！——農友們！請你們都出來呀！喂！——我們是北平學生底宣傳隊，特來召集大家講幾句話的！」

一看村人們並沒馬上踴躍地圍攏來，他更加踮着脚，向左右搖擺着傳聲筒，提高破鑼嗓子，加上一句——

「要知道，——東洋鬼子快要殺到你們底頭上來了喲!!」

風把他底聲浪膨脹地吹開去，碰在迎面一座高大的黃土牆上，激起一陣洪亮的回響，也激起村人們陡然地一下心跳。

另外兩個隊員，就趕緊抖開一塊畫布，套在兩根竹竿上。畫布上面是漆黑地畫着一條豎起尾巴的狗拉着一輛貨車，車上裝了一張地圖，標明「華北五省」幾個紅字。車子旁邊，立着一個穿和尚衣服，拖木屐子的傢伙，正翹起仁丹鬍子，高高擧着鞭子。那神氣，活像在吆喝道：

「嘟——用勁兒拉哪，畜生！拉到了，怕不給你兩大碗殘飯，一根牛骨頭！」

「看啊！大伯們，大娘們！咱們已經被漢奸出賣了！」那個矮胖得像塊石滾的女隊員，搶先跑到畫布前面，從緊綳綳的棉大氅裏掏出一把三角形的小旗子，對着畫布指劃着，尖銳地嚷叫着，神色裏並沒有疲勞。

別一個瘦長的女隊員，臉嘴是白啞啞地，腰幹兒像正發酸痛似的彎曲着，寒戰着，也從旁用過份受了風寒和奔波的嘶嗄聲音，一面咳嗽着，一面機械地應和着——

「咳，……咳，……咱們要完哪！……咳，……咳，……咱們要完哪喲!!……」

村人們這纔圍了攏來，連老的帶小的，連男的帶女的，黑壓壓地塡滿了打麥場。許多臉孔全向隊員們攢集着，許多眼睛全向隊員們凝視着。

「先生們！城裏到底弄到怎末樣了？咱們同東洋人已經開了火嗎？」老炳摸着鼻尖上流出的快要結成冰的鼻涕，大大地聳動着肩膀。對着這些陌生的先生們，他深怕自己底話說得很不適合似的，格外謙遜地歪着馬臉兒笑着，露出一排烟味濃重的黃牙。

「東洋人還沒同咱們開火，倒是咱們本國底兵哪，警察哪，官老爺哪，已經同咱們學生開火了！」

手裏抱着一堆傳單，在人縫裏像一隻靈巧的麻雀跳動着，把傳單塞在每個人手裏的一個宣傳隊員，撅着嘴，沉鬱地回答了老炳。同時他異樣地眨着神經質的大眼睛，好像打算把他底憤慨和悲哀一下子傳送給村人們。

他是直到現在，還活鮮鮮地記憶着他底一個朋友，在宣武門外對市民演講時，被憲兵用馬刀劈去了半個腦袋的！

「什麼？呃！——」

「他們不去打東洋人，反打起自已人來了嗎？噯！——」

所有的人驚叫起來，尤其是老炳驚叫得特別響。他不活不活也活了四十好幾歲，跑過許多地方。今年，他纔從山東回到家鄉，靠做點小生意——上天津販洋布標布來賣——過日子。他確實見識過不少，但是像自已同自已開火，反讓東洋兵佔住豐台車站，就連他也駭得上不了天津，小生意都做不成了的事，是很想不通的。

「大伯們，大娘們喲！」矮胖的女隊員底兩手激昂地揮動着，臉龐兒怔得通紅。「那般黑良心的漢奸們，哼！他們誰個手下不是養着十萬八萬軍隊，在平常，他們對付咱們老百姓是怎樣的威風？內戰起來又是怎樣的勇敢？但現在東洋人祗消輕輕放個屁，他們就變成一隻垂着尾巴的癩皮狗，連骨頭也癱輭了，把咱們華北五省像賣舊報紙一樣賣給東洋鬼子了！前天咱們學生起來反對，遊行示威的時候，他們可又勇敢了，可又威風了。他們拿咱們當敵人看待，用槍呀，刀呀，殺死了咱們很多的同學，打傷了咱們很多的同學呀！」

「有這末沒羞恥的忘八蛋嗎？」

「那般賣國賊底祖先，是中國種呢，還是東洋種？」

人們底牙齒咬得蹦蹦響，有幾個舉起了粗大的拳頭。

這之間，孫家大娘起先是擠在人叢裏靜靜地聽着，歪着頭想着。忽然，他覺得渾力像發急性瘧子似的戰慄起來，胸部開始突突地跳動。她猛力揚起胳膊，撞開了前幾層的人們，突兀地跳到那兩個女隊員底面前，死死地抓住了她們底手，不顧一切的嚷道：

「嘖！這樣冰天凍地的日子，虧你們吃得這辛苦哩！嘖！你們是嬌生慣養的小姐呀！瞧！——」她把她們底手舉起來挨在她發熱的臉上。「這手也凍破了啊！嘖！孩子們！——請你們饒恕我這樣放肆地稱呼一聲！——你們到我們家裏大炕上去暖一會兒吧？我看見你們……我看見你們……」

一顆發光的淚，掛在她底眼角上了。

「不，大娘！」矮胖的女隊員抓着她底膀子，說：「咱們還對付得過去，並不感覺到怎樣的辛苦。大娘！咱們是爲的愛國哪！男的要愛國，咱們女的也應該一個樣兒。將來華北萬一爆發了戰事，大家起來跟東洋人拚命的時候，咱們受過這回磨鍊，就更佔便宜的多呀！」

「咳，……咳，……大娘！」瘦長的女隊員，

## 難答的問題

何　干

大約是因爲經過了『兒童年』的緣故罷，這幾年來，向兒童們說話的人物多得很，教訓呀，指導呀，鼓勵呀，勸諭呀，七嘴八舌，如果精力的旺盛不及兒童的人，是看了要頭昏的。

最近，二月九日『申報』的『兒童專刊』上，有一篇文章在對童兒講『武訓先生』。牠說他是一個乞丐，自己喫臭飯、喝髒水，給人家做苦工，『做得了錢，却把它儲起來。只要有人給他錢，甚至他可以跪下來的。』

這並不算什麼特別，特別的是他得了錢，却一文也不化，終至於開辦了一個學校。

於是這篇『武訓先生』的作者提出一個問題來道：

『小朋友！你唸了上面的故事，有什麼感想？』

我眞也極願意知道小朋友將有怎樣的感想。假如唸了上面的故事的人，是一個乞丐，或者比乞丐景況還要好，那麼，他大約要自愧弗如，或者憤慨於中國少有這樣的乞丐。然而小朋友會怎樣感想呢，他們恐怕只好圓睜了眼睛，回問作者道：

『大朋友！你講了上面的故事，是什麼意思？』

這時更加嗆嗽着，看見孫家大娘，就像要哭似的，「咱們，……咳，……咳，……不要緊，……咱們……就是病了……也值得呀！……」

孫家大娘底鼻子猛然發了一陣酸，但她看見衆人正在嚴肅地瞪着眼，興奮地嚷叫着，她就鼓起勁兒咬緊了牙齒嘆息着說：

「咱們眞太怠慢了哪！該去沏幾壺茶來給這些先生們喝喝，暖和暖和的。放兩三塊生薑在水壺里煎開，……喝了化寒去風。」

兩個女宣傳員已經跑到對面去了，她底話並沒有引起別人注意。別人是被那個帶隊的高個兒底高大的聲浪壓平了，祗能豎着耳朶聽着，再不能想到另外的事了。

「你們要不讓東洋人佔去你們底地，你們底房子，你們底牲口嗎？那你們就該起來反對東洋人呀！」高個兒急躁地跳着脚，鷄拍翅膀似的亂揮着手，眼睛射出亮晃晃的火點，在憤憤地吼着。他本來很想把詞句說得有條不紊的，但是他底聲帶不服從他，腦子也不服從他，別的話都偷偷地跑了，光光給他留下了幾句硬幫幫地的口號。

「要知道華北是咱們底華北呀！咱們自己救自己啊！……」高個兒又昂着頭吼了，嘴角噴出了一片白沫。

人羣騷動了，在圍成一個圈子的像被風吹動….的人叢裏有憤怒的叫罵聲，女人底嘆息聲，和小孩子底哭聲。

孫家大娘也來不及獨自嘮叨了，她趕快挺着胸脯一跳，跳到高個兒旁邊，用比高個兒更高的打土雷似的聲音，把高個底講演打斷了。

「不錯，」她說，「咱們現在是非幹不行了！你不幹，東洋鬼子也不會讓你活下去的！呃，咱們村子裏別的兵器拿不出來，我看，……我看，……啊！刀是有的呀，鳥槍也是有的呀！……」

「嘩嘩嘩嘩…………」一陣鼓掌的聲音捲了起來，直到許久。

當演講已經終止，救國會順利地組織起來了，宣傳隊員離開村子的時候，她忙亂地跳動着，狠狠地要留他們在村子裏吃了午飯再去。隊員們告訴她，說他們今天得趕到趙莊過夜，明天還要到保定一帶去宣傳。她這纔戀戀不捨地送他們到村子外面，握着兩個女隊員底手，滿眼眶含着熱淚，對他們話別：

「天太冷了，你們在路上要小心受了凍啊！」

「是的，大娘！請您不要送了，轉去吧！咱們有機會再來這兒瞧您哩！」

他們去了，去遠了。祗留下一條黑影子，在那被大車輪子所輾成的兩道曲折深厚的紋綫的道路上浮動着。

一九三六，一，三十，夜。

# 送別『批評家』

石　鐸

一位「積極的」脚色批評了「出關」：

……讀了之後留在腦海里的影子，就只是一個全身心浸淫著孤獨感的老人的身影。我眞切地感覺著讀者是會隨入孤獨和悲哀去，跟著我們的作者。

要「無爲而無不爲」的老子來講「積極」，喊口號，「創造現實」，那當然「更有利於社會變革方面」，不過，只有非凡之才纔能够做非凡之事，這只好希望這位先生自已來動手。

但他却又「墮入孤獨和悲哀去」了。

要「墮入」，當然只好聽便，不過用著幾豐的筆法畫出了孔子和老子底臉孔，否定了孔子底偶像也否定了老子底思想的「我們的作者」却是沒有工夫奉陪，更不要他「跟著」的。

「您走了？您不喝點兒茶去麽？」

做「批評家」是好事，但如果在動手「批評」之前略略把文章看懂一點，也不見得完全是壞事。

您要去「墮入」了？好走好走，不遠送了，「批評家」！

# 「邂　逅」草

A. Gide

紀德最近出版了一本小書「新的糧食」（Les Nouvelles Nourritures），是由一些纖婉的詩篇，精鍊的隨感，雋永的故事（recits）組成。那些故事都冠着 Rencontes 的名稱，現在摘了幾則在這裏，但 Rencontttes 這字頗難譯，祇得照着它的含義，杜撰了「邂逅草」三字。——譯者

## 一

### 獻給詹恩·保爾·亞烈格萊

這一天，當我們在市上隨意散步着的時候，我們在塞萊街——你記得這事罷——遇着一個可憐的黑人，我們把他注視了很久。那時我們立在費施巴舍書店店面前頭較高一點的地方。我之說到這層，是因爲人們爲着現出更多的抒情的風味，有時弄到一點也不明確的緣故。且說我們當時因爲要藉故停立下來，便假裝在體着那書店的店面；但我們所體的，其實是他，那黑人。貧寒，他確實是貧寒的，並且因爲他想盡力隱住他的貧寒，便愈覺貧寒之態可掬；因爲這是一個非常顧慮着自己的尊嚴的黑人呢。他戴着一頂高禮帽，穿着一件合適的常禮服；可是帽子既像馬戲班裏的人所戴，而禮服也舊到了可怕的地步；他確還穿得有襯衣，但那襯衣也許祇在一個黑人身上才會現出白色罷；他那雙破皮鞋把他的窮苦暴露得更加厲害。他像一個沒有目標並且不久便會再不能够前進的人一樣小步小步地走着；並且走不到幾步又停立下來，取下他那頂像火爐的煙筒一樣的高禮帽，雖然天氣寒冷，他却拿那帽子扇着，隨後從衣袋裏取出一條污穢的綢巾，用來揩着額汗，揩後又插在袋裏；在一頭銀色的亂髮底下，他有着一個巨大而又光禿的額；他的眼光像那些對於生活再沒有一點期待的人們的眼光一樣模糊，並且他像看不到從他身邊走過的行人；可是當那些行人停住脚來看他時，爲着體面的緣故，他便連忙戴上帽子，並且重又向前走着。他一定是剛剛去看訪過什麼人，他對於那人所期待的事却受到了拒絕。他有着那些再沒有希望了的人的神情。他有着一個餓得要死，但却寧願餓死也不肯再讓自己向人乞憐的人的神情。

他確乎想要教人知道並且向他自己證明：雖是黑人，也還不願受人侮辱的。啊！我那時眞想跟在他後面，眞想知道他所去的地方；可是他却什麼地方也不去。啊！我那時眞想和他接近，可是我不知道要怎樣才不致引起他的疑心。並且我也不知道那時和我一路走着的你，對於和生活有關的一切，對於活着的一切，究竟關心到怎樣地步。

……啊！無論如何，我那時是應去和他接近的。

## 二

我到這屬於瓦烈地方的村莊上去看過他。他在那邊，外表上是在養好他的病體，而實際却是在準備死去。病使他變得那樣厲害，我差不多不認識他了。

「唉，不成；我的身體壞了；完全壞了」，他對我說。「現在，每一件器官都一件接着一件地凝滯起來：肝臟，腎臟，脾臟……至於我的膝呢！……憑着好奇心，你來瞧瞧它罷」。

於是，他把被窩揭起一半，把他那消瘦的腿子移到前面，露出那在關節部的一個巨大的球似的東西。因爲他出着很多汗，他的襯衫緊貼着身體，使人看出他的消瘦。爲了掩住我的悲緒，我努力微笑着。

「無論如何，你知道你還要很久纔能復原的」，我對他說。「可是你在這邊很舒服，不是嗎？空氣是好的。食品呢……？」

「好極了。並且我所以得救了的原因，也就是因爲我還能消化。若干日以來，我甚至還恢復了一點體重。我的寒熱也比較少了。啊！總而言之，我顯然好了一點」。

他的臉上彷彿露出了一絲笑痕，於是我懂得他也許還不曾完全絕望。

「並且現在春天來了」，我連忙補說，同時把臉孔轉過去朝着窗戶，因爲有些不願讓他見到的眼淚充滿了我的眼睛。「你以後可以到園子裏坐坐」。

「我現在就已經每天午飯後到園子裏略坐一坐。因爲我祇有晚飯是叫人拿上樓開在房間裏吃的。中飯我却勉强自己下樓到公共飯廳去吃，並且至今我祇有三天不曾下去吃過。隨後要爬上兩層樓是有點兒吃力的；可是我可以慢慢地上來：一氣走不上四級，便得站住透一透氣。總算起來，是得化上二十分鐘的。但這可以使我稍爲運動一下；並且隨後我是那樣高興回到我的床上！再則這可以使人有機會收拾我的房間。但最要緊的是，我害怕讓我自己……你在瞧着我的書麼？……是啦，這是你的地上的糧食。這小書從不離開我的身邊。你不能懂得我在那上面所得的安慰和鼓勵」。

這話比以前任何人給我的恭維都使我感動；因爲老實說，我是以爲我的書籍祇在强壯的人的身邊纔能得勢的。

「是啦」，他接着說，「雖是在我這樣的狀況，當我在那快要開花的園子裏時，我也像浮士德一樣，想要對那正在消逝的瞬間說道：『你是這樣美麗呀！……給我停住罷』。那時我覺得一切都諧和，愉快……使我覺得不安的，是我自己彷彿在這音樂會裏逸出了調子，彷彿在這繪圖上塗了一細汚點……我是那樣希望自己現得美好啊！」

他停了一下，不曾再說什麼，他的眼光轉過去，望着人們能够從那開得大大的窗口瞧見的蔚藍的天空。隨後，比較低聲地，並且像是胆怯地說道：

「我很希望你把我的近況告訴我的父母。我呢，簡直不敢再給他們寫信了；尤其是害怕把我的實際情形告訴他們。我的母親每次收到我的信時，便立刻回信給我，說假使我病了，這是爲了我的利益；這是爲了我的幸福，上帝才給我以這類痛苦；說我當懂得這事，好使自己改過向善，並說要這樣之後，才有痊愈的資格。於是我一成不變地對她說我好了一些，免得再聽到這類意見……這類使我的心裏充滿着瀆神之念的意見。你去寫信給她罷，你」。

「今天上午就可以寫好」，我握着他那汗濕的手說。

「啊！不要握得這樣重啦；你把我弄痛了」。

他微笑着。

### 三

這是一個節日在佛洛郎絲的事情。什麼節日呢？我記不起來了。我一面從我的窗戶——在聖特利達橋和維修橋之間，朝着亞爾樂河一個埠頭開着的窗戶——眺望着羣衆，一面在等待晚邊羣衆變得更加熱烈的當兒，自己也參加進去的那種願望到來。當我由上向下瞧着時，忽然底下發生一片喧噪，許多人奔跑起來，而在維修橋上，在那綴飾在橋的上部的房屋的背景恰好中斷着，並在橋的正中，留下一塊空曠之處的地方，我看見羣衆慌亂着，大家伏在橋欄上，許多人伸着手臂並用手向下指着一件飄浮在河中泥水上的小物件。這小物件給一個逆浪蓋沒了，又再現出來，隨後便給河流帶走了。我跑下了樓。向行人打聽，他們對我說有一個小女孩子落在水裏了；她的膨脹着的裙子使她在水面浮了片時；現在她已消失不見了。一些小舟從岸上解纜了；一些持着鐵鈎的人在河水裏打撈到晚上；但什麼也沒撈到。

怎的！在這密集的羣衆裏，竟沒有一個人知道留心這小孩；知道把她拉住？……我跑上維修橋。正在那小女孩剛剛落下水去的地方，有一個十四五歲的男孩子在回答行人的發問。他說他曾看見這小女孩突然跨越橋欄；他跳上前去，居然抓着她的手臂，並且暫時使她沒有掉下水去；在他後面的羣衆却什麼都沒留意地走

---

# 紀德的新的糧食

A. Malreux

在紀德的著述裏，作品幾乎始終遠不及「調」聲(le ton de la voix)——智慧的風味——那樣使我嚮往。誰都非常明白這是法蘭西的道德論者的特性，而我現在懂得人家喜歡這種特性的緣故，因爲在一個活人面前給我們以智慧的印象的恰恰是它。經驗差不多並不指示人生活，並且也許最濃厚的經驗在一個人身上祗能從他的「聲調」感到，在一個作家身上祗能從他的「筆調」（le ton du style）感到。——這便是巴斯加爾（Pascal）或尼采的著書，雖在我們否斥他們的眞理時，也仍能抓住我們的地方。

我當然可以把這書作爲一種確定的作品——一種有頭有尾，循着若干美學法則的觀念，並且不能和一種成功或完美的意志分離的確定的作品——重去讀它；可是我知道祗是由於慣例，我才會這樣。剛一從事，現代作家便寫着他的全集；而他幾乎僅僅寫着這個，不論是直接表現或是經過這些由人物

過；他因爲一個人沒有力氣把那小女孩拉進橋來，想要叫人幫助；可是她却對他說道：「不要，讓我去罷」，而這話是用着一種那樣悲慘的聲音說的，以至他終於把手鬆了。他一面述說這事，一面嗚咽着。

（他自己卽是這類也許還沒有她那樣不幸的，沒有家庭的窮小子之一。他身上穿着襤褸。而我懸想着：當他抓着這小女孩的手臂，和死爭着她的那瞬間，他也許因爲感覺着並分有着她的絕望，像她一樣惑溺於一種對他們展示了一個天國的「絕望的愛」。這是由於惻隱之心，他才鬆了手的。『Prego …… lasciatemi』）

有人問他是不是認識那女孩；可是並不，他是頭一次見到她；沒有任何人知道這女孩是誰，而往後人們所作的一切調查也都毫無結果。人們找到了她的屍體。這是一個十四歲的小女孩的屍體；非常羸瘦，並且穿着非常賤劣的衣服。爲了更加知道她的底細起見，我什麼代價不會肯出呢！是不是她的父親有一個情婦，或是她的母親有一個情人；那以前支持着她的生活而突然在她面前退讓了的是什麼呢……

「但爲什麼要寫出這篇故事呢」，納搭納愛爾問我道，「在一本你用來取樂的書裏？」

「這故事，我是願意用着更爲單純的字句寫出來的。實際，從貧苦上面躍進的幸福，我不願要它。一種財富奪去另一個人的財富，我不願要它。假使我的衣裳剝掉旁人的衣裳，我會赤身向前。啊！你座上客常滿，基督主喲！而使你的王國的盛筵現得綺麗的，是因爲所有的人都被邀請着的緣故」。

**黎烈文譯**

---

做的象徵表現，都沒有什麼關係。對於差不多所有紀德的一代人物，和對於幾個別一代的人物，世界祇是一齣特殊悲劇的廣狹不一的表現方法罷了。近代藝術家的世界卽是他的「肯定」（affirmaton）的世界。

紀德的「肯定」却根據着別一個世界。十九世紀末的倫理上的「肯定」始終建立在說話者的身上；它從他身上取得力和意義。對於查拉妥斯特拉（註一），那羣無名弟子是不很要緊的；可是麥納爾格（註二）需要米審爾（註三）或納搭納愛爾（註四），正如他倆之需要他一樣，並且卽是這需要在三十年後迫着紀德由最初的糧食（註五）渡到新的糧食。

可是劃分最初的糧食和新的糧食比〇〇主義（這書的一半是在紀德加盟以前所做）更加厲害的是「日記」。

自從日記得着人們在全集最近出版的幾卷裏所見到的篇幅時，紀德的著作或則變得較短（從這字所有的意義上說），或則連結在他自已身上。一方面是「田園交響樂」（Symphonie Pastorale），「女人的學校」（Ecole des Femmes）；另一方面是旅行時期的「日記」「剛果」（Congo）和「察」（Tchad），人們感到他的脚色的重大的，並且也是一種有組織的日記「製造假幣的人們」（Fauxmonnayeurs）。寫日記的作家的問題，是這代文學特殊問題之一。因爲日記絕不是若干懺悔語和一些將來撰作小說的原料的混合；當日記要不止作爲參考材料時，它便成了作家的苦惱的重大的對象；而這便是它的第一性格和主要價值。請看朱爾·顆納（註六）的日記罷。顆納不斷地生產着，可是他的作品却漸漸地和他本人差異起來；本可變爲作品的世界却變爲日記，而書成於日記的餘白上，正如日記起初成於書的餘白上一樣。這便因爲這裏並不是形式的問題，而是苦惱的問題。藝術家的動作的方法並不是一種神祕的才能，而是一種特殊的苦惱，並且當這種重要的苦惱傾向着日記時，當作家想用日記來發表自已時，因爲依照表現方法，他不能不捨幻取眞的那簡單的理由，他的眼光也就改變了。

日記有寫於它的作者的主要著作以前的，如斯湯達爾（Stendhal）的是；也有成於作者的主要著作以後的，如紀德的是。後一種日記是和經驗同時發展起來的；而給予「新的糧食」以音響的，也許就是這種學得的經驗。「邂逅草」（Rencontres）代替了「輪番曲」（Rondes）；由於事實的表現代替了由於抒情的表現。在「地上的糧食」裏，暗喩法（Syst-eme metaphorique）是由形容詞構成，這次它却是由事實的接近，比較頑鈍地建設起來的。這兒並不是發揮我所著重的，一切藝術都根據一種略辭法（Systeme d' ellipses）那種觀念的地方。可是人們至少可以見到略辭法的力和性質；這書的最急迫的動作是在它的空白裏，是在「邂逅草」的意義和「肯定」的文章相合的暗示的領域裏。

形式是嶄新的，也許會要被人模倣。並且我覺得在紀德的著作上，外部的結構的趣味，是跟着日記的發展在淡弱下去；他那由拉辛勤（Racine）走往斯湯達爾的傾向是一年顯著一年。

至若這書的力量，那是有兩重的。單就這本書說，它將和紀德每一本有意義的書的力量一樣，由它本身給予一羣確定的讀者的辯解所確定。紀德的力——從藝術家和道總論者的立場而說——在這上面幾乎始終是「辯解者」（justifcateur）。這是一切具有一種道德的影響的近代作家的情形。讀者將在歎仰中還給藝術家以藝術家在辯解中給予讀者的東西。這書對於那些願意聰明地思索自己的寬仁的人們，將給以很多的辯解；我相信這樣的人是很多的。

另一種更加重大的力量即是「新的糧食」在紀德的作品裏所佔的地位。這書將看紀德自囿於「日記」與否，展開或結束一個總集。可是這地方是該由生活來說話的。

（註一）zarathoustra是尼采著作中的人物。

（註二）Menalque是紀德著作中的人物。

（註三）Michel同上。

（註四）Nathanael同上。

（註五）此處係暗指紀德早年的著作「地上的糧食」（Les Naurritures Terrstres）

（註六）Jules Renard是十九世紀法國名小說家，「紅蘿蔔鬚」即是傑作之一。

黎烈文譯

---

# 向培良底『反』

苦　手

小說家藝術理論家出身，以爲盧納卡爾斯基不過是不通的傢伙的舞台監督向培良，最近在「巧格力姑娘」公演之後非常不快活。原因是大家都不瞭解那最卑鄙最無賴的四幕喜劇「巧格力姑娘」，不知道那裏面居然還有什麽「頗爲刻薄的諷刺」。又不知道那裏面竟還有「典型」，而且三個之多。

對於一些批評過他的戲的人，他在二月十日申報本埠增刊上告發了；

「要我站到舞台上去喊『怒吼吧中國』，或者喊『打倒帝國主義』。」後來他又註明這就是劇評家們「在紙面上『反』和『吼』」了。所謂吼，是怒吼幾擊或演怒吼一類的戲；所謂反，是反封建反帝國主義，單在紙面上談談自然是很不好的。

但是單在紙面上談談也就並不算很安全。雖然紙面上還沒有寫出顯明的吼，反這些字眼（爲什麽不寫恐怕是大家都明白的事），向培良這一類的藝術家就跳出來大嚷道：「不錯，這就是吼，反，——來逼我呀！救救藝術家呀！」

向培良先生「反」的，不過反法兩樣罷了。即使中國只剩下了一個人，這個人就是向培良，即使這樣，能夠有誰希望他抬起手礙礙帝國主義麽？在「巧格力姑娘」裏找不出「典型」的觀衆請到後台去吧，那里至少有一個典型：舞台監督向培良先生。

# 阿　金

## 魯　迅

近幾時我最討厭阿金。

她是一個女僕，上海叫娘姨，外國人叫阿媽；她的主人也正是外國人。

她有許多女朋友，天一晚，就陸續到她窗下來，『阿金，阿金！』的大聲的叫，這樣的一直到半夜。她又好像頗有幾個姘頭；她曾在後門口宣布她的主張：弗軋姘頭，到上海來做啥呢？……

不過這和我不相干。不幸的是她的主人家的後門，斜對着我的前門，所以『阿金，阿金！』的叫起來，我總受些影響，有時是文章做不下去了，有時竟會在稿子上寫一個『金』字。更不幸的是我的進出，必須從她家的曬臺下走過，而她大約是不喜歡走樓梯的，竹竿，木板，還有別的什麼，常常從曬臺上直摔下來，使我走過的時候，必須十分小心，先看一看這位阿金可在曬臺上面，倘在，就得遠遠些。自然，這是大半爲了我膽子小，看得自己的性命太値錢；但我們也得想一想她的主子是外國人，被打得頭破血出，固然不成問題，即使死了，開同鄉會，打電報也都沒有用的；——況且我想，我也未必能够弄到開起同鄉會。

半夜以後，是別一種世界，還剩着白天脾氣是不行的。有一夜，已經三點半鐘了，我在譯一篇東西，還沒有睡覺。忽然聽得路上有人低聲的在叫誰，雖然聽不淸楚，却並不是叫阿金，當然也不是叫我。我想：這麼遲了，還有誰來叫誰呢？同時也站起來，推開樓窗去看去了，却看見一個男人，望着阿金的繡閣的窗，站着。他沒有看見我，我自悔我的莽撞，正想關窗退回的時候，斜對面的小窗開處，已經現出阿金的上半身來，並且立刻看見了我，向那男人說了一句不知道什麼話，用手向我一指，又一揮，那男人便開大步跑掉了。我很不舒服，好像是自己做了什麼錯事似的，書譯不下去了，心裏想：以後總要少管閒事，要煉到泰山崩於前而色不變，炸彈落於側而身不移！……

但在阿金，却似乎毫不受什麼影響，因爲她仍然嘻嘻哈哈。不過這是晚快邊才得到的結論，所以我眞是負疚了小半夜和一整天。這時我很感謝阿金的大度，但同時又討厭了她的大聲會議，嘻嘻哈哈了。自有阿金以來，四圍的空氣也變得擾動了，她就有這麼大的力量。這種擾動，我的警告是毫無效驗的，她們連看也不對我看一看。有一回，鄰近的洋人說了幾句洋話，她們也不理；但那洋人就奔出來了，用脚向各人亂踢，她們這才逃散，會議也收了場。這踢的效力，大約保存了五六夜。

此後是照常的嚷嚷；而且擾動又廓張了開去，阿金和馬路對面一家煙紙店裏的老女人開始奮鬬了，還有男人相幫。她的聲音原是響亮的，這回就更加響亮，我覺得一定可以使二十間門面以外的人們聽見。不一會，就聚集了一大批人。論戰的將近結束的時候當然要提到『偷漢』之類，那老女人的話我沒有聽淸楚，阿金的答覆是：

『你這老×沒有人要！我可有人要呀！』

這恐怕是實情，看客似乎大抵對她表同情，『沒有人要』的老×戰敗了。這時踱來了一位洋巡捕，反背着兩手，看了一會，就來把看客們趕開；阿金趕緊迎上去，對他講了一連串的洋話。洋巡捕注意聽完之後，微笑的說道：

『我看你也不弱呀！』

他並不去捉老×，又反背着手，慢慢的踱過去了。這一場巷戰就算這樣的結束。但是，人間世的糾紛又並不能解決得這麼乾脆，那老×大約是也有一點勢力的。第二天早晨，那離阿金家不遠的也是外國人家的西崽忽然向阿金家逃來，後面追着三個彪形大漢。西崽的小衫已被撕破，大約他被他們誘出外面，又給人堵住後門，退不回去，所以只好逃到他愛人這里來了。愛人的肘腋之下，原是可以安身立命的，伊孛生戲劇裏的彼爾·干德，就是失敗之後，終於躲在愛人的裙邊，聽唱催眠歌的大人物。但我看阿金似乎比不上瑙威女子，她無情，也沒有魄力。獨有感覺是靈的，那男人剛要跑到的時候，她已經趕緊把後門關上了。那男人於是進了絕路，只得站住。這好像也頗出了彪形大漢們的意料之外，顯得有些躊躇；但終於一同舉起拳頭，兩個是在他背脊和胸脯上一共給了三拳，彷彿也並不怎麼重，一個在他臉上打了一拳，却使牠立刻紅起來。這一場巷戰很神速，又在早晨，所以觀戰者也不多，勝敗兩軍，各自走散，世界又從此暫時和平了。然而我仍然不放心，因爲我曾經聽人說過：所謂『和平』，不過是兩次戰爭之間的時日。

但是，過了幾天，阿金就不再見了，我猜想是被她自己的主人所回覆。補了她的缺的是一個胖胖的，臉上很有些福相和雅氣的娘姨，已經二十多天，還很安靜，只叫了賣唱的兩個窮人唱過一回『奇葛隆冬强』的『十八摸』之類，那是她用『自食其力』的餘閒，享點清福，誰也沒有話說的。只可惜那時又招集了一羣男男女女，連阿金的愛人也在內，保不定什麼時候又會發生巷戰。但我却也叨光聽到了男嗓子的上低音的歌聲，覺得很自然，比較死猫兒似的『毛毛雨』要好得天差地遠。

阿金的相貌是極其平凡的。所謂平凡，就是很普通，很難記住，不到一個月，我就說不出她究竟是怎麼一副模樣來了。但是我還討厭她，想到『阿金』這兩個字就討厭；在鄰近鬧嚷一下當然不會成這麼深讐重怨，我的討厭她是因爲不消幾日，她就動搖了我三十年來的信念和主張。

我一向不相信昭君出塞會安漢，木蘭從軍就可以保隋；也不信妲己亡殷，西施沼吳，楊妃亂唐的那些古老話。我以爲在男權社會裏，女人是決不會有這種大力量的，興亡的責任，都應該男的負。但向來的男性的作者，大抵將敗亡的大罪，推在女性身上，這眞是一錢不值的沒有出息的男人。殊不料現在阿金却以一個貌不出衆，才不驚人的娘姨，不用一個月，就在我眼前攪亂了四分之一里，假使她是一個女王，或者是皇后，皇太后，那麼，其影響也就可以推見了：足够鬧出大大的亂子來。

昔者孔子『五十而知天命』，我却爲了區區一個阿金，連對於人事也從新疑惑起來了，雖然聖人和凡人不能相比，但也可見阿金的偉力，和我的無不行。我不想將我的文章的退步，歸罪於阿金的嚷嚷，而且以上的一通議論，也很近於遷怒，但是，近幾時我最討厭阿金，彷彿她塞住了我的一條路，却是的確的。

願阿金也不能算是中國女性的標本。

**編者附記**：這是魯迅先生一年多以前的舊作，當時檢查委員會正氣焰冲天，雜誌來要稿，只好寫一篇和『國家大事』無關的阿金女士底像。然而，天下事有出人『意表之外』的，這文章也被抽掉了！現在我們要來發表了。因爲，我們看來看去總不能懂這篇文章何以要被抽掉，發表出來可以使讀者鑒賞檢查委員老爺底非凡的目力。

---

## 眞　英　雄

邱　路

有這麼一種「積極的」戰士：當砲火激烈的時候，生怕『流彈』碰著了他底皮膚甚至衣帽，或者躲在破窠里睡他底好覺，或者做做生意圖一個飽暖。一聲不響。等到炮火緩和了一點，曉得暫時沒有危險，於是拿著一把紙扎的指揮刀伸出頭來大喊：你們躲在戰壕里面放鎗，多麼不「積極」呀！不向炮火集中點跑去，是「缺點」呀！要「創造現實」呀！許褚，要做好漢就脫掉盔甲，打著赤膊衝上去呀！……

他是誰？一個「眞」英雄！要換一個說法也可以：一個「假裝英雄」的「範例」。

# 過　夜

## 蕭　紅

也許是快近天明了吧！我第一次醒來。街車稀疏的從遠處響起，一直到那聲音雷鳴一般地震撼着這房子，直到那聲音又遠遠的消滅下去，我都聽到的。但感到生疏和廣大，我就像睡在馬路上一樣，孤獨並且無所憑據。

睡在我旁邊的是我所不認識的人，那鼾聲對於我簡直是厭惡和隔膜。我對她並不存着一點感激，也像憎惡我所憎惡的人一樣憎惡她。雖然在深夜裏她給我一個住處，雖然從馬路上把我招引到她的家裏。

那夜寒風逼着我非常嚴厲，眼淚差不多和哭着一般流下，用手套抹着，揩着，在我敲打姨母家的門的時候，手套幾乎是結了冰，在門扇上起着小小的黏結。我一面敲打一面叫着：

『姨母！姨母……』

她家的人完全睡下了，狗在院子裏面叫了幾聲。我只好背轉來走去。脚在下面感到有針在刺着似的痛楚。我是怎樣的去羡慕那些臨街的我所經過的樓房，對着每個窗子我起着憤恨。那裏面一定是溫暖和快樂，並且那裏面一定設置着很好的眠床。一想到眠床，我就想到了我家鄉那邊的馬房，睡在馬房裏面不也很安逸嗎！甚至於我想到了狗睡覺的地方，那一定有茅草。坐在茅草上面可以使我的脚溫暖。

積雪在脚下面呼叫：「吱…吱…吱…」我的眼毛感到了糾絞，積雪隨着風在我的腿部掃打。當我經過那些平日認爲可憐的下等妓館的門前時，我覺得她們也比我幸福。

我快走，慌張的走，我忘記了我的背脊怎樣的弓起，肩頭怎樣的聳高。

『小姐！坐車吧！』經過繁華一點的街道，洋車夫們向我說着。

都記不得了，那等在路旁的馬車的車夫們也許和我開着玩笑：

『喂…喂…凍得活像個他媽的…小鷄樣……』

但我只看見馬的蹄子在石路上面踐打。

我完全感到充血是我走上了我熟人的扶梯，我摸索，我尋找電燈，往往一件事情越接近着終點越容易着急和不能忍耐。升到最高級了，幾幾乎從頂上滑了下來。

感到自己的力量完全用盡了！再多走半里路也好像是不可能，並且這種寒冷我再不能忍耐，並且脚凍得麻木了，牠一定需要休息下來，無論如何牠需要一點暖氣，無論如何不應該再讓牠去接觸着霜雪。

去按電鈴，電鈴不響了，但是門扇欠了一個縫，用手一觸時，牠自己開了。一點聲音也沒有，大概人們都睡了。我停在內間的玻璃門外，我招呼那熟人的名字，終沒有回答。我還看到牆上那張沒有框子的畫片。分明房裏在開着電燈。再招呼了幾聲，仍是什麼也沒有……

『喔……』門扇用鐵絲絞了起來，街燈就閃耀在窗子的外面。我踏着過道裏搬了家餘留下來的碎紙的聲音，同時在空屋裏我聽到了自己蒼白的嘆息。

『漿汁還熱嗎？』在一排長街轉角的地方，那裏還張着賣漿汁的白色的布棚。我坐在小橙上，在集合着銅板………

等我第二次醒來時，只感到我的呼吸裏面充滿着魚的氣味。

『街上吃東西，那是不行的。您吃吃這魚看吧，這是黃花魚，用油炸的……』她的顏面和乾了的海藻一樣打着波縐。

『小金鈴子，你個小死鬼，你給我滾出來……快……』我跟着她的聲音才發現牆角蹲着個孩子。

『喝漿汁，要喝熱的，我也是愛喝漿汁…哼！不然，你就遇不到我了，那是老主顧，我差不多每夜要喝……偏偏金鈴子昨晚上不在家，不然的話，每晚都是金鈴子去買漿汁。』

『小死金鈴子，你失了魂啦！還等我孝敬你嗎？還不自已來裝飯！』

那孩子好像貓一樣來到桌子旁邊。

『還見過嗎？這丫頭十三歲啦，你看這頭髮吧！活像個多毛獸！』她在那孩子的頭上用筷子打了一下，於是又舉起她的酒盃來。她的兩隻袖口都一起往外脫着棉花。

晚飯她也是喝酒，一直喝到坐着就要睡去了的樣子。

我整天沒有吃東西，昏沉沉和軟弱，我的知覺似乎一半存在着，一半失掉了。在夜裏，我聽到了女孩的尖叫。

『怎麼？你叫什麼？』我問。

『不，媽呀！』她惶惑的哭着。

從打開着的房門，老婦人捧着雪球回來了。

# 値得祝福的人

羅　烽

當岡田君從車站出發的夜裏，我企圖把不幸暗示給他：

『朋友，今夜黑的該多末神祕喲！』

『眞的，人都是在神祕中毀滅了自己吧？』

他語聲的尾巴被機關車的汽笛截斷了，於是，十六輛裝甲車組成的列車在黑暗而神祕的夜裏開去了。

佇立在站台上，我看着車尾的紅光燈，我也聽着兵士們的悲而不壯的軍歌。一直夜風吹冷了我的身體，一直聽不着那悲而不壯的歌聲，祗有紅光燈好像燐火般忽隱忽現的跳躍在我的眼裏，我才徜徉的踱回辦公室裏去。這時，我的心譬如深秋牆角下的蟋蟀，振着不甚響亮的翅膀，永遠鼓盪着，不能休止。

此後整個的時間，全是爲岡田君祝福着，我也爲一件事情的實現祈禱着啊！

在遠處像暴雨般的槍聲突然地響了。我的靈魂迎着那突起的槍聲飄盪到遼闊的夜空，牠猶如一隻風箏，被無情的暴風撕碎無餘，我所有的僅是不完整的頹然的軀殼而已。

我爲什麼要這樣偏激於情感？不，我爲什麼不理智些很果決地揚棄了那無味的糟糠？這是應該的嗎？是的，是的，唯有像岡田君那樣人，才不能不使我如此吧！

『華君，人與人之間的仇視，是根本就存在的嗎？』

記得有一次岡田君從戰線歸來之後，若有所感地問我。他的語聲就好像波動的細流，他的眼睛呢，幾乎爲風塵所封積的凹陷的眼睛，有結晶的液體掩蔽在那裏。我知道他是又感受了絕大的刺戟了。

『不，仇視只存在階級對立之間，同一階級裏的人，互相沒

『不，媽呀！』她赤着身子站到角落裏去。

她把雪塊完全打在孩子的身上。

『睡吧！我讓你知道我的厲害！』她一面說着，孩子的腿部就流着水的條紋。

我究竟不知道這是爲了什麼。

第二天，我要走的時候，她向我說：

『你有衣裳嗎？留給我一件……』

『你說的是什麼衣裳？』

『我要去進當舖，我實在沒有好當的了！』於是她翻着炕上的舊毯片和流着棉花的被子：『金鈴子這了頭還不中用……也無怪她，年紀還不到哩！五毛錢誰肯要她呢？要長樣沒有長樣，要人才沒有人才！化錢看樣子嗎？前些個年頭可行，比方我年青的時候，我常跟着我的餞姐到班子裏去逛逛，一逛就能落幾個……多多少少總能落幾個……現在不行了！正經的班子不許你進，土窰子是什麼油水也沒有，老莊那懂得看樣子的，化錢讓他看樣子，他就幹了嗎？就是鳳凰也不行啊！落毛鷄就是不花錢誰又想看呢？』她突然用手指在那孩子的頭上點了一下。『擺設，總得像個擺設的樣子，看這穿戴……呸呸！』她的嘴和眼睛一致的歪動了一下。『再過兩年我就好了，管她長得貓樣狗樣，可是她倒底是中用了！』

她的顏面和一片乾了的海蜇一樣。我明白一點她所說的「中用」或「不中用」——。

『套鞋可以吧？』我打量了我全身的衣裳，一件棉外衣，一件夾袍，一件單衫，一件短絨衣和絨褲，一雙皮鞋，一雙單襪。

『不用進當舖，把牠賣掉，三塊錢買的，五角錢總可以賣出。』

---

有仇視存在，假若有呢，那就完全是被自己的眞正的敵人所利誘了，而且就是盲目摧毀自己！……』

我還有好些要說的話，來明白地啓示他，然而，他的淚已竟狂湧地好像懸崖的突瀑，把塵積的眼窩冲洗了。

『然而我完全錯了！朋友，我不曉得，我怎會能假借敵人的刀，來屠殺中國人！』他覺得自己的聲音過於高了，他回頭看看緊閉着的門，然後，再握緊那暴露大血管的拳頭，非常低暗而顫動地接下去：

『中國人，——呵，那個可憐的俘虜的兵——不就是和我同樣的嗎！但是，無論如何，我是把他殺了，雖然我明明白白知道和摧殘了自己無異。天啊，敵人什麼利引誘了我呢？我敢賭咒，一點也沒有，我是被暴君壓迫來幹的！我根本就反對這樣殘暴的戰爭及奪取！但是，無論如何，我是幹了呵！朋友，所以我完完全全錯了。』

他簡直像一個向上帝做懺悔的基督教徒。他反復地剖解着自己的過錯。他困倦的身子，爲了眞理的譴責而抖顫，仰着頭，兩隻眼睛緊盯着天花板在尋求什麼……

『我的親愛的朋友，』我用撫慰愛人時的聲調說，『是的，不消說你是做錯了；但是，儘管悼喪你的過錯，而不能立刻下決心去糾正牠，那是與事實毫無補益的，而且，你要痛苦一生啊！』

『寧願一顆子彈奪去生命，絕不讓苦痛糾纏我的一生！』

他嚼着懺悔的淚，宣示了誓言。

遠處的槍聲由繁密變爲稀薄了，更遠了。東方披露着一片雲翳，光明的霞輝把黑幕帳戳破。廣漠的田野，一堆堆的麥捆裏，皐螽合奏起黎明之歌。這時候，槍聲也息滅了。風，靜靜地盪着。

我吸，我一點也不能安靜；新的和舊的思潮，就好像分放在一塊滑板的兩極端，老是交互不斷地推去，推來……

電話綫和電報綫早被他們切斷了。想跟前方探聽消息也不行。後方站開來的列車幾乎把幾條軌道塞滿。可是，那位大佐（聯隊長）還很慌迫地命令我在廿分我彎下腰在地上尋找套鞋。

『那裏去了呢？』我開始劃着一根火柴，屋子裏黑暗下來，好像「夜」又要來臨了。

『老鼠會把牠拖走的嗎？不會的吧？』我好像在反覆着我的聲音。可是她，一點也不來幫助我，無所感覺的一樣。

我去扒着土炕，扒着碎氈片，碎棉花。但套鞋是不見了。

女孩坐在角落裏面咳嗽着，那老婦人簡直是啃啞了。

『我拿了你的鞋！你以爲？那是金鈴子幹的事……』借着她抽煙時劃着火柴的光亮，我看到她打着皺紋的鼻子的兩旁掛下兩條發亮的東西。

『昨天她把那套鞋就偷着賣了！她交給我錢的時候我才知道。半夜裏我爲什麼打她？就是爲着這椿事。我告訴她偷，是到外面去偷。看見過嗎？回家來偷。我說我要用雪把她活埋……不中用的，男人不能看上她的，看那小毛辮子！活像個猪尾巴！』

她回轉身去扯着孩子的頭髮，好像她在扯着什麼沒有知覺的東西似的。

『老的老，小的小……你看我這年紀，不用說是不中用的啦！』

兩天沒有見到太陽，在這屋裏，我覺得狹窄和陰暗，好像和老鼠住在一起了。假如走出去，外面又是「夜」。但一點也不怕懼，走出去了！

我把單衫從身上褪了下來。我說：

『去當，去賣，都是不值錢的。』

這次我是用夏季裏穿的通孔的鞋子去接觸着雪地。

一九三六，二，五日

---

鐘以內要編好一列兵車（其實就是救援車），並且立刻開出，我自然不敢怠慢的啦！

這列車總共有一小隊工兵，（卽鐵道隊）兩小隊救護隊，還有二十幾架救護床。我預計死傷數目總在五十以上。想起岡田君呢？使我惘然了！

下午一時〇五分，那列兵車才開回來，牠載回來不少我所渴望着的消息（兵車脫軌，被襲擊的事情……），牠載回來不少我所不忍卒覩的屍身，以及還在呼號的傷兵。最後，我在那不成形的隊伍中，呼吸屏息着搜索爲我懸念的人，呵！（如果眞是有主持正義的上帝的話，我就要喊：我的神明的主呵！）他活着，他完整地活着，然而，他們爲什麼要束縛了他的自由呢？恐怕上帝才能曉得吧！但，上帝和鬼是一樣不可知的東西啊！

兩天後的上午。趁着他們爲那四十三名（一個大尉也在內。）光榮戰死的戰士舉行「告別式」，我看見了岡田君，他完全變了，變成一個××帝國的庶民，而且是有罪的庶民呵！因爲他兩手被加了一付很精緻的手銬了！

他那明快而堅毅的眸子，撞着我的視綫。他從容地登上車梯，坐在「告別式」的車廂後端的車窻前。一直到車身移動了，他的眼睛未曾一瞬放鬆開我。很多的人向着光榮的戰死者行舉手禮，我也行舉手禮；可是，我的眼睛，我的心全是向着岡田君呵。

他呢，他那坦然的微笑，凝結在光潔的玻璃窻上。

過後，我問一個兵士：

『岡田君回國了嗎？』

『對啦，』

『爲什麼呢？』

『嘿、他的心壞啦！他的心壞啦!!』

我再問他怎麼壞的呢？他只冷笑不答。那成了一個不可解的謎！

我懷着一個對於他的無言的祝福。

三五，十，十一。

# 日　　子

## 麗　　尼

日子像一條汚濁的河，緩慢而迂滯地流去；生活，在這中間，就變成一堆汚濁的泥團了。我翻開我底手記册，想從裏面發現一點可以記念的過去，如同一個將要窒息的人渴望着一口新鮮的空氣，或者一滴清凉的露水——然而，我不能找出什麽。我把手記册一頁一頁翻了過去，那全是空虛的白紙，無論怎樣也引不起我底記憶。

我苦悶地記憶着。我想大聲告訴我自己：『唉，可憐的人，你也是曾經有過好日子的呢。』但是，我不能這樣，我沒有自信。

我是從什麽地方來的呢？是怎樣就安居在這生活裏面了？——連這，我也無法能够記起；在那空虛的手記册上，我找不出一點痕迹。於是，我就時常把頭低了下來，沈在模糊而飄渺的白日夢裏了。我厭惡這夢，牠纏着我，使我永遠也喘不出來一口輕鬆的氣息。但是，每一個日子，我都是這樣沈溺着。

每一個日子，河水從窗前流過，發出沈重的急喘，似乎牠正有着無限的抑鬱要從這急喘裏面得到宣洩，牠洶湧着，翻騰着重濁的不透明的波浪，發生巨大的響聲，排擊着泥岸。那聲音是可怖的，牠使人想着一切的生活都是一個大的恐怖。

——生活底瀧流，永恆的受難！

而濬河船就在河中響起來了。

每天，濬河船在河中不斷地嘶吼，從黎明到黑夜。牠緩緩地移動着，張開鐵網，不時從水底撈出大堆的泥沙，拽到船上來。工人們也嘶吼着，隨着每一網泥沙底拽起，就發出高聲的喊叫。他們裏面，有一個我已經認熟了他底臉面，那是一個蓄着短辮子的小孩。每天，他在成年人裏面叫喊着。他底聲音尤其尖銳。

Hu—e—e—ey！Ha—a—ah！接着，他把手一揮，尖銳的叫聲也就突然中止了。

——他不是太小了麽？他應當有一個媽媽呢。但是他却正像一個成年的人。

我想着那孩子。我聽着他那嘶叫的聲音，如同一頭小狼在被人追擊，使我悸動。這是我所不能忍耐的。我於是抬起眼睛，望向更遠的地方。河底彼岸，有一輪雍腫的太陽正落在那一排已經停工的工廠底屋頂上面了。

傍晚底溫暖的微風飄蕩着。我呼吸着，感覺着愉快的疲倦。然而，河上，暮色却漸漸濃重，濬河船已經現得朦朧了。

這樣，一天就過去了。

我有一些煩惱，一些渴望，一些向着遙遠的遠方的戀慕。我思索，但是，這思索却是空虛而且沒有頭緒的。

——晚安罷，世界！

好像感受了什麽突來的襲擊，我這麽着，就急忙跑回我底屋子底中央，呆立着，讓我自己沈浸在薄暮的陰影裏。我想要放聲地哭，讓我底哭聲衝破那昏黃的夜幕，然而，我沒有能够這樣做。

濬河船停止工作了，祗有波浪仍然排擊着泥岸，發出凄厲巨響。

我們着頭，如同有可怕的重負壓到了我底頭上。

——生活是可怕的，是無聊的。人被投到生活裏去，牠就吞下了你。今天過完了，還有着明天；明天，再明天，永遠不斷的明天。慢慢地，人老了，世界變了，人將尋不見他自己。

我苦悶地想着，而思想就變成了一條無頓的爬蟲，牠緊緊纏住了你底整個身體，使你無論怎樣也逃不出牠底擾亂了。

——那小孩子會怎樣呢？我繼續想着。

——小孩子已經不像小孩子了。他一定沒有一個媽媽。沒有人撫愛他。誰會撫愛他呢？他是被投棄了的一塊石頭，如果不幸他從船邊失足落到了水裏，誰也不會去惋惜他的。

——…………

——日子就會照着這樣過。他會一天一天變得不同一點，變得大一點。世界也會一天一天變得不同一點，變得更洶湧一點。那時，一個孩子會變成了老人，在那橫流一樣的洶湧着的世界，他將什麼也抓不住，祗是如同木片給洪流蕩着似的，自己也將不知道自己會迷失到什麼地方去。

夜深了，我底頭更垂了下來。河水沖擊着泥岸，聲音變得更爲凄厲，似乎是在發洩着永恆的不平的怨恨。濬河船在河心停着，上面閃着幾點紅色的燈火。

我伏在案前，祗想卽時就睡過去，哪怕就是祗睡一分鐘，或者，一睡就永遠也不再醒。生活於我現得沒有誘惑了，所有的，祗是窒息似的倦怠。

——你疲倦麼？那麼，睡。睡罷！睡一分鐘，或者，睡着永遠不醒。

夜是黑暗，我沒有記憶。但是，我分明聽見這好像是誰底聲音在我底耳邊響了這樣的話語。我不能回答。我眞是疲倦，不獨疲倦，並且感覺着死一般的窒息，使我連呼吸也覺得困難。

我記不淸那是若干年以前了；現在，記憶起來，那已經成了記不淸楚的遙遠的過去。那時，我曾經遇見一個人，一個一團烈火似的性格。他曾對我說過：『你眞會疲倦。那麼，請你睡罷。你眞能做夢。那麼，請你夢罷！願你做一世底噩夢！』

那是一個咒詛，我知道。但那咒詛是應驗了的。整晚，我被噩夢糾纏着。有時，我掙扎着轉過身來，但是噩夢仍然繼續。在噩夢裏，我聽見無數的聲音向我投射着：

——你睡得眞甜呀，叫也叫不醒。

——不，他是聾子，他聽不見。

——他會聽的，會聽的，再給他說一遍。

——別擾他，他嬌嫩得很，別撞碎了他！

——可是，瞧，他掙扎得眞苦啊！

——那不要緊，他天天那樣的。他高興那樣。

——那就是一個瘋子。

——不是，不是。他另外有個名號。

——號個什麼？

——忘啦。

——他每天在那上面幹什麼？

——誰知道？

——已經多年了吧？

——哼，從來沒動過。

——幹嗎不下來？

——他說我們把他關在那上面了。

——不！不！他撒謊，我們沒有。是他自己把自己關起來的！

一陣哄笑過去之後，我醒了過來，拭去了滿頭的冷汗。天黎明了。濬河船在河中開始了嘶吼。我又看見了那不像孩子的孩子。是的，在那噩夢裏面，我還記得他也是那些哄笑著的人們中間的一個。

一九三五年，十二月。

# 陀思妥夫斯基的事

魯　　迅

——爲東京三笠書房版『陀思妥夫斯全集』普及本作——

到了關於陀思妥夫斯基，不能不說一兩句話的時候了。說什麼呢？他太偉大了，而自己却沒有很細心的讀過他的作品。

回想起來，在年青時候，讀了偉大的文學者的作品，雖然敬服那作者，然而總不能愛的，一共有兩個人。一個是但丁，那神曲的煉獄裏，就有我所愛的異端在；有些鬼魂還在把很重的石頭，推上峻峭的巖壁去。這是極吃力的工作，但一鬆手，可就立刻壓爛了自己。不知怎地，自己也好像很是疲乏了。於是我就在這地方停住，沒有能够走到天國去。

還有一個，就是陀思妥夫斯基。一讀他二十四歲時所作的窮人，就已經吃驚於他那暮年似的孤寂。到後來，他竟作爲罪孽深重的罪人，同時也是殘酷的拷問官而出現了。他把小說中的男男女女，放在萬難忍受的境遇裏，來試煉它們，不但剝去了表面的潔白，拷問出藏在底下的罪惡，而且還要拷問出藏在那罪惡之下的眞正的潔白來。而且還不肯爽利的處死，竭力要放它們活得長久。而這陀思妥夫斯基，則彷彿就在和罪人一同苦惱，和拷問官一同高興着似的。這決不是平常人做得到的事情，總而言之，就因爲偉大的緣故。但我自己，却常常想廢書不觀。

醫學者往往用病態來解釋陀思妥夫斯基的作品。這倫勃羅梭式的說明，在現今的大多數的國度裏，恐怕實在也非常便利，能得一般人們的贊許的。但是，即使他是神經病者，也是俄國專制時代的神經病者，倘若誰身受了和他相類的重壓，那麼，愈身受，也就會愈懂得他那夾着誇張的眞實，熱到發冷的熱情，快要破裂的忍從，於是愛他起來的罷。

不過作爲中國讀者的我，却還不能熟悉陀思妥夫斯基式的忍從——對於橫逆之來的眞正的忍從。在中國，沒有俄國的基督。在中國，君臨的是『禮』，不是神。百分之百的忍從，在未嫁就死了定婚的丈夫，堅苦的一直硬活到八十歲的所謂節婦身上，也許偶然可以發見罷；但在一般的人們，却沒有。忍從的形式，是有的，然而陀思妥夫斯基式的掘下去，我以爲恐怕也還是虛僞。因爲壓迫者指爲被壓迫者的不德之一的這虛僞，對於同類，是惡，而對於壓迫者，却是道德的。

但是，陀思妥夫斯基式的忍從，終於也並不只成了說教或抗議就完結。因爲這是當不住的忍從，太偉大的忍從的緣故。人們也只好帶着罪孽，一直闖進但丁的天國，在這里這才大家合唱着，再來修練天人的功德了。只有中庸的人，固然並無墜入地獄的危險，但也恐怕進不了天國的罷。

（十一月二十日。）

**編者附記：**魯迅先生年來和日本進步的思想界有了不少的接觸，『魯迅選集』就引起了很大的影響。這一篇雖是應書店之請而作的短短的介紹文，但却是對於日本知識界的一個宣言，他指出了中國人民對於壓迫者不會有眞正的忍從，也不會有奴才式的誠實，在「中日親善」的攻勢下面，這響聲一定會洪亮地震盪在進步的日本知識人和勞苦大衆底心上。原文登在二月份「文藝」上面，編者說是可以窺見作者底文學觀和人生觀的大文章，從這也可以看到進步的文化人底反響。中文譯文登在「青年界」二月號上，但因爲文章本身底重要，和「青年界」不容易和學生以外的讀者見面，特商得作者底同意，轉載於此。

—25—

主人底工作　　R. Kukrineiksow

# 主人的工作

D. Biednei

兩匹馬，是兩個很好的朋友，
一匹馬叩黎涅夫和一匹馬瓦味雷，
牠們在欄邊開始了談話：
「嗽，你做什麼呀，親愛的伙計？」
「還做什麼呢！快要進墳墓了！
我有一個殘忍的主人：
不是叫我挨餓，就是把我鞭打……」
「噢哈，拿我底主人和你底比一下，
當然，也毫無遜色，
實在——這不是主人，乃是禍患！」
這時候主人突然走來了！
於是就用鞭子打起皮卡斯（註一）
「你同誰私語，養成了這習氣？」
「怎麼同誰？同伙計！」
「就說的這個！
牠是那匹馬瓦味雷吧？」
「瓦味雷！」
「好，你底肚子就再吃我幾杈（註二）吧，
你早就和瓦味雷謀反了！」

孟十還譯

（註一）神話裏的生有兩翼的馬，此處指叩黎涅夫。
（註二）馬廐裏叉草用的杈子。

---

# 獻詞

田軍

你是一隻不祥的鳥兒，
吟鳴著人所不愛的歌。
　風要將你凌遲，
　你是飛得那樣高傲和飄急！
　海要吞滅你，
　那白色的長舌，
　一條比一條貪婪，
　尖銳，顫抖……
　是白色的火焰？是逆立的刀山？
　他們一齊等待著……
在你吟鳴到疲乏的時候，
要撈一條魚兒潤潤飢喉。
不是戰勝，
即是死亡！
可憐的鳥兒……
你不忍耐著創傷和飢餓，
那你只有一聲兒莫響。

不，天既生了你，
你就該放膽地吟鳴，
直到最後的一聲。
終有一天：
　風要脫了力量，
　海要停止了他們的顛狂……
　………………

1936，2，12，晨

好　人　　R. Kukrineiksow

28

# 好　　人

D. Biednei

一個慈善家，從露台上
　看見了一個衰弱的窮孩子——
　橫倒在花叢中間，
他喊：「我眞可惜，小朋友，那被蹂躪了的薔薇，
　但是我更憐憫你，可憐的人。
你說，你在這裏幹什麼呢？」
　「呵哈，——孩子透過眼淚回答，
　聲音裏充滿着悲痛：——
我整三天……沒有吃了！……
我在這裏拔草……
就吃……這草！」
「草嗎？——好人叫起來，越加感動了。——
那麼你可以在房子前後找着拔吧：
你在那地方或者發見更肥美的草哩！」

孟十還譯

---

# 俺們大家伙來清算

羅　　烽

爲什麼總是那樣哀怨？
俺們何妨公開來談談，
爲什麼將苦悶的事兒，
老鬱結在心間！
不要隱瞞我，
你眼睛裏是埋藏着災難，
你的嘴却含着要說的話，
是不是：「敢怒而不敢言」？
噯，何必唉聲嘆氣的，
天底下沒有不可解決的事兒。
怕就怕的是自已孤單，
你雖然也有不響的算盤，
免不了處處叫人家暗算！
明白嗎，朋友？
俺們全是受難的，
明白嗎？很多呢！
不要隱瞞，
你把舊新賬薄全公佈出吧，
俺們大家夥來個清算——

# 漫談個人主義

胡　風

我底「文藝界底風習一景」發表了以後，一個朋友告訴我，說有一位先生（不是張大千先生）讀了勃然大怒，說我是駡他的，於是他底朋友們向外宣傳我底那篇短論不過是「發洩私人的牢騷」。我聽了起初吃了一驚，但隨卽點頭苦笑了。這苦笑有兩層意思，一是曉得我底筆鋒觸着了病人底痛處，那篇文章算是沒有白費力氣，一是覺得那位先生底勃然大怒對我一定不會有什麼好處。同時也記起了另外一件事。不久以前，聽說有一位學者發表了很重要的意見：他平生所攻擊的只是一些不好的「傾向」，從來不牽涉到「個人」。我當時聽了非常佩服，覺得那是最堂皇而又最安全的辦法，回想到古今來許多文人因爲「疾惡如仇」的直言而弄得身沉冤海，許多文人只是弄弄空洞的堂皇的字眼，不沾惹具體的思想鬥爭，因而無往不通，我底佩服心就更加隆重了。但現在的這個勃然大怒却又引起了我底懷疑：如果所攻擊的傾向確是利害的傾向，代表那傾向的又是利害的人物，那麼，要圖「安全」，還是不去沾惹的爲妥。不過，人事匆忙，聽過佩服過懷疑過以後也就算了。

今天接到了一份關心者寄來的報紙，翻到那附刊上登着的關於「海燕」的文章，我底「文藝界底風習一景」果然名譽不好。爲什麼不好呢？評者底態度非常委婉，說不好的不是他自己底嘴而是他底朋友底信：「這文章開頭寫得有聲有色，結尾却似乎寫到牛角尖里去了，未免太大題小做，他把張大千和革命隊伍中的同志一律看待，這也是謬誤的。」但我要指出這批評本身才正是「謬誤」的。謬誤之點有二，其一是，我批評的是文藝界底一種風習，或者說一種「傾向」，算不得是怎樣的「大題」，而且，我指出這個不好的風習在爲了民族底生死存亡而要奮起的進步作家們底協力行動里面會發生有害的影響，會犧牲寶貴的精力，應該給以防範，也算不得是「小做」。其二是，我攻擊的是一般文藝界底風習，不必硬拉到「革命隊伍中的同

---

## 首領主義和領導

M. Gorki

『首領主義』——這是時代底病症，它是由於小麕衆底低壓的生活能力，由於在資本家與大衆的鬬爭中他必然滅亡底感覺，由於滅亡前的恐懼，由於趕麕人向他已慣認爲體力最强的，——他人勞動底主顧衆剝削者，世界底掠奪者——那方面的恐懼所引起的。內容上『首領主義』是個人主義底凋殘，衰弱，貧乏底結果，外表上它在這些膿包底形式上表現出來，例如，斐比爾特，羅司克，希特勒和資本主義現實底此種英雄們……領導是尊重人們底毅力，指出用最少的力量達到最好的實踐的結果的道路，而『首領主義』是庸人底站在同志頭上的個人主義的傾向。這是很容易成功的，只要有機械式的靈巧，一個空虛的頭和一顆空洞的心。

徐行譯自高基『論蘇聯文學』

志」身上。不錯，作爲極端的例子，我在後面舉出了一個人物：從前混在大衆陣營里面的時候，曾經雄糾糾地對友人施過侮蔑的攻擊，後來風頭一轉，說是要做孝子，跳出去樹起一面旗子，依然雄糾糾地向大衆陣營發砲，後來那面旗子拆掉了，就索性化爲小報上的無恥的造謠專家，依然雄糾糾地向進步的作家發砲。如果評者以爲這樣的人物也是友人，那麼，「見仁見智」，我們只好「各行其是」了。

然而評者引用了他底朋友底信以後，却提出了一個問題：「假裝英雄的，趁一時意氣的，是否也該列入動物的個人主義裏面去」？而且接着還發了一個命令，要我給一個「最坦白的解答」。那麼，現在我就遵命給一個「最坦白的解答」罷：這是十足的「動物的個人主義」。爲什麼呢？因爲它會發生有害的影響，會犧牲寶貴的精力，因爲它和集團精神是不能相容的，因爲這樣的「英雄」不是由於對於集團精神的獻身工作，而是由於他底「意氣」，卽個人的目的。這樣的「英雄」，卽使是厠身在大衆底「隊伍」中間，也該被「列入動物的個人主義裏面」，高爾基所指出的「動物的個人主義」正是針對着自己隊伍裏的這種「野心家」說的。上面引過的樹起旗子以前的那位脚色是的，爲了自己底「意氣」或「朋友」底「意氣」，不看淸別人底文章不尊重別人底努力而「認友作敵」地肆行攻擊的脚色也是的。

在這裏，我想借用一個例子。日子忘記了，我從一個報紙底附刊上剪存着曹聚仁先生底「說輪迴」的文章，下面是第一段：

> 新近有一個朋友當了「大權」，他一心想大刀闊斧地玩幾下子。玩了不久，覺得應付也頗困難，只好對張三用一番托詞，對李四又用一番托詞；托詞有時而窮，他想出許多帽子　給五二張大戴；結局張王趙李得罪了，還是應付不了。……

這說的是怎樣的人物我不知道，但却使我聯想到了文壇上的「假裝英雄的，趁一時意氣的」脚色，不禁打了一個寒噤。「玩幾下子」，玩不動就「想出」「帽子」給別人戴，這是國粹的「成則爲王敗則爲寇」的思想，這是帝王式的「打江山」的行爲，曹先生說他是「俗人」，那當然是寬大爲懷的。如果把這思想這行爲帶到爲進步的工作裏面，爲民族解放的工作裏面，那怎樣能够造成集團的精神，怎樣能够形成集團的力量？

在文壇上，爲了貫澈自己底「意氣」，不曉得有了多少「無聊的自負的鬥爭，充滿了惡意的謠言，派別的吵架」，這不但浪費了可寶貴的精力，也妨礙了正當的理論批判。甚至狡滑者流把「謠言」「吵架」當作了理論批判，把正當的理論批判當作了「吵架」和「謠言」。在封建勢力猖狂的現在社會，這也許是不可避免的現象，然而，被逼着站在民族浩刼底前面的進步的作家們，不是應該把這種病的現象消滅的麼？我們要求進步的文學力量底擴大和協力，同時也要求保證這種擴大和協力的健康，因爲這我上次才提出了那個小小的請願。

一九三六，二月十二日

---

## 大隱在朝

耳　耶

南京出版的藝壇情導報上的文壇消息有這們一句話：一個姓田的和另外一個姓什麼的『因某種關係，蟄居南京』。

關于那位姓田的，近來報上常有些消息，有時候說他在演戲，有時候又說他在講演，有時候又在作文章，談『國防』，同時我們也常常看見他底玉照他底題字，他底攝影名作，新舊體詩等等。還有一本電影畫報之類的刊物上並且說他底一個學生接到他底信沒有到南京去演戲，後來特爲來賠罪，竟受了一回大的申斥。申斥中的警句是，『我從前辦××社，你們都拿我底錢用，現在我一個月有三百元的津貼，倒不想來分幾個了』（大意）。

一個人正成了話題底中心，他底言行不斷地巍巍赫赫烈烈轟轟地照耀在我們底眼前，同時物質方面又有一筆不小的數目的收入，這應該正是『大丈夫得意之秋』，怎嗎還要說是『蟄居』呢？莫非以爲田先生還沒有到『盛極一時』的時候麼？

或曰，『蟄居』就是隱居的意思，不是有一句老話麼：大隱在朝！若田先生者，可謂大隱也巳。

# 紅　丸

周　文

快走到科長的門口了，在胸前抱着一罎紅丸的楊傳達就故意把脚步放慢兩步，縮在吳巡長的背後，忍不住又看罎口一眼，只見罎裏的那些紅丸簡直紅得閃光。『唉唉，』他瞪了吳巡長的背一眼，想。『往常都是由我一個人送進來的，媽的，你今天却要催着一道送進來！只讓你揩油，就不讓我……』

吳巡長掉過頭來看他一眼；他就更加兩手抱緊罎底，昂着頭，好像說，『哪，你看，我是多麼規矩的。』很快的一刹那吳巡長就回過頭去了，筆直地站在科長的門口，隔着垂直的布簾脫下有遮陽的制帽來。楊傳達立刻又全身都緊張了，好像發了熱，『我倒莫如趁這時候抓它一把……』他呼吸迫促地想着，立刻就把右手伸進罎口去。吳巡長却又掉過頭來了。

『啊呀！我當是東洋貨呢！』楊傳達趕快自言自語地說，只拈了一顆紅丸出來湊在眼前看看，笑一笑，依然又擲進罎口裏去。

吳巡長也會心地笑一笑，趕快兩脚後跟一靠，喊道：

『報告！』

王科長正伏在一張辦公桌上，借着窗口透進來的一片天光提着筆在起稿。

『可以。』他把筆一停，答道；扭轉頭來一看，只見就在自己的背後，吳巡長正一手拉開門簾，楊傳達抱着一個罎子走了進來。

『報告科長，剛剛在河邊上查着一罎紅丸，』吳巡長筆直地站着說；隨卽就把右手捏着的帽子照着規矩夾在左腋下，讓空着的雙手棒着一封信端正地送到王科長的手上。『這是在罎子裏查出來的，科長！人已經帶來了，關在拘留所，我就去寫報告單來……』他說完，避開王科長的眼光，就想趕快走開去。

張科員也走過來了，站在罎子邊。局長的胖臉聽差也走來了，站在門外邊，細着兩眼盯住罎子。李督察員也走來了，隔門伸進半個胖臉來。

王科長把鼻尖湊到罎口，裏面果然紅通通地紅豆似的裝了大半罎紅丸；紅丸在閃光，於是所有人們的眼睛都閃光。王科長從鼻孔裏冷笑一下又看了吳巡長一眼，說道：

『就是這大半罎？』

『是的，報告科長，』吳巡長趕快又把胸口一挺做一個立正姿式，隨卽又躲開王科長那看透一切的眼光，把自己的兩眼順下去，說道。『我寫報告去。』心就別別別的跳着，好像覺得全身的秘密都裸露在衆人的眼前，臉，耳根，登時熱了起來。好容易才聽見王科長說了一聲：

『去罷。』他才好像得到大赦一般，趕快又做一個立正姿式，向後轉，暗暗伸一下舌頭走了出去。

『站住，』王科長忽然偏着臉向那剛要轉身的楊傳達喊道。

楊傳達趕快兩脚後跟一碰，筆直地立正，不在乎地看着王科長的嘴唇。『看，我是很乾淨的。』他想。

『喂，爲甚麼這罎子沒有封口的？』王科長楞着兩眼說道。『我從前就給你們說過，凡是查着的東西，不能擺在傳達處，應該馬上就送進來！』

『報告科長，今天是馬上就送進來的。』楊傳達毫不遲疑的說，臉上立刻現出受了委屈的不高興神氣。『媽的，要撈不成我們就大家都撈不成！』他這麼一想，立刻便接着說道：『這罎子，吳巡長送來的時候就是沒有封口的！哪裏曉得他是怎樣的？科長！聽說他們查着這罎紅丸的時候，法院的法警也在場，這回恐怕是只好送法院的，科長！』他又把胸口一挺做一個立正姿式。

『哼，誰叫你講這許多費話！』王科長把兩眼一挺說。『去罷！』

楊傳達一肚子的委屈，嘟着嘴唇就走出房門來了；局長的聽差向他微笑地擠一擠眼睛，便笑嘻嘻地向局長的房間跑去，他一面跑，一面想：『哪，今天又有一罎了，我得趕快向局長講去，嘻嘻！』

『他們一定已經揩了油的！』張科員輕輕冷笑的說，一彎腰，眼睛凑到罎口。『你看這罎子裏面的痕跡都還在。』

『這傳達眞是越來越不像樣！』王科長憤憤的說，心裏很抱怨那天叫李督察員拿去賣的那一包，不該讓楊傳達撞見。於是他暗暗瞪了李督察員一眼。

『不錯。這傳達眞也越來越不像樣！』張科員慢吞吞的說，伸手就去抓一大把紅丸起來，但五個瘦指頭攏不緊，立刻滴滴打打地落了幾十顆在地板上。

『又查到一罎紅丸嗎？』鄭局長的聲音突然在窻口出現了，大家都怔了一下。

張科員趕快就要把手上捏的紅丸送進罎口去，却見王科長已很快的轉過身去，臉對着出現在窻口外的鄭局長的圓臉，這倒把鄭局長的視線遮住了。李督察員於是乘勢向張科員搖搖頭，擠一擠眼睛，把嘴唇尖起指一指門外。張科員便一翻身，捏定手上的紅丸，同李督察員一道出去了。

『是的，查着了一罎紅丸。』王科長微笑地向着鄭局長的圓臉答道。『不，不……只有半罎。哪，就是這，說是法院已經知道了的……』他把指頭向着罎口一指。

『噢！』鄭局長皺一皺眉頭，臉更凑進窻口一點，順着王科長的指頭看了罎口一眼。『那麼，就送法院去罷。』他的頭在窻口一轉，就宏亮地在喉管底裏咳一聲走去了。

『科長，這罎子是不是抬進那角落去一點？』

王科長掉回頭一看，却見是局長的聽差嘴角笑嘻嘻地站在罎子旁邊。他點點頭。局長的聽差便兩手提着罎口送到辦公桌那面的一個椅子下面去。他見王科長已伏在桌上，提起筆在起稿，他便順手伸到罎子裏抓了一把，塞進袋子裏去。王科長却從眼角梢發現了，『這眞不成體統！』他憤怒的想，拿着筆的手指都氣得抖戰起來，頓時便把兩眼一挺；但立刻他就記起這是局長從家鄉帶來的聽差，那衝上來的氣便又和緩下去了，單是把臉一偏，從鼻孔發出來一聲：

『哼！』

局長的聽差大吃一驚，臉紅起來：

『啊呀！這地上好多紅丸！』他趕快避開王科長的眼光，自言自語地說，彎腰就去拾那地上的紅丸。他剛剛才拾了四五顆的光景，却發現面前居然也有一隻手在拾紅丸了，仰臉一看，那正是科裏的瘦臉聽差。於是兩個立刻競爭起來了，四隻手爪立刻就像鷄啄米似的活動起來，爲得搶拾椲脚邊的一顆紅丸，兩個俯着的頭對碰了一下。

『給我走開罷！』王科長憤憤地向着科裏的聽差咆哮道；眼睛斜瞟了局長的聽差一眼。『走開！我要辦公！』

兩個都一驚地站直起來，點着脚尖，側着身子，輕輕地然而很快地走，在門口擠撞了一下，跑出來了。一跑出門，科裏的聽差一把就抓住局長的聽差的袋子說道：

『哈，你抓了那樣多！』

『誰叫你不去拿？』局長的聽差臉脹紅，噴着唾沫星子說。『那東西擺在你們房間裏，你都不曉得去拿？』他脫開他的手，揑緊自己的袋子轉身就跑了出去，剛剛跑過督察處的門口兩三丈遠，突然被楊傳達一手就把他攔住，他氣呼呼地只把袋子揑得更緊；楊傳達倒被提醒了，伸手就去揑揑他的袋子；『呵！』他說。

科裏的聽差見局長的聽差跑開的時候，跟着就追去，剛剛在督察處門口被斜刺裏出來的甚麼一碰，胸口撞了一下，同時還聽見甚麼東西碰到地上嘩啦一聲。他發昏地定睛一看，只得趕快直直地垂着雙手了，害怕得嘴唇都發了白。面前是剛跨出督察處門檻的張科員和李督察員，地上是碰落下去的一個一尺見方的小鐵箱。

『你在幹甚麼!?哼?!你這慌慌張張……』張科員臉發青地喊道，同時瞪了一眼，李督察員也憤憤的彎腰去拾那小鐵箱。

科裏的聽差側着身子見他兩個向着科長的房間走去了，才深深地透出一口氣來，肚子裏暗暗的罵道：『媽的！』立刻他就看見兩三丈遠的楊傳達已放開了局長的聽差，在向他圓睜着一對眼睛，眼睛下張開着一張圓圓的嘴巴，意思大概是問：『他們是去做那嗎？啊？』他便憤憤的向着楊傳達走去，一面走，一面點點頭，同時還伸出兩手的指頭做一做鐵箱的樣式。楊傳達立刻全身都緊張了，兩眼慌亂起來。連忙轉身就跑回傳達室拿與巡長的報告單去，左肩在門框邊碰了一下。

『科長！』張科員走到王科長的辦公桌前，先向他背後的李督察員伸了一下舌頭，然後兩手伏在桌角，微彎了腰，臉笑嘻嘻地說道。

王科長右手停着筆，微微仰起臉來，皺着眉頭。

『科長，』張科員又笑了笑說。『那疊東西……送了法院……倒白便宜了他們……』他一面說，一面見王科長的眉頭越皺越緊，自已的臉馬上也就發熱起來，好像覺得連耳根都紅透，於是不高興的想道：『這其實並不是爲我，而是爲了你打算的！』他這麼一想，胆子倒壯了，一口氣就說了下去：『我們想，科長倒不妨還是弄它一點起來，反正……』他屏着呼吸，笑嘻嘻地瞇細着一對眼睛看着王科長的眼睛。

王科長慢慢把筆放下，臉和腰一同伸直起來，兩眼一睒一睒地盯着張科員的眼睛。『討厭！你這一雙猪一樣的眼睛！哼，你又來拖我下水？……』但他的腦子裏立刻却又轉了灣。『拿嗎不拿？』他擎起右手五指來就抓了一通頭皮。之後，他閃着兩眼向那角落的罎子盯一盯，拿起筆來依然又埋頭起他的稿。

『不過，下次可不行的！』他兩眼盯着自已手上的毛筆尖，輕聲地然而嚴厲地說。

張科員立刻透出一口氣來，笑一笑，掉臉來向李督察員尖起嘴指一指；李督察員的胖臉也立刻笑了 打開小鐵箱便爬向那椅子下面的罎子去。

『喂！』王科長忽然吃驚地輕叫一聲，立刻注意地豎起耳朵聽着門簾外。李督察員兩手扒在罎口上，胖臉上好像走了油。張科員則向前伸着兩隻手，嘴巴張得大大的合不攏來。房間裏立刻變成一片緊張的沉默，沉默得好像可以聽出三顆跳動的心。

外面又似乎沒有甚麼脚步聲，大家才深深透出一口氣。

『不要幹罷！』王科長吐出一口氣想。『不，不；旣然擔心過了，停止了又殊覺不值！』他於是又埋下頭去起稿。

李督察員張開嘴巴看了張科員一眼；張科員向他點點頭；他於是又趕快伸手到罎子去，一把又一把的抓進小鐵箱。小鐵箱好像故意不瞞人似的特別清脆起來，紅丸落進去只聽見滴滴打打的發響。

『糟，這樣響！』張科員皺皺眉頭說，聲音好像在發抖。

門外邊的楊傳達屏着呼吸越聽越緊張了，全身全靈魂都被那聲音吸引了去，他慌張地脫下帽子，便揭開門簾走了進來。房間裏的三個人都一下子獃了。但很快的一刹那，王科長掉頭見是楊傳達，便聳身跳了起來，把筆向地上一摜，擋在楊傳達的前面。他看見楊傳達的嘴唇發白。

『哼！這成甚麼體統！』他一面臉青地吼着；一面心慌如麻地想着背後的張科員和李督察員，生怕就被楊傳達看見。『混蛋！「報告」都不喊就進來了！哼！你要幹甚麼!?你……「報告」都………哼?!』

楊傳達嚇得倒退一步，獃了。但經這一嚇，倒渾身都嚇清醒了。『我在幹些甚麼呢？我怎麼連「報告」都忘了喊？』他責備自已地想，趕快退出門檻外，筆挺地站住，慌忙伸出雙手把報告單連帽子一同捧在王科長的胸前。

『報告科長！』他聲音抖着說。『我是送報告單進來。報告科長，錯了。』

『哼，錯了！報告單！報告單！把報告單拿來！』王科長吼着，劈手就把楊傳達手上的帽子奪了下來。『哼，報告單！報告單！你簡直目無長官！』

楊傳達見帽子被扯了去，嚇得全身汗毛都根根倒豎起來，『啊呀！又做錯了！我怎麼又忘了照規矩把帽子夾在左腋下？糟，糟，糟，他把帽子拿去了，說不定會弄到開革！』他這麼昏亂的想着，兩眼更慌張了，竭力屏着呼吸盯着王科長手裏搖動着的帽子。

『你簡直目無長官！哼！還看着幹甚麼!?你已經把報告單交把我了，還看着幹甚麼!?混蛋！——張科員！哪，把這報告單拿去登記起來。』王科長一面說，一面就把手上拿着的帽子遞過去。

張科員怔一下，忍不住要笑，但立刻把嘴唇揞住。王科長立刻臉紅了，他已看淸了自已手上拿的是甚麼東西，手一揮，就憤憤的把帽子向着門簾縫外丢了出去。

『哼！你在幹些甚麼!?』他頓着脚吼道，唾沫星子都濺到楊傳達的鼻尖上。『你幹嗎把帽子送到我手裏來了？你發昏了嗎？你簡直目無長官！你是甚麼東西?!呸！』

楊傳達又嚇得倒退一步，趕快站直，用發抖的手指把報告單送到王科長的胸前。王科長又劈手把報告單奪下來了，終於記起自已的背後蠓子邊還扒着李督察員。

『去罷！等一會兒再給你說！』他看見楊傳達的臉色慘變，覺得很痛快，但立刻却又吃驚了，想起了一些可怕的事，於是趕快地添道：『聽淸楚了罷，去給我准備好，我馬上就開庭！哼，昏蛋！』

『是！』楊傳達這才放心地透出一口氣來答道，恭敬地把胸口一挺，然後向後轉。走出門簾去。他看見科裏的聽差還站在那兒，兩個就不期然而然地對伸了一下紅舌頭。

王科長憤憤地轉身，一屁股就坐在椅子上。

張科員和李督察員也不期然而然地對伸了一下紅舌頭。

---

# 登錯的文章

何　干

印給少年們看的刊物上，現在往往見有描寫岳飛呀，文天詳呀的故事文章。自然，這兩位，是給中國人掙面子的，但來做現在的少年們的模範，却似乎迂遠一點。

他們倆：一位是文官，一位是武將，倘使少年們受了感動，要來摸仿他，他就先得在普通學校卒業之後，或進大學，再應文官考試，或進陸軍學校，做到將官。於是武的呢，準備被十二金牌召還，死在牢獄裏；文的呢，起兵失敗，死在蒙古人的手中。

宋朝怎麼樣呢？有歷史在，恕不多談。

不過這兩位，却確可以勵現任的文官武將，愧前任的降將逃官，我疑心那些故事，原是爲辦給大人老爺們看的刊物而作的文字，不知怎麼一來，却錯登在少年讀物上面了，要不然，作者是決不至於如此低能的。

# 人　物

## 歐陽山

時　　間：一九三五年冬天

地　　點：上海一個有權力的人底會客室裏

登場人物：

李仲申：一個有權力的男子

楊本治：大學生，李仲申太太底表弟

劉綺娜　李仲申底太太

王瑪利：李仲申底秘書

李上海：李仲申底兒子

阿　珠：年輕的廣東娘姨

（同是那種華麗，寬敞，高貴的弄堂房子的會客室，人們一看就知道是高等華人住宅區裏的有來歷的脚色底家屋一部份，但有著和別的陳設呆板，或高雅或富貴而毫無特色的會客室完全不同的面貌。全體的基色是朱紅，從天花板，牆壁，窗簾到最小的物件，看去好像一塊很大的，餡子很多的甜點心。有兩扇門——塗著同樣鮮明耀眼的顏色。桌子和椅子都有大小高矮各種，那是預備下棋，擲色子，打紙牌或打麻將用的，因爲太多了，只好讓牠們密擠擠地堆在一邊。然而較複雜的還是壁上懸掛著裝飾品和紀念品：橡皮版精印的關公像　孔子像，彷彿廣告畫一樣的回力球場的畫——球員底面孔邊是朱紅色；兩個古人面前吊著錫製的文明香爐，不過純粹是裝飾，既不燒香，裏面也沒有灰。其餘的是一些從衙門送來的獎狀，大體關於褒獎或懸賞；一頂舊式的陸軍軍帽，一枝很舊的步鎗和一把用鋼絲穿起來的炸彈的碎殼，那是或者紀念主人底勝利，或者說明主人某一次曾經碰到怎樣的危險的。室中四處分散地裝了許多盞電燈，現在都沒有開。）

（大學生楊本治，一個二十二三歲的年輕人，從外面進來。氈帽，圍巾，光亮的黑皮鞋。大衣底鈕扣打開　裏面是受軍事訓練時所穿的制服。彷彿有著緊急的事，但那件事在他是沒有什麼嚴肅意味的。地下有一條小小的花手巾，他拾起來嗅一嗅，放在大衣袋裏，轉身走向門口。）

楊：阿珠，喂，阿珠……

（廣州話）

珠：做乜野呀？

（廣州話，帶著不信任的意味。這女性聲音在門外響著，人是看不見的。）

（楊本治沒有回答，轉身走向室中央，又掏出手巾嗅了一嗅。他坐在一個角落的一張椅子上，使得從另一門口進來的李仲申一下子看不見他。李仲申大約四十歲不到的樣子，精神頹唐，額上有很深的皺紋，頭髮梳得光滑，眼睛灰暗而軟弱，露出不自然的興奮——受過人工鍛煉的一種威光的裝扮。全體來說，是一個很隨便的新式紳士。無論如何，都不是快樂的人。）

李：阿珠！阿珠！

（沒有應聲）

楊：四哥。剛在搓麻將嗎？

李：才南風。這回你是來……好，你儘管慢慢地說，我要全知道——跟我親眼看見一樣。「眼睛更靠得住」——這話那個說的？……好像是一個聰明的脚色，像俄國的文學家之類的東西。可是我底耳朵——好，現在你告訴我吧。

楊：一件新的，可是很慘的事。我們——差不多主席團全部人馬，想了好多法子，用了好多力量，沒有辦法。主席團自己就不能一致，那些選出的主席有許多「冷淡」份子，眞是對什麼都不贊成……

（突然變成恐怖的樣子）

我想過我自己的地位，實在危險！我一個人駕四匹馬在山坡上跑——你想想這種事情。我要辭職了。

李：那班畜生又在車站上幹出什麼來了？——爲什麼很慘呢？我不會這樣想。不管鬧出什麼事，只要是人鬧出來的，我都有興趣。打架——鬧事——什麼運動——人還有什麼別的好做呢？沒有的，絕對沒有！

楊：很糟糕。

李：你說誰？

楊：你派去的那個傢伙。

李：沒有的事，我在這三天裏沒有派過人。恐怕是雲生幹的事。你先說怎麼糟法吧。

楊：就是這樣的：他在車站找到我，我告訴他那個同學穿什麼衣服，站在那裏，他就跑過去了。這個人一點經驗都沒有，彷彿他自己不大清楚自己在做什麼，……結果完全錯了，他簡直弄錯了人！……他跑到一個姓金的混蛋面前，這姓金的是一個著名的體育家，在學校裏沒有一個同學不知道這暴躁的蠻牛，有一回簡直動手打過一個女同學的……他把這姓金的當做我給他說的那個人，把什麼東西都對他說了！

李：這證明你們——連雲生都在內，虧他還負着社會上那麼大的責任——你們全是一班飯桶！一排排的飯桶，自然都是可笑的！

（不愉快笑著）

楊：四哥你爲什麼要罵我飯桶？我是愛國的——像同學們說的愛國主義者，我底念頭沒有一天離開過國家——事業——民族底光榮——一直到社會底安寧。我做的事情，我想都是對的，不管他們怎樣罵我……自然我底頭腦不大會運用——可是我仍然是一個領袖，我並不卑鄙。我整天奔走，組織，計劃，報告——

（卑怯然而著急，發徽顫的手輕拍著木器）

李：領津貼。

楊：我老早就知道你指的這點說，所以叫飯桶……所以我向你聲明那許多……

（他背轉身站起來，用手指玩弄掛在牆上的炸彈殼，然後抱著腦袋坐下。）

我早就告訴你，我不想幹了，別人都拿鄙視的眼睛看着我：「你這傢伙，又出風頭又發財！」沒有一個人再想到我是愛國家的青年！……

李：不要發茅。

（他用手拍那青年底肩膀）

一個自己人說的話。世界上的人都是飯桶——這裏面還要分出好壞的。那忘八蛋怎麼說給那姓金的大學生聽呢？

（劉綺娜，一個嗓音很低的二十多歲的婦人，不大康健，但對什麼事都有樂趣——不能持久的愛好。一面叫嚷，一面從裏面跑出會客室來。）

劉：仲申你這是什麼意思？——留到明天早上再談不好麼？林團長已經睡着了。棹子上的牌也睡着了。……

（他們底六歲大的兒子李上海跟著從裏面跑出來，想跑到父親和楊本治那邊去，給母親一把拉住了。李仲申抱起上海，一直走進裏面，又出來把太太拖了回去。）

李：小孩子能够不聽這些話也好。如果他這麼大的年齡就知道國家那麼軟弱——居然讓幾千小百姓佔領了一個最重要的車站——不是什麼好教育。

楊：我說過多少次了！「去請願」——本來打算在口頭上說的，我沒有料到他們認眞起來——我沒有料到火車不肯開——我沒有料到他們會留在車站不肯走。都是多麼意外的事情！

李：你還有沒有料到的事情的。你想，搗亂家——幾漂亮的字眼，世界怎樣會少得了這種東西呢。……我不相信幾個學生就能够治理國家！現在你告訴我吧……那忘八蛋！

楊：簡直是一匹蠢猪！好像他一輩子只會說一句話：「我這裏有六百塊錢，你拿了去吧！」這叫做收買人，你看笑話不笑話！他在辦關於一個人的思想傾向的交涉，但是他什麼都懂！比方說，「你在這次運動裏辛苦了呵」，「你對於某部長底意見怎麼樣」這些話都有效力的，他簡直一點都不懂的！

李：這是很不行的。

楊：什麼都完了。姓金的叫起「漢奸」來。我眞有點懷疑，姓金的彷彿是一個粗笨的老實人……可是他判斷得那麼快。……全北站的同學都叫起來了……沒有比這更難聽的聲音！我底心發慌得亂跳！如果那蠢才說出了我底名字……唉……

李：他本人怎樣了？

楊：倒還鎭定的樣子。

李：他有沒有拔出鎗來？

楊：拔出什麼？

李：手鎗。他會走得脫的。

楊：他沒有鎗。

李：眞可惜。……開頭他怎樣混進車站的？那裏你們不是有很多糾察隊麼，也許什麼畜生認出他來了。

楊：扮成一個學生代表的模樣，……很不像。

（沉默。年輕的廣東娘姨阿珠用一個瓷盤子盛了兩碗流質的點心來，碗上擺著羹匙，冒著水蒸氣。）

楊：我知道的就只有這些了……

李：但是你應該知道得更多一些——如果你要求了，是完全容易的！一件大事或者一件小事——自己這方面和別人那方面……你讀書麼，喜歡那一類的？成問題的是對於靈魂的控制。就是這麼簡單的，對於靈魂的控制。眞理呀！——而能力是假的東西，「我底能力」，你這樣說的時候，在左邊或右邊——在誇大或欺騙，總之誰都有說過恰好，既不多又不少的確定的眞話！這是爲什麼你躊躇起來，軟弱和幼稚，簡直回到了小孩子的玩耍！……你要是愛讀書的青年，我勸你讀「論語」——不是林語堂底玩意兒，這位先生是眞正的傻孩子，扮成聰明的正經相——孔子底「論語」完全是一本高級代數學。

（楊本治苦惱沉思地迷惑起來了。李仲申走進裏面去。楊本治表現出不安的激動。半分鐘以後，王瑪利從裏面走出來，一個穿西裝，燙頭髮，身材高大，二十四五歲的姑娘。有非常的驕傲和自信，態度多半是冷淡而糊模的。她左右前後張望著跑到大學生跟前。）

王：怎麼樣了？你，Mr.楊。

（好奇地）

楊：你跟誰說話。

（做夢一樣地抬起頭來）

王：你看來好像很可憐的樣子。

楊：那是——常常都是這個樣子的。

王：你難道不能够順從自己的年紀所規定——做出一個青年人的樣子麼？

（她底腦袋做出一種機械的動作，輕視地）

楊：謝謝你底忠告。

（站起來，非常不自然地）

我認得這是你的。學別人說的那樣：你願我替你務麼？

從袋裏掏出手巾來，遞給她

王：你好像天生出來替別人服務的。你所熱心的那些事情使你變得很矮小……

楊：我沒有不同意的地方。

王：可是你錯了。這條手巾不是我的。

（嚴厲地，調子很緩慢）

楊：如果是你的，你肯收回去麼？

王：不，我不能够收回來。我永遠當做是掉了。——不因爲你底年紀，不因爲你底家庭，那都是合格的了，因爲你底本人，總覺得欠缺了什麼，沒有資格做這樣的舉動。

楊：難道……

（把兩手插進褲袋）

王：每次看見你，我都起了一種顯明的感情。這種感情就像母親看見她底沒用的，沒出息的兒子。眞是這樣子的。你年輕，一舉一動都很忙遍，可是完全沒有青春底活力。所以你是不幸而又可憐的。我想你對女人會碰到很大的困難。

（更嚴厲地）

楊：Miss 王。……

王：想不出一點辦法，我覺得替你很難過。

（用手撫摸那青年大學生底頭髮，臉孔，慢慢地，認眞地）

你底面貌看來很可怕！——有什麼東西籠罩着你——或者是，你欠缺了一樣什麼東西。眞是的，你底臉上是少了一樣什麼東西……也許不是臉上吧……總之在你整個人裏面……

（劉綺娜牽著兒子上海悄悄地走出來，在門口前面站住了。）

海：舅舅在這裏，王先生也在這裏。

劉：你爲什麼偏偏要跑進來這裏玩呢？

楊：表姐，把孩子帶到外面去吧。

劉：王小姐，眞是對不起得很。我不曉得你在這裏……我不曉得我底表弟……阿珠，

（她用廣州話叫，阿珠走進來了）

帶少爺出去玩。你喂希納資（一種小愛物底名字）的牛肉給他看，或者把鍊子放開，用熱一點的水替牠洗洗澡。……（他們走出去了）不過這樣子我倒反而很放心了！

王：我看不出那個道理。

（輕蔑地）

楊：表姐！

劉：我知道你跟仲申不在上海的時候，你們是很親密的。想不到你對本治也很好。

（她走近他們）

王：劉小姐，這就是我不明白的地方。

（很美麗地笑了一笑）

我對誰原來都是一樣好的。

劉：可是仲申——

（固執地）

楊：求求你們吧……

王：我是他底祕書。

劉：不，我說他是結了婚的男子。本治還沒有結過婚——這比較適當，所以我放心了。你自已也許不怎麼瞭解 — 去麻煩一個結了婚的男子——或者去使他麻煩……那結果……

（李仲申非常生氣地走進來，脚步很沉重。）

李：你們都跑到這裏來，王團長一個人怎麼辦呢？

（沒有人回答）

李：你所說的一點都不錯，我已經打電話去問過雲生了，北站的情形恰好和你說的一模一樣，畜生！「强硬。無論發生什麼事情，責任總得你負的。」這就是我對雲生說的話。……假使兩樣東西一定保持相當的距離——這自然是毫無意義的——那麼，一方面前進，一方面就只好後退了。

（對楊本治）

楊：現在你好像一個教授。

李：教授是沒有狠處的東西。

王：我覺得學生運動跟學生運動目下採用的方法，是應該分做兩部份考慮的事情。

（王瑪利走進裏面，劉綺娜悄悄地跟了去）

李：我什麼都知道了。雲生以爲是該他抱歉的——他錯了，我一點不需要抱歉。

楊：那傢伙叫什麼名字？

李：好像什麼王起庶—— 不出色的。

楊：王起庶……

（低聲重複着）

李：是的，有什麼奇怪呢？每個人都有個名字，或者段琪瑞或者曹錕，偉大的一個也沒有。你想起一個這樣的名稱，你就會想起那裏有一團東西，你一叫，那團東西就走過來了。

楊：他們給了他怎樣的待遇呢？

李：這可憐的王起庶！他們在他身上搜出一張支票。還有，一張名單。名單上寫了許多你們同學底名字，又不外是一些兩個字三個字的名字，上面還註明宿舍裏房間牀位的號數。— 我眞想不出誰辦事是這樣辦法的。

楊：他們打了他？

李：你猜對了。傷得很重。一張支票，一張名單，就算是證據。除了證明大學生一般地都沒有法律底常識，也不知道尊敬法律，還有什麼呢？——不止把他打傷就算了，他們把他綁在車站的鐵欄杆上，在他後插了一根旗子：漢奸，什麼什麼。這班少爺們！

楊：照你覺察，四哥，我還能够回北站去麼？我眞有點害怕。對付一匹瘋狗還容易，要是對付一羣，一大羣……怎麼好辦呢？

李：强硬！强硬！

（彷彿沒有聽見）

顧忌一個什麼屁呢！事情要解決——而顧忌是對女人纔有用處的！一個一點都不複雜的問題，混蛋！官僚主義！沒有勇氣的孱頭！畏首畏尾的專會拍馬屁的下流蟲！

（聲音逐漸加高）

從來的這一類糾紛是怎麼樣解決過來的，誰都應該懂得，只有一個方式。沒有別的辦法，絕對沒有！羣衆是要看榜樣的動物。有了可以害怕的榜樣，他們纔害怕！我要解決這個問題，我要馬上解決牠！

（楊本冶底迷惑和恐怖越加重了，沉默）

李：阿珠，大衣帽子給我拿來！

（李仲申大衣帽子手套圍巾都弄好了，手杖抓在右手裏。王瑪利，劉綺娜，李上海，齊出來。）

王：你要出去了嗎？

楊：你打算怎樣辦呢？

李：我打算這樣辦！

（他用手杖在棹子上重重地打了一下）

我到車站去。阿珠，你叫他們把車子預備好……我親自去對那班少爺說，他們打了的那個人就是我底朋友——我底朋友！

（聲音一度低降，又慢慢地加到最高）

---

# 太原紀事

宗　　人

## 一　「做團體的人」

我曾經接觸了一些「做團體的人」，他們的主要任務是爲某改良主義的要人應聲。

某團體裏的小人物並曾把我認做一個眞實的朋友，而對我發洩了忿怒。

這忿怒自然不是沒有理由的。

「團體裏給我錢，我有我的支配方法。」他開始說：「這方法是連我的老婆，也不能告訴的，因爲我是團體裏的人。」

直截了當的說，是因爲他爲了他的團體領了二百塊經費，而對人只說一百，不幸卻又被人發見了，所以便弄得不自在起來。

「我是光明磊落的，我要向上峯解釋。」

他的眼睛不住的轉，小八字鬚也毅然的挺起來了。

可是我感到有些滑稽。

我的一個朋友也被「做」了，他們叫他作「團體裏的人」。

但我仍是感到有些滑稽。

但這卻並不是滑稽的事。在太原，正有不少的「志士」，在搶這碗團體飯吃。團體多得簡直像擺雜貨攤一樣：或則花生，或則瓜子，或則牙梨，白字黑底的什麼會什麼會之類的牌匾，正像街上三秋大減價的招子，在滿街上飛揚。

老太婆也入了團體了，因此每月可以領兩塊大洋的生活費。小孩子更有小孩子的團體，每人月賞糖糕數方。在「志士」們，正可以藉團體的力量作敲門磚，而走向陞官發財的捷徑。在「主人」呢，家奴之外，更想「招賢」，所以零收躉買，也均無不可。

因此太原市上，充滿了「團體裏的人」。

這些人，有的來去匆忙，儼然有要人風度。有的卻也消閑自在，落得一紙牢騷。大抵所謂團體裏的人，也有着幾種不同的原形。如：「做團體」的，「吃團體的」，和「被做」的，種種。

但原因卻只一個：爲吃飯。

某團體佔領了某機關，而領地內的職員，便要全體被「做」，成爲團體裏的人。

同爲團體，派別也還不一。「招賢館」內的賢者，雖均有投靠的意思，但志趣卻也不防分歧，好文的，喜武的，各不相同。文有文幫，武有武行，傾擠之風，雖不致若蔓草之生長，可是明槍暗箭，有時也還是要顯露兩手。

你如果碰到那腋下永遠夾着個黑皮包的人，他也會遞給你一張名片，那名片是：

「山西婦女協進會總務股主任
倡用國貨服務團總團秘書
新生活促進會總幹事
山西平民教育團社務股股長
陳子餘」

所謂團體裏的人，如此，如此。

## 二　土地村公有研究會

我的朋友因爲某種機遇，參加了土地村公有研究會。

有一次我曾開玩笑似的問他，你的土地問題研究的怎樣了，他於是爲我講了個很有趣味的故事。那故事是這樣開始的：

「那一天，我接到通知，特別起了個早——你知道，我是沒有早起的習慣的——到了指定的地點。遲了半點鐘，已經八點半了。

會議廳外，有些携了搶的馬弁護兵之類，往來逡巡，這使我直感到，我是遲了。

會議正在進行著。

主座上坐著那悲天憫人的主人，兩旁則羅列著一些文官武將，從年齡和服飾上區別，在座的大概是均屬要人吧！

我過細的研究著每一個人的面型，考察著他們的動作，這些人大抵是全在做著傾聽的姿態，自然，也不免有人偷偷地打著呵欠。這會議的進行，多少是有些滑稽。主座而外，很少有人發言。但主座卻似乎很興奮。

他的議論更增加了他的喜悅。

他有很多的譬喻，而計算數目字又非

（聽不出字眼的咆哮）

（李仲申走出去。汽車馬達響聲。過一會兒響聲停了，李仲申頹喪不堪地轉回來）

李：但是我重新想一想，想過了，我還是不去的好！我們要使一件事情接近一個總的解決。——而且，我去是沒有把握的，那班畜生已經沒有了理性。

（鬱悶——但是堅決地）

除了鐵的手腕……此外……

（大家仍然不做聲）

李：你們明知我預備去做一件做不到的事，剛纔爲什麼不阻止我呢？

一月七日一九三六。

---

常細心。他在估計土地村公有以後的利益了。

大家應和著他，對他的估計發出了讚嘆聲，稍遠一點兒的，便在紙上紀錄著，像是很用心。因爲我也坐得稍遠，便有機會一瞧那記錄：「晚上戰八圈。」送給他對面的一位雅士去。

某要公對於主座的估計發生疑問了。發問之先，他先做了個很謙虛的表情，於是便像小孩子討教先生似的，把他的問題低聲的陳述出來。

主座是說的你們村子裏的情形，但在我們村子裏，便是如何如何，所以：——

那問題是連小孩子也會發驗的。

主座當然就爲他解釋，三言兩語，便逼得他落荒而逃。

於是大家哄聲的笑了。

主座也笑了。

某要公也難爲情的笑，笑中夾雜著讚嘆。

另一要公於是乘機發言：

「主座大概疲乏了，我們改日再談吧！」

會議便這樣纔告了結束。」

他爲我講完了這故事，就下了他的結論：

「這簡直像開玩笑，也像哄小孩子開心。」

但我卻還有我的想頭：

「這差不多是不可能的。」我說：「參與會議的人，大致全擁有大量的土地，若眞要村公有，恐怕他們便先要設法阻礙了！」

果然，在不久後的現在，主座已弄得痛哭流涕，原因是他的幻想到處遭受到阻礙，土地村公有原來卻並不爲農人們所歡迎。

## 三　一齣滑稽的戲

在歲尾，我目睹了一齣滑稽的戲。

這戲的扮演者，是全市的大中小學生，而牽線的，則是那些團體裏的人。

既然全國的學生全在激動的作救國運動，全在寒天冰地中勇敢的流著血，全在刺刀槍彈下高呼著抗敵的口號，太原的學生自是也不能保守著永久的沉默，而應該有所謂表示。

表示的形式是不免太文雅一點。

學生們選出了代表　代表們在不誤課的原則下，招集了一個游行示威運動。這運動是在一個禮拜天舉行的。

示威的行列正像內戰時代開赴前線的兵士，整齊倒也整齊，但卻很勉強。隊尾還有一小隊軍警憲，臉上全有一種疲弱和不屑的表情。

喊口號的開始了，口號均是內定的，有著一個局限。如．「打倒殷逆汝耕」，「中華民國萬歲」，「打倒賣國賊」，來回顛倒，只得這三四句。

有些人站在街角看熱鬧，小孩子們在嘻嘻哈哈的笑，高懸著的旗子，正像人家大出喪時的儀仗。

我說儀仗，是因爲我當時確會激起了這樣的感覺。活人爲死人預備下的笛子喇叭，是爲了眩耀活人的權勢。而我們的示威隊伍，不過是誇張了太原市上那些團體裏的人的生存吧了！

大家全很漠然，連示威的行列也在內。人們的熱血不但是不沸騰，喊呼聲反而是加强了街市上的喧囂。

但青年人的血畢竟尙有不冷的。示威的中途，有人在倡議請願了，更有人在提議去搗毀某漢奸的住宅了！「請願」和「搗毀」，均屬局限以外的事，這個自動的要求，立刻便遭受了代表們的拒絕。

拒絕卻不足以壓息羣衆的忿慨，立刻，代表們便把隊伍分化成若干碎塊，而自己也悄悄的溜走，去奏功請賞了。

這齣滑稽的戲，便結束在這樣一個不完滿的尾聲裏。

事後雖說仍有些行動，卻全零碎的很，更何況一些聰明的教育當局，更提前放了假，使得學生們均提早回了家呢！

| 第一期刊悞 | 題名 | 頁數 | 行數 | 誤 | 正 |
| --- | --- | --- | --- | --- | --- |
| | 文藝界底 | 18 | 題目 | 習風 | 風習 |
| | 詩二首1 | 28,29, | 題目 | 第一首和第二首相互顚倒 | |
| | 詩二首1 | 28,29, | 6 | 盡 | 望 |
| | 詩二首1 | 28,29, | 16 | 唱的歌 | 的歌唱 |
| | 詩二首1 | 28,29, | 24 | 制牠與我們奔騰 | 制止牠的奇騰 |
| | 詩二首2 | 28,29, | 1 | 廢 | 麼 |

# 國社黨亞令匹克領袖底談話

John L. Spivok

對於一九三六年在柏林舉行的「亞林匹克運動會，」似乎不應該有什麼抵制的鼓動，因爲我已經從日耳曼「亞林匹克委員會」主席列發爾特博士（Dr. Theodore Lewald）得到了正式的聲明，說『扯謊的猶太人和天主教友』所散佈的謠言並無根據。

假如猶太人爲了「運動會」而來到日耳曼，他們是會受保護的，卽令所謂保護是把警察叫出來對於或有的暴亂和侮辱加以彈壓。

猶太人用不着擔心，因爲，卽令旅館中沒有房間，他們可以住在猶太人的家裏，那麼他們也就不至使亞利安人討厭。

『天主教友，』列發爾特博士說，『不是像猶太人一樣可以從鼻子底形狀上認得出的，所以，祇要他們不說話，他們甚至還可以和亞利安人住在一起。』

「國社黨人」公然地憂慮着美利加有不參加將來的「亞林匹克」的可能。他們已經費去了一千多萬美元建造供選手居住的「亞林匹克」村莊，修築橋梁和街道，以及進行其他的準備。他們期望從參觀者得到大的償付，因而收得亟需的利潤，並使參觀者和不安的日耳曼羣衆獲得一種印象，以爲外界在稱贊「國社黨」的統治。

抵制底風聲已經來得很嚴重，因而「國際亞林匹克委員會」主席巴萊勒拉都爾公爵（Count Baillet-Latour）曾被召和得爾・佛埃列爾『領袖』作商討，並發表下面的聲明：

> 關於反對，並沒有什麼理由。參觀者是受歡迎的，而且也不至被人冒犯。現在抵制「亞林匹克」的運動係發端於政治上的仇敵而以虛僞的陳說爲根據。

這聲明使我發生了很大的感觸，我竟不知道日耳曼人民底忠實是否受了玷污。所以我去和多年在日耳曼政府中佔重要位置的列發爾特談話。哈登堡街四十三號「第十一次亞林匹克」總辦事處充滿了希特勒底像片。碩大的，健壯的，中年的日耳曼人們在接待室裏坐着和站着。他們底談話完全是在講，對於反對『猶太人的抵制』的美國朋友，是如何地有接近的必要。他們底聲音充滿了赤裸裸的忿恨。

列發爾特底祕書聽到有一個美國的新聞記者求見，他便給我安排下一個立刻的約會。美國的新聞記者似乎是沒有成羣結隊地到「第十一次亞林匹克」底總辦事處來。

列發爾特是一個長着稀薄的頭髮的老人，他很誠懇地給我打招呼，而且，在我尚不曾找到機會詢問「亞林匹克運動會」底盛況，他便開始了很迅速的一串子談話。一九三二年，祇有一萬五千選手參加在落桑磯舉行的運動會。柏林却期望有四萬以上的選手，四十九個參加的民族，以及每日十萬至十五萬而在運動底全期間的總數爲一百萬以上的參觀者。在我每次想設法打斷他底滔滔的談話的時候，他總是深深地抽一口氣而又重新開始。

『請告訴我，』在他深深地抽另一口氣的時候，我終於得到講話底機會了，『有沒有些民族拒絕派遣運動員呢？』

『祇有巴勒斯坦，』他告訴我。『但是，就在這種場合，我們也接到了一個很客氣的表示歉意的信，說，因爲他們祇是新近才發展體育，他們未見得能够競賽。這是一個很客氣的信。至於蘇聯，』他很不舒服地接下去說，『因爲他們沒有「亞林匹克委員會」底組織，所以他們不能够派遣競賽員。我們是不反對蘇聯參加的，假如他們有一個「亞林匹克委員會」——』

『您知道，』我說，『美利加所特別關心的，與其說是對於猶太的和天主教的選手怎麼樣，毋寧說是關於猶太的和天主教的參觀者的待遇。』

列發爾特很不安地坐在椅子上，有點兒要爭鬪似地向前欠着身子。

『特別使我注意的是，』我接着說，『在你們所發出的新聞中並沒有講明。比如說，我很想知道日耳曼的猶太人和天主教友是否被允許在運動會中作競賽？』

『爲什麼不允許？』他反問，他底眼睛閃着光。『祇要他們具有合乎「亞林匹克」的資格。任什麼人祇要够得上「亞林匹克」底標準，我們是都允許他參加的。但是——』他向前欠着身子，發着微笑，用一隻老氣橫秋的手拍着我底膝蓋，『也很奇怪，在美國的五百個一等的運動家中，祇有五個猶太人。每百人出一個。不是嗎？』他高興地笑着。『這裏的情形也是這樣。猶太人和亞利安人有的是相同的機會，但是，不知怎的——』他望着我，帶着勝利的微笑，『不知怎的，他們總是不及格。』

『那麼有沒有一些及格的日耳曼的猶太人呢？』

『我們現在還不能够知道，』他急忙地說。『預賽還沒有完。』他作出一種寬大的姿勢。『但這裏對於天主教友確乎沒有什麼歧視。天主教的青年組織有加入希特勒青年運動的權利——這可以表明並沒有歧視，不是嗎？』

『好像是很足以證明的，』我對他表示謹愼的同意。『但是，看到「國社黨」底活動，您難道眞期望着猶太的和天主教的運動員到柏林來嗎？』

『自然哪，我們會邀請他們——』他漸漸地興奮起來了。『爲什麼美利加談論這麼多關於「國社黨」的歧視呢？爲什麼美利加看不到——看不到你們眼中的木頭——這聖經上的話你是知道的。』

『你們眼中的樑？』我幫助他說。

『是呀！』他帶熱情地叫着。『爲什麼美利加看不到她自己眼中的樑？在「南部」諸州中，對於黑人的歧視是怎麼一回事？沒有嗎？你們不讓黑人和白人混雜——即令是猶太人。爲什麼偏要看我們眼中的樑？』他質問。『「亞林匹克委員會」不問競賽者是一個猶太人，抑或是一個亞利安人。』

『我們所想要知道的是，假如猶太人和天主教友來到柏林，他們將受到什麼樣的待遇？』我又重複地問。

『他們將受到很熱誠的招待。我們希望有許多的猶太人到這裏來用去許多的金錢。他們是有錢的，你知道，』他很滑頭地接着說，而且還發出笑聲。『這眞是一個可笑的問題。你總不會聽到過有美利加人在日耳曼受威嚇。』

『聽到過的，』我惆悵地說。『有許多人已經受到了威嚇。事實上，竟弄得美利加的大使不得不向希特勒提抗議。』

『我不相信，』列發爾特興奮地嚷着。『我從沒有聽說過。不錯，也許有一回，或兩回，但這都是過去的事，而無論什麼人，凡是到「運動會」上來的，總會是很愉快的。而且巴葉薩拉都爾見過什首，並且還發表了一個聲明保證對猶太人不會有亢麽亂子。』

『你們怎麼能够保證着不會因侮辱而發生亂子呢？』

他興奮地搖擺他底兩隻手，『今年夏天，好幾千美利加人，而且其中有許多的猶太人，好幾千人來到日耳曼，沒有一個人遭到麻煩。日耳曼是一個和平的民族。和平是要佔上風的。假如必須叫警察來保護競賽者和參觀者——』他停止了，趕忙又接上，『但這是用不着的。』

『我知道柏林的旅館可以容受三萬人。但你們期望有四倍或五倍之多的人們，把他們安挿在私人的家庭中。你們打算把猶太安挿在什麼地方——和亞利安人在一起？』

列發爾特底臉紅了。他站起來，作出一種不自然的姿勢。

很興奮地——『他們可以去到阿得冷（Adlon），布里斯陀爾(Brisfol)，凱撒洛夫(Kaiserhof)。這些處所並不問一個人是一個猶太人抑或是一個天主教友。我們把猶太人和天主教友安挿在祗要我們有地方可以容留他們的處所。』

『假如一個猶太人具有塞米特的面貌，而且假如他被安挿在一個亞利安人的家庭中而由一個亞利安的婦女服侍他，那麼將要有什麼事情發生呢？』

『我們不會——』他們始說，可是又忽然停止了。『自然，猶太人須要自已去尋找房間，安排膳食和居住。假如他不喜歡他們所得到的，他們可以無須乎停留。』

『您底意思是說，假如亞利安人不喜歡他們底塞米特的面孔，他們可以無須乎租房間嗎？』我很想知道。

『不會有什麼困難的，』他挿入說。『你知道，我們希望有許多的猶太人到這裏來用去許多的金錢。日耳曼很需要猶太的金錢。』

『假如美利加不派遣運動隊呢？那麼日耳曼對猶太人的態度是怎麼樣的呢？』

『那我們要認爲是一個極大的憾事。這對於「運動會」和日耳曼不免是一個極大的打擊，因爲在體育上美利加是一個最大的國度。困難是，』他很興奮地接着說，『困難是由拉比們（rabbis）和祭司們底口中發生的。他們不斷地談論着反對在日耳曼舉行的「亞林匹克。」這不是一個宗教問題，而是一個體育問題。和宗教完全不相干。整個的「亞林匹克」的組織從不曾想到一個人是一個猶太人，抑或是一個天主教友。』

『這是很有意味的，』我說。『請告訴我，在這個「亞林匹克」的組織裏面可有猶太人和天主教友作事情？』

他底面色竟表現出中風卒倒的樣子。他從椅子上跳立起來，碰的一聲把拳頭打在棹子上。

『我——我——我不願意答覆這樣的一個問題。爲什麼到這裏來問這樣的一個問題？我可以說，並沒有什麼歧視！』

『我知道，但是你說這問題是不發生的，所以我僅是問一問這裏是不是用的有猶太人和天主教友？』

『這祗是我們底事，並不關別人底事，』他大聲嚷着，脾氣一發而不可收的。『爲什麼你到這裏來問這樣的一個問題？看一看你們自已底那些體育俱樂部。我曾經到過。你在牠們裏面找不到猶太人——』

『我不過是問一問，因爲你很堅強地說「亞林匹克委員會」不問宗教而且也不會想到歧視。』

『我們選擇和我們相合的幫手，』他嚷着。『這是我們底事，不是美利加底或其他任何人底事。』

『這對於我並沒有什麼，』我說『那麼——』

『我不願意答覆別的什麼問題了。』

『祗再來一個，』我從容地爭持着。『你自已不也一部分地是一個猶太人嗎？』

他底面孔氣得發紫。『我沒有話給你講。』他提高了喉嚨地叫，連接待室裏的祕書和書記都被驚動跑了進來。『走開——趕快給我走開——』列發爾特底聲音已經高得差不多要發尖了。祕書和書記底面孔也發白了。『請，』他們催促着，『你還是走開吧。』

『我不過是想要使美利加知道，』我高興地說。

『我們有一個新聞部，而且有在美國的朋友。我們會使他們知道，』列發爾特大聲地嚷着。『走開！』

十一月三十日，於波蘭，瓦薩。

**何封譯**

# 江　　上

田　　軍

## 一

風，不停的颳着，颳得近乎無節制無廉恥了。江水整日激蕩，拍着，打着，一千遍企圖躍上障礙牠任性激蕩的堤岸，一千遍用自己粉碎的浪頭，在江堤的石頭上增添地描畫着失敗的痕跡 — 江堤起始是表現着固執，自大，安寧……而那脚下的石塊漸來漸變成衰敗的老年人的牙齒了，從那堅固的士敏土的牙床裏，開始動搖，脫落……隨任了江波而滾轉……

從街市裏匯流出來的汚水，完全變成發黑的顏色，騰着複雜的臭氣，無晝無夜地向江裏噴流着。堤岸頂上長列地堆積着各色的垃圾，無數的女人們，孩子們，老頭子，野狗……從早晨到黃昏，整天地在那上面搔爬；人在尋找殘剩的東西，狗在尋找可以吃的骨頭和魚刺……爲了一塊骨頭，狗們會相互咬打起來，扯裂耳扇，滴着血跛了腿，一直到骨頭落在了有力者的嘴裏爲止；有的再另去尋找新的。傷了的便用舌頭舐着已流出來的血……。孩子們有時也會扭打成一團，像禾場上打莊稼的滾子似的 - 在垃圾堆上滾轉着，目的像是要把那起伏不齊的垃圾場，溜成平坦。女人們急速的大罵，一面收拾被孩子們給拐翻的煤渣筐。但她並不立起來，看得出她的肚子累贅了她，起來坐下，應該是感到過度的艱難。

在風經過這裏的時候，牠旋絞着，帶走了牠能够帶走的東西，和着各種由別處，由排流汚水的地方，半乾涸的死水池……帶來的氣味，有目的無目的向人多的地方，向人們的鼻孔，耳窩巢，眼睛……播送着，藏匿着……久了，在人們也成了習慣。

那面——在船塢的那面——現在這地方多是臥泊着從沿江開來的糧船，准備向靠近船塢的堆棧卸下——賣飲食的小販們響亮地—— da-da-dan……da-da-dan……——敲打鍋子，高聲唱着似的吆喝着，引誘着他們的主顧——他們今天正在忙碌，糧船嘴巴接着尾巴，幾乎要擠滿這不甚廣大的船塢。

『快啊……快啊……懶驢們……』這是一個掌籤人。他沙啞着嗓子罵着，嚷着，有的時候他也有韻節似的唱着罵……沒有遮沿的打鳥帽，歪掛在腦後，束在腰裏寬大的布帶端，被風扯擺，像一面灰色的旗。

每個負着囊袋的人，經過他的面前，他總是焦急地，一面把籤子用一種熟習巧妙而迅速的手法遞過去，不使背負東西的人們有片刻躭誤或停留，一面却叫着：

『幹哪……伙計們……不能再快點嗎？』

『幹！要錢不要命啦……幹啦……』

强壯的半跑着，撒着歡，漂亮地使糧袋單獨架在肩頭上，兩隻手撑着腰，學着女人的扭擺。

『你他媽……學的是什麼娘們走啊？那簡直是猪……看咱給你學個小脚婆……「武老二，扭扭捏捏裝姑娘……橫長鼻子竪長眼，耳朶長在跨——」』唱着，他的跨胯一扭動，「股上」兩個字還沒能唱出，肩背上的糧袋落下來了。人們毫不停留的笑着過去了。……

堆棧毗連着，院裏成列的疊踞着糧袋的山。新的山還每日在疊起。疊山的人，也一樣繁忙的動作着，嘴裏數落着有音韻的歌……

風變得無定向地吹，捲着浮塵；爲了江波的激蕩，每條聯在船上的跳板，總是不安的搖擺。人行在上面，常常爲了這搖擺而顯出遲緩。尤其是孔春，常常在經過那跳板時，就要障礙了別人：

『老驢……爲什麼那樣「慮」（註）啊？儘害別人的路……還怕淹死你——快點啊！這是軍糧……今天要卸完啊——老驢……喂！沒聽見嗎？大點步……噯噯！』

掌籤人跺着脚叫喊着。在孔春後面的人，一樣也是叫喊着：『大點步啊……』這些聲音對於他好像沒有關係，他只是這樣在想：

——這袋掮完，不掮了吧！去看看孩子們……吃點什麼……

在他經過掌籤人的面前，那個人怒了，他的眼眉濃厚得要連結在一起。鼻翅展閃着。爲了報復，他把籤子丢在地上，要孔春自己拾起：

『老驢子……滾回去吧……這裏沒有你的飯了……』

掌籤人並不停止用他那迅速而熟練的動作，把木籤按着順序遞給別人。

『好兄弟……遞給我吧……我怎能蹲下拿呢？袋子在身上……好兄弟……掮完這袋……我換換力氣再來……那跳板……噯……風實在大……平常你知道……好兄弟……遞給我吧……』

註：「慮」北方語，即怕的意思。

掌籤人並不聽他的哀求，即使孔春眼睛始終是笑着也是沒有用。清楚的即使那汗顆開始更大的，在那發紅的前額上連結起來也是沒有用：

『好兄弟……回來……我請你吃香煙……遞給我吧！……』

人們經過的時候玩笑着，誰也不肯低一低腰把地上的木籤遞給他。在最終還是自己放落了糧袋，嘆息着，從地上把木籤拾起來插在腰間。又央求了人從新把糧袋安置在肩背上，搖曳地走了去。

『這老傢伙……』人們在背後遙遠的笑着他。這樣年紀還在作掮夫，應該是一點奇蹟。那豆囊，那過於急峻的斜坡，跳板，激蕩的江波……總是每時故意和他開着爲難的玩笑，每時有接待他到人生別一條路上去的可能。在孔春他並不感到什麼，他祇是覺得每年的糧袋，逐漸增加着不馴順了，那上下的斜坡也好像每年增加了急峻。對於青年伙伴們那樣掮起糧袋，打着賭，賣着俏，急跑高笑比賽的興味，也水一般的淡薄了。他常常是孤獨地掮了去，走了回來，脖子同一般的伙伴們相似，向前探伸，使脊椎骨的上端顯得突出，兩脚作着平行的方向，間隔永是那樣，兩腿顯現着强直，行動起來總是一湧一湧地……好像特別他的膝關節骨頭銜接的部分，較別人缺乏了油的潤滑。

『老伙計……回家歇歇吧……這個「活」不是你這樣的年紀幹的了……』人們善意地勸着他，他却祇是彎着細小的眼睛，有主張的孩子似的笑着：

『好兄弟……我捨不開這裏……也捨不開你們……來，快搭給我吧！好了……大家在一起幹活……這……脖子……一天不用糧袋磨出點血或是什麼的……眞是不舒服哪……』

人們聽得到，他從下面走上來，喘息的聲音總是特別的粗魯，特別的焦急。

現在他要換一換力氣了，雖然他看見別人還在無間斷的發瘋似的掮着，跑着，爬上爬下，一個人百十幾袋過去了，而自己却祇掮了二十幾袋，感到一種嫉妬似的侮辱。但是他決定要換換力氣了，同孩子們吃點什麼。當每個糧袋被搭上他的肩背時，孩子們的小臉總是發現地向他笑着。行在向積棧的路上，他要默記着這是第幾袋，或是挪出一隻手來，抓一抓衣袋裏時時在發響的大銅元。

——這是第二十四袋了啊！該有六十九個銅元……加上這一袋……七十二個了……再一袋不來了……整整七十五個了……今天給小馬多吃一個餃子吧……那小王八蛋……又該在盼了……

眞的，到了第二十五袋他就不再揹下去。把最後一隻木籤也換了銅元，輕鬆地從堆棧的大門走出來，向江邊那片正在滾着孩子們的垃圾場拖了過去。

小牛拾得一個殘斷了四肢的膠皮孩兒；頭上也有了大大小小的洞孔，鼻子也塌陷了，但是別的孩子們還正在追逐着他，搶奪着要據爲己有……孩子伏在地上，使膠皮孩兒深深壓在身底，別的孩子們便來掀他。他哭叫，鼻涕糢糊着嘴臉，姐姐在一旁蜻蜓似的扯扯這個，打打那個，嘴裏駡着不合乎女孩兒身份下流的話……

『你駡呀……你將來找不到一個好婆家……婆婆駡丈夫打……打得你直哇哇……』男孩子們羞辱着她。起始她也和他們還駡，並且利用各樣的垃圾向他們身上瘋狂地抛打着。男孩子是玩皮的，他們更結成了羣，遠遠近近挑逗地使她無可如何地，駡着，笑着……編排各樣的歌詞：

「小姑娘……脾氣大……嫁一個丈夫白眼瞎……」

『小大姐……眞不錯……嫁了個丈夫拉洋車……拉洋車呀……』

『……………………』

姐姐也終於哭了。風旋轉着，淚水浸疼她臉上的裂紋。小牛仍是伏在地上，膠皮孩子已經壓得更不成形，有了新的裂口。

孩子們跑開了，他們看見了孔春努力拐着脚，兩條臂張展作着恫嚇的姿式……孩子們並不怕他，祇是下意識的跑開去，一刻他們又結合起來，更接近地站住了。

『爸!!!』

爸爸把孩子提起來，那小臉的一半已經被鼻涕黏結了很厚的泥土，他開始用自己的腰帶的一端揩拭，一邊指着站在那裏的孩子們：

『你們這些小老鼠……等着吧……我非把你們全扔進江裏去不可……他太小啊……你們是作哥哥的……不應該欺負他呀……不要再欺負你們的小兄弟了……我請你們每人吃三個餃子……』小牛已經止住了哭，搖着手裏的膠皮孩子給爸爸看：

『這是我檢的啊……他們硬要搶……第一個是冒兒眼……把他扔在江裏吧……不給他餃子吃……姐，拿着我們的筐……跟爸吃餃子去呀』

姐姐也不哭了，拿過了自己的筐。姐姐的小辮結滿着灰塵，臉上裂着爲春風吹開的傷紋。

別的孩子們更走進來了，一齊亂雜着聲音叫着：

『老孔……走，領我們吃餃子去啊！不是你說的嗎？』

老孔的眼睛無可奈何地彎着了，抽着鼻子，一隻手摸着小牛的頸頭；一隻手在衣袋裏響動着銅元。他那滿是紋摺的寬闊的臉幅上，堆生着有點發白的鬚毛，頭頂光禿禿的，在有點昏黃的太陽下面，還有些光亮。

『你們這些人啊……全請……錢不够呀……』他無主張地四圍地轉着頭。

『給我們銅板……』

『銅板……』這是由冒兒眼提議喊出來的，別的孩子附和着。老孔的手還是靜靜地藏在衣袋裏，使銅元發着響音。

『一人給幾個呀？』他茫然的樣子，似乎在數點着人數。

『五個 一每人五個……』

『七個……七個……』

最終還是冒兒眼決定了，每人三個銅元，正好買一個燒餅吃。

『不能有這些呀……每人祇能給一個……一個……』

『不成 — 三個……一個燒餅……』

## 藝術與生活

A. Gide

大凡藝術失去了和現實的接觸，和活的接觸，就馬上變成了技巧。……文學總是通過土台，通過土地，通過人民，而復興而更新的。

（風譯）

『一個……愛要不要……』老孔顯着固執了。

『不，一個我們不要……我們走……』

『兩個兩個吧……』老孔的手顫着，從衣袋裏經心地摸着銅元說：『兩個，兩個吧……明天別再欺負你們的小兄弟了……』

每個孩子得到了自己的銅元，全蒼蠅似的飛開了。祇有冒兒眼還是不動，他說：

『我不能要你這兩個玩意……給我那膠皮孩……』

『這不是你檢的呀……』姐姐尖聲地分辯着。

『這是我……爸……我從那兒挖出來的……』

『把這個……給你小兄弟吧……就算是你的……他小……好冒兒眼……這裏……再給你一個銅元……』老孔又摸出來一個銅元，但冒兒眼並不來接牠。

『我不要你的銅元……我要吃餃子……你請我吃一頓餃子……把你的小牛交給我……我保險……再沒人敢……』他把手裏搔扒垃圾用的鐵鈎，在空中幌兩幌：『……誰再欺負你的小牛……我就用這鈎子幹他……你不信？幹麼那樣彎着眼睛……』

老孔歡喜地看冒兒眼的一隻好眼閃亮着；那一隻在眼球上有着一顆小赤豆樣的眼睛，也是要求別人信任似的轉動着。

『好……那麼我請你吧……你不能對他們說啊……多了我請不起……他是你們的小兄弟……他是一個好孩子……』

小牛和姐姐始終是嫌惡地看着冒兒眼，冒兒眼也傲慢地祇是和老孔講着餃子的事情。他的樣子像一個什麼全精通，什麼全有主張的成年人。

『這垃圾堆上有什麼意思啊？……明天我帶他們去拾煤……不是煤渣……這地方祇是給狗尋骨頭的地方……』冒兒眼答應了明天領小牛和姐姐去拾煤。

…………………………

在一所不斷被風鼓蕩着的布棚下面，人們喝着大碗的茶，咬着大餅或包子……他們一同坐下了。老孔數一數所有的銅元，笑着向賣餃子的小販說：

『老姜……給煮三十個餃子……每碗十個……要肉的……帶點湯……』

老姜用鐵勺子儘在鍋子裏 gua-gua ……地攪着，而後用鐵勺子把鍋沿 da-da-dan da-da-dan……響亮地敲打了兩下，纔把餃子放下去。一刻餃子的白肚囊顯露出來了；一個，兩個……隨着水旋轉着。

在吃着餃子的時候，小牛還是用自己的小眼睛，嫌惡地看着冒兒眼。膠皮娃娃不放心地擺在自己的近邊。只要冒兒眼向他這面看一看，他就把手按在牠的上面，同時叫着：

『爸！他又看了。』

『吃吧，你冒兒眼哥哥……答應不再搶你的了……你够了嗎？冒兒眼……再吃五個？不嗎？』老孔坐在一邊咽着唾沫說。

冒兒眼很快吃完了自己的一碗，便毫不留戀地站起來，背起自己的筐籃，顚動着手裏的鐵鈎子說：

『小牛，明天早晨我去找你們……』冒兒眼走了。

『老孔，你不來一碗嗎？』掌櫃誘惑地搖一搖酒瓶說：『酒還有這些……』

老孔歪頭看一看孩子們的碗——姐姐的一碗已經吃完，正在飲着湯，小牛的碗裏還有兩個。老孔並不怎樣關心到女兒，只是關心到小牛：

『牛……還要吧？』孩子並不回答，只是吃。老孔站起來又坐下，看一看酒瓶，那裏面的酒清楚地還在不安靜地起着泡沫，微微地可以嗅到一些從瓶口散溢出來的香味——這是在風偶爾停止下來的時候。

『好，給我也煮十個餃子吧！——先來一盃酒，給我一瓣蒜吃吃……』

別人們正在講着今天自己的光榮：

『屁大工夫啊！我竟幹了八十袋……眞是屁大工夫……』

『我還沒有幾泡尿工夫……也幹了五十袋呢！』

『照這樣……喂……看啦……又有船向這裏開了……』

幾天小販們的生意像風一般地好起來了。人們吃了這樣又吃那樣，吃了又來吃，喝了又來喝……

一盃酒咽下去以後，老孔感到這四週有點春天的樣子了：江對岸的樹林，已經朦朧地有些綠意渲擾着了。靠近江橋鐵道的土堤邊側，也開始了黃青青的顏色。對於別人的吵叫，也似乎感到了一點關心。雖然這些話題全是他幾多年來聽得爛熟也自已講得爛熟，甚至變成了厭惡，但現在他又不自主地同別人說了起來：

『你們……嗳……全是說些什麼呢？我幹了二十年了……摸摸你們的脖子吧……慢慢全得像我似的……像個王八似的……向前探着……想直也直不起來了……』

『老孔——你又領孩子在吃啊……又喝酒……快了，你的老婆又該揍你了……』一個疤頭的禿子沒有眉毛也沒有鬍子的人說着。他正在坐直着身子喝茶。

『老孔的老婆……還正年青咧……長的還眞不錯……老孔的孩子全像他的老婆……不像他……喂……小牛……管我叫爸爸……媽拉的……爲什麼不叫啊？我纔是你眞爸爸咧……老孔不是……你搖頭幹嗎（麻）？……好，你罵我……』這是一個有着很濃厚眉毛和連鬢鬍子的人，眼睛被高粱酒燃燒得赤紅着，他一面說話一面打着飽噎。

老孔看着孩子們去了以後，他的手又重新插入原先響着銅元的袋子裏。現在這袋子變得瘖啞了，把他袋底掏出來，翻轉地看了看，把那袋底存積下來的碎紙，棉絨……抖落出來任風吹開去，重新又安置在原處。同時纔向孩子們吃餃子和喝酒的地方望了望，那裏人還是來來去去……賣餃子的老姜，忙碌不斷地打着鍋沿。從餃子鍋裏升騰起來蒸汽，被經過的風急轉着——原先他們坐過的地位，現在又坐滿了別人。

船塢東端，卸儎的人沒有改變的來來去去上上下爬走。被卸空了的糧船，沿着船塢的南沿輕鬆地開始離去。這面滿着儎的，也開始向前挪近了一步……掌籤人的嗄嗓子的喊叫，可以聽得出有點兒不濟了。

老孔一隻手插在衣袋裏，停止不動，同時眼睛却茫然地看着那連接在堤岸和糧船中間，遠遠看來更顯得苗細的跳板，每次人們經過那上面，起伏的弧形更顯得擴大了。江水蕩起來的浪頭似乎又蠻野了一些。

——錢，又給孩子們吃了……自已也喝了……回去她又該……多掮十袋吧……今天……誰讓請了冒兒眼那小痞棍。

腿强直的，兩脚放着平行的間隔，一隻手在衣袋裏無所謂地抓動着——人在衣袋外面也可以看得見這動作——湧動着身子沿着堤岸走了去。

## 二

這是幾天來僅有的現象：風停止了，隨伴着黃昏，江水要睡着似的流走。街市那面一些高聳的烟囱，低高不整齊的建築物，在日間是那樣被風纏裹得發了昏黃，遙遠看去似乎也發生了搖曳。現在是剪影一般地，寧靜地平貼在發着藍和灰黃色的遠遠天空上。從烟囱聳直起來的烟柱，炭筆似的要替代了夜，把天空先烘染着。——從每處建築物的窗口浮出來的燈光，螢火似的閃爍不安。

孔春離開了船塢，沿了江堤茫然地走着，一直到那掌籤人和小販們的喧雜的刺耳的囂叫，不再那樣清切的時候，他的週身似乎纔感到一種脫了覊勒似的輕鬆；纔這樣意識到：

——風停了啊！

他停止了脚步，回過頭去望一望：江橋似一條多脚的黑蜈蚣，僵直地臥在江上。從橋下面望過去，遠處的街市已經被煙氛糊模得相同建築在江面上了。船塢地方的燈火又好像繁多了一些，人的眞正輪廓已經識辨不清，看起來祇是一些逆立的毛蟲樣在那裏踴踴動動……

——這要幹到明天早晨啦！看樣子……明天早晨也不會就幹完的……船還是那多哪……

他不再停止也不再遲疑了，一面走，一面把手指探到衣袋裏面去，讓那些銅元們每個來吻到牠：

——只要這樣船多些……賣力氣多捎兩袋……給孩子們吃點……自己喝點……算什麼呢？……不算什麼……就祇這兩個孩子……小牛這小王八羔子……不知道睡了沒？——另一隻手摸摸別一個衣袋——不錯……糖還在這裏……這孩子……一定得有點出息……比方……

## 藝術翻底生命

A. Malraux

一切藝術作品，在它自體上是作品，同時也總是和它底時代邂逅的東西。我充份地知道，歷史是由我們發現了的。由變被移到屋頂下去了的作品就會由變被移到博物館去。但是，它們沒有那以上的價値。一切作品，變消去了的時候就死亡。

（風譯）

從東面的江面上月亮浮上來了，靜靜地升起着。遠山和樹林已經分別不出，一是樣綿延不絕地向左右描着不很急峻的曲線。

遠遠一所小丘似的房子，一半埋在地下，一半孤獨的留置在那廣漠的沙岸上，從一個類似窻子的孔口，拖出一條狹窄的燈光。

當他一看到這個小丘，便把所有的思想全停止住，占據了他整個思想的全面的是一個女人的影子 一有着很寬廣的前額，尖銳的下巴，在一條較長的直的，有點隆起的鼻子兩邊，深深藏着一雙睫毛很長的眼睛。常常是嚴肅而溫和地照臨着一切。和她的年齡不相稱地，祇是那額皺過度地多了，除開嘴唇還有些近乎血色的微紅，其餘全是蜂蠟塑成的。

——咗！這個老婆……變得這樣快呀！

這不是出於惡意，也不是出於嘆息，似乎祇是一種習慣的裝點。向四周茫然地看了一轉，深深呼吸了兩口，從自己發出口里來的酒味還是很濃，這是沒有方法掩藏的：

——管他吧！

打了兩下門扇，門扇發着咕咕喳喳腐敗了的馬口鐵相咬的碎響。裏面先發出了兩聲乾枯的嗆嗽，接着纔是說話的聲音：

『怎這樣晚啊？』

『開吧！——孩子們睡着了？』

在第一步踏進門來的時候，他幾乎跌倒下去，好像他是第一次來的生人，忘了在一進門的地方還有段一尺高的階梯：

『呶？』他意外地叫着，急忙站好了步子，同時一股過於濃重的酒氣噴開去，眼睛又回復了彎曲。

『「呶」什麼？又喝過酒！』女人的聲音並不高大，祇是沉鬱地看着他，一面照舊弄好了門。

在屋子的地上，散亂地堆滿着垃圾，筐子空在一邊，孩子們已經睡過去了，爲了開閉門戶，安放在一隻蹩脚小桌子上的煤油燈，開始跳動了幾次，隨着也安靜下來了。

第一，孔春先伏下身子去看一看孩子們，他用自已的鬍鬚輕輕在那睡得發燒的小臉上，貪戀不斷地拂動着，女人像毫無溫情地扯了他一下說：

『你又要弄醒他嗎？』她的眼睛過度擴大，停止在丈夫的臉上。相反，他的眼睛却始終勾曲着，側着頭稚氣地望着她，從衣袋裏把所有的銅元抓出來，小心堆置在棹子上：

『你看呀……這全是今天幹的呀……只喝了五個銅元的酒……臢的全拿回來了……孩子們……今天連一個屁也沒給他們吃……聽你的話……你在幹麼呢……？又在挑選這些廢物嗎？噯噯！又該咳嗽了！歇一歇好吧……我眞要睡了……』他到垃圾堆

的近邊用脚尖觸一觸，又用手輕蔑地在每個堆上抓了一下，回來坐在那低脞的炕沿上，一面拳頭敲打着大腿，揉着頚子，打着哈欠，一面說：

『……這敗家的腿……變成木頭的了……還有這頚子……也變得可惡了……多掮兩袋……就要發酸痛……想當年……嗳！眞是「好漢不能提當年勇」啦!!……只有看我們的小東西們吧……』他又用手去撫弄那孩子沾滿着煤屑亂草和灰塵的毛蓬的頭髮……

女人不大留意地聽着他那習慣的自言自語的讀話，自己又復坐近了那些雜布，煤屑，化粧品小瓶子堆的中間，那個殘破了的洋囝囝也出現在她的身邊。她像一個分類的科學家，每晚照例要從孩子們拾回來的垃圾筐裏，分出來什麼是高貴的，比方上等社會婦女們用的盛香水和膏油的奇模怪樣的瓶罐；罐頭盒子，香煙筒……從這些廢物之中，他精細地選擇着。破布片可以洗淨了，堅實些的便用作她每天到街上爲一些拉車夫，流浪漢們縫補的材料。只要能賣到價錢的，她總是不使牠們埋沒……現在她正是決定那個破洋囝囝的命運：

——賣了牠好呢？還是給孩子們留着玩呢？

她看一看睡在炕上的小牛，孩子一回來就向她懇求似的說了：『媽！這個不賣吧！留着我玩……明天我再給你拾個大的來……你再賣……好媽……』她好像沒什麼感動，祇是冷冷的從孩子手裏把那個殘破的小東西反轉地看了看，自己起了幾聲艱難的嗆嗽，又遞給了孩子說：

『先拿着玩一玩吧。』

孩子睡着了，她又從孩子的懷裏輕輕把牠抽出來，同時她看到女兒的頭髮裏埋藏着過度多的灰塵和煤屑。當時她要把她叫醒起來，爲她梳洗梳洗，她又停止住：

——今天洗了……明天還是一樣啊！

當孔春走進來，她正在瞑想着，天氣熱了，怎樣纔可以使孩子們身上那些腸胃似的裸着棉花的棉衣，從身上替換下來呢？於是決定了把孩子們拾得來的東西，除開能够用的布片，全出賣。連那殘破的洋娃也算在內。

孔春打起鼾聲。他那樣子仰臥着，身子一半在炕上，下半段留在地上。小腿和身子爲了炕的緣故，正好形成了一具「曲尺」的樣子。

她對着堆在小棹子上的銅元看着，好像沒有意思要數牠，她竟又數起來。在她數完的時候她用一隻銅元輕輕軋打着其餘的銅元……眼睛，從手裏的銅元上面轉到了堆在地上的垃圾，從垃圾轉到孩子們睡着的地方，而後才停止在孔春的身上——她正在粗魯地震響着鼾聲，在鼾聲裏面常常要有痰似的東西來阻害那經常的呼吸。呼吸的氣流要經過一回奮鬥，或是直到他自已半意識地咳嗽幾聲，纔能照常地流暢。這流暢維持不多久，新的阻障又會發生的……

她舉起燈來，照一照，他的臉色是鮮紅的，所有在日間固執地堆集在臉上，眼尾，前額各處的紋皺，也顯着鬆弛些。那厚厚的，快活的有點弛下的嘴唇，現在也變得有點飽滿，紅潤，壯年人似的，埋在那叢密的鬍鬚裏，不時抖動……完全稚氣地睡着。雖然他的鬍鬚由黑已轉到斑白，他比她總是大着三十年……而在她的眼睛裏，他永久是稚氣地，一個孩子似地迷戀着她！

『起來……脫掉衣裳睡啊……總是這樣慣着孩子們啊！』她搖動他，而他祇是哼着，這哼聲却引起了她的嗆嗽。待她的嗆嗽停止下，他的鼾聲又是無顧慮地震響了整個的小屋子。

『爲什麼……總是背了我給他們買着吃啊？……這些小東西們……將來他們不會這樣……』

她從孩子們的口中，已經知道了他又背了她爲他們買東西吃了。並且還請了一個不相干的冒兒眼，孩子說：

『爸，把銅元都給那些小王八崽子們了……還請了冒兒眼吃了那樣多的餃子……爸說：給他們吃點吧……吃點吧……省得他欺負你們……冒兒眼吃了餃子……說不再欺負我們了……明天還叫我們跟他去撿煤……到有火車的地方……媽……我不願跟他去……我怕他把我姐姐推在火車底下……』

『不怕……還是撿煤吧……撿煤底多賣錢啊！』姐姐顯着很精明的鼓勵着。

今天孔春回來這樣晚，她知道他又在抵補着自己的虧空了。雖然起始她爲了孩子曾和他爭吵過，後來她也曾這樣說過：『你喜歡喝酒……就少喝點罷……小心那江……孩子們不要背着我給他們買吃……孩子們有飯吃就中吧……你不是小年紀了……』

『對了，不再給他們買吃了……不過孩子……他們應該多吃一點有油水的東西……不比我們……他們還正在生長……像一棵纔冒芽的小草似的……你不能缺牠的雨水……一缺雨水他們不比我們……是禁熬不住的……多少總得吃點……吃點……趁着我還能掮抗得動……算什麼呢？只要我抖抖精神……多掮上十袋……八袋……小王八的們……什麼全有了……』

他常常要這樣溫和委婉的，向她解說，同時說到她：

『看你的臉色……像什麼呢？血全被臭蟲吃了？像什麼呢？人全指仗着血活着……把你週身的血全抽出來許有半茶盃？你也多吃點吧，撿能補血的東西……每天……』

她什麼全拒絕着，能够治病的藥和能够增加血的食物。她總是顯着病態的激奮說：『……不要管我……我不能馬上就死的……想着你自己吧……那江水和豆袋……無論那天……全能要了你的命……我不想你再幹下去了……』

『我？我離了他們……活不下去……』

城市裏流過來的騷音漸漸地減少下去。從這屋子南面的一扇窗口望出去，月亮升向天中，江水閃動着顫着金屬似的雜光。對岸，還有幾點漁船上的燈火在紅，背襯着那長長不斷的樹林的屏障……

孔春醒起來，他看到她還在那面整理一些破布。洗着，剪着，用火在烘烤，他叫住她：

『你還在弄啊！』他伸展了一下身子，用手摸觸到屋頂的馬口鐵：『咴！這鐵……不是全糟爛了嗎？』他故意用手指又觸動了兩下，接着便有些星星散散的鐵末和類似泥土和沙粒的小東西，紛落下來。他的臉上，衣領，袖口……全沾到了，幾乎迷了他的眼睛：『這不成了……房頂蓋得掉換一下了，媽的……眞是……』

他坐下來，仰着頭上望，兩隻手的骨節弄着 ga-ga 的碎響。他又看見孩子們了，從孩子們的頭上把方才從屋頂上剝落下來的東西，小心地企圖用手指搔扒下來：

『噯噯！孩子們的頭髮……你也不給她們弄一弄啊……裏面全有「活」玩意了！』

還不等待她回答，她的嗆嗽却代她作了回答。待她能這樣說時：『活玩意？什麼活玩意？』她的臉變得發紅，顴骨上好像塗過了上好的胭脂。

孔春停止地看着她，輕輕點着自己的頭，他好像預感似地想到了什麼，又似自己在決定什麼。無意義地在這屋子裏僅有的空地上走了兩轉又抹回來——他的頭髮和鬍鬚全飛蓬着，眼瞼有點拖下，整個的身影，在這屋子裏臃腫地旋轉，棹子上的燈火全蒙到了威脅，無節奏地在顫動：

『熱水有？我要喝點——這樣……你快死了！不吃藥……也不吃能保養的東西……不行……你不能死……我不能讓你死……』

他大量地喝着她爲他預備下來的水。她一樣陰沉地靜靜地看着他，除非必要，她從不肯浪費一句話。

『找什麼？』她看到他周轉地無端緒地尋覓着，她提醒似地問着他。

『我的帽子……』

『這裏……』她從炕角擊他把帽子尋到，接着說：『這時候要到那裏去啊？』

『不，不到那裏去……』

她看着他條理着自己的頭髮和鬍鬚，微微顫抖着手指在整平着被壓捲折了的帽沿。那帽子已經飽浸了汗油和泥土，牠沒有了固定的顏色，也沒了固定的形式。人可以任意說牠是灰色，或是黑……也可以說牠是一頂有遮沿的呢帽；也可以說不是，雖然牠原先會是一頂什麼人的頭上的呢帽來。

頭髮和鬍鬚梳理好了，帽子托在手裏，暫時並不戴上，他以一個青年人的姿式，笑着樓過她的脖子。這使她將從她臉上退落下來的胭脂，又開始帶着急度的升騰，在整個顴骨上燃燒起來。她相同一個第一次纔和男人接觸的少女，多少帶些不安的意味，埋下了自己的眼睛。記憶的箭，像一顆不期出現的慧星，從那飈急流走着的過去的光照裏面，照見了她們的十五年前。他的更粗野的手臂，那時候總是在她的脖子上勾捲地出現着，她幾乎每次全可以從他的身上尋出麥粒或豆粒來。他那時就是個碼頭夫。

這慧星似的光芒很快地就不再照耀她了，橫在她眼前的是那凌雜的垃圾，炕上睡得是狗一般的孩子們。從窗口望出去，那是在她的意念中幾年來總是加增着恐懼，憎惡，現在牠是正在狡猾地內顫着雜金屬似的光的松花江……

——牠們終有一天要吞吃了他呀！

對於孩子們她也是這樣想着：

——他，會爲了他們碎了自己的骨頭……

她憎惡着江，也冷淡着孩子們……

『我要出去。』他把腰間的搭布，緊了緊，使那拖長的穗頭掖起來，隨處要顯出青年人樣的敏捷：『你睡吧……我明天早晨就回來……』

『你又要去趕夜班嗎？』她的聲音有點帶顫，勉强沒有嗆嗽起來。

『覺得力氣很好……晚上沒有風……大白的月亮……比白天好……明天白天不去扛了……再有風……趁現在儹多……』

他拉開門走了，她也忘記了阻止他。

第一次呼吸到新鮮的從江上飄過來帶點涼味的氣流，他連續地起了串不能克制的寒顫。

那一條多脚蜈蚣似的江橋，更顯得僵直地伸展着。在橋頭的南端揚旗上，正在閃換着紅綠的燈光。一刻一列夜車開過來了，不甚遙遠地震鳴着汽笛。當車穿過橋上時，雖然小得玩具似的，但空曠地起着騷響，似乎這橋要被崩頹了。

在列車無留戀地穿過了江橋，從越來越不清明的遠方，還可以聽到那一致的機輪的輾軋聲。

橋頭上揚旗的燈光又在變換了。

沿着橋的兩端，無窮無盡地延伸着土崗，他竟聯想到孩子們明天去到鐵路附近拾煤的事情：

——噢！常常靠近火車……在小孩子們……這不是好事情啊！還是去拾煤渣吧？到那些垃圾堆上……

當快要經過江橋的下面時，他停止住了，要回去說給孩子們明天不要跟冒兒眼去拾煤，還是到附近垃圾堆上拾些垃圾吧……可是從崗那面，靠近船塢的方向傳出來的人們吆喝的騷音，留止了他。立刻是一種新的，不可遏止的馬上要需要發洩的力量，貫串了他的週身。他向身後望一望——那低矮孤獨的小屋子，已經看不到了，祇是一帶不甚曲折的長堤，長堤外面開闊地流着的江波……他的家好像被那現在望不見的沙灘埲埋了……記得在他時才離開那屋子時，行不到幾步曾經回頭望過了一次，牠是那樣値得侮蔑，猥瑣而低矮啊！恍惚看見他的老婆，也出現在那門口向他探望着……

船塢的燈火，紅亮着。人們爬上爬下。在日間擺在那裏的小販們有的還在，那個賣餃子的嘴裏還是不住的帶唱地數落着，鐵勺子敲打着鍋沿……

蒼白的堆棧那邊的糧袋的山，又陌生地增多和增高了——孔春有點强直的腿，當第一步踏下跳板的時候，好像微微感到一點顫抖，但是這很快地就變成熟習了。

『來一個——夥計！』他向遞糧袋的人們開始喊叫。

## 三

和船塢那面遙對着，這面是一帶連綿起落的煤底山。山脚下來去滑走着成列的載煤車。車廂爲了經久作同一種的使用，同其他的機件相似，變成黑色的了。祇是軌條的背脊和車輪接近軌條的部分，却更顯得光亮慘白，每次走動起來，像一個什麽黑色大動物的牙齒，在那裏開開合合。同時又像這樣永久單調的和軌條嚙嚼，感不到了興味，常常在發着似乎要企圖掙脫開的騷音。所有這裏的土地，人，連靠近鐵道近傍的樹木的皮膚……全爲了這同一的色調渲染着了。運煤的人爬上爬下，盤走着每個煤的山峯，除開從他們時時發出來的騷音，這是在證明那是人在動着，如果他們不在動，不有這騷音，遠些看過去，你眼力再好些，總不會馬上就指出什麽是煤，什麽是人堆積的地方。

當每一列空着的載煤車從堆煤區的欄柵裏，顯着無力而虛空地溜爬出來時，孩子們總是强盜似地撲過去。爬上車箱，向外投擲着車箱膛留下來的煤塊，球一般滾着，有時也夾着些哭叫聲。很快這騷動就會隨着那爬去的煤車肅靜下去。散在每處，各自驗看着自己的獲得品。有的已經離開了，去到街裏自己主顧的地方賣掉去，有的還是等候在這裏。——冒兒眼靠坐在牆根，正在吸一枝紙烟，小牛和小馬坐在他一邊。

『冒兒眼……走啊……不去賣嗎？』一個猴子似的孩子，經過冒兒眼的跟前，略略一停止，狡猾地看一看冒兒眼的袋子和筐籠——那只有一點點不成樣的煤塊——笑着說。

『滾你媽的蛋吧……管我賣不賣呢？』

猴子似的孩子侮蔑似的向冒兒眼映了一下眼睛，嘴巴扯到一邊，指一指他的筐籠說：

『爲什麽不去賣？再多了你的筐要擱不下了……』

你敢？冒兒眼要立起來的時候，那個孩子顚着自己肩頭上的凸凹不平的小煤袋跑了，開始參加進了那去街裏賣煤的一羣。冒兒眼還是繼續吸自己的香煙，他鎭靜的吸煙的姿式完全像個大人的像子。一隻好的眼睛，還微微有點眏縫，輕蔑地在看着對面的土堤上正在經過的開向滿洲里的列車。列車過去了一刻聽到了車行在江橋上隆啌的聲音。這聲音也沒了，他又好像在察看着游動在遠天上的雲……

小馬和小牛呆呆地坐在他的身邊。他們失却了垃圾堆，也好像失却了一切的能力，她看一看自己筐籃裏的煤，僅是那樣幾塊，她要拉着小牛重新去拾垃圾：

『牛，我們走吧……到江邊去檢吧……』

孩子要準備跟姐姐去了。

『不准走——等着拾煤……把這個先給你們……』冒兒眼把自己筐籃裏所有的煤，全頃入了小牛的筐裏。孩子看看自己的筐，看看冒兒眼——他不理他們，只是掉轉的吸着那段煙尾——向姐姐說：

『他把煤全給我們了……爸今天在家睡覺……』

孩子知道他的爸爸在家裏睡覺，便不會有筷子吃。姐姐看見了煤，又怕冒兒眼生氣，也不敢走了。又安安地坐在冒兒眼的旁邊，半張着等待的眼睛。

煤車不斷的來去，孩子們不斷的聚起來又散開……那黑色的怪物閃亮着自己的牙齒……那黑色棉絮似的煙，好像在添補着天空白色雲和白色雲之間遺落下來的嫩藍底空隙，不斷的從煙囪裏盤捲突出……汽笛金屬味的聲音，有意無意的在尋找解答……尖銳的震蕩着。

這些全擾亂不了冒兒眼，他不同一些孩子們聚散，他連睬那些煤車和孩子們忙碌的興致全沒有，祇是若有若無地同小牛說：

『你爸……那老傢伙……怎麽今天不去抗了呀？』

『爸累了……昨夜一直抗到天明……你去找我們他才回來哪……』小牛的姐姐代回答了。她總是有點恐懼着冒兒眼不懷什麽好意，平常他是那樣蠻橫。

『小牛，你爸待你好？你媽待你好？……人全說你媽是窰姐兒出身，是眞的吧？』

『你管不着……牛……我們走吧……不和他這壞種在一起……』

姐姐嘴裏噴着憤怒的泡沫，腦背後的小辮子拱起着，樣子要哭了，扯着小牛的胳膊就走。

『等一等……不准走……等着拿煤……』冒兒眼粗着聲音，望着遠方——一列煤車開來了，慢騰騰地。——他立起身來，把自己身上的衣服零件，安詳地包紮着，別的孩子們已經剩得無幾個，並且他們是祇等待撿取從煤廠開出來的空車，對於滿滿盛着煤的車廂，這是艱難。

冒兒眼笑一笑向小牛說：

『小心，不要叫煤塊軋破你的腦袋，你蹲在這裏吧……教姐姐跟我去……』接着他又向其餘的孩子們高叫了一聲：

『小兎子們……今天不准來搶我的煤了……誰敢……我要了他的命……』

每次其餘的孩子們總是拿自已弄得的煤塊一樣，當冒兒眼從車上跳下來……孩子們已經跑淨，每人全要弄得比冒兒眼多。他自已常常是祇能落得很少一些，並且還是他們偶爾落下的一些碎塊。如果在鐵道附近尋得過久了，也許被巡查的人們看見了，那時他還得逃跑。

因爲他過度强横，孩子們總暗算他，全和他生疎，笑笑嘻嘻地遠着他。在他從車廂上把煤塊滾下來，他們總是在他還沒有下來就跑了……冒兒眼雖然在後面叫罵，他們也還是嘰嘰格格地笑着，跑着……顫動着肩頭上的煤袋，他們知道冒兒眼是不懂得記仇恨的。

『今天……你們誰再敢……搶我的煤……非軋破你們的腦袋瓜子不成……』他又重新喝吆了一遍。這面孩子們雖然和往常一樣，彼此嘻嘻哈哈做着鬼臉，表現着他這話不算什麼，可是誰也不敢再去等待冒兒眼從車上滾下來的煤了。

『冒兒眼……有了老婆……就不顧朋友了……』

孩子們有的這樣說，向小牛和小馬這面唾着口水。小馬也輕聲的還罵，戰兢着，隨在冒兒眼的後面。冒兒眼已經爬伏在鐵軌旁邊窪下的地方，避着開車的眼。不甚遠地他聽見孩子還在這樣大聲叫喊：

『偷煤的呀……小倆口呀……新討的小老婆娘呀……』

他只有回頭指一指切動着自已的牙齒，因爲煤車離得太近了，他不能去和他們相打。

太陽已經沉落，還有些湛金色的光條，從天西的雲層背後，閃亮在江水上面。渡客遊逛的小船，像一些初生的蚱蜢，不甚靈活的隨處蹦動……

冒兒眼此時變成一隻多脚的猿猴，用着一種特殊的敏捷攀上了煤車。從這一個到那一個，跑着，向下面投擲着煤塊，孩子們亂叫，小馬不知道應該怎樣的好，眼見地一些閃光的煤塊接連地投落下來，有的滾入路旁的枯草裏面，也有的粉碎在沿路的石頭上……她紛忙，嘴裏亂叫着小牛：

『快呀……拿你的筐呀……撿那大塊……小塊別要呀……向這面點呀……你們敢搶？……冒兒眼！冒兒眼！他們又來搶啦……』

冒兒眼從車尾上安詳地爬下來，手裏緊緊握着一枚煤塊叫着：

『小王八們……再敢動我的煤……軋碎你們的頭……』

孩子們貪婪地亂轉着自已的眼睛，用着自已的布袋遮掩着筐裏時纔搶得的煤塊，嘴裏嚷着：

『我們多喒搶過你的煤呀？你不能聽你小老婆的話呀……咱們是老夥計呀……搶點算狗屁……』

冒兒眼並不來分辯，就用手裏的煤塊向站在前面說話最多的那幾個，無選擇地投擲過去。接着就近拾取第二塊也投擲出去。孩子們跑開了，很快又集在一起，並且高聲地警告，他們要去報告看煤廠的巡查人。

『等着吧……冒兒眼……我們去告訴去……』

孩子們開始了計議：

『我們去報告老頭子……一定……』第一個被冒兒眼用煤塊投着的孩子，他鼓打着沒有幾塊小煤的筐籃，尖銳地提議了。

『不，我們爲什麼報告那老傢伙呀？不能賣自已的伙計……冒兒眼平常多麼大方……他弄下來的煤……並他不全要……』

『你們…全弄得那樣多…怪不…你們…』第一個提議的，把自已的筐籠抖擺了一下接了說：『我自已去報告……』

『你敢？奸細…我們摔你在鐵道上…讓車輪軋碎你……』

『快，快…冒兒眼你還不跑啊？那老傢伙來啦……』

從欄柵那面轉角，那個喜歡喝酒的俄國老巡查出現了。手裏揮掄着一根粗的棍子，脚步踹跚，帽子貼着後腦，在很遠就可認出他那特出的紅色的酒糟鼻子，懸下地跳動。不靈活，醉言醉語，用那沒有威勢的聲音和語句喊着。孩子們好像並不怕他，直到他好容易走近了，大家才玩笑地走開。他們引逗他發狂，檢取路旁的石頭或煤碴投擲他。

冒兒眼站着不動，他眼送着小馬小牛跑得遠了，別的孩子也散向四方。但是他們並不馬上就跑開，還在貪戀那散在路旁的煤塊，一方面還在喊叫：

『冒兒眼，還不跑呀…奔你去啦……』

老巡查因爲抓不到別的孩子們，正在發狂，在他經過鐵道時，用手裏的棒子接連擊打鐵軌，又幾乎爲了枕木摔跌在地上。像個鳥雀尋找食粒似的，拾檢着煤塊，一面向冒兒眼這面奔跑：

『小老鼠們…我今天非打死你們一個…你們儘教我吃苦……』

他的棒子掄得發着風，向冒兒眼的頭上劈過來。冒兒眼微微一側身，棒子劈空了，接連第二棒子又橫掃過來。冒兒眼已經看得出老傢伙是在用了所有的力氣，帽子落在地上了，僅有的幾根頭髮起着無秩序的飄飛，眼睛赤紅着像要由那斷崖似的眉骨下面，鳥巢似的眼盂裏面迸跳出來。嘴巴拉開，幾顆僅有的牙齒，森立的向外顯露。

『老猴精…留點力氣喝酒吧…這又不是你家裏的煤……』

『小老鼠……』

經過了幾次努力，老巡查的棒棍掄起來，不再那樣起着風聲了。孩子們在這個機會，撿拾了所有的煤塊，遠遠的破着嗓子叫着，拍着手。有的已經溜開。

冒兒眼看得清楚，他知道沒有再和這老傢伙牽扯的必要了，他準備要逃走。老巡查却不肯放輕他，雖然他每一次掄起來的棍子全被冒兒眼躲開，每次浪費了氣力以後自已總要增加着喘息和暈眩，但是他並不肯放鬆他，這回他必須要把這偷煤的小老鼠們抓住痛打一頓，好洩一洩每次他從煤廠管理他的人得到的侮辱：

——老東西，再這樣懶惰…就滾蛋…你只管打呀…打死一個偷煤的孩子算什麼？廠子會負責交涉哪……

老巡查一受了申斥，就決定要打死一個偷煤的小老鼠；可是喝過了酒，他就這樣向人，也許向自已說了：『偷點偷點吧…反正廠子的煤…他們總偷不完的…那偷煤的老鼠仔們…最大的像我的孩子一樣大呀…我從來不打我的孩子呀……』

所以每次當他值班，孩子們總是說：

『走，今天是老猴子值班啊，他祇叫，不打人……』

今天他却要決心打倒一個孩子，他追着冒兒眼：

『跑了不算小老鼠……今天要得捉住你了。』

他跑得是那樣不靈活，緩慢……冒兒眼祇是不在意的快一快脚步，一刻他看見追他的人慢下來……他又停止下叫着：

『來追呀，老猴兒精……』

『追呀，老猴……』不甚遙遠站着的孩子們，把手圈在嘴上，作成播音的喇叭也威脅的叫着。

天有些昏下來了。人的眼睛開始朦朧，老巡查在一處陷下的乾水窪跌到下來，他努力地站起，繼續地追趕。嘴裏不再用中國話駡了，夾在喘息裏面，用錯落的下流的俄語駡着了。

冒兒眼祇是回旋的跑，在這草場上檢選着不平，和有着泥濘的地方跑。孩子們散淨了，各自去尋找自已的主顧。他看一看自已筐籃裏的煤，祇剩了很小的幾塊，有的是他爲了跑時自已扔開，有的是遺落了。他想着小馬和小牛他們已經到家了？他從筐裏隨便摸出一個煤塊，投向那個老巡查說：

『回去吧，拖着牠……誰喜歡要你這玩意……』

冒兒眼像一隻鳥兒似的不見了。老巡查還在自已旋轉，一刻又跌倒了，他這次却沒能起來，較遠一些看去，祇是一團球似的黑東西在滾轉……

從煤廠裏已經聽不到了人的吆喝聲，載煤車也不再出現，祇是那接連的煤山，較日間看起來似乎更沉重，烏黑，嚴峻和密接。圍牆上面，每條欄柵的上端尖銳得相同狼的牙齒，祇是狼的牙齒沒有這樣整齊。

冒兒眼他發見了老巡查爲什麼這次跌下竟滾在地上不爬起來了呢？他疑心也許這老傢伙故意引誘他去看他，好抓住他？他搖搖自已幾乎是空了的筐籃，把僅餘的幾顆煤塊也不要了，干淨的使牠空起來，才又向老巡查躺着的地方看了一眼——天是更暗下來，那個球樣的東西，是不是還在湧動，已經分辨不清。——他唾了一口唾沫：

『滾蛋吧！老狗熊……使什麼鬼呀？太爺不上你的當哪！』

當他走開幾步，又停止住了，同時一個很奇突的思想擒住了他：

——他跌死了吧？人命！

他跑開，可是在他意識清明一些，又停止住了。他想他也許是喝醉了，在一些巡查之中，他並不恨他；他常常叫他作和善的老狗熊。他決心要看看他。冒兒眼也認識他的兒子和老婆。那是一個更胖的俄國女人，他的肚子隔離着他的眼睛和脚尖。他們就在煤廠那面一所小木房裏面住。

在冒兒眼還距離那球樣的東西幾丈的地方，他已經聽到那老人的鼾聲。起始他總是疑心他是在裝作，伏下身子，讓那冬天留下來的枯草遮蔽着自已，傾聽着。鼾聲一刻比一刻蠻野起來，他又試驗着用一塊石頭投過去，鼾聲依然沒有改變，便決心爬過去。

一股濃濃的酒的氣味靜靜地發散着，他摸一摸他的前額，不經意他的手觸到他的眼下，他感覺到似乎有着淚水從他的臉上爬過了：

——追不上人……哭了嗎？老傢伙！

跑到鐵路近邊把他的帽子尋回來，給安置在臉上。他想不能這樣讓他睡下去呀，廠子裏的官員查露他，他們會把他攆走。應該去通知他的老婆。

他熟悉那所孤獨的小房子，從窗戶已經放出了燈光。那個龐大的黑影正在窗裏面轉來轉去……他不去打門，却把臉貼在玻璃上：

『喂，你的老頭子醉啦……躺在那邊草地上……』

起始老婆子受了虛驚，眼睛圓着，張開手臂，叫不出聲音來。待她認得出那是他丈夫所要捉拿的偷煤賊冒兒眼，她尖叫着撲向冒兒眼貼着的玻璃，樣子像要打碎玻璃立刻就抓住他的頭髮。

冒兒眼安詳地退開，等待她出來，他好再向她解釋一遍。門暴亂地響着，胖女人，手裏提着一條粗棍子，他並不聽冒兒眼的話，祇是無理解地追着，連串地尖雜地叫着……冒兒眼祇好引着她，先跨過老巡查的身子，——他的鼾聲還是很放肆地響動——喊住她：

『站住吧，老渾蟲……他就躺在那裏……』

他擔心她也許被絆倒，可是她好像十分熟悉這鼾聲，立刻丟開了棒子，伏下身子。

冒兒眼遠遠的看着，他本想過來幫同她把他扶起來，他又不敢，怕那個女人會代她的丈夫捉住他。忽然是一串警笛的尖叫，從那面發出。這警笛的聲音，鋒利的刀一般地刺着了冒兒眼，他開始感到了戰慄，他知道無論什麼時候這警笛對於他總是不利的。雖然他的脚開始感到了沉重，他的意識却清明，知道非跑開，立刻便會有人來捉了他。

跑過了幾條僻淨的街，聽着後面沒有什麼聲音了，才擦一擦流出來的汗。筐子還掛在臂間。沿着牆蔭各處的黑影茫然地走着……

街端盡處，江阻住了他。船塢的方面也變成了空蕩。賣吃食的小販也隨着糧船，搨夫，等等不見了。祇是那些糧袋的山兀立不動。和東面的煤的山，雖然在夜間，也好像彼此無言地競爭着高峻和雄偉。

『呸！』他向脚下的江水寬心似地唾了一口。搖一搖肘間的籃子，沿着江，經過江橋的下面，走向了孔春家裏的方向。每走一步，他的腸胃開始感到一種不斷沉墜似的空虛。

——老傢伙值班的時候，再不去偷他的吧！

他這樣决定地想過了以後，便停住了不再向前走。雖然孔春那所孤獨的小屋子已經完全還現在他的眼前，從窻口射出的燈光也看得分明。他轉回來，行了幾步，又轉回去一直奔向小屋子的窻口。

小屋子裏每夜堆積垃圾的地方，現在被閃光的煤塊佔據着了。孔春和他的老婆，兒女，正在圍坐着吃夜飯，也許是講談着那煤塊的價值和故事。可惜盲兒眼的耳朵是不甚靈活的。

爲了看見那從碗裏升騰起來的熱氣，他的腸胃似乎更加增了沉墜的重量：

——進去分一點煤去賣吧？

不知爲什麽，他想一想終於從那所小房子的窻口離開，反走向了夜的市街。

四

船塢近傍賣吃食的小販們，照常是用鐵勺趹打着鍋沿，「Da-da-dan……」地響，不過帶吆喝帶唱的叫賣聲沒有平常那樣高亮了。

碼頭夫們，有的拖長地睡在堤的石板上，有的在翻找自已棉衣服裏面從冬天一直豢養到現在吸人血的小蟲子。他們得住牠們互相比較着大小，數着腿脚的數目，有時也用石頭軋開，看一看誰的血色紅。貪吃的人，便流連在賣食物的板櫈上，和老板閒磨着牙齒，有時也賒一杯酒或是一碗餃子吃吃。

『再賒一次吧？』

『不成了……人太多……買賣小……墊辦不起哪！哈……多包含……』

『………………』

『………………』

一連幾天了，全沒有一隻糧船開進來。整個船塢除開幾隻泊近岸邊等待修理的破船以外，顯得空曠了。相反的在船塢外面的遊船却日見增多了。江對岸的樹林，草地，鐵路路基的土堤上……全被末春的綠色裝點着了。從江那面挾着春的氣息，時時飄過來遊春人們的歌聲；也時時挾雜着更加濃重的魚腥似的氣味。這是從街市裏頭流出來過量多的那些汚水和垃圾發生的。

『兄弟們……這些糧船全死絕戶了嗎？一隻也不進來啊！』

孔春蓬亂着頭髮和鬍鬚搖搖曳曳走在堤岸的石板路上，一刻又用一隻手撐到前額，向遠方不停地周轉地相同一個閱兵的司令官檢閱着：

『那開下去的兩隻又是兵船？』

他也許爲了自已的眼力不足，便企圖扯起蹲在石板上的一個正睜眼看天的年青人：

『你的眼力好……看看……船上有砲沒有？』

『砲，當然是有啦……看你喝的樣子……小心滾到江裏去……還要靠近那邊去？……』

青年人並沒有起身，祇是把頭側一側——不錯，沿着江流的中心，正有兩隻距離不甚遠的，裝了鐵板的兵船，尾接地駛下着。不過，砲却是沒看到，祇是裝載一些發白的木箱和馬匹，人在上面走走動動。

『不來，是不來……來……就是一大批……』

他又搖曳地走向那邊了，嘴裏反覆地說着，無疑是關於糧船和兵船的話。

『只要兵船一下去……糧船就不容易上來了……人還怕胡匪會埋在糧袋子裏哪……可是扛了這些年了……還沒扛到一個裝人的袋子咧……』

『老孔，你的老婆要死了嗎？』誰在這樣問他呢？他停止住尋找，但是在這一堆躺，臥，坐……笑着的人羣中，立刻他沒有尋到誰。

『呸！你的老婆才要死哪！誰？說話的是誰？』

『那樣俏皮的一頭鳥兒……竟死在你的手裏了……』

這其中有知道孔春的老婆在年靑的時候是漂亮過的，嘆息着。

他走動起來更顯得搖曳了，像蒙到了什麼刺傷，從這人堆離開。後面的人聲笑得愈高，他的脚步就愈忙亂。這笑聲是幾千條的芒刺，在追逐他，貫過他的皮膚，集中到他的心。他疑惑，她眞的現在也許死在炕上了？孩子們不在家，沒有鄰居，她的呼叫聲，也許祇有那江波給與她一些回應。也許她什麼聲音也沒有就把一切完結了。淸楚地記得，當早晨他出來的時候，她睡着了，除開那急促動着的胸膛以外，那已經不再像一個活着的人。她現在好像不再擔心着他，也不擔心着孩子們了。

遊春的人們的笑聲和歌聲也好像看不見的芒刺，從江上飄過來刺痛着他。他又想要到煤場那面把孩子們尋找回來：

——現在竟指使孩子們了……！

一種自尊心使自已的感情蒙到了羞恥：

——我是作老子的呀………怎能指使着孩子們……在煤車下面四周動着，用手搔刨着，瘦老鼠似的一些孩子們，忽而又被巡查們趕開了……自已的小牛和小馬也在裏面……，當他作扛煤工人的時候，他是常常看到那些孩子，爲了偷得一些煤塊被巡查們頭下脚上地倒綁在電綫柱上。

——我渾塞了心竅啊！怎能叫孩子們去幹這個呀！不能，一定不能再幹下去……我要工作……

向遠看去，江面上靜蕩蕩地，除開那兩隻越來越小的去剿匪的兵船以外，便沒了往來的船隻。

——明天或許有一隻糧船從什麼地方來吧？

在圍牆的欄柵外有一列煤車停止着。孩子們在下面爬來爬去，巡查們的棍子帶着恫赫意味的在手裏消遣似的打着掄旋。時時像個牧者似的喊着：

『小東西們……又向近前湊嗎？沒臉皮……快給我離遠一點……』

於是，將要靠近欄柵門邊的孩子們，馬上走回來了，又在那已經經過大家幾多遍搜尋過的地方，尋檢着。最後連那較豆粒大一些的煤塊也不肯放過，拾檢到筐裏。

小牛和小馬也正混在孩子們羣中跑來跑去，他們並沒有注意到爸爸來尋他們。在小牛最近已經斷了希望，他知道爸爸現在碼頭上沒有糧袋扛，就沒有餘錢背着媽媽給他們買吃了。

『牛，不要到煤車跟前去啊……』姐姐警告着他。

只要大一點的煤塊，他們總是被別人搶奪去的，如果冒兒眼不在跟前。

『姐，冒兒眼怎還不回來呀？』

『小點聲……一刻就回來了……』姐姐向有巡查轉着的地方簡單地望了一望，仍是低下頭裝作在地上尋檢着。

『小牛……』孔春彎着眼睛，拍着手掌儘可能地笑着。第一聲小牛沒聽見，還是姐姐先發覺：

『牛！爸爸來啦！』

孩子們一齊跑過去，小牛顯得過度的猛撞，頭抵在爸爸的肚子上亂叫着，爲了這不經意的衝動，孔春竟退了兩步，搖着鬍子說：

『啊……你這小牛……眞是快成一頭小牛啦！要撞倒我啦……』

小牛察看地想着：

——他又有糧袋扛啦吧？

可是樣子不像，爹爹的脖子沒有發紅也沒有爆起白皮，身上也看不出有糧袋遺落下的塵土。他搖着他的手無把握地問：

『爸，有糧袋子扛嗎？』

孔春低下頭垂視着那孩子揚起的小臉，搖一搖頭說：

『小傢伙……等兩天吧……等兩天……船就會

上來了……那時候……多多請你吃啊……告訴我……冒兒眼怎不在這裏？』

『他不常在這裏呆……他今天說——』姐姐看一看那個掄着棍子的巡查走近來，便把要說的話咬斷，握着爸爸另一隻手遮掩似的搖轉着。

『喂！老孔……還是你呀……？』

這個巡查認識孔春，他顯着傲慢地無顧忌地響亮着嗓子，同時又是鄙夷似地向那兩個孩子投視了一下。孩子們立地感到一種針刺樣的猥縮不安。

『哦……你還在這裏哪？你胖了呀……』孔春平靜地回答着他。這個人開始揚聲大笑了，他這笑聲使那邊正在尋找着煤塊的孩子們全蒙到了驚愕。他拍一拍孔春的肩膊頭說：

『你不如前幾年Buan（註）多了！鬍子頭髮全見白了啊！……咱倆上下不差一兩歲吧……看我……』他拍一拍自已的肚子和頭頂：——他的肚子看來確是很飽滿，頭頂頭髮雖然不多並且也有了白絲，但是頭皮却是繃緊的閃着油汪汪的光。

『我怎能比你哪……』孔春緊一緊眉毛，使兩個眼睛從他的身上移開，來看自已身邊的小牛和小馬：

『不用檢了……我們回家吧？』

『不——』孩子們搖一搖頭，姐姐說：『我們等冒兒眼回來一同走吧……』

註 Buan，卽强健的意思

『這兩個全是你的孩子嗎？我看他們常和冒兒眼在一起哪……那是一個賊骨頭……孩子們要跟他學壞了……前幾天那個俄國老巡查被他給打倒了……他還到他家去送信……眞是賊胆……後來把那老頭子抬回去的……我們正想要得住他……送他到什麼地方去……至少也得把他綑在電綫柱上一天……—小東西們，一眼不見你們就向上湊啊……』

一列煤車開進來了，孩子們正在企圖挨近牠。經了這樣一喊，又退縮下來。

『將來總得想個根本辦法了……這裏一個拾煤的孩子也不准來……你不要叫你的孩子們再幹這營生了……還有什麼出息呢……咱們是老熟識，我勸你……在這裏的孩子們……早晚是要受傷的……比方——』他突然離開了他們，向煤車近邊跑過去。一個正要爬上煤車的孩子，滾下來了，其餘的從下面正在行走着的車輪空隙跑向了鐵路那面。

跌倒的孩子被捉了去。

『爸，我們走吧？』小牛小臉白白地，眼睛閃轉。

『不怕，有爸爸在這裏……』

孔春拍拍孩子的頭，問着小馬：

『冒兒眼……到那兒去啦……？』

『冒兒眼他說不准向誰說他在那裏……他要偷多一點煤……就這幾天不再在這裏了……教我們也不再在這裏檢了……』

小牛不再恨冒兒眼，三人變成了好朋友。誰也離不開誰。冒兒眼沒有家，常常就住在老孔的家。

『今天出來他說：「你媽病得很重……應該請先生吃藥……你爸爸沒有活幹……我們得多弄點煤了」……他還說，今天要弄不到多的煤……他也不再到我們家裏來……他還發過誓，再也不想在那個老俄國巡查值班時來偷煤……』

孔春有點感到迷惘！向江那面望過去，還是看不到一隻糧船的影子，遊春人們的歌聲，琴弦聲隨着江風，在煤廠裏面扛煤的吆喝聲間斷下去的時候，偶爾也可以聽到。

在溫暖的陽光下，所有對岸的樹林，更煥發着透明的綠意。

『走，回家吧！』他默默地手領着孩子們，眼睛細着超視向江面的極處。

…………………………

冒兒眼幾乎是一整日在這煤廠的附近轉走。登上煤廠東邊的敷設着鐵軌的土崗，向下面鳥雀一般地探視着：這整個的煤廠就是煤的世界，嶽一般聳着高峻的圍牆，圍牆上面顯露着狼牙似的鐵的尖齒，這是排列得很整齊，尖齒與尖齒之間，無條理地組織着帶着棘齒形的鐵絲網，卽使一隻靈敏的鳥雀，想要從這孔隙裏飛過，也要留下牠的翎毛。

幾多條標直的或是有些慢性彎曲的鐵軌，發着光，像束結着銀條帶似的，從北端的門貫穿過煤廠的院心，一直敷設到江濱。在江濱的碼頭下，來去着載煤的各式各樣的船。

扛煤的人們總是無間斷地，在每個臃腫的睡着的野獸似的煤山上面，爬上爬下……巡查們經常掄旋着棍子，隨處走着。

在平常冒兒眼和他的伙伴們出入的地方，現在完全不中用了，全遭了斷絕。

——呸！鬼骨頭們……幹事眞絕……連一隻耗子也不准進去了。

他焦灼地跑到這，又跑到那，起始想找幾個同伴計議一下，可是他得到的回答總是這樣：

『還有什麼辦法啊？除非變成一隻耗子；有幾個巡查比貓還利害哪……』

『呸！這成什麼話？作賊還等人家給你開大門迎接你嗎？飯桶——』

他自已决定了，無論怎樣，在今夜也要弄一條道路的，若不然他就再不到孔春的家裏去了，也不再作這偷煤的小賊。他實在不能再忍受地看着那個女人，是那樣難堪地整日整夜地喘息着，而沒有醫生也沒有藥！在她還沒病倒的時候，她待他親切，相同自已的兒女。在他有了記憶以來，從沒有誰待他這樣親切過，他沒有親人也沒有家，人們接待他的全要用打罵和侮辱！侮辱和打罵鍛鍊成了他的靈魂的外殼。爲了生活在孔春的家裏，他這殼的硬度竟變得柔軟起來，好像他離開那個小屋子裏的空氣，那個女人……便再生活不下去了。

——她不能死啊！

冒兒眼坐在土崗上面鐵軌的枕木上，望着江面上在黃昏的烟氣裏穿走的船隻。手裏用一塊石頭打着鐵軌發響。打着，打着……驀然一種在冒兒眼從來沒有過的，近似酸味的感覺，侵襲了他，他沒有聲音地哭了！

『搧呀，搧呀……莫要撒懶呀……』

掌籤人的沙嗓音，混和着小販們的吆喝着的叫賣聲，鐵勺敲打鍋沿的騷聲……又開始破碎了這船塢裏的寧靜。在牆根，在靠近岸頭的石板上……已經再看不到那些仰天舒適睡着的人，閒談着的人……他們好似被看不見的焰火燃燒着了，飈急的跑着……從船上到倉積的地方。糧袋在每人的背肩上，不像糧袋，成了人們的玩具，成了沒有重量的棉花團。

『幹呀……老孔……好治你老婆的病……』

同伴們帶着眞誠的大笑喊着他，他祗是無有改變的彎着眼睛在笑，勉强走着輕捷的步子，作着賣俏的姿式。在跳板上每行一步他的鬍子要加急着抖擺……

船隻又要擠滿這不甚廣大的塢蕩。這船塢的形狀，近似一具龐大胃臟的斷面，從那開口流進來的船隻，全是那樣飽滿笨拙地，鵝似的安穩地浮走，按着順序停下。所有船上的人們，幾乎是從一具類型裏澆製出來，全是那樣疲乏，落寞，呆板地在臉上刻滿着紋皺，無論靑年或老年。那些近似栗色的身體，爲了常年作着一種勞動，胸腰變得勾曲，腿肚盤曲地浮彫似的堆結着過多的脈管，有的肌肉樣子像是過度地發達了，反覺得不調協。

風吹擺着每隻桅杆上的風車和風旗……

孔春對於這些，他全熟悉的。他不注意他們，船上的人們似乎對於這船塢的任什麼也是熟悉的，他們彼此好像無感染似的在這龐大的胃臟裏被消蝕着，排洩着……

爲了從那面的垃圾堆和街市裏排流出來的穢水，傳播過來的魚腥味，喚醒了孔春：

——噢！今天該給孩子們買點什麼吃了！孩子應該吃點油水了……小孩子總得常常吃點油水……還有冒兒眼……他爲什麼昨夜沒有回來呢？噢！這是個野慣了的孩子……

他決定再掮完兩袋，把錢湊成可以買一付藥的數目以後，富餘的錢便給孩子們吃了。自已也想喝一盃酒，換換精神，今天再搭一個夜班。在早晨臨孩子們去拾煤渣的時候，他說：

『看見冒兒眼哥哥，叫他回家來……不要在煤廠左近蹺了……他們要抓他……』

在他出來的時候，也拍一拍妻子的前額，寬心似的笑着自已的眼睛：

『有糧船進來了……很多……等着吧……你的病就要好起來了……』

她祇是擴大着眼睛，冰凍了似的看着他額上停止着顆顆的汗。

『喂！老孔……你的孩子們來找你哪……』

他的意念被打斷，用眼睛尋找着孩子們。

『爸爸……爸』小牛緊站近岸邊，向他張着手，姐姐跑在後面，他們像要一直跑上了跳板，別人阻止了他們：

『那不是你們的……小東西……』

『爸——冒兒眼……冒兒眼哥……綁在電綫柱子上了……腦袋沖下……』

孔春正掮着糧袋爬走向岸上去的跳板，他不能停止，也不能抬頭，祇覺得週身起了一種體解似的鬆軟，掌籤人的吵叫，就不再聽到了……這整個的船塢也和他斷了關聯。

一九三六，二，五，晨，上海。


# 海燕

二月號

每月二十日出版

編輯人　耳耶

發行人　曹聚仁

總代售　羣衆雜誌公司
上海四馬路中市

分售處　全國各大書店

本期每冊實售大洋壹角三分

預定　半年大洋伍角
　　　全年大洋玖角

（郵費在內）

# 神州國光社

遷移新址大廉價

自即日起至三月五日止本版圖書半價

經售代辦全國各書局圖書六折至九折

外埠郵購特別優待匯寄書款免收匯費

## ·歷史叢書·

社會進化史綱　鄧初民著　一·二〇
社會形式發展史大綱　庫斯聶著　高素明譯　上一·五〇 下二·〇〇
社會鬥爭通史（全五卷）　貝　爾著　葉啓芳譯　各〇·七〇
漢譯唯物史觀世界史（第一冊）　波卡洛夫著　方天白譯　〇·七〇
漢譯唯物史觀世界史（第四冊）　波卡洛夫著　方天白譯　〇·七〇
國際運動史　張雲伏著　一·二〇
第一國際史　斯特洛夫著　吳樹仁等譯　二·〇〇
法國大革命史　克魯泡特金著　劉鏡園譯　共三·〇〇
美國社會勢力發展史　西門士著　王雪華譯　一·〇〇
物觀日本史　佐野學著　陳公培譯　〇·六五
太平天國革命史　張宵鳴著　〇·七〇
馬克思傳　李　季著　三冊各一·三〇

## ·哲學叢書·

歐洲哲學史　馬爾文著　傅子東譯　二·〇〇
歷史哲學綱要　黑格爾著　王靈皋譯　一·五〇
中國哲學史　馮友蘭著　一·八〇
胡適中國哲學大綱批判　李　季著　一·〇〇
唯物論與經驗批判論　烏里雅諾夫著　傅東子譯　一·五〇
自然辨證法　恩格斯著　杜畏之譯　一·六〇

## ·經濟叢書·

經濟學入門　米哈列夫斯基著　朱鏡我譯　上下各〇·七五
經濟學教程　烏里雅諾夫著　高希聖等譯　一·六〇
政治經濟學方法論　拉比烏德著　吳清友譯　〇·二五
馬克思的經濟學說　考茨基著　汪馥泉譯　一·二五
資本大論綱　高畠素之著　施復亮譯　一·八〇

## ·文學叢書·

靜靜的頓河　唆羅可夫著　賀　非譯　一·〇〇
鐵甲列車　伊凡諸夫著　侍　桁譯　〇·五〇
十月　雅各烏來夫著　魯　迅譯　〇·六〇
沒落　高爾基著　陳小航譯　一·一〇

神州國光社

上海福州路三七八號

電話：九一七八七

詳細書目郵購章程函索即寄

# 上海羣衆雜誌公司新書大便宜

標點整理：陶淵明集　一册　定價五角　只賣五分
標點整理：鄭板橋家書　一册　定價一角五分　只賣二分
標點整理：讀史論略　一册　定價一角五分　只賣一分
標點整理：閱微草堂筆記　三册　定價一元四角　只賣一角四分
標點整理：徐霞客遊記　四册　定價二元　只賣二角
標點整理：史記菁華　一册　定價五角　只賣五分
曹聚仁編：濤聲彙訂本　二册　實價一元二角　只賣二角四分
徐懋庸編：芒種　八册　實價八角　只賣一角六分
洪亮編著：中國民俗文學史略　一册　實價五角　只賣二角五分
魯迅著：魯迅集外集　一册　實價七角　只賣三角五分
甍止齋校：塞安五記　一册　定價六角　只賣四角八分

## ▲哲學論著

孫起孟著：哲學講話　一册　定價八角　只賣一角六分
美琦著：教育哲學　一册　定價二元四角　只賣一元二角
胡銘著：從莫斯科歸來　一册　定價一元　只賣一角
和平會議重要言論集　一册　定價四角　只賣四分
吳稚暉著：吳稚暉的人生觀　一册　定價五角　只賣五分
太虛法師：自由史觀　一册　定價三角六分　只賣四分
唐大圓著：性命問題　一册　定價一角六分　只賣二分
唐大圓著：唯識新著四種　一册　定價四角　只賣四分
畢修勻著：論無產階級專攻　一册　定價一角　只賣二分
周譯文譯：限制生育的理論與實際　一册　定價五角五分　只賣六分
錢露清著：日本印象記　一册　定價七角　只賣七分
洪深著：聯想論　一册　定價二角　只賣二分
曹雪松著：中國私生子問題　一册　定價二角　只賣二分
曹雪松著：三角戀愛解決法　一册　定價二角　只賣二分
方履信編：吳稚暉與汪精衛之商權　一册　定價三角　只賣三分
汪精衛與吳稚暉論文集　一册　定價五角　只賣五分
馬成章編：食內者言　一册　定價四角　只賣四分
杭敖老人：暴日鐵蹄下之淞滬　一册　定價四角　只賣四分
商報叢書：現代實業家　一册　定價二元　只賣一元六角

## ▲名人文集

蘇玄瑛著：蘇曼殊全集　四册　定價三元五角　只賣三角五分
吳稚暉著：吳稚暉全集　五册　定價拾元　只賣一元
孫中山著：孫總理全集　四册　定價三元　只賣三角
汪精衛著：汪精衛全集　四册　定價二元四角　只賣二角四分
戴季陶著：戴季陶言論集　二册　定價二元四角　只賣二角四分
陳公博著：陳公博文集　二册　定價二元　只賣二角

## ▲社會科學

柳絮譯著：自由社會學　一册　定價四角五分　只賣五分
潘梓人譯：社會主義評判　一册　定價一元五角　只賣一角五分
黃維時著：農村合作造產之研究　一册　定價七角　只賣七分
黃昌穀譯：罷工與台業　一册　定價三角　只賣三分
瞿任飲著：無政府主義研究　一册　定價五角　只賣五分
陳崔夫著：現代殖民地解放運動概觀　一册　定價六角五分　只賣七分
柳絮譯著：弱小民族革命方略　一册　定價三角　只賣三分
盧劍波譯：烏格蘭農民革命與克則士達脫反叛　一册　六角五分　只賣七分
時有恆編：二次世界大戰　一册　定價一元三角　只賣一角三分
柳絮譯著：歸納法的唯物史論　一册　定價三角五分　只賣四分
陳明憲譯：實業革命史　一册　定價三角五分　只賣四分
匯詩靈著：中國的貧窮與農民問題　一册　定價五角半　只賣六分
王季子譯：蘇俄革命後的新建設　一册　定價七角　只賣三角五分

## ▲學校用書

方芹蕪編：中文名歌集　一册　定價一元　只賣一角
楊岐域編：作文範本　二册　定價四角　只賣四分
楊岐域編：商業學生尺牘　一册　定價五角　只賣五分
諸惟時著：言文普通尺牘　一册　定價二角　只賣二分

## ▲法律用書

沈念徽編：訴訟刀筆彙編　四册　定價一元二角　只賣一角二分
中華民國刑法　一册　定價五角　只賣五分
中華民國刑事訴訟法　一册　定價四角　只賣四分
聶仲元譯：法蘭西刑法　一册　定價七角　只賣五角六分

## ▲黨政用書

考試須知　一册　定價一元　只賣一角
三民主義研究　一册　定價五角　只賣五分
三民主義教育實施法　一册　定價五角　只賣五分
三民主義問答　一册　定價五角　只賣五分
三民主義淺說　一册　定價七分　只賣一分
三民主義概論　一册　定價五分　只賣一分
清黨運動　一册　定價五角　只賣五分
孫文學說　一册　定價二角五分　只賣三分
實業計劃　一册　定價四角　只賣四分
黨論　一册　定價一角六分　只賣二分
訓政時期地方行政計劃　一册　定價一角　只賣一分
工會條例釋義　一册　定價五分　只賣一分
國民政府健國大綱　一册　定價五分　只賣一分
五權憲法　一册　定價五分　只賣一分
全國代表大會宣言　一册　定價一角　只賣一分
中國之革命　一册　定價四分　只賣一分
中山學生小傳　一册　定價四分　只賣一分
中國國民黨　一册　定價四分　只賣一分
國民黨演講集　一册　定價四角　只賣四分

總店：上海四馬路　南京分店：太平路　杭州支店：仁和路　無錫支店：北大街

# 上海羣衆雜誌公司新書大便宜

## 名人文選

| | | | | |
|---|---|---|---|---|
| 陳思編著 | 小品文甲選 | 一冊 | 定價三元 | 只賣三角 |
| 謝燕子編 | 戲曲甲選 | 一冊 | 定價四元 | 只賣四角 |
| 曹聚仁編 | 散文甲選 | 一冊 | 實價二元二角 | 只賣四角四分 |
| 陳思編著 | 小說甲選 | 二冊 | 實價四元七角 | 只賣九角四分 |
| 曹聚仁編 | 書信甲選 | 一冊 | 實價一元四角 | 只賣二角八分 |
| 吳坤仁編 | 幽默文選 | 一冊 | 實價九角 | 只賣九分 |

## 新文藝小說

| | | | | |
|---|---|---|---|---|
| 周楞伽著 | 煉獄 | 一冊 | 定價一元二角 | 只賣七角 |
| 方履信編 | 蘇曼殊譯作集 | 一冊 | 定價八角 | 只賣八分 |
| 方履信編 | 蘇曼殊文集 | 一冊 | 定價八角 | 只賣八分 |
| 俠兒主編 | 羣衆文藝 | 六冊 | 定價一元二角 | 只賣一角二分 |
| 張資平編 | 絜茜 | 二冊 | 定價七角 | 只賣七分 |
| 鍾敬文著 | 柳花集 | 一冊 | 定價五角 | 只賣五分 |
| 李曼青著 | 舊時月色 | 一冊 | 定價五角 | 只賣五分 |
| 吳雄基編 | 青春之血 | 一冊 | 定價七角 | 只賣七分 |
| 張靜廬著 | 我與她夫妻 | 一冊 | 定價二角五分 | 只賣三分 |
| 張靜廬著 | 落英與狂蝶 | 一冊 | 定價三角 | 只賣三分 |
| 張靜廬著 | 薄倖集 | 一冊 | 定價二角五分 | 只賣三分 |
| 倪家祥著 | 曙光下的微笑 | 一冊 | 定價八角 | 只賣八分 |
| 薛伯賢著 | 紅棐小說集 | 一冊 | 定價八角 | 只賣八分 |
| 曹雪松著 | 死者的情書 | 一冊 | 定價四角五分 | 只賣五分 |
| 滕固著 | 銀杏之果 | 一冊 | 定價二角五分 | 只賣三分 |
| 沈秀鴉著 | 飛霞 | 一冊 | 定價二角八分 | 只賣三分 |
| 火雪明著 | 處女夢 | 一冊 | 定價八角 | 只賣八分 |
| 陽海鷗編 | 濱粉小集 | 一冊 | 定價二角 | 只賣一角 |
| | 漫聲 | 一冊 | 定價一角 | 只賣二分 |
| 曹雪松著 | 溪邊黃昏 | 一冊 | 定價八角 | 只賣八分 |
| 王太玄著 | 路畔的薔薇 | 一冊 | 定價四角 | 只賣四分 |
| 莊江秋著 | 飛紅 | 一冊 | 定價七角 | 只賣七分 |
| 吳南嘉著 | 逝去了生命 | 一冊 | 定價五角 | 只賣五分 |
| 谷鳳田著 | 蘭溪女士 | 一冊 | 定價八角 | 只賣八分 |
| 丁丁著 | 心靈片片 | 一冊 | 定價三角 | 只賣三分 |
| 何秋綺著 | 情書十五封 | 一冊 | 定價三角 | 只賣三分 |

## 圖畫畫報

| | | | | |
|---|---|---|---|---|
| 江鐵祺編 | 羣衆漫畫 | 三冊 | 定價四角五分 | 只賣九分 |
| 丁丁編著 | 小說畫報 | 四冊 | 定價六角 | 只賣一角二分 |
| 徐韜主編 | 藝術畫報 | 二冊 | 定價三角五分 | 只賣七分 |
| 錢瀋主編 | 皇后畫報 | 四冊 | 定價四角 | 只賣八分 |
| | 戲劇電影 | 一冊 | 定價二角 | 只賣四分 |
| 江鐵祺 | 漫畫作法 | 三十二副 | 定價大洋拾元 | 只賣三元 |
| 李天奏 | 現代畫報 | 一冊 | 定價三角 | 只賣二角 |
| 李天奏 | 大上海畫報 | 二冊 | 定價六角 | 只賣一角八分 |
| 朱楓影編 | 美術電影 | 一冊 | 定價二角 | 只賣四分 |
| 黃堯 | 牛鼻子漫畫 | 一冊 | 定價五角 | 只賣一角 |

## 歌曲小說

| | | | | |
|---|---|---|---|---|
| 方芹蕪編 | 霞光京調集 | 一冊 | 定價五角 | 只賣一角 |
| 陳浪仙著 | 神仙劍俠團 | 一冊 | 定價一元 | 只賣一角 |
| 陳浪仙著 | 劍俠草上飛 | 一冊 | 定價三角 | 只賣三分 |
| 陳浪仙著 | 歷代劍俠大觀 | 二冊 | 定價二元 | 只賣二角 |
| 冷蝶著 | 秘密風流案 | 一冊 | 定價五角 | 只賣五分 |
| | 影迷 | 一冊 | 定價一角 | 只賣二分 |
| 花蕚著 | 千秋恨 | 一冊 | 定價三角 | 只賣三分 |
| 西生著 | 黎娘哀史 | 一冊 | 定價一角 | 只賣二分 |
| 姜俠魂編 | 國枝大觀 | 二冊 | 定價四元五角 | 只賣二元二角 |
| 方成甫編 | 長生殿曲譜 | 一冊 | 定價一元二角 | 只賣六角 |

## 國學文學詩詞

| | | | | |
|---|---|---|---|---|
| 方履信編 | 蘇曼殊詩集 | 一冊 | 定價八角 | 只賣八分 |
| 曹雪松著 | 愛的花圃 | 一冊 | 定價七角 | 只賣七分 |
| 丁丁著 | 未寄的詩 | 一冊 | 定價五角 | 只賣五分 |
| 閔之寅著 | 春深了 | 一冊 | 定價三角 | 只賣三分 |
| 嚴廷傑著 | 晨露 | 一冊 | 定價三角 | 只賣三分 |
| 邱徨譯 | 英漢情詩選粹 | 一冊 | 定價四角 | 只賣四分 |
| 徐也人著 | 紅葉詩集 | 一冊 | 定價一角五分 | 只賣八分 |
| 張鳳著 | 活體詩 | 一冊 | 定價二元 | 只賣二角 |
| 陳子鵠著 | 宇宙之歌 | 一冊 | 定價四角 | 只賣三角二分 |
| 曾小瀾著 | 平瀾詩集 | 一冊 | 定價四角 | 只賣三角二分 |
| 田間著 | 未明集 | 一冊 | 定價三角 | 只賣二角四分 |
| 江岳浪著 | 路工之歌 | 一冊 | 定價二角 | 只賣一角六分 |
| 力社叢書 | 黑夜及其夢 | 一冊 | 定價二角 | 只賣一角六分 |
| 虹飛著 | 虹飛詩集 | 一冊 | 定價二角五分 | 只賣一角八分 |
| 劉毓盤著 | 詞史 | 一冊 | 定價七角 | 只賣一角四分 |

## 新文集

| | | | | |
|---|---|---|---|---|
| 陳石遺編 | 國學事刊 | 二冊 | 定價七角五分 | 只賣八分 |
| 張鶴羣編 | 文哲學 | 一冊 | 定價四角 | 只賣四分 |
| 章太炎著 | 文學論略 | 一冊 | 定價二角 | 只賣二分 |
| 梁啓超著 | 中國學術思想變遷史 | 一冊 | 定價八角 | 只賣八分 |
| 朱炳煦著 | 唐代文學概論 | 一冊 | 定價一元一角 | 只賣一角五分 |
| 葉長青著 | 文字學名詞詮釋 | 一冊 | 定價七角 | 只賣七分 |
| 曹聚仁編 | 一般標點符號使用法 | 一叶 | 定價八分 | 只賣二分 |
| 周羣玉著 | 先秦諸子述略 | 一冊 | 定價五角 | 只賣五分 |
| 劉城甫編 | 普樂古賦 | 一冊 | 定價二角五分 | 只賣三分 |
| 陳柱尊編 | 中國學術討論集 | 二冊 | 定價二元一角 | 只賣二角一分 |

總店：上海四馬路　南京分店：太平路　杭州支店：仁和路　無錫支店：北大街

是冲破全出版界之沉寂的巨雷！

# 良友文學叢書

[illegible]中國[illegible]前導的[illegible]炬！



今日中國文藝出版界中

歷史最久 創刊二年從未間斷
編選最精 作者均屬一流作家
裝訂最美 全書一律布面精裝
銷路最廣 平均每年銷十萬部
聲譽最佳 各報都有好評
售價最廉 現售每冊四角半

之文藝叢書

第一集二十種
行銷二十萬冊

另備樣本 函索即寄

自新文學運動以來，中國文藝作品之印成書本者，至今不可數計，但是大半都零落散亂，很少有系統的計劃，而書籍之印刷裝幀，更多因陋就簡，從未如歐美各國般之重視。我們看到美國的近代叢書 Modern Library，不但選編精真，形式可愛，而且定價一律，出書整齊，給予世界文藝讀者以無上之便利，民國二十二年冬，我們便計劃出版良友文學叢書一種，想儘可能範圍中，在中國的文藝出版界裏，做一個內容外表比較整齊的嘗試。這二年來陸續出版了二十種，銷路竟達二十萬部。我們既看到國內讀書界有此需要，便另約十九位作家寫了十九部長篇短篇散文論著，預算在二十五年度全部出齊。同時擧辦良友文學獎金一種，徵求長篇小說一部，作為紀念文學叢書第二集的出版，還得獎小說就列入第二集中，併成二十部。又為了減低讀者的負擔起見，先售半價預定，自即日起至三月底止。另有文學叢書特大本一種 Giant Edition，日內亦可先出二冊。

半價預定
每本定價四角五分

第二集二十冊 原價大洋十八元

甲種預定 一次付款 減收大洋九元 另加郵費一元

乙種預定 分期付款 先付大洋四元 以後每出一冊，取書時付大洋三角，以二十部出齊付清為止。大洋十元 另加郵費一元

本叢書零售每冊仍售九角，預定期後，二年內不售半價

三月底截止預定

第二集二十種
發售半價預定

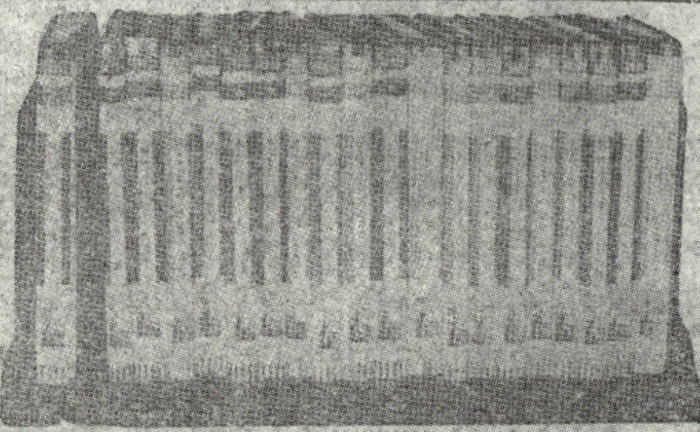

第二集新書二十種・二十五年度起平均每月出版二冊・年內全部出齊

| | | | |
|---|---|---|---|
| 徐志摩 | 愛眉小扎 | 日記 | 這是徐志摩先生給陸小曼女士的情書，給一個人看的一部戀愛日記，外界渴望已久，至今始全部發表。另附寫給小曼女士的信札數十封，和小曼女士寫給志摩君的一部日記。全書都十餘萬字。（二月出版） |
| 葉聖陶 | 四三集 | 短篇 | 葉聖陶先生最近所寫成的短篇小說如感同身受，過節，得失，半年，一個小泥花，機世，質問別等都包括在這裏。作者所以稱他為四三集，因為紀念這是他今年四十三歲時所收的集子。 |
| 巴金 | 愛情三部曲之一 | 長篇 | 巴金先生在本叢書中出版過「雨」「電」。現在把「霧」全部改訂後，在前面又寫了一篇三萬字長的愛情的三部曲總序。是作者從事寫作以來第一次的思想自白。（一月出版） |
| 周作人 | 苦竹雜記 | 散文 | 這是周作人先生最近的一部散文集，共計六十餘篇。周先生是著名是散文作家。不特文字已入神化之境，而且他的博覽羣書，使讀他文章的人，在欣賞一件藝術品以外，更可以增加許多智識。（二月出版） |
| 施蟄存 | 銷金鍋 | 長篇 | 本書是作者第一個長篇創作，以南宋時代的臨安城作背景，從一些小百姓的日常生活中反映一個亡國的社會狀況。作者以寫歷史小說著名，這部長篇，更是他的精心之作。 |
| 鄭伯奇 | 打火機 | 短篇 | 這部短篇集，可以稱為現代中國社會的素描圖。因為[illegible]下來的有封建束縛下的女性，不景氣中的小市民，我們在這裏可以找到我們朋友的面相，也許連自己都在內。 |
| 謝冰瑩 | 一個女兵的自傳 | 自傳 | 作者是一個當兵出身的女作家，不但她私人的曲折的生活，值得寫一部自傳，作為一個思想轉變期中的青年女子，我們更可以從她的懺悔錄裏，知道這大時代的趨向。 |
| 沈起予 | 殘碑 | 長篇 | [illegible]寫大北伐時期的前後數年中幾個失敗的青年男女，他們怎樣的夢想，怎樣的實踐，又是怎樣的幻滅。是一部從未發表過的大長篇。（一月出版） |
| 朱光潛 | 孟實文鈔 | 論著 | 朱光潛先生的論文集子，包含二十多篇討論文學理論，介紹國外作家，批評重要作品的文章。可以當論文讀，也可以當散文讀。對於文學青年，更可當做從事寫作時的參考書。 |
| 張天翼 | 在城市裏 | 長篇 | 作者是寫諷刺的能手。這部書裏寫一個住在城裏的大戶人家，為了近年來鄉下的農村田地不能生活，便到大都會裏去求發展，但是城市和農村一樣的走不通，這裏她也終於幻滅了。 |
| 茅盾 | 烟雲集 | 短篇 | 這是茅盾先生最近寫成的短篇集。全是些社會上多餘的人物，他們的生命也許被一般人看做過眼烟雲般淡然置之，但是作者替他們留下了可寶貴的痕跡。 |
| 沈從文 | 鳳子 | 長篇 | 沈從文先生是一個試著於短篇，又長於長篇的小說家。他過去十年的許多作品，已得到了無數讀者的贊賞。這部長篇寫一個叫做鳳子的女孩子的故事。全書都十餘萬字。 |
| 杜衡 | 角落裏的人 | 長篇 | 這部長篇寫幾個智識階級的理想主義者的寂寞，以及他們爲求光明而下的艱苦的鬥爭。作者在這部書裏創造了一種新的英雄或是說類的人格了。 |
| 俞平伯 | 燕郊集 | 散文 | 俞平伯先生是中國早期新文學運動史上的一個重要人物，現在是著名的散文家。這本散文集包含近年來的心血之作，共有三十餘篇，今始出集。 |
| 郭源新 | 子履先生及其門徒們 | 長篇 | 這是一部較大時代所激湛的人們的合傳。寫一個中學教師和他的學生們的日常生活，寫到每一個不同性格的人物，在以後的不同的環境裏所遭遇的不同故事。是許多短篇合起來的長篇。 |
| 穆時英 | 中國行進 | 長篇 | 這一部稿含了三年的長篇，現在已全部脫稿了。寫一九三一年大水災和九一八的前夕，中國農村的破落，城市裏民族資本主義和國際資本主義的鬥爭。作者在這裏不但保持了他所特有的輕快的筆調，故事的結構，也有了新的發見。 |
| 郁達夫 | 閒書 | 散文 | 郁達夫先生出版過許多散文，這是他最新的一部，所有散文都未收入其他文集。包含隨筆雜感短論等數十篇，內有從未發表者。 |
| 魯彥 | 河邊 | 短篇 | 這是魯彥先生的一個新的集子，包含十個短篇。魯彥先生從事創作生活至今已逾十五年，這一部集子，是他認為最近的得意之作。 |
| 趙家璧 | 新傳統 | 論著 | 本書論述現代美國作家論一。跳出了傳統的英美文學的藩籬，概述了一百五十年來的美國文學發展史後，介紹以現代美國作家的作品和思想：如福克納，安德生，辛克萊，海敏威，斯坦因，賽珍珠等。 |
| ××× | 五百元得獎小說 | 長篇 | 本公司徵求長篇小說一部詳章函索即寄 |

全套二十冊定價十八元・半價預定減收九元

上海北四川路八五一號 電話四四一八九 良友圖書印刷有限公司 中文電報掛號上海七三八五號

# 工作与学习丛刊

胡风等编

上海书店

# 《工作与学习丛刊》始末

胡风

一九三六年十月十九日，鲁迅先生逝世了。在文化阶层和先进人民中间涌起的哀悼热潮震动了整个社会。鲁迅精神的伟大力量超过了任何人的预计。

当时党中央派回上海恢复领导工作的冯雪峰，起意要我在他的安排下编一个刊物，和鲁迅的老朋友以及他晚年接近的青年作者取得联系，在思想上和创作上学习并发扬鲁迅的精神。

登记出杂志一定得不到国民党的批准，只能用出丛刊的形式，取名《工作与学习丛刊》。也只能由有党的关系的生活书店出版，但这不取得茅盾的支持就不能做到，因而茅盾被列为这个刊物的基本作者之一，挂了个编辑名义。

当时，我的理解是，鲁迅精神是全民族、全体劳动人民的精神财富，继承并发扬鲁迅精神只能放在劳动人民的斗争实践上面，也就是，把希望放在和劳动人民的生活和斗争结合着，能反映劳动人民的生活真实和斗争意志的作者，尤其是

1

成长中的青年作者身上。现在，把目光放在少数人身上，这是不能适应历史实际的发展动向的。

冯雪峰是领导人，我只能服从。他要我和生活书店的徐伯昕联系出版事。

第一本《二三事》，一九三七年三月出版。从鲁迅的遗文《关于太炎先生二三事》取名的。当是适应了读者的要求的，尤其因为有鲁迅的遗作。

第二本《原野》，四月出版。是用艾青译的凡尔哈仑的自由诗命名的，出版后不久就被国民党禁止了。但禁止后几天又收到了原禁止机关的公文，说阅报知道有《原野》出版，不知道内容反动与否，着即缴呈若干本，云。不知道内容反动与否就禁止了，或者，禁止了还不知道内容反动与否，这是极其恶劣的文化反动政策的例证。我在当时的《读书》杂志上写了一则《反「沙漠化」的愿望》，指斥了国民党政府的这种反动荒谬的政策。

第三本《收获》，五月出版，是用力群的一幅木刻命名的。

第四本《街景》，是用美共刊物《新群众》上的一幅石版画命名的。但排成后就得到书店的通知，说前三本都被禁止了。这一本虽已排成，不能出了，只好拆版，云。直到四十多年后的去年，看到上海的复印本，这才知道，这一本还是出了，不

2

过改名为《黎明》(艾青的一首诗名),因而,当时我和有关的作者都没有注意到。

这个刊物就这样结束了。原因是被禁止。

关于作者,鲁迅老朋友许寿裳、李霁野等的,都是雪峰约来的。其中如苦力的《鲁迅的美术活动》就是粗略的,发表了它是希望引起补充和讨论。

新的作者的稿子,都是由我约来的或投寄来的。艾青是精力充沛的,吸引了读者的一个。我记得有《龙华的桃花开了》,沉痛地哀悼了在龙华牺牲的烈士们,大概是收在第三本《收获》一组中的。可以说,艾青是在这个刊物中开始吸引了读者的。

端木蕻良也是在这个刊物上与较广的读者相见的。

其他象曹白和贾植芳,都是第一次出现的名字。他们都是业余作者,但是,就是到了四十多年后的今天,他们业余的所作,也还是对读者保持着生命力的。只有孔嘉一篇,我记不起内容和这个作者的任何情况,很可能是冯雪峰拿来的。

也曾想在杂文和书评上用点力。杂文虽然有了一些,但和鲁迅那种针针见血的深刻性还是相差太远了。书评也有些,能够碰一碰当时国民党所师事的希特勒,也只好聊以自慰了。

我提了一下思想活动的民主性问题。当时，权威地位的教授提出了思想活动的「危机」问题，以为青年们「误认信仰为思想以及误认旁人的意见为自己的思想」，造成了一种「恶风气」，因而要求「自由讨论与自由研究」。但他们却把这种「恶风气」归到唯物主义运动的身上，对主要原因的国民党政府的压迫思想活动，不准「自由讨论与自由研究」的反动文化统治政策反而只字不提，这就暴露了他们和国民党是互相呼应的。在统一战线的原则上，不能不向教授提出，应该和代表人民先进要求的唯物主义思想运动阵营联合起来，认真地向国民党政府争取「自由讨论与自由研究」的民主的文化运动的实现。

还发表了冬青的《关于〈思想方法论〉》。这是对艾思奇的《思想方法论》中某几个原则性的观点提出了意见。作者是一个中学生，但他却从生活实践中的诚实的感受力和斗争要求出发，对唯物主义思想工作提出了敏锐的看法。看法可能不完全正确，但那种从生活实践出发的诚实性和敏锐性，却是足以发人深省的。这才是为了打破思想活动的沉滞危机而作出的真诚的努力；和教授们对唯物主义思想活动的伪善的斥责不同，他是出自对唯物主义思想活动的真诚的爱护而提出的自我批判。思想活动只有在真诚的自我批判中才能够和反动的压迫进行抵抗而前进。

4

我在后记中提到，一个中学生的青年，对哲学问题能够这样尖锐地提出意见，可见我们的思想运动是大有可为的；被批判者也一定会高兴。但意外地引起了相反的反应：一个中学生敢于批判大作家，这不是对被批判者的一种污辱么！这以后，我再没见过这位作者的文章了。

在见到的材料中，介绍了点外国革命作品。介绍了些外国木刻和创作木刻。日本木刻家为中国古代寓言刻的木刻，是具有独创的风格的，我喜爱它们，但好象没有产生什么影响。

在这四本书的最后，我用「一记者」、「校读生」、「X·F」的署名都写了校读后记。

# 二三事

1

工作與學習叢刊

# 幾點聲明：

1. 本叢刊內容爲關於文藝的著作、翻譯、介紹以及思想問題和社會批評。

2. 本社同人本「學習」與「工作」之旨，一切著譯須各視自己底興趣和能力，雖難免幼稚粗淺，但切忌抄襲模倣，雖致忠於民族與大衆，但反對假裝或空叫，雖意見不求苟同，但論爭沒有情面。

3. 本社同人心存求友，極願選登來稿，由生活書店轉交卽可，但豫先在此聲明：門戶之見雖然不存，偏愛之心恐怕難免，如未被揭載，請不要勃然生氣。

4. 本叢刊擬月出兩本，約一百八十頁，外加圖畫，但因材料底配置，間有增減。

工作與學習叢刊

1

# 二三事

工作與學習社版

10,3,1937.

# 目錄

畫頁：

水手（木刻）　法國 F. Masereel 作

# 關於太炎先生的二三事（遺著）

魯迅

前一些時，上海的官紳爲太炎先生開追悼會，赴會者不滿百人，遂在寂寞中閉幕，於是有人慨歎，以爲青年們對於本國的學者，竟不如對於外國的高爾基的熱誠。這慨歎其實是不得當的。官紳集會，一向爲小民所不敢到；況且高爾基是戰鬭的作家，太炎先生雖先前也以革命家現身，後來却退居於寧靜的學者，用自己所手造的和別人所幫造的牆，和時代隔絕了。紀念者自然有人，但也許將爲大多數所忘却。

我以爲先生的業績，留在革命史上的，實在比在學術史上還要大。囘憶三十餘年之前，木板的訄書已經出版了，我讀不斷，當然也看不懂，恐怕那時的青年，這樣的多得很。我的知道中國有太炎先生，並非因爲他的經學和小學，是爲了他駁斥康有爲和作鄒容的『革命軍』序，竟被監禁於上海的西牢。那時留學日本的浙籍學生，正辦雜誌『浙江潮』，其中卽載有先生獄中所作詩，却並不難懂。這使我感動，也至今並沒有忘記，現在抄兩首在下面——

獄中贈鄒容

鄒容吾小弟，被髮下瀛洲。快翦刀除辮，乾牛肉作餱。英雄一入獄，天地亦悲秋。臨命須摻手，乾坤祇兩頭。

獄中聞沈禹希見殺

不見沈生久，江湖知隱淪，蕭蕭悲壯士，今在易京門。螭魅羞爭焰，文章總斷魂。中陰當待我，南北幾新墳。

一九〇六年六月出獄，卽日東渡，到了東京，不久就主持『民報』。我愛看這『民報』，但並非爲了先生的文筆古奧，索解爲難，或說佛法，談『俱分進化』，是爲了他和主張保皇的梁啓超鬬爭，和『××××』的×××鬬爭，和『以「紅樓夢」爲成佛之要道』的×××鬥爭，眞是所向披靡，令人神往。

前去聽講也在這時候，但又並非因爲他是學者，却爲了他是有學問的革命家，所以直到現在，先生的音容笑貌，還在目前，而所講的『說文解字』，却一句也不記得了。

民國元年革命後，先生的所志巳達，該可以大有作爲了，然而還是不得志。這也是和高爾基的生受崇敬，死備哀榮，截然兩樣的。我以爲兩人遭遇的所以不同，其原因乃在高爾基先前的理想，後來都成爲事實，他的一身，就是大衆的一體，喜怒哀樂，無不相通；而先生則排滿之志雖伸，但視爲最緊要的『第一是用宗教發起信心，增進國民的道德；第二是用國粹激動種性，增進愛國的熱腸』（見『民報』第六本），却僅止於高妙的幻想；不久而袁世凱又攘奪國柄，以遂私圖，就更使先生失却實地，僅垂空文，至於今，惟我們的『中華民國』之稱，尙係發源於先生的『中華民國解』（最先亦見『民報』），爲鉅大的紀念而已，然而知道這一宗公案者，恐怕也已經不多了。既離民衆，漸入頹唐，後來的參與投壺，接收餽贈，遂每爲論者所不滿，但這也不過白圭之玷，無非晚節不終。考其生平，以大勳章作扇墜，臨總統府之門，大詬袁世凱的包藏禍心者，並世無第二人；七被追捕，三入牢獄，而革命之志，終不屈撓者，並世亦無第二人：這才是先哲的精神，後生的楷範。近有文儈，勾結小報，竟也作文奚落先生以自鳴得意，眞可謂「小人不欲成人之美」，而且「蚍蜉撼大樹，可笑不自量」了！

但革命之後，先生亦漸爲昭示後世計，自藏其鋒鋩。浙江所刻的『章氏叢書』，是出於手定的，大約以爲駁難攻訐，至於忿詈，有違古之儒風，足以貽譏多士的罷，先前的見於期刊的鬬爭的文章，竟多被刊落，上文所引的詩兩首，亦不見於『詩錄』中。一九三三年刻『章氏叢書續編』於北平，所收不多，而更純謹，且不取舊作，當然也無鬭爭之作，先生遂身衣學術的華袞，粹然成爲儒宗，執贄願爲弟子者綦衆，至於倉皇製『同門錄』成冊。近閱日報，有保護版權的廣告，有三續叢書的記事，可見又將有遺著出版了，但補入先前戰鬭的文章與否，却無從知道。戰鬭的文章，乃是先生一生中最大，最久的業績，假使未備，我以爲是應該一一輯錄，校印，使先生和後生相印，活在戰鬭者的心中的。然而此時此際，恐怕也未必能如所望罷，嗚呼！

（十月九日。）

# 魯迅的生活

——在北平大學女子文理學院

魯迅座談會 講

沈蘊芳 記錄

許壽裳

前兩天，王同學來說，定於今天下午三時半在本院開魯迅座談會，要我講點關於魯迅先生的生活情形，我便忻然的答應了，所以我今天所講的題目是關於他的生活。魯迅是預言家，是詩人，是戰士。我在懷亡友魯迅文中說過：「他的五十六年全生活是一篇天地間的至文」，也就是一篇我們中華民族的傑作。這樣偉大的一生決不是短時間所能說盡的，不過隨便談談，得個大概罷了。

在開講之前，我要問諸位一聲，諸位大概在中學時代，甚而至於在小學時代已經讀過了魯迅的作品。讀了之後，在沒有會見他或者沒有見過他的照相之前，那時諸位的想象中，魯迅是怎樣一個人？這種囘憶，對於魯迅的認識上是很有幫助的。我的一位朋友的女兒，十餘年前，在孔德學校小學班已經讀了魯迅的作品。有一天，聽說魯迅來訪她的父親了，她便高興之極，跳躍出去看，只覺得他的帽子邊上似乎有花紋，很特別。等到掛上帽架，她仰着頭仔細一望，原來不過是破裂的痕跡。後來，她對父親說：「周老伯的樣子很奇怪。我當初想他一定是着西裝，皮鞋，頭髮分得很光亮的。他的文章是這樣漂亮，他的服裝爲什麽這樣不講究呢？」

再講一個近時的故事：這見於日本內山完造的魯迅先生文中，用對話體記着有一天，魯迅照常穿着粗樸的藍布長衫，廉價的橡皮底的中國跑鞋，到大馬路 Cathay Hotel 去看一個英國人。

「可是，據說房間在七層樓，我就馬上去搭電梯。那曉得司機的裝着不理會的臉孔，我以爲也許有誰要來罷，就這麽等着。可是誰也沒有來，於是我就催促他說『到七層樓，』一催，那司機的傢伙便重新把我的神氣從頭頂到脚尖骨溜骨溜地再打量一道，於是乎說『走出去！』終於被趕出了電梯。」

一那才怪呢！後來先生怎樣呢？」

「沒有辦法，我便上扶梯到七層樓；於是乎碰見了目的的人，談了兩小時光景的話，回來的時候，那英國人送我到電梯上。恰巧，停下來的正是剛才的那一部電梯。英國人非常殷勤，所以這次沒有趕出我，不，不是的，那個司機非常窘呢。——哈哈哈……」（譯文二卷三期，日本原文見改造十八卷十二號）

關於魯迅容貌的印象：我在此引一個英國人的話，頗覺簡而得要，這見於H. E. Shadick的對魯迅的景仰文中。他是燕大英文系主任教授，不曾會見過魯迅，只是從照相上觀察，說道：

「在我的面前呈現着一張臉，從聳立的頭髮到他的有力的顎骨，無處不洋溢出堅決和剛毅。一種坦然之貌，惟有是完美的誠懇的人纔具備的。前額之下，雙眼是尖銳的，而又是憂鬱的。眼睛和嘴都呈露出他的仁慈心和深切的同情，一抹胡鬍却好像把他的仁慈掩蓋過去。

「這些特質同樣地表現在他的作品中，在他的生命裏……」（原文見燕大週刊叢書之一紀念中國文化巨人魯迅）

魯迅的生活狀況可分爲七個時期：（一）幼年在家時期，一——十七歲；（二）江南礦路學堂時期，十八——二十一歲；（三）日本留學時期，二十二——二十九歲；（四）杭州紹興教書時期，二十九——三十一歲；（五）北京工作時期，三十二——四十六歲；（六）廈門廣州教書時期，四十六——四十七歲；（七）上海工作時期，四十七——五十六歲。

一、幼年在家時期……一至十七歲……預備時期（一八八一——一八九七），這期的時代背景最大的有甲午中日之戰。

魯迅的幼年生活有他的回憶錄——舊事重提，後改名爲朝花夕拾——可供參考，現在略舉幾個特點如下：

（一）好看戲

（甲）五猖會（見朝華夕拾）是一件罕逢的盛事，在七歲時候，正當高興之際，突然受了打擊，他的父親要他讀熟鑑略數十行，背不出不准去，後來雖然背出，不遺一字，却已弄到興趣索然。

（乙）社戲（見吶喊）

（丙）夜戲，目蓮戲（見朝華夕拾：無常）

（丁）女弔（見中流三期）：紹興有兩種特色的鬼，一種是表現對於死的無可奈何，而且隨隨便便的「無常」，一種便是「女弔」，也叫作「弔神」，是帶復讎性的，比別的一切鬼魂更美，更强的鬼魂。魯迅臨死前二日——十月十七日下午在日本作家鹿地亘的寓所，也談到這「女弔」，這可稱魯迅的最後談話（日本池田幸子有一篇最後一天的魯迅，記及此事，見日本雜誌文藝四卷十二號）。

（戊）胡氏祠堂看戲：這點在他的著作裏面是沒有談到，我從他的母親那裏聽來的。在十餘歲時候，胡家祠堂裏演戲，他事先已經看好了一個地方——遠處的石凳。不料臨時爲母親所阻止，終於哭了執意要去看，至則大門已關，不得進去。後來知道這一天，因爲看客太多，擠得石凳斷了，摔下來，覺有被壓斷脛骨的。他之不得其門而入，幸哉幸哉！

他幼年愛好看戲，至於如此，可是後來厭惡舊劇了。

（二）好描畫

（甲）描畫：用一種荆川紙，蒙在小說的繡像上一個個描下來，像習字時候的影寫一樣。……最成片段的是蕩寇志和西遊記的繡像，都有一大本（見朝華夕拾：從百草園到三味書屋）。

（乙）搜集圖畫（見朝華夕拾：阿長與山海經和二十四孝圖）

這和他後來中年的搜集，研究漢畫像，晚年的提倡版畫有密切的關係。

（二）不受騙

（甲）不聽衍太太的擺佈（見朝華夕拾八五葉）

（乙）對於二十四孝圖的懷疑，「其中最使我不解，甚至於發生反感的，是『老萊娛親』和『郭巨埋兒』兩件事」（見朝華夕拾三五葉）。

這樣從小就有獨到之見，和上述的藝術興趣，可見他在此時期，天才的萌芽已經顯露出來了。

二、江南礦路學堂時期……十八至二十一歲……（一八九八——一九〇一）

這期的國家大事有戊戌變法和庚子義和團之役。

他的學堂生活從此開始，起初考入水師學堂，後才改入礦堂學堂，朝華夕拾裏有一篇瑣記是可參考的。此外，還有幾件事：

（一）愛看小說　新小說購閱不少。對於功課從不溫習，也無須溫習，而月考，大考，名列第一者什居其八。

（二）好騎馬　往往由馬上墜落，皮破血流，卻不以爲意，常說：「落馬一次，卽增一次進步。」

（三）不喜交際

至於苦學的情況，如以八圓旅費上南京，夾袴過冬，凡上下輪船總是坐獨輪車，一邊擱行李，一邊留自己坐。

三、日本留學時期……二十二至二十九歲……修養時期（一九〇二——一九〇九夏），這期的大事是俄兵佔領奉天，日俄開戰，革命思潮起於全國，和他個人關係較切的有章太炎師的下獄，徐錫麟秋瑾的被殺等。

這留學時期又可分爲三個小段：（一）東京弘文學院時期，（二）仙台醫學專門學校時期，（三）東京研究文學時期。

（一）東京弘文學院時期（一九〇二——一九〇四夏）

此時，我初次和他相識，他在課餘愛讀哲學文學的書以及常常和我談國民性問題，這些已見於拙著懷亡友魯迅，茲不贅述。他曾爲浙江潮撰文，有斯巴達之魂，說鈤等（見集外集），鈤即鐳也。

（二）仙台醫學時期（一九〇四——一九〇六春）

他學醫的動機：（一）恨得中醫躭誤了他的父親的病，（二）確知日本明治維新是大半發端於西醫的事實。以上兩點，參閱吶喊序文和朝華夕拾：父親的病便知。但是據我所知，除此以外，還對於一件具體的事實起了弘願，也可以說是一種癡想，就是：（三）救濟中國女子的小脚，要想解放那些所謂「三寸金蓮」，使恢復到天足模樣。後來，實地經過了人體解剖，悟到已斷的筋骨沒有法子可想。這樣由熱望而苦心妍究，終至於斷念絕望，使他對纏足女子同情，比普通人特別來得大，更由絕望而憤怒，痛恨趙宋以後歷代摧殘女子者的無心肝，所以他的著作裏寫到小脚都是字中含淚的。例如：

（1）見了繡花的弓鞋就搖頭（朝華夕拾一一四葉）

（2）「至於纏足，更要算在土人的裝飾法中，第一等的新發明了。……可是他們還能走路，還能做事；他們終是未達一間，想不到纏足這好法子。……世上有如此不知肉體上痛苦的女人，以及如此以殘酷爲樂，醜惡爲美的男子，眞是奇事怪事（熱風三五葉）。

（3）小姑娘六斤新近裹脚，「在土場上一瘸一拐的往來」（吶喊：風波）。

（4）討厭的「豆腐西施」，「兩手搭在髀間，沒有繫裙，張着兩脚，正像一個畫圖儀器裏細脚伶仃的圓規」（吶喊：故鄉）。

（5）愛姑的「兩隻鉤刀樣的脚」（彷徨：離婚）

（6）「……女子的脚尤其是一個鐵證，不小則已，小則必求其三寸，寧可走不成路，搖搖擺擺」（南腔北調集：由中國女人的脚推定中國人之非中庸）。

他的感觸多端，從此着重在國民性劣點的研究了。可見吶喊序文所載，在微生物學講議的電影裏，忽然看到咱們中國人的將被斬，就要退學，決意提倡文藝運動，這電影不過是一種刺激，並不是惟一的刺激。

（三）東京研究文學時期（一九〇六——一九〇九夏）

一九〇二年的夏天，留日學生的人數還不過二三百，後來「速成班」日見增多，人數達到二萬，眞是浩浩蕩蕩，他們所習的科目不外乎法政，警察，農，工，商，醫，陸軍，教育等，學文藝的簡直沒有，據說學了文學將來是要餓死的。

然而魯迅就從此致力於文藝運動，至死不懈。

此時，他首先紹介歐洲新文藝思潮，尤其是弱小民族，被壓迫民族的革命文學。有兩件事應該提到的：（一）擬辦雜誌新生，（二）譯域外小說。這兩件事說來頗長，好在他令弟知堂（作人）所作的「關於魯迅（二）」（宇宙風三十期）文中已經敍明，我不必重複詳說，只略略有所補充而已。新生雖然沒有辦成，可是書面的圖案以及插圖等等，記得是統統預備好了，一事不苟的；

連它的西文譯名，也不肯隨俗用現代外國語，而必須用拉丁文曰 Vita Nuora。後來，魯迅爲河南雜誌撰文化偏至論，摩羅詩力說（墳），紹介英國擺侖，德國尼采，奈賓霍爾，瑙威易卜生，及俄國波蘭匈加利的詩人等。域外小說集初印本的書面也是很優美的，圖案是希臘的藝術，題字是篆文「或外小說△」，紙質甚佳，毛邊不切。

大家都知道新青年雜誌是新文化運動——文學革命，思想革命——的急先鋒。它的民七，一月號，胡適之的歸國雜感，說調查上海最通行的英文書籍，「都是和現在歐美的新思想毫無關係的，怪不得我後來問起一位有名英文敎習，竟連 Bernard Shaw 的名字也不會聽見過，不要說 Tshekhov 和 Andrejev 了，我想這都是現在一班敎會學堂出身的英文敎習的罪過。」殊不知周氏兄弟在民七的前十年，早已開始譯 Tshekhov 和 Andrejev 的短篇小說了。

魯迅實在是介紹和翻譯歐洲新文藝的第一個人。

總之，他在游學時期，用心硏究人性和國民性問題，養成了冷靜而又冷靜的頭腦。惟其愛國家愛民族的心愈熱烈，所以觀察得愈冷靜。這好比一個醫道高明的醫師，遇到了平生最親愛的人，患着極度危險的痼疾，當仁不讓，見義勇爲，一心要把他治好。試問這個醫師在這時候，是否極度冷靜地診察，還是蹦蹦跳跳，叫囂不止呢？這冷靜是他的作品所以深刻的根本原因。

四、杭州紹興教書時期……二十九至三十一歲（一九〇九夏——一九一一冬），這時期的大事是辛亥革命。

民元前三年夏，他因爲要負擔家庭的費用，不得不歸國做事了。在杭州任兩級師範學堂生理學和化學教員一整年，在紹興任中學堂教務長一年餘，革命以後，任師範學校校長幾個月。

在兩級師範敎化學的時候，有過這樣的一件事：「他在敎室試驗輕氣燃燒，因爲忘記攜帶火柴了，故於出去時告學生勿動收好了的輕氣瓶，以免混入空氣，在燃燒時炸裂。但是取火柴回來一點火，居然爆發了；等到手裏的血濺滿了白的西裝硬袖和點名簿時，他發見前兩行只留着空位：這裏的學生，想來是趁他出去時放進空氣之後移下去的，都避在後面了。」所以孫春台（福熙）的我所見於『示衆』者裏說：「魯迅先生是人道主義者，他想盡量的愛人，然而他受人欺侮，而且因爲愛人而受人欺侮。倘若他不愛人，不給人以輕氣瓶中混入空氣燃燒時就要爆裂的智識，他不至於炸破手。……」（民十五，五月，京報副刊）

**五、北平工作時期**……三十二至四十六歲（民元——十五年秋，卽一九一二——一九二六秋，）

這期的大事，國內有民元中華民國成立，民四日本二十一條的威脅及洪憲稱帝，民六張勳復辟運動，民十四孫中山先生逝世及上海五卅慘案，民十五北京三一八慘案及國民革命軍北伐；國外有世界大戰。

元年一月，臨時政府成立於南京，魯迅應敎育總長蔡子民先生之招，到部辦事，公餘老是鈔沈下賢的集子。一日，曾偕我同董恂士（鴻禕）去訪駐防旗營的殘址，只見已經成了一片瓦礫場，偶爾賸着破屋幾間，門窗全缺，情狀是很可憐，使他記起了從前在礦路學堂讀書的時候，騎馬過此，不甘心受旗人的欺侮，揚鞭窮追，以致墜馬的故事。

同年五月，到北京，住紹興會館，先在藤花館，後在古槐書屋，這便是相傳在槐樹上縊死過一個女人，從此多年沒有人要住的。八年移居八道灣，十二年遷寓甎塔胡同，十三年移入宮門口西三條新屋。

在北京工作十五年，其間又可分爲前後兩段，以「新青年」撰文（民國七年）爲界，前者重在輯錄研究，後者重在創作。

前期住在會館，散値的工作是：（一）鈔古碑，（二）輯故書，這二事可參考知堂的關於魯迅（宇宙風二九期），（三）讀佛經。魯迅的信仰是科學，不是宗教，他說佛教和孔教一樣，都已經死亡，永不會復活了。所以他對於佛經只作人類思想史的材料看，藉此研究其人生觀罷了。別人讀佛經，就趨於消極，而他獨不然。

至於他的創作短篇小說，開始在民國七年四月，發表在同年五月號的新青年，正値五四運動的前一年。其第一篇曰狂人日記，才用「魯迅」作筆名，「從此以後，便一發而不可收」，他的創作力好像長江大河，滾滾不絕。這是魯迅生活上的一個大發展，也是中國文學史上應該大書特書的一章。因爲從此，文學革命才有了永不磨滅的偉績，國語文學才有了不朽的劃時代的傑作，而且使他成為我們中國思想界的先知，民族解放上最勇敢的戰士。現在時間有限，我只就狂人日記和阿Q正傳兩篇作個舉例的說明而已。

狂人日記是借了精神迫害狂者來猛烈地掊擊禮教的。據魯迅自己說：「因那時的認為『表現的深切和格式的特別』，頗激動了一部分青年讀者的心。然而這激動，却是向來怠慢了紹介歐洲大陸文學的緣故。一八三四年頃，俄國的果戈理（N. Cogol）就已經寫了狂人日記……但後起的狂人日記意在暴露家族度制和禮教的弊害，却比果戈理的憂憤深廣，也不如尼采的超人的渺茫。」（參閱「中國新文學大系小說二集導言」）這是實實在在的話，試問讀到篇中所云：

「我翻開歷史一查，這歷史沒有年代，歪歪斜斜的每葉上都寫着『仁義道德』幾個字，我橫竪睡不着，仔細看了半夜，才從字縫裏看出字來，滿本都寫着兩個字是『喫人』！」

又云：

「有了四千年喫人履歷的我，當初雖然不知道，現在明白，難見眞的人！」

有誰不感到禮敎的迫害，有誰不想奮起而來攻擊呢？他的其餘作品有好多篇彷彿可作這狂人日記的說明，祝福便是一個例子。祝福的慘事，不慘在狼吃了阿毛，而慘在禮敎吃了祥林嫂。

我那時在南昌，讀到狂人日記就非常感動，覺得這很像周豫才的手筆，而署名卻是姓魯，天下豈有第二個豫才乎？於是寫信去問他，果然回信來說確是「拙作」，而且那同一冊裏有署名唐俟的新詩也是他做的。到了九年的年底，我們見面談到這事，他說：「因爲新青年編輯者不願意有別號一般的署名，我從前用過迅行的別號是你所知道的，所以臨時命名如此：理由是（一）母親姓魯、（二）周魯是同姓之國，（三）取愚魯而迅速之意。」「至於唐俟呢？」他答道：「哦！因爲陳師曾（衡恪）那時送我一方石章，並問刻作何字，我想了一想，對他說『你叫做槐堂，我就叫俟堂罷』。」我聽到這裏，就明白了這「俟」字的涵義。那時部裏的長官某很想擠掉魯迅，他就安靜地等着，所謂「君子居易以俟命」也。把「俟堂」兩個字顛倒過來，堂和唐兩個字同聲可以互易，於是成名曰「唐俟」，周，魯，唐，又都是同姓之國也。可見他無論何時沒有忘記破壞偶象的意思。

阿Q正傳的署名是巴人，取「下里巴人」，並不高雅的意思（華蓋集續編：阿Q正傳的成因）。大家都知道這是一篇諷刺小說，在描寫中國民族的魂靈。知堂在十一年三月十九晨報副刊上說過：「阿Q這人是中國一切的譜——新名詞稱作『傳統』——的結晶，沒有自己的意志而以社會的因襲的慣例爲其意志的人，所以在實社會裏是不存在而又到處存在的。……（他）承受了惡夢似的四千年來的經驗所造成的一切『譜』上的規則，包含對於生命幸福名譽道德各稱意見，提鍊精粹，凝爲個體，所以實在是一幅中國人品性的『混合照相』，其中寫中國人的缺乏求生意志，不知尊重生命，尤爲痛切，因爲我相信這是中國人的最大的病根。』（仲密：自己的園地八。後來印成單行本的時候，這一篇未見收入。）

阿Q正傳，發表於民國十年十二月，到現今是整整的十五年了。我每次讀到它，總感覺一種深刻和嚴肅，並且覺得在魯迅的其餘作品中，有許多處似乎可當作這篇的注解或說明來讀，因爲描寫阿Q的劣性彷彿便是描寫民族的劣性故也。現在隨便舉出幾點，彼此參照，便可瞭然，例如：

（一）自大　阿Q和別人口角的時候，間或瞪着眼睛道：「我們先前——比你闊得多啦！你算是什麽東西？」這宛然是以「中國地大物博，開化最早，道德天下第一」自負的國粹派的口吻，魯迅所時常指摘的：「他們自己毫無特別才能，可以誇示於人，所以把這國拿來做個影子；他們把國裏的習慣制度抬得很高，贊美的了不得；他們的國粹，既然這樣有榮光，他們自然也有榮光了！」（熱風十八，十九葉）

（二）卑怯　阿Q「發起怒來，估量了對手，口訥的他便罵，氣力小的他便打……」試讀「隨感錄四十八」有云：「中國人對於異族，歷來只有兩樣稱呼：一樣是禽獸，一樣是聖上。從沒有稱他朋友，說他也同我們一樣的。」（熱風四三葉）還有「通訊」云：「先生（旭生）的信上說：

惰性表現的形式不一，而最普通的，第一就是聽天任命，第二就是中庸。我以爲這兩種態度的根柢，怕不可僅以惰性了之，其實乃是卑怯。遇見强者，不敢反抗，便以「中庸」這些話來粉飾，聊以自慰。所以中國人倘有權力，看見別人奈何他不得，或者有「多數」作他護符的時候，多是凶殘橫恣，宛然一個暴君，做事並不中庸；待到滿口「中庸」時，乃是勢力已失，早非「中庸」不可的時候了。一到全敗，則又有「命運」來做話柄，縱爲奴隸，也處之泰然，但又無往而不合於聖道，這些現象，實在可以使中國人敗亡，無論有沒有外敵。要救正這些，也只好先行發露各樣劣點，撕下那好看的假面具來。」（華蓋集二三集）還有，「忽然想到七」有云：「……可惜中國人但對於羊顯凶獸相，而對於凶獸則顯羊相，所以即使顯着凶獸相，也還是卑怯的國民。這樣下去，一定要完結的……」（華

蓋集五七、五八兩葉）

（三）善變——投機，迎合取巧　阿Q本來是深惡革命的，後來却也有些神往，想「革命也好罷」……試讀「忽然想到四」裏的話：「……其實這些人是一類，都是伶俐人，也都明白，中國雖完，自己的精神是不會苦的，——因爲都能變出合式的態度來。倘有不信，請看清朝的漢人所做的頌揚武功的文章去，開口『大兵』，閉口『我軍』，你能料得到被這『大兵』，『我軍』所敗的就是漢人的麼？你將以爲漢人帶了兵將別的一種什麼野蠻腐敗民族殲滅了。然而這一流人是永遠勝利的，大約也將永久存在。在中國，惟他們最適於生存，而他們生存着的時候，中國便永遠免不掉反覆着先前的命運。」（華蓋集十二，十三兩葉）還有算賬裏說：「……我每遇到學者談起清代的學術時，總不免同時想：『揚州十日』，

『嘉定三屠』這些小事情，不提也好罷，但失去全國的土地，大家十足做了二百五十年奴隸，却換得這幾頁光榮的學術史……」（花邊文學七九葉）

（四）自欺——精神上的勝利法　　阿Q在形式上打敗之後，有種種妙法以自慰：或者算被兒子打了，或者說自己蟲豸好不好，或者簡直自己打兩個嘴巴，就立刻心滿意足了。這類自欺欺人，別設騙局的方法，在士大夫之間也何嘗沒有？「……有時遇到彰明的史實，瞞不下，如關羽岳飛的被殺，便只好別設騙局了。一是前世已造夙因，如岳飛；一是死後使他成神，如關羽。定命不可逃，成神的善報更滿人意，所以殺人者不足責，被殺者也不足悲，冥冥中自有安排，使他們各得其所，正不必別人來費力。中國人的不敢正視各方面，用瞞和騙，造出奇妙的逃路來，而自以爲正路。在這路上，就證明着國民性的怯弱，懶惰，而又巧滑。一天一天的滿足着，卽一天一天的墮落着，但却又覺得日見其光榮。在事實上，亡國一次，卽添加幾個殉難的忠臣，後來每不想光復舊物，而只去贊美那幾個忠臣；遭劫一次，卽造成一羣不辱的烈女，事過之後，也每每不思懲兇，自衞，却只顧歌詠那一羣烈女。彷彿亡國遭劫的事，反而給中國人發揮『兩間正氣』的機會，增高價値，卽在此一舉，應該一任其至，不足憂悲似的。自然，此上也無可爲，因爲我們已經藉死人獲得最上的光榮了。滬漢烈士的追悼會中，活的人們在一塊很可景仰的高大的木主下互相打駡，也就是和我們的先輩走着同一的路。……」（墳：論睜了眼看）

此外，描寫着的劣性還很多，限於時間，不及備舉了。

十五年三一八慘案後，四月奉軍進京，有通緝名單的傳言，我和魯迅及其他相識十餘人，避居D醫院的一間堆積房裏若干日，魯迅在這樣流離顛沛之中，還是不斷地寫文章，朝花夕拾裏的二十四孝圖，五猖會，無常，都是這時的作品。

這期的重要創作，已經結集者有：——

小　說　吶喊

同　上　彷徨

論　文　墳

講　義　中國小說史略

散文詩　野草

回憶文　朝華夕拾（前半部）

雜感集　熱風

同　上　華蓋集

同　上　華蓋集續編

六、廈門廣州教書時期……四十六，四十七歲（十五年秋至十六年秋，即一九二六——一九二七），時代背景是寧漢分裂，國民黨清黨運動。

這時期雖很短，只有一年，可是魯迅感觸多端，不很開口，「抱着夢幻而來，一遇實際，便被從夢境放逐了，不過剩下些索漠。」因之，生活極不安定，宿舍屢有更變。在廈門四個月，因爲「不合時宜」，搬來搬去，終於被供在圖書館樓上的一間屋子裏，雖對着春秋早暮景象不同的山光海氣也不甚感動，所不能忘懷的，倒是一道城牆，據說是鄭成功的遺跡。「一想到除了臺灣，這廈門乃是滿人入關以後我們中國的最後亡的地方，委實覺得可悲可喜。」（華蓋集續編二三二葉）到廣州後，起初他和我同住在中山大學中最中央而最高的處所，通稱「大鐘樓」，後來搬出學校，租了白雲樓的一組仍舊合居。「……我這樓外却不同：滿天炎熱的陽光，時而如繩的暴雨；前面的小港中是十幾隻蛋戶的船，一船一家，一家一世界，談笑哭駡，具有大都市中的悲歡。也彷彿覺得不知那裏有青春的生命淪亡，或者正被殺戮，或者正在呻吟，或者正在『經營腐爛事業』和作這事業的材料。然而我却漸漸知道這雖然沈默的都市中，還有我的生命存在，縱已節節敗退，我實未嘗淪亡。」（小約翰：引言）諸位請讀兩地書，及三閒集裏的「怎麽寫」，「在鐘樓上」兩篇，便可以知道那時期他的生活的大略。

我不知道他在廈門大學擔任什麽科目，至於在中山大學，則任文學論和中國文學史等，因爲選修文學論的學生人數太多，以致上課時間排在晚上，教室用大禮堂。這期的著作如下：——

通　訊　兩地書（與景宋合著）

回憶文　朝華夕拾（後半部）

雜感集　華蓋集續編的續編（附在華蓋集續編之後）

同　上　而已集

講　義　中國文學史（未完）

七、上海工作時期……四十七至五十六歲（十六年秋——二十五年十月十九日，即一九二七——一九三六），國家大事有十七年的北伐成功及五三濟南事件，二十年九一八後東四省的淪亡，二十一年一二八上海之戰。

這十年之間，國難的嚴重，日甚一日，魯迅對於帝國主義的侵略，國內政治的不上軌道，上海文壇的淺薄空虛，一點也不肯放鬆，挺身而出，「奮筆彈射，無所避回」，於是身在圍攻，禁錮之中，而氣不稍餒，始終奮鬥，決不屈服。這時期可以稱爲短評時期。他的短評，都像短兵相接，篇篇是詩，精悍無比。不識者奚落他，稱之爲「雜感家」，殊不知這正是他的戰士生活的特色。他不想做什麽領袖，也沒有「藏之名山」的意思，以爲一切應時的文字，應該任其消滅的。熱風序文裏說得好：「……幾個朋友却以爲現狀和那時並沒有大兩樣，也還可以存留，給我編輯起來了。這正是我所悲哀的。我以爲凡對於時弊的攻擊，文字須與時弊同時滅亡，因爲這正如白血輪之釀成瘡癤一般，倘非自身也被排除，則當它的生命的存留中，也卽證明着病菌尙在。」所以他的十多本雜感集大都是應時而作，只要時弊快快去掉，則他的文字本來願意歡歡喜喜地消滅。

上海不是個好住處，不說別的，單是空中的煤灰和鄰居的電線電收音，已經夠使他心煩氣悶了。他常對我說，頗想離開上海，仍回北平，因爲有北平圖書館可以利用，願意將未完的中國文學史全部寫成。它的大綱早已成竹在胸，分章是「思無邪」，「離騷與反離騷，」「藥與酒」……他的觀察史實，總是比別人深一層，能發別人所未發，所以每章都有獨到的見解。我們試讀而已集裏那篇魏晉風度及文章與藥及酒之關係，便可窺見一斑。這是他的中國文學史的一段，思想很新穎，議論很透闢，將一千六百年前人物的眞相發露出來，成了完全和舊說不同的樣子。我正盼望這部大著作能夠早日觀成，不料他竟齎志以歿，連腹稿也同埋地下，這是無可彌補的大損失！

近年來，他寫文章之外，更致力於大衆藝術和大衆語文。前者是提倡版畫，因其好玩，簡便，而且有用，認爲正合於現代中國的一種藝術。他個人首先搜集了許多件英，俄，德，法，日本的名刻，有時借給別人去展覽，有時用玻璃版翻印出來，如士敏士之圖，凱綏，珂勒惠支版畫選集，使藝術學徒有所觀摩。一面，在上海創辦木刻速修講習會，從招生以至每日的口譯，都由他一個人擔任的。這個藝術現在已經很有進步，可以説風行全國了。後者是鼓吹大衆語，因爲漢字和大衆是勢不兩立的。他説「現在能夠實行的，我以爲（一）製定羅馬字拼音（趙元任的太繁，用不來的）；（二）做更淺顯的白話文，採用較普通的方言，姑且算是向大衆語去的作品，至於思想，那不消説，該是『進步』的；（三）仍要支持歐化文法，當作一種後備。」（論大衆語）

本期的重要著作，列舉如下：

雜感集　三閒集

同　上　二心集

同　上　南腔北調集

同上　僞自由書（一名不三不四集）

同上　准風月談

同上　花邊文學

小說　故事新編

雜文　集外集

此外，近年散見各種雜誌的文章，不曾由他自己結集起來，否則一定又添了一個有趣的書名。有一本題作一九三五年——一九三六年魯迅雜文集，在他逝世的一個月——十月印行的，編次甚亂而銷行甚廣，決不是他自己編訂的東西，前面既無序文，書尾也不貼版花。自從他一去世，投機取巧的市儈，東鈔西撮，紛紛出書，什麽「魯迅自述」啦，「魯迅雜感集」啦，「魯迅諷刺文集」啦，「魯迅最後遺著」啦，陳列在書攤上，五花八門，指不勝屈。更有無恥之徒，冒名取利者，將別人的作品，換一個臨時封面，公然題作「魯迅著」，例如活力，歸家等等，尤其可惡。請諸位千萬注意，別去上當！

以上所談，只關於他的創作方面，至於翻譯，已經印行的不下三十種，工作也極其認眞，字字忠實，不肯絲毫苟且，並且善能達出原文的神情，這也是譯界中不可多得的珍寶。

總之，魯迅無論求學，做事，待人，交友，都是用眞誠和摯愛的態度，始終如一，凡是和他接近過的人一定會感覺到的。他的勤苦耐勞，孜孜不倦，眞可以忘食，忘寒暑，忘晝夜。在廣州住白雲樓的時候，天氣炎熱，他的住室，陽光侵入到大半間，別人手上搖着扇子，尙且流汗，可是他能在兩窗之間的壁下，伏案寫稿，手不停揮：修訂和重鈔小約翰的譯稿；編訂朝華夕拾，作後記，繪插圖；又編錄唐宋傳奇集等等。蟄居上海以後，爲生活費的關係，勤勞更甚。書案前一坐下，便是工作；工作倦了，坐到案旁的一張藤躺椅上，看看報，或是談談天，便算休息。生平游覽極少，酬應最怕，大抵可辭則辭。衣服是布製的；鞋當初是皮的，十餘年來是膠皮底帆布面的；臥牀向用板牀，近十年來才改；寫字始終用毛筆。除了多吸烟捲而外，一無嗜好。他至死保持着質樸的學生時代的生活。

他的眞摯，我不用說別的，就在游戲文字裏，也是不失常度，試讀我的失戀，便可知道。這本來是打油詩，其中所云：「愛人贈我百蝶巾，回她什麼：貓頭鷹，」「愛人贈我雙燕圖，回她什麼：冰糖壺盧，」「愛人贈我金錶索，回她什麼：發汗藥，」「愛人贈我玫瑰花，回她什麼：赤練蛇」（野草十一至十四葉），似乎是信口胡謅了，其實不然。要曉得貓頭鷹，發汗藥之類，的確是他自己所心愛的或是所常用的物品，並沒有一點做作。

他的富於友愛，也是常人所不能及的，最肯幫人的忙，濟人的急，尤其是對於青年，體貼無微不至。但是竟還有人說他脾氣大，不易相處，這是我所不解的。

他這樣地犧牲了個人生前的幸福，努力為民族的生存和進步而奮鬥，患肺結核而至於醫師多次警告了，還是不肯休息，而且「要趕快做」，眞是實踐了他三十五年前所做的「我以我血薦軒轅」的詩句！

我說過：魯迅之所以偉大，就在他的冷靜和熱烈雙方都澈底。現在話已說多了，就引用他的「自嘲」詩中的兩句作為今天談話的總括罷：

「橫眉冷對千夫指；

俯首甘為孺子牛。」

上句表冷靜，下句表熱烈。關於上句，請參閱「我的確時時解剖別人，然而更多的是更無情面地解剖我自己，發表一點，酷愛溫暖的人物已經覺得冷酷了，如果全露出我的血肉來，末路正不知要到怎樣。」（墳：寫在「墳」後面）下句請參閱「救救孩子」（狂人日記的末句），「自己背着因襲的重擔，肩住了黑暗的閘門，放他們到寬闊光明的地方去」（墳：我們現在怎樣做父親）。又景宋的哀詩所引用的「我好像一隻牛，喫的是草，擠出的是奶。」即使在「自嘲」中，也可以看出他的偉大來。

*

（二十五年十二月十七日）

## 哭豫才

張冷僧（宗祥）

老友飄零賸幾人，海濱驚報損愁身。
文章幾度疑戕命，魑魅千年見寫眞。
別有煩寃天莫問，但餘慈愛佛相親。
嘔心瀝血歸黃土，天下黔婁識苦辛。

■小說■

「一個眞正的中國人」 茅盾

突擊 端木蕻良

# 「一個眞正的中國人」

茅盾

照例七點鐘喝牛奶。太太親手放好兩塊半方糖，端到床上。描金的建漆盤子裏放着當天的報。

照例，太太坐在床頭，含笑看着丈夫慢慢地喝着牛奶，看着丈夫匆匆地翻讀當天的報。照例是先看廣告，然後是本埠新聞，末了纔輪到國內外要聞；到這時候，牛奶杯裏也空了，丈夫放開報紙，朝太太笑了一笑（這也是照例的笑），接着是伸個懶腰，或是尖着兩手的食指在兩邊的太陽穴揉了幾下，然後仰臉往後一倒，把腦袋埋在鴨絨的鼒枕裏，閉了眼睛。這是要把當天須辦的事通盤想一想了。這時太太便去按電鈴，久候在那裏阿娥姐便像影子一般趸進來，端去了牛奶杯，盤，和報紙，太太也跟着出去，輕輕地把房門帶上。

這是兩年來這家老爺的生活科學化的合理狀態。老爺開始「服務社會」的時候，還沒有那些規矩；牛奶是喝的，但並不一定在床上，也不用太太親手放糖，親手端來，自然更無須太太坐在床頭，瞧着喝完。那時候，照例是老爺先起身，自已開了窗，透透空氣，於是阿娥姐之流便小心地推門進來，小小的輕快的步子在房裏團團轉；太太呢，側面倚枕，眼皮半開半闔。

然而自從老爺的事業有了開展，而且從「服務社會」進爲「服務民族」了，老爺便一天一天的覺得應該爲民族而珍惜自己，首先是把個人生活來「合理化」，事務愈忙，他却愈要一板三眼，好整以暇，其次是要太太「回到廚房」，——老爺在家吃午飯的機會，一年裏只有兩三次，在家吃晚飯也不過三四十回，但早餐是終年在家用的，也只有從早餐的牛奶裏太太可以表現她是怎樣虔恭地「回到廚房」，所以每天早上的親手放糖和親手端來，便成爲隆重的典禮。

幹麼又必須太太陪坐在床頭，瞧着喝完呢？這應當歸功於老爺的雖然「合理化」但也有「柔情」，雖然是事業家但也頗「詩人似的」。老爺的每一根神經纖微(不是每一滴血)都貢獻給民族了，「個人的享樂，我早已拋在腦後，」——他常常這樣說，然而每天早晨喝牛奶的時間他以爲應當「私有」；他有他的抒情詩味的道理：「一晝夜廿四小時內，只這一刻工夫我們領略點清閑甜蜜的味兒，也是合理的。夫婦間的恩愛，兩個人的靈魂的合一，也只有在默然相對忘言的當兒，纔是人生中最難得的眞味，——也是正味。」

拉手風琴者（木刻）　德國 Eekman 作

「可是，爲什麽你同時又要看報呢？」當老爺第一次發表這抒情詩味的道理時，太太是這樣戲問過的。但老爺的回答依然非常合理：「啊哈，好太太！因爲我的時間是寶貴的；但是，我的眼看着報，我的心却看着你！」他當即騰出一隻手來輕輕地揑住了太太的手。

於是乎太太不能不滿意。不過日子久了以後，太太却自覺得自己的一顆心並不能恬靜地看著丈夫，有時冥想，有時則注意丈夫臉上的表情，而這些表情當然是由報紙引起的。太太甚至於也想到第一個孩子剛滿週歲那時的不好脾氣：必須她陪臥在旁邊，摸著她的胸脯，才能入睡。但每逢想到這，太太便趕快正心誠意起來，抱歉似的把含笑化成微笑，心裏對自己說：「他一天忙到晚，爲了民族；這一點癖性，一點安慰，我是應該依順，應該給的。」

這一天，照例的事情正在照例進行。老爺這邊却有了不照例的舉動。他抖開報紙，先看國內要聞。

坐在側面的太太此時大約上了心事，雖然習慣地含笑瞧着丈夫的面孔，竟沒留意到丈夫臉上的表情。直到丈夫手裏的報紙忽然豁蕯一響，她這才如夢初醒。丈夫已經將報紙撇在一旁，伸手拿起牛奶杯了。

「嗯——」太太的不折不扣的抱歉化成了這麼單純的一聲，但同時她的眼光雖然溫柔却又驚訝。

「哦！」老爺似乎是回答。但在懂得老爺那些「哦」「啊」的意義的太太聽來，便知道不是，何況老爺的眉頭又趨起來了。太太於是輕舒玉臂，幾乎伏在老爺身上似的用手到老爺前額摸了一摸。好像有點發燒。太太誇張地把眼一睜，嘴巴張大。但是不等太太出聲，老爺推開了太太的臂膊，端起牛奶杯，擱在嘴唇邊。

「哎！」老爺的聲音裏帶幾分不耐煩，呷了一口牛奶，「沒有什麼，——可是，今天牛奶裏，糖擱多了罷？」

「沒有得多呀，照舊是兩顆哪！」太太吃驚地回答，眼光釘住了老爺的臉；可是她立即又裝出不依的神氣，失聲笑道，「不要騙我，你心上不痛快。不是牛奶太甜，恐怕是報紙上有什麼苦了一點呢！」

老爺不置可否地乾笑一聲，再喝牛奶。

太太就要拿報紙來看，但是被老爺伸手按住，一面嘓嘓嘓地一口氣將牛奶喝完，放下杯子，頹然倒在靠枕上了。

「何苦呢！國家大事——」太太連忙笑了一笑，把下半句話縮住；她險些兒忘記了丈夫是每一根神經纖微都貢獻給民族的。

幸而老爺臉上沒有表情。然而眼光定定的。足見憂慮之深而且遠。

太太也忘記了照例的規矩，親自把牛奶杯和建漆盤移到窗前一張空桌子上，並且惘然站在梳妝台前，朝鏡子裏的自己打量了一眼。

「咳！原來昨晚上的謠傳應了驗！」老爺自言自語起來。「什麽和平解決，他媽的！」忽然頓住了，他警覺地朝太太瞥了一眼。這句「國駡」，在太太之流面前是從來不出口的，雖然在廠裏他時時用到。他伸手在臉上抹一把，就喚着「太太」道：「你不知道，綱紀是要緊的；打幾仗，死萬把人，算得什麽！可是偏有一些人主張和平解決。連錢老板那樣的大銀行家也要和平，怎麽叫人不生氣。」

「嗯嗯，」太太一面應着，一面走到床前。她記得丈夫常常說，吃過東西動肝火，不是養生之道，而且她又相信丈夫是應該「爲民族」而「珍惜自己」

的，她就溫柔地坐在床頭，勸道：「你的話自然不錯，不過人家旣然和平解決了，你白生氣也沒用呀，我們的廠是毛絨廠，人家打仗也用不了毛絨，你又不做軍火掮客，你眞是何必。一二八那時，你不是天天盼望停戰和平麼？……」

「嚇！」老爺一聲怒叫就將太太的話嚇斷了。

太太遲疑地伸起手來，又想摸摸老爺的額角，但是被老爺劈手格開。同時老爺說：

「我並沒發燒。不要奶奶經。太太！怎麽你越來越糊塗了？打個比方：鄰舍相處自然和爲貴，可是，要是我們的大司務老媽子放肆起來了呢？」

太太點一下頭。說到大司務，她可有點感慨了。自從老爺要她「囘到廚房」，每天大司務買菜以前要來向她請示，買來以後又要請她過目，菜要下鍋了，又要請她下廚督辦；這都是老爺定的「法律」，雖則太太爲了尊重老爺的意旨沒敢對大司務說「算了罷，隨你去做」，然而她實在厭煩透頂了。

太太微笑地看着老爺，又點一下頭。

老爺這可當眞高了興了，他就把太太當作和平論者的代表追聲起來：

「還有，人無遠慮必有近憂。我們的鄰舍口口聲聲要和我們共同防共呢，我們趕快撇清，——趕快自己檢舉還來不及，怎麼放着逆黨不去討伐，反要和平起來？人家抓住了這把柄，開幾師團兵來，放幾百架飛機來，可怎麼辦？吃得消麼？難道當眞和人家開戰麼？哼，太太，那時候，不要說我們的毛絨廠會變成一堆灰，我和你也休想這麼舒舒服服談天！」

太太瞪大了眼睛，完完全全認輸了。

但這回老爺並沒因太太的認輸而高興，太太之作爲和平論者的代表，到底只是他的假想罷了；他反倒被自己的議論引起了恐怖和悲哀，把腦袋往鴨絨靠枕上埋得更深些，頹然閉上了眼。

太太忽聽得房門外像有人走動，就輕手輕脚離開床前輕聲兒問道：「誰在房外？」

「是我，」阿娥姐的聲音，「等了好久還沒聽見電鈴響，我來看看，——怕是電鈴壞了。」

於是太太又記起日常的規矩來了，一面回答說「沒有壞」，一面却又下意識地按起電鈴來。

阿娥姐捧着擱放牛奶杯的盤子出去時，太太也跟了出去，隨手輕輕地將門帶上，但報紙是忘記在房裏床上了。

八點半，少爺少姐們坐了老爺的汽車上學；九點鐘，汽車回來，老爺坐了去辦公。這以後，就是太太帶着小小姐坐鎮公館。下午四點鐘，太太就得打出電話去問老爺，自家汽車去接放學的少爺小姐呢，還是不？要是不呢，太太又得打電話到學校預先說明，然後再由阿娥姐之流坐了出差汽車去接。這也是老爺定的法律。

少爺小姐回來後第一件事，是吃點心。這是大司務早就端整好的，但照例要請太太下廚監製。老爺常常說，大司務之類最沒「良心」，不親自去督察，便要弄得不乾淨，有礙衞生。大約五點鐘過些兒，太太最忙了。一面要聽少爺小姐報告一天在學的經過（太太回頭得向老爺報告的），一面又要打出電話去，四處找老爺，問他夜飯回不回來吃。這又都是老爺定的法律。

只有帶同小小姐坐鎮的期間，是淸閒的。

太太本來不缺少朋友，自己面上的和老爺面上的。然而自從老爺宣布「生活合理化」以來，太太的朋友們嫌淸談無味，就不大肯上公館來，太太出去呢本在不禁之列，可是得先打電話通知老爺，也覺𪎭煩。因此太太除了禮儀上的應酬以及買東西，就不大出門了。

老爺這麽說過：「你看，一星期內，禮不可缺的應酬，少則一兩次，多則三四次；買東西，必須你親自去的，也得一二次。我想你也夠忙了，那裏還有精神時間去作無謂的消遣。」

太太受過敎育，明白道理，自然心悅誠服，並無怨言。

太太偶然想起了一個消遣的方法：用兩股頭的細絨繩替小小姐結一件襯衫。太太從前在學校的時候，一過了重陽節，總是手挽着絨繩袋去上課的；那時同學們通行用十字布挑花的絨繩袋，太太的却是絲絨的，一對紅熟的竹針插在袋裏，露出二寸光景，像兩只角。這一付竹針，曾經全校聞名；因爲有一次擱在書桌上，那位老花眼的國文教師誤認爲新式的鉛筆，竟要借去畫點名簿了。現在這付竹針早已不知去向，太太就買了新的。但是不知道是新針不聽使喚呢，還是太太荒疎得太久，剛結了寸把闊的一條，太太就覺得手指節酸痛起來。她幾乎要半途而廢了，要不是老爺給以意外的鼓勵。

湊巧是老爺在家吃夜飯，他拿起那「未完成的傑作」看了一眼，就正經得什麽似的說：「太太！你眞是了不起的發明家！這比來路貨的羊毛衫好多了；又軟又薄，又暖！我猜一猜：價錢也是又便宜罷？」

「頂多用半塊錢的絨繩。」太太笑吟吟地說。

「啊！來——替我也打一件，我拿來代替羊毛衫。」

「你麽？你是大塊頭，絨繩得化四塊錢。」

「也還是大大的上算！」老爺一邊說，一邊又撮起那手工品來揉了一把。

太太却爲難了。她不相信自己會有耐心用兩股的細絨繩結那麼一件大人穿的襯衫，然而習慣上她又不能給老爺一個掃興；她沉吟了一會兒說：「不過，這種細絨繩，聽說是某國貨呢；你穿了，恐怕不合式。」

「要什麼緊！」不料老爺甚爲坦然。「我們用來路貨的羊毛衫，也一樣是金錢外溢。」

太太應酬似的點着頭，可是態度之不踴躍，却顯而易見。老爺其實也頗賢明，倘使太太直說結細絨線衣是太累，老爺也會一笑擱開。但現在太太只舉「某國貨」爲理由，好像買了西洋貨就不算不愛國，這是老爺向來不以爲然的，老爺也常常和抱着太太那樣見解的人們辨論，以爲「買點日用品雖屬小事，然而某國貨則不可西洋貨則可的非東卽西主義，正是民族不能自力更生的大病源」；老爺的理論是：貨，何擇於東西，只要於民族有利，——就是上算；「東山老虎要吃人，西山老虎何嘗不吃人」，他用這樣的邏輯來建立他的「某國貨並非絕對不可買說」。

老爺覺得非把太太當作「非東卽西主義者」的代表而加以開導不可了：

「哦，太太！可是一件來路貨的羊毛衫頂起碼也要二十塊呵，買了細絨繩來結，你說只要四塊，——二十比四，反正都是金錢外溢，少流出十五塊去倒不好麽？所以我常說他們那些不買某國貨的人們太感情作用，感情是不能復興民族的。」

太太連忙點頭，一來是盼望老爺適可而止，休息休息，二來是想起已到了下廚去督辦的時間。但是老爺正在興頭上，福至心靈，忽地想到一層新的更堅强的理由來，不乘機發表，那就太可惜：

「況且，細絨繩是什麽？——」老爺雙眉一聳，把臉對正了太太，等待着一個滿意的答覆。

「細絨繩是兩股頭的。」

「哎，太太！」老爺似乎很掃興。「細絨繩是半製品。——半製品。這跟羊毛衫大不相同。一個國家多輸入些半製品，倒是好現象呢！……」

太太趕快連連點頭，一面站起來「回到廚房」，一面說，「那麼，明天去買去。」

太太是受過教育，明白道理的；爲了幫助老爺「服務民族」，就是不耐煩的事也只好耐煩些。

大凡一件事的性質由「消遣的」而變爲「義務的」，便覺得興味索然了，「生活合理化」以前太太對於打牌就有過這樣的感覺；如果在「義務」上頭再加一頂堂堂皇皇的大帽子，那簡直是肉麻，太太雖則敬愛丈夫，這一點敏感却也是的。一天，她正在勉力奉行老爺的「新法令」，忽然另一家的太太來了，知道是給老爺代替羊毛衫的，那位尊貴的客人就嘖嘖呀呀起來：

「哦，你眞有耐心，眞做人家，可是，這幾個小錢，何苦省牠；累壞了身子，反而不好。」

做主人的太太臉有點紅了，她不好意思把老爺那一番大道理搬演出來，只把「消遣論」作爲並不貪省幾個小錢的辯解。

第二天，太太就將那剛開頭的細絨繩衫拏出去雇人做了，但自然瞞着老爺。

於是太太帶着小小姐坐鎮的時間只好慢慢地另找消遣的法兒。

每天早晨老爺出門以後，太太便打電話到親戚朋友家裏，無話不談，什麽都要打聽，太太往往由此添出了若干本非必要的應酬，把大半天的時間對付了過去。要是打聽的結果，連A公館的小少爺傷風停食，B公館的少太太跟少老爺吵嘴那一類的事都沒有，那麽，這一天的如何消磨，可就成了問題。

有時爲了籌劃消遣方法，這邊想想，那邊問問，居然不知不覺就到了少爺小姐放學的時候，那時，太太也會鬆一口氣，覺得如釋重負。

幸而這樣的情形，一個月裏至多一二回。

老爺在喝牛奶時變例大發議論這一天，正逢到太太無事可做，又得苦心籌劃消遣的法兒。她先想找要好的姊妹淘，不料打電話去一問，都回說不在家裏；於是又想到百貨公司瞧瞧有什麽新鮮東西。

主意打定，太太就吩咐大司務，午飯提早半個鐘頭。

吃過飯後，太太便慢慢兒打扮起來。小小姐聽說要上百貨公司去，老早就逼着阿娥姐給她換了衣服，坐在那裏老等了。

太太準備齊全，正要吩咐用人去雇汽車，忽然大門口喇叭響，阿娥姐聽出那聲音是老爺的車子。

太太趕快下樓，老爺已經歪在客廳裏的長沙發上，手指裏夾着半根雪茄。太太急步上前，同時却想到早上老爺喝牛奶時的動肝火，便伸出手去打算摸老爺的太陽穴。

這手却被老爺半路裏接住，而且頗爲大意似的往旁邊一帶，接着老爺又懶懶地說：

「沒有什麽。剛才同幾個熟人到麥瑞，吃到一半，覺得——心口不大舒服，……沒有什麽，就會好的。」

太太在長沙發旁邊一隻矮橙上坐了，遲疑地說：「請黃醫生來看看罷？」

「不必！」老爺搖着頭，閉了眼；過一會兒，忽然冷笑一聲，又說，「眞怪！太太，你想，陸老板也不主張打！今天吃中飯，我一張嘴敵他們四張。——」

太太的人工細眉毛縐起來了，但因老爺的眉毛梢朝下一掛，太太便趕快鬆開眉結，逼出一個微笑來。

老爺又說下去了：「悶氣的事還有呢！他們說起字林報曾登一篇社論，」老爺用手在口袋上了拍一拍，「我也找了來了，你看，眞怪！」

這時小小姐走過來，住拉了太太的手，仰起小臉，一對烏黑的眼珠緊望着太太，顯然是在問媽媽還去不去百貨公司了。太太下意識地把女兒拉攏些，讓她偎在身旁，遲疑了一回兒，這才叫道：「阿娥姐，你帶小小姐到公司去一趟罷。她要什麼玩的呢，買幾樣：可是不許買吃的給她。」

「哦，你們要去買東西麼？」老爺出驚地說，方才發見太太和小小姐都已經打扮過了。「儘管去罷！我正要靜靜兒寫封信投到字林報通訊欄去——」

「啊喲！你要寫信去幹麼？你心口不舒服，倒要用腦筋了麼？」

「你不知道的。寫了出來，痛快一下，自然心口裏不會脹悶了。你們自管自去罷！」

太太睜大了眼睛，猜不透素來鄙夷「舞文弄墨」的老爺爲什麼變了性格；並且她又忽然想到要是信寄去了不給登出來，或者雖然給登，主筆先生却加個什麼按語嘲笑幾句，那可太難下台了，對方況且是外國人辦的報！太太覺得非苦諫不可了：

「你不要寫，好麼？你不要寫！你是場面上人，犯不着跟弄筆頭的人鬬嘴呀！你不要哪！」

「你不要管！」老爺忽然有點暴躁，「你們自管上百貨公司去！」於是把口氣放溫和些，「太太，你不用擔心，我不用眞姓名——」

「那麽，你用什麽？」

「我麽？」老爺說着就站起來了，「你們快去罷！帶兩盒雪茄來。——我的署名，我想好了：一個眞正的中國人！」

（二月五日）

# 突擊

端木蕻良

柳條邊滾動着深棕色的脊樑，一隻懶懨的土蛇樣向着天際爬。龍江在北邊瘖啞的呼喚：到這裏來呵，這兒有終年白雪的長山，熊在這兒作窠，人參長在靈芝下，砂子可以淘成黃金，黑土裏插根棒棰也結出高粱來……。平原攤開廣平的腹部，承受着風，霜，雨，雪，淫蕩的旱露，魯莽的冰雹。在春分種下麥棵，穀雨播下『大田』，蛇眼高粱鍍得和小胳臂一般般壯。

在這三角地裏的東北角上，有一塊並不太小的地方，人們都叫它塊春。可是在地理書上却祇懶洋洋的算是記錄上一個黑點，並且有的書上根本就不記。原因是編者本身並沒親身到那裏堪察過，也沒有專門的機關，供給他以可靠的測量後的報告。僅僅憑着一些斷亂的古藉和不得不使父老的傳說得到科學上的證據，於是就用尺度在和黑龍江成四十五度角的一塊地方，憑着臆測點了一塊黑圈。後來製版者又毫不費力的在那黑點旁邊綴上兩棵扁體小字，瑰春。於是在那鵝黃色的拔海三千尺的草原上就如美人的靨子似的出現了這個小小的一塊地方。

但這與瑰春本身却絲毫無關，因爲眞正的瑰春並不那樣的偏狹，也不那樣的向北，實在說還要略略向南一些，而且在一天一天的向南展移着！地皮也不是用筆蘸了滴溜溜的大綠，一抹平舖下去，就可完事的。實際上，到是紅色多於綠色。因爲那兒出鐵，礦石被風雨剝落，和養氣混合起來，從石縫就流出紅色來，流出的水人們就叫赤水，淌水的山頂就叫它紅頂山。不過有時水也叫白漂水，山也叫蘑菇圈的。因爲水裏白漂子（魚名）可眞算多……倘若人們能夠屈尊一點，將手伸進水裏去，一摸就是一隻，再摸就是兩隻，絕不會失望而回的。至於蘑菇圈呢，祇要母鹿肯時常撒尿，在雨後，香草場自會蹟出成千成萬的蘑菇來，一色清香，一色白嫩。父老們怕子孫們不成器，顧名思義，專在風景上用功夫，不肯好好作工，所以就用這有名的出產去名了這塊地方，以使他們常常喚起發掘寶藏的努力來。

但是僅僅是白漂水和蘑菇圈還形容不盡這本地風光。看呵！那沿這山麓盤虬而下的黃花松，火松，油松，赤白松……那邈遠的『窩集』！不知是那一朝代，山上捲來一陣狂風，或是什麼過往神靈，路經此地，爲了好玩，在袖裏灑出一捧雪松子來，到第二天這漫山漫谷穿起了巍巍的甲胄，發出虎的嘯聲，鵰的飛鳴……人們祇管對着這窩藏不盡的神祕，毫無辦法的喝起采來。

白樺和雪松是另一個族系，長着圓形，齒狀，黃褐色的木瘤，任憑樵夫挖掘出來。保留了那賽過名匠雕刻的牙骨樣各色各樣花紋——有的是孫猴偷蟠桃，有的則又是張果老推車橋上走了……祇要細心一點肯用工夫去壯畫，是不會看不出的，人們都相信是林中鬼王吃飽了飯後沒事刻的——得意的被一些老年獵戶，農夫們栓在皮烟口袋上，隨時用手中亙常的溫度，把它撫潤成爲血棗紅！

山落蕻並不値錢的到處長着 ， 老呱眼以較南天竹更爲柔媚的姿態隨地亂開。

水雲在樹頂上畫成白鷺，川鷄在荳地裏發出淒苦的咕咕，斤斧含在金白色的木屑裏，丁丁……的聲音，以四面山峯迴合作爲共鳴器，透出男性呼喚的問答。已經裝換上夏天本來的顏色，尙未成熟的山葡萄，在蒼勁的老籐之間透明的掛着翠藍的眼睛。

是『青紗帳起』的時候呢，由於地面純靑色的擴展，靑天也弄得搖搖欲墜了。天幔在東方垂落下來，就如一匹廣闊的陰丹士林布漸染在碧海裏，藍光下洩，綠霧上撲，攪斡得水乳交溶，渾然的聯爲一氣。

夏天的濃霧，是白漾漾的到處迷漫着，祇要有一池水沼，它就能賴住不走，倘是沒風的天氣便又檢着低溼的叢林去苦苦糾纏。澗水一道白鍊似的從紅馬石上倒掛下來，燕子在水邊上溜着沒人銜了一口細泥，飛剪似的回到簷下去了，房簷底下家雀們正在和愛人商量如何去產生那帶着白色斑點的灰色蛋兒。

鷄兒在吃午飯時也故意討人喜歡似的，加班啼喚一次，長草下的羊兒便予以低低的回應……使這山村充滿了音樂的氣韻。

這時，整個的瑰春便淹沒在綠色的國度裏，高粱在熱風裏搖蕩浪紋迎着日光閃出黃金的油碧。一直從這邊向地平推擁過去，接着雲翳整個的天也在鼓擁鼓擁的起伏着了。

高粱地裏毛毛道上，石頭和馬莧化裝了兩個呆頭呆腦的莊稼泥腿在走着。石頭想這次爲了響應發展槍械突擊隊的號召，我石頭可得粗紛細粉漏兩水，據說挖來槍隻最多的，還要獎給×旗獎章……他是多麽渴慕那個刻着和旗上一樣的標記的獎章呵……，他媽的，英勇的記號呢！二虎子有了一個，那一次見着面，不是故意的把他掀在大襟外面，在人眼前幌來幌去。話說不上三句就故意向大襟那兒看上兩眼，引逗別人也去看他，媽的，一股子臭勁……。

馬莧一面揩着從馬刷鬍子流下的汗水，一面拂着高粱葉子向四方梭着，可有什麽不測。手裏一隻七斤頭的水蜜黃大菓匣子，蓋着粉紙和大紅彷票，映着日光，分外耀眼，馬莧便解下了腰帶子，預備將他綑上。

『馬大叔，把傢什拿出來吧，我聞着不是味兒！（不對勁，有差池。）』

『不要緊，別自驚，趕路要緊！』話還未了，祇聽礦啷～～～一聲祥礮，在身畔響起。

兩個人同時向壕溝裏並頭伏下，馬莧連忙重新掉轉頭來，相背躺着，這樣腹背兩方，就都可以料水了。他將菓匣子（點心匣子）特製的活底，向後一抽，兩棵匣子（盒子砲）就從裏邊的棉絨裏掉落出來。

『我想是看青的。』石頭拿去了一棵匣子。

馬莧剛剛啓齒想說些個什麼，礦啷～～～又是一響。這回他聽清楚了，他爬過去對石頭小聲說。『是鐵公鷄（一種土槍，祇能打一響）對不對？我估摩是路刼！』

石頭也聽出來了。『讓我去插了他！』他向前爬去。

他的伙伴一把手將他揪回來。『少管閒事，大事要緊！』

於是馬莧毛着腰向前偵探着。

等他剛走出七八根壠溝，就看見在另一條叉道上，一個猩猩怪似的大漢，滿臉的絡腮鬍子，伏在一個人身上在用力的剝衣服。

不到十分鐘，那大漢夾着衣服，向後看了一眼，又在剝光了的屍身上唾了一口吐沫便揚長去了。在先還可以聽出他寬大的身軀，擦着禾桿花花作響，過後就比海底還要平靜，碧綠封合了一切。

馬莧跳出來，走到那被剝光了的屍身前邊。

攏溝裏倒臥着一個連眉毛都白了的老人，全身祇是一把稜稜骨，肋條一根一根的峥嶸着。因爲終年不洗澡的原故，全身奇癢，祇好用手刮搔，所以乾縮的皮膚上滿是被指甲拉傷了的條印。一雙灰凸而凝滯的眼睛，翻扯開，向上看着，眼睛裏凝結着一種疑問的哀愁，含着悲憤，急燥和極端的絕望！後項窩那兒有着一塊不規則的槍洞，似乎什麼都已枯竭了似的，血流的並不多，祇委縮在那兒如一條暴斃的癩狗。

馬莧想用什麼法子可以把他掩蓋住，使這無辜的老人死後得點兒安靜……忽然的他想說起了自己更重大的任務，便匆匆的再瞧一下也沒來得及的，就跑回去找石頭去了。

那年輕的伙伴因爲找不見他，正在將手伸在口裏用『虎口』拚命打着呼嘯。

『吱吱吱～～～！』

『吱吱～～～！』

馬莧想，這小子祇憑一股浮勇，終久作不了大事無緣無故打嘯子幹什麼，如同潛水一樣：兩人緊閉着嘴在綠色的無極裏浮悠。

「鐵叫子」和「金鐘兒」在長草裏發出雄壯而纏綿的奏鳴。洋掃帚草，雖然在盛夏也持着早春的嬌綠，比鵝黃還要柔嫩，彷彿一團一團浮游的露霧在道邊上成堆的排着。絲線草較韭菜還要苗條，用綽約的嬌慵困倦來裝點自己的無限青葱。

走出高粱地來了。

『馬大叔，我估摩我們要能繳下十五隻槍我們就可以得到獎旗章了！』

石頭又冒出來了他內心的固執。

『你忘了那些三十三行不行？快到站上了，你得向我叫『爹爹』了，你別行行忽忽的，就誤了大事！』

壕邊上萋萋芽兒向上竄着。茴蘑菜鑽天了，開着蒲公英一樣兒的黃花。姑娘秧兒是有着叢生的習性的，姊妹們互相愛憐的集居在一起摘流着千萬盞綠色的燈籠搖搖的在顧盼自己誘人的風姿。到夜裏惹得螢火蟲兒，祇管飛來飛去和她們有意的爭寵。『甜天天兒』則不嫌以瑣碎的瓔絡，串起黑色的珠子，從根到梢，將自家打扮成爲一個穿着素服的貴婦，露出守節的堅貞。可是『狗尿苔』却以低賤乞兒的蒼白臉色出現在伊的踯後，仰着就要垂折的頭兒，哀求伊的垂憐了。

可是屬於會跳躍的一族的，『扁擔勾，』『瓜打板兒』『土蚱』『莎蠓蟲』……之類，都醉薰薰的完全不管身畔這個世界，祇消嫩芽吃飽，露水喝夠，就都唱起歌兒講愛情去了——自然是照着老例絮絮叨叨的說不完，又拉開喉嚨唱了。

草原上，鬧成一片繁華的音樂的海！

『馬大叔，我們到站上，正好趕上這趟『家車』……上車後，看光景就動手，先把警鈴割斷了……把鎗『下』下來，我們就跳鐵橋！』

『你怎能成大事呢？專在嘴上『踫氣！』（祇能說不見得能作）你是說說過癮就算了嗎！』馬莧眞有幾分氣怒了。『你以爲這是吹氣冒泡呢嗎？伸手就拿過來，我們的兒子能那麼孝順嗎？』

『怕他！幾個黑帽子算個屌啥！』

『算了吧，我的爺，你先委曲一會兒，快到地方了！你有多大本事祇管施展。你要一說『走嘴』，我們大事沒辦成，性命可全飛了。你要記住你可得我叫爹了！』

『唓……。』石頭聽了他的話也有幾分生氣，並不是嘮叨，相反的，他不過祇是在對着一個親近的伙伴，談論心底早就蘊蓄下的一份甜蜜的心願能了。

可是馬莧總是『專心沒眼』的找在他的興奮頭上，沉沉顛顛的澆下來一盆涼水。澆的他祇管打寒戰。石頭不再說話了。不過還在盤算如何不用馬莧手，伸一個人四手就奪下二十五隻長槍，四隻盒子砲來，……讓你大家瞧瞧，我石頭可不是天生成的石頭！

可是馬莧瞌着他有幾分沉默，就又開腔來訓他了。

『作事？哼，作事，得有板有眼！像你小慌子沒等事情成功就在腦門裏想出一朵大鮮花來，能成嗎？』

石頭不答他。你看着等我抄來筒子（槍）之後，我石頭一句不說，讓你自動的向我擺大姆哥！（叫好。）

彷彿眼前的高糧棵就是幾十桿『快槍，』是都石頭英武的獲得，比一個檢閱的大將還英武的他歪着頭，誇耀的從肩上看過去。

石頭眞是把持不住一棵跳躍的心。蘑菇圈的碉堡就該限期修好了。銅筋鐵骨赤水寨，閻王到此脫膝蓋！亞賽過水泊梁山。

那時候，俺石頭，胸前掛着奬旗章，祇管腰撇着扁擔在裏邊走，來飛的打高，平身的射準，水裏捉魚，山裏放鷹，來活的讓他變死，死的送他一程，早見閻王！……那時候誰不叫我一聲好漢英雄！

銅筋鐵骨赤水寨，俺石頭是千錘百鍊鐵打的石頭。

他眼前又展開了那專門趕造工事的另一羣夥伴了。

舉凡大小孩芽，男婦老幼，凡是沒有加入突擊隊到外邊去突擊槍械的就都得趕造建築工事。

這志願參加繳槍的由司令淘汰之後祇剩了一百二十人了，都是年青力壯，經驗豐富。以蘑菇圈作中心點，向四面三人一夥，兩人一串擴散開，各人按照自定的目標，方式，向前突擊。

除去這些人之外，其餘的伐木的伐木，斬草的斬草，打樁的打樁，釘釘的釘釘……等自己日暮囘來也許不認識這原來烟草荒涼的老窠了吧？

『脫坯』的人從前天就把『秧攪泥』和好『悶』上了。燒磚的老窰頭也升上了火，一切都在生龍活虎的工作着了。

那南山一片礙眼的白樺林都應該一棵不留，砍成樁木。還得另外尋出一棵更高的蹭天柏，把原來那旗桿換桿掉了才算夠味！這一切都等石頭繳槍囘來一副肩膀承擔。

呵，在剝得光光的新樁木上要能買兩張年紅紙來寫成標語，貼在上邊，呵，蘑菇圈萬歲！媽的，萬萬歲！多叫好！

頂好若能有一條寫着：

歡迎繳槍最多的石頭同志！·

石頭頭頂沁出了喜悅的汗珠，倘若不是意識到自己連個槍影尚未抄來呢，他眞想對着大野狂呼！

『咕唔呼～～～。』

忽然一聲奇怪的吼鳴，將他從幻想帶回到現實來。已經快走進站裏了！

馬莧粗魯的回過頭來，馬刷鬍子一根一根豎起。

『你不要忘了，你得管我叫『爹爹』了！』

石頭不耐煩的頸子一梗。『我忘不了呵！』

兩人沉默的走着。

『我們能搜來一打槍嗎？』

石頭趕上了馬莧大聲的問。

有一個帶着高桶帽的黑臉漢子匆匆的在石頭身上撞了一下擦身過去。馬莧矓着那人不見了，氣得牙癢癢的，便狠得得罵着。

『你是活得不耐煩了嗎？』

他的腦膛爆裂似的塞着，雖然沒有罵出聲來，但有着比吼聲還大的迴聲在石頭的耳鼓裏響着。

看着縷縷行行的過往行人，石頭方才感覺得事態嚴重，這可不能再馬馬虎虎了，憑着別的不夠個兒失敗了，都有可原。僅僅單憑一句無心中的說話，弄得前功盡棄，那死了寃魂也不能甘心。於是決定一切聽着馬莧的指揮，不再亂響了。

過了一段剪栽得很整齊的冬靑樹短籬，便是一段鬆散的煤屑路，走在上面心情算是輕快了許多。穿過這裏一直向前走，便是繁華的街市區了。

使這街市繁榮的脈管，是那以怪獸一般的吼嗚震碎了這荒鄙的平原的龐大的摩洛，口裏熊熊的噴着火焰，人們都叫他火車。

火車以鋼鐵的決心。在灼陽下，在冽風裏，終年的勞作着。去時帶走百萬噸，千萬袋，萬萬棵的……黃金元豆，紅棵高粮，白玉穀子……長白老年參，窩集裏的『包血茸』，標直的樺木，落葉黃松，柞木上的蠶絲，渾河兩岸的狐皮，紫貂，班豹，熊掌，發亮的烏煤，耀眼的金砂，……火車以驚人的速率，一年比一年更年青的喜悅，在去時帶走一切種植出來的成果，一切發掘出來的寶富，還帶去了青年的血汗，婦女的豔媚，老年人的心和孩童夢中的希冀！

火車得意的叫『嗚～～～！』

去了又囘來了。

囘來時帶來了森永的糖菓，賽瓷珞的膠皮人，小皮球，印着薄命花的花布料子，膠皮鞋，傍僀鞋，雨鞋，長年萬歲的紙燈籠，呱搭呱搭的木屐子，夊鳥香皂，獅子牙粉，仁丹，補爾多壽，中將湯，味之素，英男兒萌，斯保買丁，老篤眼藥，洛定片，太陽啤酒，朝鮮苹菓，朝日香烟，馬啡，海洛音，紅丸，白面，快上快，友邦，親善，合作，共榮……。

在這車站上生存的人，一切的活動思想，便都聽憑着這個火車的指揮，決沒有稍許違背命令的時候。

搬道叉子的得記準什麽時候搖紅旗。管『揚旗』的得時時刻刻守住『搾子間』。交『路引』的要注意那一列車就要來到了。小販會推算出在何時經過此地的火車才是他的慷慨的顧客。『蹓行』以搬荷來養家。車夫都到站外等着接客。棧房的夥計把誇下海口的『海票』向老客身上祇管塞，並不亞於一頭熱中的蒼蠅。『取引所』得打聽出現在什麽『出口。』商號在調察過居民的胃口之後，又向奉天蠆購了大疋布頭，也得等着這列貨車送來。澡堂，妓院，賭窟，花烟房……都默祝晚間的『急行』會送來一些腰包充實的客人。電話以那趟車到達互相詢問着。水從混凝管裏通到車裏。煤由工人的膀子裏渡到烟筒裏化作飛烟消逝，旅客把錢交到售票處換來一隻藍色的『切手』……。一切都以火車爲中心，火車也經過了主人的信託以赤紅的蛇信自居，呑吐有聲的，將那鴆毒的飛沫，迸然四濺。每個星沫漂落在大氣裏，逢山山崩，逢地地裂，逢水水涸，逢樹兩截！菜色爬上了飢民的臉，村莊沒有了鷄犬，田園佈滿了愁慘……。

過去這條轉盤街，就是車站了。石頭覺着今天『紅帽子』（卽東洋兵），『黑帽子』護路巡警比往常特別多，而且都在特別注意着他。他竭力把腰挺直，裝出若無其事的樣子。

轉盤街是這裏最繁華的一條街市十字路中心有一個圓形花池，翩翩的蝴蝶梅用繽紛的五色，組成老大一個『王』字。

爲了容易號召顧客起見，這站上的妓館，是特爲設在這條必經之路的，如此庶幾乎才不致有負設置妓館者的苦心。

每個行人都必得穿行在這圓路才能到達他的目的地，每個行人也就樂不得的向那二層樓走廊上的鶯鶯燕燕，儘管斜着眼兒瞟。有的還按照着剛剛在電影上學來的故事，向上邊狠狠的打了一個『飛吻。』

妓女們自悲身世的則不妨拿着日本式的冲象牙小摺扇子，半掩了臉子在顧影自憐或者有意無意的唱一段妓女悲秋。一般生意零落的北地胭脂，索興就在走廊上互相大胆的調笑起來。而且門框居然會有一筆不凡的趙字，寫着『花徑未曾緣客掃』『蓬門今始爲君開，』門楣橫貼四個大字『桃源仙境！』

然而也有一點殺風景的事，就是在每個十字路口就都得有個『派出所』的派出。在十字交义點上切去一個等邊三角形，將那三角形的股裝上了長條玻璃窗子。冬天經霜的時候，也要塗上藥質，不許他結霜。這樣不管冬，夏，春秋，臘頭，年尾，早起，黃昏，都要有至少一個全副武裝的『黑帽子』坐在那裏向每個走過來的生物，加以監視，這就是那世界出名的警察網的恐怖支店。

石頭無心細看，輕侮的向各方投了一瞥，便祇顧向站台那邊急走。

坐在玻璃窗前的黑色蜘蛛，矜持而鎮定的抱着手穩坐在他佈好的網線當中，驚戒的瞪着炯炯雙瞳，向着他儘瞧。看哪——他的唾涎已經流到嘴邊了。

石頭心想糟糕，兩棵『匣子』都藏在菓匣子裏，又無法取出，那黑帽子祇管向這裏看，他心裏越發沒底。

『爹……太陽太毒，我直出汗！』他向馬覓打着暗號。

馬覓便拿出了當父親應有的親切語氣對他輕輕解釋。

「好孩子，你別祇管往包子鋪使勁，眼不見爲淨，我們沒錢，吃不起呀！」

石頭看見那個黑帽子帶稜的眼裏充滿了血光，心想這回可得當機主斷，不復是『眼不見爲淨』五個大字就可搪塞過去了的，看樣子那傢伙就要打雷了。

生怕馬覓不知道準備。『爹，爹，包子熱氣騰騰啦！』

『我們吃不起！』

石頭辨別不出來，他這句話裏的意思是說：我們不怕他！還是：我們抵抗不住！於是又緊緊的追問了一句。

『掌櫃的要『拉客』啦！』

『我們沒錢呵！怕什麽！』

石頭生氣了，放屁，不是兩棵『匣子』就在『匣子』裏嗎？

正在緊急關頭，祇見那頂黑帽子帶着電刀，獵狗也沒他那份敏捷，以一個直線達到石頭的身畔了。

『阿噢～～～』

一聲慘叫。

馬莧用着傳統的各人自掃門前雪的冷淡，幾乎比一頭倭瓜還要濃重的自私和懦怯向那偶然發生的事態瞥了一眼，就對石頭低聲說了一句。

『我們走能，他們捉小偷！』

石頭還不相信自己的耳朶，一直看見那黑帽子正在用着刀背釘在那可憐的扒手身上，這才加緊了自己的脚步。

『滾蛋！馬的八子！』

一個帶着蓋城口音的黑帽子向馬莧駡了一句。

馬莧並不聽見，以一個老守財奴愛惜他最後的一個小錢的謹愼防護着自己的菓匣子，向月台走去。

『爹，我們吃飽了！』

『就到月台了，小心扒手！』

『爹……。』

兩個人沉殿殿的向月台走去。

起了兩張票，剛一走進栅欄門——

『爹，姥姥的烟荷包忘帶來了……還有兩雙疙疸底子！』石頭故意裝出土頭土腦的樣子，絮絮叨叨講些個不中用的瑣事。

『唉！』馬莧這才寬心的摸了摸馬刷鬍子，心裏想着裝模的總算不錯。

然後以顫微微的手將兩張票交給檢票員去檢。

兩旁的黑帽子和紅帽子，有的站在人前，有的站在人後，都五步十步的散開。

『這是什麽的幹活計的有？』

有人拉住了馬覓匣子。

『這是匣子。』

馬覓平靜的用手向口比畫着，表示可以吃的東西。

『什麽匣子——。』在這裏一提起『匣子』人們便可體會出那所指的是什麽東西了。

『老爺，眞的是匣子呢？』馬覓很怕別人不相信他，裝出有幾分心慌的樣子。

『眞的？』

「老爺，眞的是匪子！眞的是匪子！」馬莧看那黑帽子有幾分相信了，這才破顏爲笑似的吧吧結結的說。「嘿嘿，送給老爺們吃了吧！」

「滾蛋，八嘎牙鹿！」

馬莧提起他的祕密平平安安的向列車走去。

後邊的石頭，被他們截住盤察。

他指出前邊被放行的是他爸爸。

那人一揮手「滾蛋！」

這一道鬮口又放行了。

火車磺啷磺啷的響着。野外的樹木向後一排一排的倒去。

石頭苦悶的打算着，如何增加自己工作的數目字！

一隻兩隻不成問題，可是那有什麼意思呢，不夠沾鹽末的！

要是十隻呢……總還可以說得過去了，但是又怕得不着機會。

但是雖然如此，一打長槍，也得愜愜意意的！

車機軋軋的響着，向前急急的馳去。

旅客們都是一色的襤褸，一色的悲哀，衣服上充滿了油污和補綴。有的低頭沉思着陷入一種朦朧狀態，有的把頭對着窗外無目的的遙望着。火車在放汽的時候，白汽緩緩不散，像一團無主的晴雲。過去之後，田舍又復出現在人的眼前。鐵道兩旁因爲防範層出不窮的刼車，所以都不許種植高糧了。周圍一帶，都是大豆或穀子，雖然依然是黑土黃禾，但也因爲兩年沒有『換插』；都是『回插田』，所以都顯得萎靡不振。

一個老婦人坐在一個角落裏應和着脈搏的跳動在那兒點頭，她的神經已經完全破碎了。因爲在阻止一個紅帽子去强姦她的兒媳婦的當兒，領略了皇軍的正義的槍把子的恩賜。

帶着紅胳臂箍上邊繡着『鐵道案內』的賣菓品的，挽着大白柳條元寶筐，盛着萃菓，馬蹄黃大洋梨，口香糖，緩緩走過。

一個六歲的小泥孩子對着那一包『黃金饅頭』迷惘的發呆，她的披散着頭髮的母親爲了消除這種不爭氣的恥辱，便瞧着他的小頰一掌打過來。小孩子並不號啕去哭，却很明白事理的扭過頭去，去咬自己黑黑的食指去了。

『票！』

『票票！』

查票的來了，祇聽衣服一片縩縩的聲響，有的伸腿，有的打呵見，都預備掏票了。

檢票手後邊有兩個黑帽子背着長槍！

又進來兩個黑帽子背着長槍！

又進來一個背着長槍！

『票！』檢票的剪刀咯咯的釘着眼兒，一切都鴉雀無聲，祇有車機礦礦的響着。

忽然什麼地方——

『咔〰〰』一聲火溜！

也不知是什麼時候，馬莧和石頭都各據了兩頭的車門，高高的站在座位上，舉起匣槍來。

『諸位父老不要驚慌，我們是借這幾條狗的槍來用的，其餘的秋毫不犯！』

馬莧以洪大喉嚨清楚的喊着。

『我們都是替大家爭口氣的，用他們的棍打他們的腿！大家不許動！』

於是他對着那五個『黑帽子』用槍指着。

『把槍放在那女的跟前，立起來，坐下去！不許動！把槍照他原樣放好！坐下去，不許動！把槍照他原樣放好，坐下去，坐在老頭那兒，雜種！把槍照着原樣放好！把槍按照原樣放好！坐下去！』

輪到最後那一個了。

『把槍照樣放好，坐下去不許動！』

那個放下了槍，却突的跳起來，用手拼命去拉車上的特置警鈴的粗線。但是失望得很，那早已被割斷的線就如一段不爭氣的葡萄籐一樣，特鹿鹿在環套裏扯下來，他跌倒了。馬蒐隨卽奉送了他一棵黑粒葡萄，使他永遠不再站起來了。

馬蒐將槍全副穿在一隻臂上，退到門口，向上打了一槍，便開門跑了。

槍用腰帶子一纏，向軌畔的長草裏投去，自己便以最小的角度順着火車的方向向前跳去。

石頭在另一頭車門上聽見槍響後，便以背抵在門楣上，也不以背向內，也不以背向外，依然以面前轉個半弧形擠出門去，正在這個時候對面車廂裏走出一個黑帽子來，手起槍落，那人應聲而倒。

石頭躍過掛鈎，解下他的槍來，就向道邊上的洋掃帚草裏跳去。

石頭臥在地上眼看着那黑色的長龍若無其事的隆隆的逃走了，踏着一段鐵橋，發出空洞的大響。

壓碎的草汁染綠了他的衣褲，他連看也不看，一躍而起趕到後邊去招呼馬莧。

馬莧已經尋回來五桿長槍，兩人便合起來找尋另外一桿，找了老半天，才在地頭蕎麥棵裏拖了出來。

統共是六桿。

兩人你望望我，我望望你，覺得很滿意，預備如何帶回蘑菇圈去了。

「現在怎樣往回弄呢？」

「我們背到橋空子底下去，到那兒，倫『道木』編個木排，順水流到蜈蚣屯就有我們的人了！」馬莧答。

石頭突然的感覺到這次槍繳的太少了。假設這六桿都算是他一個人的成績，那獎旗章一定可以拿到手。可是，如今總得平均分配呵，雖說在車門那兒自己繳了一桿，一則出於湊巧，二則不能那樣小器，怎好意思說出口呢，總得一個人分三隻才算義氣！但是……哎，三隻中什麽用呢？媽的，能中自有能中手，這次大家都要勁頭，說不定二虎子那小子一個人就刼回一打來呢，那時不但是他的獎旗章在我眼前搖來幌去，紅得發亮，恐怕又加上了一個大星寶章了吧？我石頭的臉祇合裝在褲兒子裏了，一輩子不用想露臉！

石頭有幾分惱喪，便氣冲冲的說。

「那橋空底下有××兵！」

「沒有，我知道的，這邊道眼你沒我熟！」

「放屁，你走過幾回！」

馬莧奇怪他爲何無緣無故的生起氣來。並不和他計較，便說。

「我想那小屋裏一定有人，等我打個前鋒，趟趟陣勢，你在這邊料着。」

於是把槍順着壠溝放倒了，馬莧提着一桿匣子，對着橋走過去。

石頭臥在地上，端平了槍，順手捉起一條蘇子桿，用手一段段的捏斷着。

媽的，要有紅帽子哨兵，把他放倒了可也好，我一個人獨得六桿……。

石頭的臉紅布一樣的頳紅了！

我怎能這樣無志氣呢？難道祇爲了在人前擺來擺去，我才出來繳槍嗎？我是賣命來換一隻破銅牌嗎？忘記了我的誓言，忘記了萬苦千辛，拋家捨業，大家抱着一桿槍，一棵心，對準了一個方向……爲了一點無所謂的光榮，我在轉馬莧的念頭呵！

他的質樸的感情，因爲極度的羞辱，使他眼都有點兒溼潤了。

他大大的喘了一口氣……哎，然而有一個旗獎章畢竟是好的，我身上自下生以來，從來就沒帶過零碎！雖說『石頭』兩個字在人們的嘴丫子上也念得咔吧咔吧山響，但是，那也不過是在嘴上匯氣，不如一件萬年不朽的東西，不用說別人就會明白的，比如那賢孝牌——他向地上藐棄的吐了一下口水！

思想斷了。

記起馬莧的命運，可別遭了人家的暗算。

向他所經過的路瞧去，因爲眼睛不知什麼時候糢糊起來，看不清楚，他使勁揩了一下，努力看着。什麼也不見，大野裏一片青蕪。

想打嘯子，但這不正是給敵人一個防備嗎？

想也提起槍去追上他，但又不放心那六桿長槍。

還是聽馬莧的吩咐料着吧！

忽然咔～～～的一聲槍響從地面響澈長空。

石頭一想，糟心，馬莧遇難了！

一隻『長頡子老蹬』（水鳥名）從蘆葦裏飛向天空曳然長鳴——

石頭閉住一隻眼睛，用另外一隻眼睛隨着那白色的圓弧落在另外一叢蘆葦裏，便微笑了一下。

有兩個人撩開大步向這邊走來，奇怪！

石頭把槍抬起來，對準着他們，想，雜種，走近點兒吧！老子恭候老半天了！

可是其中有一個是馬莧！

另外一個不認得！

以爲是自己眼花，趕忙揩了一下眼，還是馬莧，另外一個不認得！

「馬大叔！」爲了要證實沒有看錯，他向對方飛出了招呼。

「石頭，是我！」

「那一個是誰！」

「等會就知道了！」

「我們的人嗎？」

『不是！』

石頭納悶。

兩個人走近前來了。

『這是看道木的，他情願把道木送給我們，掌着我們編木排，跟我們一道去，我已經答應收了他！這是石頭同志！』

怎麽半路上收了這麽一個不清不白的傢伙呢，說不定就是奸細，路上祇少也得担他一份心事。石頭向他倆都敵視的掃了一眼，便命令似的，把手一揮。

『限你十分鐘編木排去！』

馬覓連忙接過去。

『我倆大家一起動手！』

石頭帶着三分氣惱，無言的幫着他們拖道木，不時用眼向那陌生的傢伙瞟着。

那小子是三十多歲的中年漢子，衣上全是鉄道油的油污。筋肉是滿結實的！

石頭冷冷的問他一句！

「喂，你是啥地方人！」

「俺是山東濟南府哩！」

「嗯！」石頭呸了一下。「他媽的個臭山東棒子！」

那傢伙很熟練的在用繩子結木排，聽了他的話，便白着眼睛看了他一眼，又低着頭作工。

「你有槍嗎？」照例加入蘑菇圈來的壯丁都得帶着傢伙一道兒來的。

「我，唔——沒啦，有，有，我有！」

「什麽槍？癆病腔？」他看他手中分明什麽也沒有！

那傢伙並不答他，看了馬莧一眼說。

「拖下水去吧，我們就開船了！」

馬莧和石頭把六桿槍起出來，三人拖着木排到水裏去。

「你就會編木排嗎？」石頭咧着嘴問他。

「我還會做飯。」那傢伙老實的回說。

「喔呀！好大本事，還有一宗忘說了，會吃飯，是不是？」

那傢伙並不以石頭的俏皮當作諷刺，還老實厚道的去說。

「我在此地看道木，生活很苦，都是天天自己給自已作飯吃！」

石頭在心裏笑他。眞好本事，你可知道你懂得『摔扒子』嗎？（土匪隱語，就是淘汰去不中用的分子！）

「不懂得！」

「哈哈哈……」石頭笑了！「你就是個天下第一的大扒子呀！」

「石頭！」馬莧開了腔。「你少問了吧——他會扮火藥！」

石頭不信託的冷笑了一笑，用一桿楊木桿子便勁一支，木排淌到河裏，幾乎將大家翻個滿天星。

支到中流，木排便順着大溜，祇管向下流。

看着閃着銀花的水圈，泛着，滾着，耀着。石頭小孩樣的喜悅了，完全忘記了方才的齟齬。

把楊木桿支在木排上，一腿搭在膝上，用另一條腿金雞獨立的站着。笑嘻嘻的講。「我眞忍不住要唱了！」

於是就唱了。

長白雪和山一樣白，
『窩集』是他的老婆。
兒子都是山林虎豹，
從頭到脚一條火！

自從佔了紅頂山頭，
攔住東洋不許流！
我們不要金錢毛草，
我們要的是自由！

雨後自有蘑菇出圈，

春來自有草滿山，

紙裏包紮不住烈火，

太陽出來紅滿天！

……………………。

暮色漸漸的濃了，河岸上散敷着一層稀疏的陰影，有三五成羣的老呱，呀呀的叫着，向晚靄裏飛去。

地平線的青色和綠色溶和在一起分不開來，金星在西方的天際高高的露臉了。星光白中透藍，透出冷靜的熱情，如同一棵凝湛的寶石一樣。

那個山東漢子便癡癡的凝視，在那星上面，目不轉睛。

石頭使勁的支撐了一下，木排幾乎打了個圓磨又向前忽忽流去。

突然有兩棵圓闊的水珠在漢子的臉龐上映着星光向下流下，他連忙扭過身去。

『怎麽？你想家了嗎？』馬莧驚異的發問。

石頭想果然這個傢伙是個懦弱的東西，現在才算得着了證據。

但是那漢子却在强制的抑壓自己感情上的顫抖，費了極大的力氣，才說出。

『呵，我是高興得……。』

說了這話之後，就彷彿一切暴風雨都已過去，他臉上掛着平靜的光輝，比一個難產的母親看着身邊安然降生的嬰兒一樣的愛悅，一手撫摩槍一手撫摩着心口，又附加着說。

『唉，往常一個人在小房子裏一望見河水我就發呆，我們啥個晨光才能出頭露日呢？我們什麽時候才能像這一泫河水似的自由自在的奔流呢！……唉……』那個單純的傢伙，居然像一個多感的女人一般又復墮入沉思裏去了，兩眼離不開那滔滔的流水。

石頭本來預備好了一大堆奚落的話，現在都堵截回去，吐不出來了。便又繼承了剛才的興緻，接着唱下去：

赤水日裏夜裏流去，
裏邊流着我淚滴，
爹爹被他們活埋地下，
鐵柱怎樣死了的？

從今我們手拉手兒，
用血築成一道牆，
槍尖對準敵人喉嚨——

……………………。

到了蜈蚣屯了。

石頭向四面打呼嘯遞暗號，也沒有人來。

馬莧說。

『媽的，也不是誰守在這個地方，不是喝酒去了，就是找姑娘去扯連環套去了，媽的，回到營盤，非報告他們不可。眼看天就黑了。』

他擦了一下馬刷鬍子就來扯木排。

三人一直把木排拉在一棵大橡樹底下，山東漢子尋了一片大玻璃葉拿過來當扇子扇。

忽然騰的從樹上跳下一個人來。

一定遭了暗算。

這個念頭在石頭腦子裏剛剛一幌，尙未來得及細想，他的頸子已經熱烈的被別人卡住，接着便是粗魯的親嘴。

『哈哈，大喜子，二喜子，鬼捉了你們去，你們驚嚇了我……。』

三個人輪流的擁抱起來。

『你們怎能躱在樹上呢，我打呼嘯也不應？』

『這不在守望嗎？』

『唉唉，胡塗，樹上怎能扎得穩呢？』

『得了，扎不穩？你險些兒吃了個黃鶯拿膝！』

大家都笑了，分背着獲得的槍向毛毛道走去。

『怎麽樣？大喜子，都有誰回來繳槍了？我們一個人繳來三桿能得獎旗章嗎？』

『楊三槍回來了，一個人Bai來牟打！』

石頭蘇的全身一冷，似乎立刻縮短了三尺。

他嚥了三口吐沫，才忍住了忌火，又向下問去。

『還有呢？』

『李八繳來一桿，王老五刼來五桿，上一班的時候，誰回來我不知道，反正這次頂少的每個人也得起來五桿許能得着獎旗章！』

『眞的？』

『這次大家都很順手！』大喜子肯定的回答。

一個註定的悶雷打在石頭的心上，他不說話了。

可是他又記起了二虎子。

『……………。』

還是不用問了吧，那不明明白白的事，那小子一定更要多了。

『那麽，二虎子呢？』終於還忍不住了囁嚅的問出。

『二虎子呀！』

石頭的心怦怦的跳。

『他還沒有回來呢！……他還沒有回來吧？』大喜子轉問二喜子。

二喜子也證明他還沒有回來。

但石頭反而更加心神不穩起來，二虎子一定是『溜』到那兒去『撇寶』去了。

『獎旗章這回定規多少？』

『大概二十隻不上吧？』大喜子回答。

石頭心裏稍稍放寬，自己是三隻，三隻。

二喜子說。

『也與這麽算，比方說，五隻吧，凡是五隻以上的，或五隻的，就都給！其餘的得不着。』

『是規定五隻了嗎？』石頭腦袋上全出了汗。

『我是打個比方！』

『…………。』

幾個人已經走到茅屋前邊了。

另外兩個人去接了大喜子二喜子的班。

馬覓拉了大喜子到外邊咄咄了半天，不知道說些個什麼，大概是談論那山東棒子的安插問題。

石頭心裏充了煩惱，一回兒覺得有無限希望，一會兒又覺得踪影全無！連晚飯也沒有吃好。

飯後，便騎着馬向蘑菇圈連夜進發了。

蘑菇圈在夜裏依然工作着。

散佈着濃烟的松明，照在白樺的爆皮上，堅硬的木質，顯出修竹一樣的白色來。

沿着牛山有掩蔽的地方，都堆滿了木樁，一頭削尖，排列在那裏，和預備點放的砲彈一般。

有的地方按着險要築了碉樓和砲台。

碉樓上擺滿了亂石，滾木，和蓄水池。

砲台上正列滿了剛『擂』成的木砲。

工作在愉快的渴望裏進行着，沒有間歇，沒有停滯，一班一班的替換着，以最大的喜悅準備在限定的峻工期之前完成。

斧頭由粗蠻的臂膊運用着，白樺在七尺長的大鋸底下無條的倒下，被截成爲段段。

削平聲，爆光聲，釘椿聲，斧聲，錘聲，鏈聲，鉋子聲，鑽聲，鋸聲……交錯的響着。

火把以博擊的姿式向蒼天怒燃。

幾天來沒有人去捉魚，白漂水可眞成了白漂子世界，魚兒成羣結隊的出來遊玩，到了實在無論如何也不足以說明自身最大的高興的時候，便索興往岸上一蹦。

汗水流着，靑春的喉嚨無節制的唱着歌曲。用無限的精力建築了新的長城。

沿着半山在血肉的經營下，造成了鞏固的環牆。

保衛了紅頂山上第一次打子的紅松，保衛了南山的松木，梨園，葡萄架，和伐不完的千年喬木。保衛了那可愛的羔羊，會耕地的黃牛。保衛了香草廠的白蘑黃蘑，森林中的母鹿，洞口的妖狐，山巔的狼豹，水裏的魚蝦。保衛了雪裏站的走馬，會下駒的驢，耐苦的騾子。保衛了帶花的山石，蕭蕭的蒿草，柴色的雲英。保衛了老年的父親，年輕的妻和嬌小的兒女。

保衛了生人的氣息，愉快的汗珠，光明的脚步，人類最偉大工作的一環。

保衛了那黑黝黝的厚土，甜水的泉源，黃色的皮膚！中國人的健碩的肩膀，東北人的透明的廠快，人類爲着自由而揭起的無邊怒焰！

堅實的工作繼續在完成着，一道新時代的柳條邊，一道蘑菇圈的樂園！工作和雨後的白蘑一樣突飛猛進！

繳槍的名單今天晚上宣布了。

石頭第一個去看了名單。

凡是獲得隻槍或四隻以上的都一律獎給了旗章。人名是二十六個。

石頭卻好是三隻；當然沒份。

但是當他定睛看時。

赫然寫在上面的是馬莧的名字。

他再定睛去看時。

依然是馬莧的大名。

這個臭馬莧蔴，他分明和我一般兒多，怎能也得了獎旗章呢，一定是媽的寫錯了。

他轉過身去決定找馬莧去說話。

找了幾處才瞧見馬莧。

瞅着是馬莧的背影。

他一把手將他恨恨的揪住。

「馬莧，你的名字怎麽可以寫在榜上呢？你比我多了一根屌毛？」

馬莧詭秘的笑了一下，並不立刻回答他。

「告訴我，是不是你虛報了？」

「沒有。」

「那麽一定是寫錯了，你得聲明去勾了去！」

「沒有。」馬莧平靜的說。

「咦！」滿腹狐疑，忍住了心火。「你告訴我！」石頭把拳頭比擬在馬莧的鼻尖那兒，逼着他去講。

「那個山東棒子帶來兩桿槍！」

「什麽？」

「他的槍……。」

「什麽？是你在說他的槍，他帶來兩桿槍？」

「他帶來的兩桿槍……。」

「他的槍撇在肋巴骨上嗎？怎嗎我是白眼瞎，我看不見？」

「他的槍，哼，你怎會曉得呢！」馬莧看樣子依然不想告訴他。

「你說，你說，他的槍在那裏！」

「他的槍藏在一座墳裏得擅穿墳塋才會拿得出來。」馬莧終於說出來了。

你個敞口沒舌的，什麽事情關不住，有一天順嘴說出，人家的墳主能答應嗎？」

『原來怎的！』

石頭拍的一個鐵扇子就搧過來。

當時馬莧臉上映着火把就現出來四道血印。

『石頭，你這渾蛋！你怎能打我，你要獎旗章我怎麽知道！我們一道見主任去！』

石頭正在氣頭上，當頭又給馬莧一個窩心蹓，轉身就跑了。

馬莧並不氣惱，搖着頭嘆息的看着他的背影被黑暗給吞沒了。

大喜子在一邊慨嘆的說。『哎，他早就想得個獎旗章了！』

楊三槍惋惜的說。『這小子眞是一塊天造地設的石頭，粗拉粗氣的，摸着總擋手！』

馬莧在後悔。『我雖然也知道他想得個光榮，我倒沒想到他這樣的心切，要不然都算是他刼來的又怎麼樣呢？』

王老五便『氣不公』的粗着喉嚨嚷。

『別聽他的，他做不出光堂事來，你就都允了他，他巴不得還把大家的辛苦都算作他一個人的功呢！貪得無饜！』

石頭橫一頭豎一頭的在黑暗裏撞着。

也不知什麼時候，走到一片石峽裏面就坐住了。

他怪自己方才過於魯莽討了一場沒趣，白白給別人留下話柄，讓大家衹管向自己身上無抵抗的擲下奚落的箭來。

那個破奬章算個什麼周？值得在同志面前翻臉。

他又想起他倆兩個在火車上那段共生死時候的緊張勁兒，那時他的生命便是我的生命，有一頭失手，便全盤打算便都完了，而自己並沒他那麼老練沉着，可還猜忌他，疑心他，看不起他。

今天又無緣無故的打了他，將來笑話一傳開，我石頭怎樣和大家見面？往日的威名，都算塡了鞋底子墊在人家的踋底下了。

他也許會原諒我的吧？祇少馬莧會說我年青無知，……但這是更大的恥辱噢！馬莧本來就說他是不能作事的小慌子現在果然的當場給他拿着了一個洗不脫的證據！

想到這裏石頭眞是傷心極了。

忽然在淚眼模糊裏他看了一片喜悅的海！

雖然夜幕已經垂下來了，他不會十分看清了眼前的東西。……

但他的確是看清了。

貼在他眼前的是一張如他所預期的用年紅紙寫的標語。

那上必然的也會寫着。

『歡迎繳槍最多的石頭同志！』

『作夢！』他在警惕着自己，不去相信這個錯覺。

但貼在石壁上的分明是一條紅紙！

他抑制住一棵破碎的心，用顫抖的感情逼近了那張紅紙看去。

『天皇皇，地皇皇，我家有個吵夜郎，行人君子念一遍，一覺睡到大天光！』

被無賴子侮辱了的女人一樣，石頭向那堅硬的石壁上着實的踢了一腳，轉身就走。雖然發痛的不是石壁，而是自己的腳，但他全不在乎。

他剛一轉身便有一桿雪亮的槍刺對準了他。

『口令——革！』

他答不上來，他並沒領到口令，便跑出來了。

『我是石頭。石頭同志！』

奇怪是對方並不曉得。連石頭同志也不曉得。

『舉起手來！走！』

大概那人沒有看清，沒法判別出他是否是石頭，必須得等到光亮的地方，認明之後才好放他。

但是聽口音也可聽出呵……。

到了較亮的地方，他偷着向後偷看了一眼。可眞駭傻了，不認識的不是自己，到是那個『卡子，』他從來沒有見過。

『昏蛋，你再望回瞧，我開槍了！』那像伙偏不好惹！

石頭祇在心裏苦笑。

「喂，同志，我從來沒有見過你，你打那個耗子洞鑽出來的！」

「媽的還混說！」

那像伙板起鐵青臉，居然一絲一忽也不行忽。

「喂，你放了我吧，我看你到是個冒牌！」

刺刀的尖子，隱隱的刺入他的小衫來了，脊背一涼。石頭想這像伙過於認眞，打趣不得，還是聽天由命吧！可是還按捺不住——

「喂，你想把我送出關外嗎？」

「卡子」默默的壓着他走。

到了主任的屋子門前。

兩個新兵，他也不認得。

石頭想到這兒總可放我了吧，那想又落了空，必是得力的人都突擊的突聲，修寨子的修寨子去了，所以『下卡子』就輪着這些新兵。

那卡子到屋裏報告了一下，便由一個新兵領他到主任面前。

『唔，石頭，是你？』主任露出一副有趣的微笑『聽說你又打了人！』

不想這事就像長了翅膀一樣，居然會飛進主任的耳朵裏去，也許是馬莧先來報告了也說不定。

『是，主任。』

『你的火性太大，你自己得管束你自己才行。』主任的黧黑的面孔馬上轉爲沉鬱了。『沒有人來報告的，你去吧！』像父親對待一個不長進的孩子似的，主任又附加了一句。『你怎的沒有領口令就到處亂撞呢？』

石頭的心沉在悲哀的海裏，雖然滿腹的委曲，但是並不去辯訴。

當他退出來的當兒，他囁嚅的好奇的探問。

『二虎子回來沒有呢？』

主任沉吟了一下，閉了一下眼睛。

『他已經陣亡嘍！』

一個青天劈爣在頭頂上扯起，沒有再追問第二句，他便搖搖的退出來了。

木然的退在晚風裏，石頭對於什麽都清醒了。

小器，齷齪，偈促，猜疑……的是自己。

別人工作何曾是爲了個獎旗章，而自己却因爲得不到，就打了自己的同志，詛咒了壯烈的二虎子。我爲什麽這樣的不能忍耐呢？

我爲什麽這樣容易鬥恨呢？

捧着一棵直樸而嚴肅的心，他向前一步一步的走着。

前邊不知什麽事情火燒雲樣的照亮了。

千萬隻火把順着風絲突突的點燃，火苗耀閃！……油烟映出一團淡靑的蔚藍，巨人似的在空中變幻。一切狂張，紊亂，而又肅。

講演台前一堆一堆的繳來的長槍都碼了起來。短槍則單個擺開，子彈都平放在一起。

許多人在嚴肅的圍着，沒有人喧囂，沒有人說話，什麽大事要來臨了。

馬蒐沉靜的在燃點劈柴。

不一刻火光升騰起來，木質裏裂出油花，畢畢的着了。在一片木板上燃着的地方就如泛濫的河水一樣，先由一道水波開路，火在後邊趕，直到全個木板都整個的燃起了熊熊火海。

『司令就要演說了！』有人在他耳邊微語。

他一看是大喜子，便默默的使勁握住他朋友的手，流下淚來。

一架白色的單架由兩個人遠遠的抬來，那是二虎子的尸身無疑了。

火熊熊的燃着，火熊熊的燃着，人的心反而次寂了。

二虎子的尸首一條白鍊似的在黑暗裏浮來。

風拂拂的吹，火苗升高了，升高了，更高了……，高入蒼穹。

石頭聖潔的，將頭向上漸漸的仰視。

那隻招展的旗子像一團滾轉的火幡在向黑暗的無極凶狂的突捲，翻飛。

「那血的復仇！」一個聲音在石頭的心裏爆裂出來。

司令健步的走上演講台來，泥像一般塑在那裏，不言不動。

石頭誇張的看着他的身影，火光强烈的煊紅了他的半面。

「滴答打滴打～～～。」

號聲以一陣銅質的顫抖響徹長空……。擊打每個受苦的心靈。

石頭的眼落在那如林的槍上，那奪去了他可敬的同志的槍上。

司令的演說在以血滴的貫響跌落在每個心的鍵盤上，發出錚鏦的和鳴！

夜的紅頂山頭有着幽遠的鬼火裊裊滾動，狐狸都已鑽出窩來，用鎚子一般的鼻尖，向茵茸的草氈邊走着邊刺着也像似補綴，也像似尋找，爪子在地衣上印出點點的梅花落蕊。

山頭發展出來的地面，都是種植上小米，大荳，高粮……高粮趁着夜深人靜的當兒，修理苗條的身段，向上拔着，不惜任那靈活的骨胳，發出喀喀的細響。大荳葉兒似乎已在睡眠，可是根兒却都狂張起來，汲水吸肥，忙個不以樂乎。趁着沒有小鳥來侵害的難得的清靜夜裏，小米便安祥的『度穗子』，把漿兒集在頭上，使小小的臉龐更加豐肥起來。

白漂水花花的流去，螃蟹掛在簾上，蝦兒跳在『滃籠』裏，魚兒進了網兒，螺螄，在淺淺的沙灘上乘涼，等着明天太陽冒嘴的時候，留在灘上，任着頑皮的孩子拾了去玩。

啄木鳥停止了啄木的工作，白樺安靜的站着。在森林正是走獸的世界，虎兒走在落葉上，踩翻了陷阱，用肚子抵禦了獵人安排好的藥箭。黄鼠狼掙扎了一會兒，已經默認了自己的命運，索興攤開了四條腿在弓子底下不喘出氣來。

在一夜裏草叢裏蹟出千百萬棵小傘，自有天明時成羣的姑娘媳婦用修長的細手將他們愛撫的採在籃裏。

…………………。

即使是在夜裏，在瑰春也是豐富的，因爲一切的孕育的成果都在等待明天陽光的採擷。

（完）

## ★我們的毒舌

## （一）磕頭

M. N. M.

我在馬路上走，好容易纔從灰土飛揚，並且非常喧噪的使人厭煩的所在，擠了出來，却卽刻就有一個白俄纏住我討錢——

白俄討錢，我是當然不給的。

白俄卽刻跑前了兩步，迅速轉過身來，跪下去，向我磕頭，還是向我討錢——

我當然還是不給，並且我馬上憎厭起來。我想，——倘若他不是曾經做過俄羅斯人，和那堂皇美麗的蘇聯人出於同種，並且他不是一個乞兒，那末，我還要不顧他的眼鼻用我的皮鞋踢過去……

無論如何，倘使他是一個我的朋友，他一旦被强者所俘，而竟要哀求他的苟活，竟不惜跪下去，向强者磕頭，那末我早已不顧他的眼鼻踢過去！

他已經丟盡朋友的臉，我對他已經失去人類的同情，——我的朋友是人！無論如何，倘使他竟化身爲一個闊人，而他竟也要向另一闊人，有所哀求，——例如求他拿起屠刀，去殺不願磕頭的同類，——擠出眼淚，流出鼻涕，竟不惜跪下去，而磕頭，現在却來我面前，那麽我更早已不顧他眼鼻的踢過去！

他已經丟盡中國人的臉，我對他已經失去畜生的同情，——和我同住的中國人起碼應該不在畜生以下！……

——噓！白俄，白俄！你不想一想：你也是母親生的麽？

這丟盡人類的臉的下賤的動作！

（一月五日）

## （二）雜記一則

茅盾

人們一有了讀報的習慣，便覺得不可一日無此君了。舊年關中各報皆停刊數日，雖有號外，然張數既已縮減，看了總像不過癮，又因想要知道的本報上都沒有，便會疑心到休刊期內的號外到底消息不全，年關的號外與平日的「號外」全然不同也。去年一年中我們是看過一次僅有的「號外」的。

有一位朋友也是每天讀報成癖者，好容易候情人似的候到舊初四，報紙都照常出版了，五大張，六大張，倘使訂成小冊子，是很厚一帙了，這位朋友似飢似渴地一張一張翻過，却歎氣道：「全是廣告！」可是他私心盼望第二天第三天的報上有點廣告以外的消息。

不用說，他的盼望是落空的；他忿然將報紙一擲，仍舊是那一句話：「全是廣告！」

這位朋友的一位朋友不以爲然，譏他「偏」，說「新聞誠然無可看，但不是有許多煌煌大文麽？」

但回答是：「廣告，廣告，廣告而已！」

倘使也像色盲一般世有所謂「廣告盲」者，那麽這位朋友大概可稱爲典型的人物了。不過從前我們稱報紙是輿論機關，現在此四字已經好像太落伍，新名詞曰文化宣傳的利器，而新聞政策，新聞宣傳等等名詞亦觸目常見，然則這位朋友的患著「廣告盲」似乎也不是咎由自取，自屬情有可原。

這位朋友的朋友不忍不以友人之道待友，特地尋得陳公博先生的一篇大文給他看，並且指出道：「陳前部長愀然以上下交相騙爲憂，——如何？」

「這個交字，我就認爲不通！」是鬥氣的口吻了。

「怎麽不通？」以友人之道待友者也盛氣相向了。「上以仁澤，而下以米湯，交在其中矣！」

「那麽，這下字的定義就得有限制了。」

以友人之道待友者見友終於不悔悟，只能廢然而罷，可是談話也像做策論總得有一結筆，於是打個吟吟說：「我給老兄去宣傳，說老兄給報紙新發明了一個綽號，——就是廣告大全……」

「那又不然！並非大全！」這位朋友搖手急呼，「你知道我常喜看看各種刊物，見登出廣告來時就去買一冊來，然而近來有幾種久無廣告了，我以爲也是在過年或者無疾而終，不料今日走過書店街，見玻璃窗櫥中赫然有最近刊在焉，然而我翻遍近數日的報紙，確無廣告，——可知廣告也還是不全！」

## （三）「宣揚文明」以後

胡風

意大利底征服阿比西尼亞，據説是爲了「宣揚文明」。能在蠻蒙的阿比西尼亞土地上造起白色大理石的羅馬風的建築，使毒蚊毒蛇不能傷人，鑿出許多維尼士式的市河，讓阿比西尼亞人都泛着小舟唱起戀愛的歌曲，遍地裝起電扇來，使阿比西尼亞人不儘是成天淌着黑汗，這樣的功業有誰不願意贊成的呢？

於是用鎗砲，用飛機，甚至用化學藥品，轟轟烈烈，「文明」終於勝利了。阿比西尼亞人是不是已經有了羅馬風的建築可住，有了可以泛舟唱戀歌的市河以及不必淌汗的電扇呢，我們無從打聽，但却知道有人對於這偉大的功業還不免抱着疑問：雖然是目的偉大，應該不問手段，但「宣揚文明」却要用這樣的「宣揚」法，那所謂「文明」就不見得是可親的東西。於是有刻毒的藝術家作漫畫一幅，一架飛機在阿比西尼亞上面飛翔，兩翼上各掛炸彈一枚，題曰「文明來了！」

這回上海大戲院開映紀錄影片阿比西尼亞了，我不禁非常高興。因爲，所謂紀錄影片就是實地情形底攝影，阿比西尼亞底野蠻相這可要在我們文明人底眼前暴露出來了。不料事有出人「意表之外」的，雖然已經通過，但開映不到兩天就遭了禁止。交涉又交涉，檢查又檢查，算是又可以開映。雖然文明人底眼睛受不住的野蠻相也許檢掉了，但一般的情形當還可以看到，所以我仍然非常高興。不料事更有出人「意表之外」的，這回是開映到第三場就鬧起了全武行，戲院被搗毀，影片被搶掉，使我們再也看不到阿比西尼亞底野蠻跡影。

對於地理上的阿比西尼亞，意大利底軍隊用的是大砲、飛機、以及化學藥品，對於畫面上的阿比西尼亞，意大利底水兵和僑民用的是木棍、亞莫尼亞水、硝酸水，輕重雖殊，辦法則一。但有一點却使我們不能明白，意大利旣是爲的「宣揚文明」，爲什麼這樣害怕別人看到阿比西尼亞底實情呢？

論者曰，悲哉阿比西尼亞，國亡了，連將自己底面目向人顯示的權利也被一併剝掉。但不知更可悲的是，雖然名目上還沒有亡國，但實際上不敢說出自己底被侮和被害來的國家。這樣的國家，甚至於沒有力量放映別的國家敢於製成的影片！

# （四）心的倒霉

M. N. M.

我明明知道人的心的了解原是很難，也許並沒有這東西，只是假裝着有。但我總喜於作心的遊歷，並且似乎確實看見過許多心，最後就相信着我自己的心有眼睛。

所以，我的心，就像一隻尋食的狗似地到處去聞嗅：我嗅過慈母的心，我覺得驚異；我嗅過愛人的心，又覺得平常；我嗅過狼吃羊時的狼和羊的心，我聽不見牠們的一點聲音；我嗅過自己被縛着而妻子被人在面前姦淫的丈夫的心，牠正在恥於爲男子漢；我嗅過那被赤裸裸地綑着的一羣，面前放着火鍋，另一羣則用刀從他們身上一塊一塊割下肉來，慢慢地在火鍋裏炒着下酒以爲樂的這兩羣的心，他們都無須乎互相去了解，因爲距離太遠了；我嗅過被拋進餓獵狗堆裏去的青年女人的心，她的心一同被撕碎了；我嗅過跳進火山自殺者的心，牠那樣地熱烈；我嗅過死人的心，很冰冷。……總之，我都得了滿足，我就喜於這樣的遊歷，聞嗅。然而我終於瞎了眼，倒了霉了——

一天我忽然聽見有聲音在叫喊：『我顯心給你看……』我就像驚喜着的小狗似地跑過去了，……然而什麽也沒有！我正無望地要退了回來的時候，那聲音又似乎在一個地坑裏喊了起來；『顯我們的心……』對了，一定在那地坑裏，那上面却假裝着一層枯草，我就急急地像小狗抓地毯似地耙去了牠，那聲音就大喊起來，帶點歇斯迭里：『顯我們的心給侵略者看！』呵呀，天！到底是什麽呀！?我無論如何只得突然驚退了，而牠還更大聲，更歇斯迭里的響着：

『顯我們的心給侵略者看!!』咦，唉，我的心卽使是一隻狗，爲什麽要聞嗅那樣的東西呢——一堆乾了的糞塊？我的心不得不夾着尾巴，像給母狗欺侮了一頓似地喪着氣回來了，路上只是不住地埋然自己：『你活該碰鬼！你竟不知道世界上原來並沒有心，而却偏偏要用這種東西來假裝着有，上面還假裝着枯草或樹葉，並且還叫做人，還喊着要顯給別人看，無次數的喊着要顯給別人看。不是你自己瞎了眼是什麽？我眞恨不得鑽到你裏面去了，看你現在竟是怎麽着……』無論如何，倒霉總是我，決不會是那乾糞塊！

二月七日

## （五）「奴隸總管」解

茅盾

「抓到一面旂幟，就自以爲出人頭地，擺出奴隸總管的架子，以鳴鞭爲唯一的業績，……」

這是魯迅先生「答徐懋庸並關於抗日統一戰線問題」最後一段文中的一句話。

魯迅先生看過電影亡命者。電影裏那個「奴隸總管」以鳴鞭爲唯一的業績。奴隸們偷偷休息一下，「奴隸總管」的鞭子自然要打過來，但卽使不停地在工作，「總管」的鞭子仍舊不肯休息；因爲「總管」的工作是打人，不打人便是他沒有工作成績，所以不論奴隸們在工作或不在工作，工作好或不好，「總管」要表示他的業績就只有不停地鳴鞭。

從「亡命者」電影內那個「奴隸總管」，魯迅先生想到了文壇上的一些典型人物，——這里有所謂「理論家」，「批評家」，和所謂「指導者」。他們手裏的鞭子就是「批評」，對於文藝工作者的工作不是說牠「主題不正確，不夠積極」，就是說牠「世界觀人生觀不夠前進」，或者「尚欠缺前進的現實主義的創作方法」；但是不正確在那里，不夠積極在那里，怎樣方能正確，方能「夠」積極，世界觀和人生觀的不夠前進又在那里，從何處見得是欠缺了前進的現實主義的創作方法，怎樣寫才是前進的現實主義的創作方法，——他們是一概「不屑」「指導」的，因而他們的「批評」就等於亡命者電影內那個「奴隸總管」的鞭子，沒頭沒腦落到了工作者身上，受者始終不知道做錯在那里。嗚鞭是他們的工作成績，爲要表示他們在「努力工作」，便沒頭沒腦給你一鞭，倘有被嚇呆了不敢動筆了呢，他們的鞭子就又響了，振振有詞說你不努力。

用「奴隸總管」來形容這些「指導家們」，正是再恰當也沒有的。魯迅先生指了出來，沉痛地說他們再不覺悟，「是無藥可醫，於中國也不但毫無用處，而且還有害處的。」

半年快將過去了，「奴隸總管」覺悟了沒有呢？還沒看見。但是「鞭子」的用法似乎稍稍不同了。這新的「鞭法」其實也是老的，名爲抹然。有好多靑年作家被視爲「化外之民」，不給提到。這可說是鞭下開恩了。並且對於挑中的「被指導者」，也著實客氣起來。但我却看見這依然是「奴隸總管」的派頭。迴避和客氣，不是自命「理論家」或「批評家」所當爲，只顯得是威信失墜後的「奴隸總管」的首鼠而已。要緊的是趕快洗伐了「奴隸總管」的性習，認眞用功，認具工作，那麽即使是幼稚一些，——但幼稚總還是本色，而且也還有長成的希望的。

## （六）詩　人

M. N. M.

詩人說：我像一隻籠裏的鳥兒，
我唱我的歌，我得我的自由！
但籠中的鳥兒聽見了，囘答道：
我唱我的歌，我沒有自由；
——我沒有你的臉皮厚！

詩人對他的太太讚美着一個猴子：
嘖嘖！這猴子，多文雅，一點不搗亂！
但那猴子是雄的，看見女人，馬上無禮：
勃起了牠的生殖器，足掌還敲着牠的鐵練子；
告訴你詩人——猴子並沒有像你那樣容易的去勢！

賣藝者（鋼筆畫）　俄國 M. Chagall 作

詩人走來對我說：

你可憐的人，爲什麼這樣悶？

讓我唱個歌兒安慰你的靈魂！

一聽我就生了氣：

我的天！，——你怎麼一點也不難爲情？

夠了夠了，快快給我滾！

（一月五日）

◁散文▷

# 聽雁

李霽野

中夜醒來有時候是很苦惱的事，因爲有些無益的焦慮常常藉着這個機會襲來，而這襲擊一經開始，我們往往難以擺脫，應付了一天的事務，我們的精神彷彿是一個剛巧打完架而並未得到便宜的孩子，被人勉强拉開，罷了手却還撅着嘴；再遇到白天的對頭，而眞是「仇人相見分外眼紅」，立刻是又要交手的。這種向空揮拳的結果，總不外乎第二天眼紅頭暈，覺得天地都變了色。

但是被這樣不講情理的對頭擾鬧不休的時候究竟不多，所以中夜醒來也往往可以得到希有的經驗。例如我所住的這所樓房裏至少總有五六座時鐘，我有時醒臥在床上聽牠們先先後後的打了二響，三響，以至於四響。這種參差的音調，確是靜寂的夜裏一種很可耳的音樂；牠們點綴着無聲的夜，和星星的點綴着無光的天空一樣，都增加了夜的美。

這點小小的事體使我特別歡喜 J. R. Lowell 在一封信裏所說的幾句話：

『我剛剛做完了當家主的一件大事，把所有的時鐘都上起來了，並且撥準了時刻，使他們的響聲一致。我懷疑這件事是否做得明達，因爲在我夜間醒臥着的時候，牠們的小小的意見的參差很能給我開心。』

他又進一步說，時計是很不自然的東西；我們得到整塊的「永刼」，不能自信有這樣的好運氣，於是就將這切成一口大小的小塊了。但是我以爲，在「永刼」裏我們所能得到的終於不過是一點零塊；我們不忍使這一點珍貴的東西整個的飛逝，所以將牠切成一分一秒，惋惜的慢慢的還付給時光老人去。不過，這不是我在這里所要說的話，我提出這點「小小的意見參差」，只是給讀至開開心罷了。

在前多天，我一連幾度在中夜醒來。在這樣時候，平常遺忘的小事體往往現到心頭，彷彿有很大的意義。偶有一點小思想，總清澈得像一片水晶一樣，在白天也許唾棄，但在這時却是珍愛的。生活中可記念的斷片也往往在這樣時候一一呈現在我們的眼前，無異於重行生活一番，但較之眞實生活却另有一種好處：悲苦的已經被時間洗去傷痛，只留下一點餘味，而其中又多半是含着甜蜜的了；歡樂的却又滲進了一些淡淡而無刺痛的憂傷，變爲比歡樂更爲引人的境界了。

這樣醒着的時候，有一夜我聽到一陣雁，叫着從窗外的天空裏飛過去。我心裏突然想起這樣兒歌的斷片：

八月雁門開：
大雁去，
小燕來。

隨着我就彷彿聽到了母親的聲音，見到了母親的容貌。我回到兒童時代，依依在母親的膝前。

記得在我的故鄉，八九月中常常有成羣的雁從天空中飛過，這時母親常教我們唱上面這幾句歌；或者仰望着天空這樣唱：

雁兒雁，排成串，
排個「人」字俺看看；或者
雁兒雁，排成串，
排個「一」字俺看看。

我們隨：唱和，雁兒也時常居然聽從我們似的，排出我們所要看的字，使我們樂得跳起來。這時母親的慈祥的容顏，是最難忘記的。

我平常懷着一種心願，想自己繪出母親的遺容；但是同時我也知道我滿足不了自己的這點希望，因爲我絲毫不懂得繪畫的事。在醒臥聽着雁聲的當時，這希望在我的心裏復燃，而且我覺得很有實現的可能了：呈現在我眼前的母親的容顏是這樣親切！

這些兒歌的斷片和母親的乳一同，在小時吸進自己的生命，成爲母親給予我的生命的一部。在我重溫這樣舊夢時，我覺得這種記憶的寶藏是我生活中最爲神聖的東西，這是我的宗教。只有在夜闌人靜的時候，纔是虔誠膜拜的時刻。

隨着雁聲，我也想到我所喜愛的星空和月夜。在月夜散步時，我常無意間想起母親所唱的兒歌：

月姥姥，
黃巴巴；
小孩子，
要喫媽。（媽是奶的意思。）

月亮走，我也走，
我給月亮背花簍。

這時我彷彿看見自己不滿三尺的小身體，在老家的小院裏蹣跚，母親就在身前。仰望天空，覺得慈母的愛使月色都更爲美麗了。

在無月的夜，我常向深藍的天空裏看望我並不知名的兩個星座：一個是一排三顆星，一個却是密密的一叢。我怎能不記起

三星趕攢把，
趕到是年下，

這樣兒歌的斷句，懷念我的久已在地下長眠的慈母？我怎能不低嘆：期待新年的歡樂，已經永遠屬於過去？這里並不含着深的悲痛，但却有一種難以言說的悽涼，而這種悽涼裏又含有助長生命的力量，並不使我因留戀過去而忘却了現在和將來。

窗外的雁仍然不時的發出幾聲悽切的叫。我似乎聽到那

……背上背着一個行囊

將給予忘却的布施他都向行囊裏安放

(……a Wallet at his bace

Wherin he puts—alms for Oblivion.)

的時光老人的脚步，輕輕的走過去了。但是他還不能裝進行囊的是母親的聲音，母親的容貌，母親的愛。側視着時光老人的冷酷的臉，懷念着母親的一切，我低吟 William Cowper 的詩行：

Time has but half succeeded in his theft——

Thyself remov'd, the power to sooth me left.

（時光老人只做成了半個小偷——

你失去了，你慰安我的力量他却不會偷走。）

一九三六年十二月三日，天津。

# 談作品的「紅」否

春生

我們來談女人的美，在今日是不算侮辱女人的。我以爲女人的美，在於那人有旺盛的活血，豐滿的肉體，潤白的皮膚。我們常常在細白的皮膚裏映出了內面在流着的血的紅色的地方，看見了動人的美。即使皮膚被太陽晒黑和晒粗了，如鄉下的女人，這樣的健康的有力的美感，仍然存在。這是從肉體方面，而且從很小的一點講的。

倘若有另一種女人，因爲各種關係沒有一點血色了，爲了遮掩她的蒼白，或者「積極的」說，爲了表示她有血氣，將嘴唇和兩頰用胭脂塗得迸紅，結果是常常失敗，引不起人們去看第二眼的。蓋女人的表現她的健康力和美的那血的紅色，不在皮外，而在潤澤的膚內，豐滿肥圓的肉內的緣故。

男人也是一樣的。

我以爲藝術作品，亦是一樣。藝術家的政治的思想和感情，政治的主張以至口號，不但是不可免，而且應當有。在現在，即在古昔亦何嘗不一樣，不會有一個作家沒有他的政治立場。普通的都有對政治的和社會的意見，何況藝術家是人們中的優秀份子，則他的理想和信仰當然更明確和更強烈的了。正因爲他強力地迫着他要去實現他的理想，信仰，以至日常的主張，所以，眞的藝術家就常常走上和實際的社會革命家同一的路，自己也就成爲革命家了，是頗普遍的事；也因爲這樣，即他有着理想而且熱烈地要實現牠，才使他以莫大的興趣和毅力從事着藝術的創作。這樣的藝術家，是滿身的旺血。但這樣的藝術家的作品，表面上大抵都是沒有標語口號宣言傳單之類，或者牽強附會的歪曲現實的故事與結論之類的。這樣的作品的『紅』，才是眞的『紅』，才是榮譽的『紅』，但却所謂『紅在裏面』的。

但也有毫不遮掩的表現法，即全身的血全漲熱起來，連皮膚的白色也變紅了，就如我們發怒的時候臉兒漲得通紅了一樣。這樣的作品，卽使藝術的工夫有缺陷，也是頭等的作品。倒如偉大革命家站在羣衆的浪峯上所作的煽動的演說，常常是有名的感動着千千萬萬人的演說，也常常是有名的感動着千千萬萬人的藝術作品；例如列甯先生的有幾篇演說就是古來最偉大的政治抒情詩。我以爲標語口號的詩歌或散文，只有在這樣的意義上，才能成立。是政治的抒情詩。是一句一句從內心噴發出來的，一滴一滴的，一陣一陣的熱血。詩人既然是全身都是熱血的政治革命者，那麼直抒出來的他的詩句，有時自然不免有點像標語口號似的東西；而一般宣傳員所寫的標請口號，到了這樣的詩人那裏，已經變了他自己的血，自然要成爲詩歌而噴出。其實眞眞偉大的有熱血的革命家們自已所手定的標語口號，大半都是偉大的詩歌，因爲牠不但表現千千萬萬人的思想和意志，並且還充滿着那千千萬萬人藉以將他們的思想訴諸行動的感情，熱情。——所以，我以爲倘若標語口號的詩歌是一個好的名詞，那麽只有這樣的作品才配以牠來稱呼；倘若是一個壞的非薄的名詞，那麽對於這樣的作品就萬不能以牠來加以非薄。這樣的作品，在蘇聯，在革命時的德國，是數見不鮮的；在中國，我只在一些各地臨時出版的刊物上看見過少數的幾篇，都是無名的詩人或絕非詩人的作品；而曾努力企望做成這樣的眞的標語口號的詩人的蔣光慈先生和郭沫若先生，在他們的集子中我還找不見這樣的作品。這樣的作品無法不通『紅』，但雖然不顧忌地顯露了也不足爲愧的，因爲在牠裏面也是『紅』的，或更『紅』的，這是因爲作者的滿身熱血的緣故；只是他是直抒的。所以，牠和那『紅』在裏面的作品是可以同樣有力，感動人的，也能同樣深刻的；自然，反過來，這樣的作品的作者就据以詆那『紅』在裏面的作品的作者爲『灰色』，爲『不革命』，像我們常常看見的那種現象，那當然只是那詆者自己的『淺薄』或『有點英雄主義的色彩』罷了。但這種眞的標語口號的作品，政治抒情詩，却是最難企及的，所以我們很少見。

這種表面上『紅』，骨子裏亦『紅』或更『紅』的作品，常常會和只是表面上『紅』而薄皮裏就『灰』或甚至『白』的——所謂『紅蘿蔔』的東西相混淆。但鑑別仍是容易的，因爲一個眞眞有着熱血而因爲大不平而怒紅了的臉，和那從外面用顏料塗紅了的臉，是鄉下的一個小孩子也一看就明白的，他們在賽會的戲台上就常常得到這樣的知識；牠和因喝了酒而紅的臉，或因做了虧心的事被發覺時而紅的臉，都大有分別，這也是連一個普通的女人都能夠在她的丈夫那裏即刻感覺得出來的。簡便的力法，就是剝了那『紅』皮，看裏面有否東西，或是什麼東西。更簡便的方法，則只看一看那浮在表面的顏色是活是死的就夠。一句話，倘若那裏裏面毫無東西，或者是相反的『白』的東西，則即刻顯出牠的假紅——虛僞了。

在我們現在的文藝上，這樣假『紅』的東西，不能說沒有罷。我們常常遇見紙面上很多激烈的話，很多感嘆號，很多打×子的空白，而內容實在無物或甚至相反的東西。總之，我們讀了不但無所得，並且作者的虛僞和矯情是歷歷在眼前了。但其次也有作品的題材並非不可取，却似乎因爲作者爲了適應自己的先定的『主題』而極力要寫得『紅』，添了一些不但不必要，反而顯得不相稱，減少了作品的力量的口號或『尾巴』的作品。這並非作者的虛僞，乃是由於作者對於現實——題材觀察尚不深刻，和作者誤以爲表面上的『紅』即顯示『革命』或指示讀者以『出路』的緣故。同樣的結果，尚有另一種例子，就是作者大約爲了要適合自己的主觀的先安的『主題』，就是要顯示他的『紅』的『主題』，而將本不相稱的題材——是說和他那先已定了的『主題』不相稱

——拿來不合理地揉做，以致歪曲了現實，因此失去了那題材本可以發生的革命的效力，甚至使他那想表達的『主題』減少了威嚴，而陷於狼狽的滑稽的局面的作品。第三，也有革命的內容，卽所謂『紅』的內容本可以而且本應當藏在裏面，作者却故意的將牠放到外面來，反而冲淡了內容，減少了力量，也因此遭受了在困難環境中的發表的困難的作品。這種窮措大顯寶的辦法，也是由於作者誤以爲表面不『紅』就不革命的緣故。第四，有一種作品，倘在環境好的地方，卽有言論自由的地方，不妨表面也『紅』，『紅』了無損害作品的效力，但在環境不好的時候，仍可能隱晦一點，藏到裏面去的　並且這樣，作者的那種被壓迫的感情將使作品的思想與感情更深刻化，——但這樣的辦法，除了魯迅先生以外，別人的例子很少見，仍是隨牠『紅』，情願被禁，情願在紙面上多打一些×。

總之，這些例子，正可說明『紅』的並非卽等於革命的，正就如女人的血色。第一，那虛僞的假裝的『紅』，固不特說，——我還以爲這種作品應當排斥，這種作品的作者往往靠不住，假使他不是你所知道的人，你無法保證他是『好人』，那你就可以當作故意來破壞你的刊物的『壞人』看待。第二，作者的政治的思想和感情應當力求深刻化，社會化，具體化；將政治口號化爲平常的具體的日常生活，化爲自己的血和肉。這樣，就是去了表面的『紅』，換得裏面的更『紅』，卽更充實，更有力。

最後，我說眞的標語口號作品，好的政治抒情詩，最難企及，是因爲作者必須是一個頭腦清晰，思想深刻的詩人，同時更必須是一個非常熱情的革命的運動家。列寧先生是一個最偉大的革命思想家，又最偉大的熱烈的革命實行家，固不待說，他却也是一個偉大的天才詩人，他雖不做詩，但他的一言一語，都比我們的專門詩人的詩句有詩意得數百倍。所以詩人，要做標語口號的詩人，首先就得去做革命人，是眞的，不但會講會哼，並且會熱烈地做革命工作的革命人。革命詩人須有熱情，但和對於女人的熱情並不同，須有對於革命的思想和行動的熱情。倘若不在這樣意義上而提倡標語口號的詩歌，往往會成爲一種空虛——革命的，也是藝術的空了。

一九三六年十二月十四日夜

# 文心小品

于人

一個對話

一個譬喻

一個寓言

譬喻之二

民謠四句

# 一個對話

Y：『W，我眞想不到，我有什麼地方對不起Y，而Y竟無端攻擊起我來了，吹毛求疵！』

W：『那麼你準備怎辦呢？』

Y：『當然得回敬一下。這並非鬧意氣，這是必要的理論鬬爭！所以我做了一篇文章，開頭第一句就給他一個祖宗十八代！』

W：『Y，X回答你的文章又出來了，重新證明了你的錯誤呢，還着實敎訓了你一頓呀。』

Y：『是的，我看見了，一點不講理囉！完全是潑婦罵街！像整有介事，一個假裝紳士的流派！』

W：『可是，對不起，假使眞的是你錯的呢？』

Y：『說那裏話！X完全是報私仇，因爲他投了稿來，我根本不去看就退了回去，又有一次在馬路上他堆着滿臉的笑向我招呼，我却不理，把手杖一揮，自己跳上黃包車走了，所以他氣死了。』

W：『可是，私仇是一回事，但你就不爭個明白誰是誰非麽？理論鬬爭要緊呢。』

Y：『有什麽誰是誰非！有什麽理論鬬爭！狗有狗道理，貓有貓道理呀！』

# 一個譬喻

青年作家B君，覺得生活枯燥起來了，而生活一枯燥，創作也就覺得困難起來，必須想辦法。於是去找幽默作家A先生談天去。『喂，A兄，我們生活眞有點糟，什麼東西也寫不出來了。』

『唉，你太嚴肅了。才弄得這地步。快抛去你的什麼主義罷，來像我們似地幹幽默，才配叫作生活。』A正在穿衣，準備出去了。

『是的，我也眞需要一點幽默了，只可惜一向不懂……』

『那麼，走，跟我出去！——宇宙之大，無處不可以幽默。』A帶了B出去了，和一個老作家帶着一個新作家走路的一樣。但是走到大馬路，人們來往最熱鬧的地方，A忽然停止，蹲了下去，以很熟練的手勢，卸下了褲子，將雪白的屁股朝天倒豎起來了。B不禁嚇了一下：『怎麽一囘事？你想在這裏大便？』B幾乎臉都紅了。『不，我要在這裏敎你知道幽默，你看就是。』其時人們來往仍很多，有的沒有看見，有的一笑過去，只有一個西洋人，好像知道這囘事，就站住略略端詳了十秒鐘，卽刻跑開去約離二十步遠，揀了一粒小石子，瞄準着屁股擲過來，恰巧擲到A的屁股的最肥最白的地方。

『對呀，』A與奮得什麽似地叫了起來，也將身子直起來了，一邊束褲子，一邊講給那驚嚇得像呆鳥似的B聽：『到底西洋人懂幽默！中國人多數不懂幽默的。我說給你聽：只有這小石子的一擲，才是眞幽默！倘若走過的人用手棍向我的肛門一戳，那是惡作劇；倘若巡捕來干涉，將我捉了去，那是殺風景。幽默與幽綠的分別就在這裏……』

# 一個寓言

某一國，某一地方，有一個樵夫。這一天，他帶了柴刀，和綑柴的索子又挑柴的棍子，上山去砍柴去了。當走到山脚的岔路口，他就遇見了一個神仙。那神仙攔住樵夫道：『喂，樵夫，你想不想發財？』

樵夫幾乎嚇了一跳，但他即刻想道：『也許我的運氣來了。』於是恭敬地囘答道：『先生，誰不想發財呢？只是我每天砍柴，連口都糊不過來，還那裏……可是，請問先生是那裏來的？』

神仙道：『我是神仙，我是專來指示你們窮人的出路的。我這裏有一件寶貝，就是這一個胡蘆，』神仙從背上解下一個小小的胡蘆來，『這裏面關着我從人類攝來的精靈。這精靈是精靈中的精靈，精中之精；從普遍性中提煉出來的普遍性。他懂得理論的理論，方法的方法，從萬萬年以前到萬萬年以後的世界的定律，他都把握住了。喂，你拿去罷，不必砍柴了，你只要坐在家裏就是；你有不懂的，只須將胡蘆的栓子一接，那栓子上有一個機關，裏面就有聲音，那精中之精會告訴你一切。你有所需要的，一切只去求他就是，將胡蘆一倒，要金子就金子，銀子就銀子，要多少就多少……』

樵夫高興極了。『呵呵，神仙先生，有這樣的寶貝麽？我白白活了這許多年，竟不知道世界上有這樣的法寶。可能告訴我他究竟是什麽東西麽？』

神仙道：『機密不可道破，他叫萬能哲學，一服除根；切不可對人說，記往！』但樵夫沒有聽懂這幾個字，因爲他太高興了：要金子就金子，要銀子就銀子……

樵夫即刻不去砍柴，回到家裏去，他好奇而又快樂得像一個全不懂世事的小孩子一樣，用手指按着那胡蘆的栓子的機關，果然裏面即刻發出咿咿嗚嗚的聲音，像唱洋戲一樣；洋戲是他挑柴到市上去賣時在一家洋貨舖門前聽到過的，眞眞新奇。要不是人的精靈攝在裏面，那會有聲音呢？他就盡管按，那洋戲也盡管唱，竟至於忘記了時間。但終於覺得肚子餓起來了，於是更加高與地拔去了那栓子，將胡蘆口朝地，嘴唸着：『金子呵！銀子呵！』想倒出金子銀子來。然而什麼也沒有！不信，又再唸，再倒。仍是什麼也沒有！第三次唸，第三次倒，仍是沒有金子銀子，並且覺得手上的胡蘆也屁輕起來，和一個普通的胡蘆沒有什麼分別似的了。用一隻眼睛向口裏看一看，是黑黑的，那裏面顯然沒有什麼被粘住；用手拍拍那胡蘆的屁股，只聽咿咿響，並沒有什麼東西掉下來。

樵夫只好失望了，只好自己尋思道：『我是命定不該發財的，連神仙也救不了我。』他白白地餓了一晚上。第二天還是只好空着肚子上山去砍柴，因爲他還沒有餓死的決心。

第二天下午，他將砍來的柴就挑到市上去賣，却看見那神仙已在街上，對着許多人在演說，有幾個警察想驅逐他出境，但終於隨他去了，因爲他們當他是賣醫的，雖然形似「妖言惑衆」，而實非「擾亂治安」，像那公安局長所設想的那樣，所以擅自隨他去了。因此，那神仙沒有被驅逐；那樵夫賣了柴，買了三個大餅，一邊啃着，一邊也站到人堆裏去看熱鬧，一眼就給那神仙看見了，即刻近來拉樵夫前去，一邊從樵夫手裏接過一個大餅去，放到嘴裏就啃，因爲他講理了半天，肚子也餓了。樵夫摸不着頭腦地站在衆人面前，像放在講台上生學敎員旁邊的人體模型似地，被神仙指手劃足地作爲物證了：『你們看，』神仙因爲啃了幾口餅子所以有生氣的大聲的說，「這個樵夫，現在有大餅吃，就是我提倡砍柴哲學的成績，他在一九三六年的行動和大收穫，證明了我的理論的絕對正確，而恰恰打了那些批評我的哲學的人們的嘴巴了……」

## 譬喻之二

有一個哲學家，以倡說「哲學滅亡」論出名。然而哲學或許滅亡，因牠已被賣錢而養活了該哲學家，而「哲學滅亡」論則又不滅亡，因該哲學家猶須靠此爲生也。所以這哲學家還特別到幽靜的鄉卜去完成大著。但有一夜，這個哲學家，正草龍一論文，舉頭一看，窗外的明月，實在像稿費和皇家的津貼一樣地動人，就被誘了出去散步了，却忘記了這個地方旣然是完成不朽（卽不滅亡）著作的幽靜的鄉下，也就是農民要種地的農村，他竟以爲還是上海的寬大馬路上，只是看着月亮，想着月亮該不該滅亡的問題，就失足墮進農民設在路旁的一個很深的糞坑裏去了。於是問題就來了：不但不能只呑了幾口糞汁就完事，而且這囘似乎哲學家顯然該先於哲學而滅亡亦說不定。於是只好狂呼：『救…救…命…命…呀！救…救…命…命…呀！哲…哲…學…學…家…要…滅…亡…了！』遂驚動了全村的人，趕來相救，但他們聽不淸楚，所以只得先問明白：『說淸楚點，你是哲學，還是哲學家？』鄉人不懂，以爲都是人。他急得要死，生怕鄉人勢利，只救哲學，不救哲學家，遂說：『我是哲學家，快救我！——哲學在我口袋裏呀！』並且一從糞坑出來，卽從口袋裏拿出一團草紙似的東西以示鄉人，彷彿表示哲學仍生存，他正無愧手鄉人之救命。然而鄉人們都說：『既然這什麼哲學，已經吃了糞，你還要牠做什麼？』那哲學家自然沒有話，因爲他怕他們要報酬，鄉人確很蠢，他們全不知道這吃糞的哲學——『哲學滅亡』論，在上海可賣三毛錢一斤。

但那哲學，却竟像一個人一樣，自己尋思道：『我才晦氣，要被他們帶在口袋裏、忽而要我養活他，忽而又該死，滅亡，並且還陪着他一同吃糞呢。』

## 民謠四句

天未明，鬼唏哭，

地保老爺講文學；——

被蹂躪後（木刻）　　新波 作

講文學，
文藝女神賣鹹肉！

# 編校後記

一記者

關於文章本身，用不着記者作蛇足的說明，但也有可補記的兩點：

關於太炎先生的二三事係魯迅先生逝世前寫就的遺稿之一，原爲一個未出版的週刊，也就是本刊底前身所執筆的。先生回念舊事，情不自己，特爲畫出章太炎氏底革命的，然而却正是他底讀者、門人、以及他自己所掩蔽沒却的一面，不但可以看見作者底胸懷博大，在歷史大流上闊步的姿態，同時也可以感覺到在這里面隱伏着的對於當前現實的熱烈的反抗。單從這一篇也可以看到先生對於求生存的中華民族具有怎樣偉大的引導力量。

魯迅的生活底作者是魯迅先生底三十多年的摯友，在這里雖然不作理論的解剖，但親切平易，以親身接觸的事實爲根據，對讀者是有益的讀物，對魯迅先生底研究者是有用的史料。原文載女子文理學院校刊新苗第十三十四兩期，但因讀者不易見到，特請作者親筆校正，發表於此。

還有應該聲明的兩點——

突擊爲作者長篇四部曲第四部在瑰春底第一首，因爲内容自成段落，可以獨立，由作者交本刊首先發表。

所介紹的三幅外國圖畫，係美術家E君所搜選者，原本雖爲複製，神韻當還可看到。但題目皆選者所加，因一時無從查出，沒有又頗爲不便。倘有錯誤，望通人指正。

最後，「我們的毒舌」一欄，計畫爲多方面的社會批評，如不嫌渺少，肯賜以犀利而又含蓄的稿件，我們是非常感謝的。

（三月七日）

工作與學習叢刊

# 二三事

每冊實價叁角整
外埠酌加寄費

著者　魯迅等

發行者　工作與學習叢刊社

總經售　生活書店
上海福州路第三八四號

版權所有翻印必究

中華民國二十六年三月十日

現代中國的總面目

# 中國的一日

茅盾主編

本書內分十八編，共收文章五百篇，計八十餘萬字。在這龐大的數字中，除了特殊「人生」以外，沒有一個社會階層和職業「人生」不佔一位置，也幾乎包含盡了所有文學上的體裁。這書不但可以供中學生大學生作為進修國語文的範本，並可使大衆都有因此認識現實的機會，引起改造現實的動機，勇敢地負起時代的使命！

廿三開本　八百餘頁

**精裝本　一元六角**

**特印本　二元四角**

（米色道林冲皮面燙金精裝）

寄費：精裝本　一角六分
　　　特印本　二角三分

上海生活書店發行

# 原野

2

工作與學習叢刊

# 幾點聲明：

1. 本叢刊內容為關於文藝的著作、翻譯、介紹以及思想問題和社會批評。

2. 本社同人本「學習」與「工作」之旨，一切著譯須各視自己底興趣和能力，雖難免幼稚粗淺，但切忌抄襲模倣，雖致忠於民族與大衆，但反對假裝或空叫，雖意見不求苟同，但論爭沒有情面。

3. 本社同人心存求友，極願選登來稿，由生活書店轉交即可，但豫先在此聲明：門戶之見雖然不存，偏愛之心恐怕難免，如未被揭載，請不要勃然生氣。

4. 本叢刊擬月出兩本，約一百八十頁，外加圖畫，但因材料底配置，間有增減。

工作與學習叢刊

2

# 原野

工作與學習社版

25, 3, 1937.

# 目錄

畫頁：

E. 凡爾哈侖像（木刻）……比國 F. Masereel 作（三六對頁）

城市（木刻）……………………比國 F. Masereel 作（四六對頁）

故鄉底回憶（木刻）……比國 F. Masereel 作（一五五對頁）

# 因太炎先生而想起的二三事（絶筆遺稿）

魯迅

寫完題目，就有些躊躕，怕空話多於本文，就是俗語之所謂『雷聲大，雨點小』。

做了『關於太炎先生二三事』以後，好像還可以寫一點閒文，但已經沒有力氣，只得停止了。第二天一覺醒來，日報已到，拉過來一看，不覺自己摩一下頭頂，驚歎道：『二十五週年的雙十節！原來中華民國，已過了一世紀的四分之一了，豈不快哉！』但這『快』是迅速的意思。後來亂翻增刊，偶看見新作家的憎惡老人的文章，便如兜頂澆半瓢冷水。自己心裏想：老人這東西，恐怕也眞爲青年所不耐的。例如我罷，性情卽日見乖張，二十五年而已，却偏喜歡說一世紀的四分之一，以形容其多，眞不知忙着什麽；而且這摩一下頭頂的手勢，也實在可以說是太落伍了。

這手勢，每當驚喜或感動的時候，我已經用了一世紀的四分之一，猶言「辮子究覺剪去了」，原是勝利的表示。這種心情，和現在的青年也是不能相通的。假使都會上有一個拖着辮子的人，三十左右的壯年和二十上下的青年，看見了恐怕只以爲珍奇，或者竟覺得有趣，但我却仍然要憎恨、憤怒，因爲自己是曾經因此喫苦的人，以剪辮爲一大公案的緣故。我的愛護中華民國，焦唇敝舌，恐其衰微，大半正爲了使我們得有剪辮的自由，假使當初爲了保存古迹，留辮不剪，我大約是決不會這樣愛牠的。張勳來也好，段祺瑞來也好，我眞自愧遠不及有些士君子的大度。

當我還是孩子時，那時的老人指敎我說：剃頭擔上的旗竿，三百年前是掛頭的。滿人入關，下令拖辮，剃頭人沿路拉人剃髮，誰敢抗拒，便砍下頭來掛在旗竿上，再去拉別的人。那時的剃髮，先用水擦，再用刀刮，確是氣悶的，但掛頭故事却並不引起我的驚懼，因爲卽使我不高興剃髮，剃頭人不但不來砍下我的腦袋，還從旗竿斗裏摸出糖來，說剃完就可以喫，已經換了懷柔方略了。見慣者不怪，對辮子也不覺其醜，何况花樣繁多，以姿態論，則辮子有鬆打，有緊打，辮線有三股，有散線，周圍有看髮（卽今之「劉海」），看髮有長短，長看髮又可打成兩條細辮子，環於頂搭之周圍，顧影自憐，爲美男子；以作用論，則打架時可拔，犯姦時可剪，做戲的可掛於鐵竿，爲父的可鞭其子女，變把戲的將頭搖動，能飛舞如龍蛇，昨在路上，看見巡捕拿人，一手一個，以一捕二，倘在辛亥革命前，則一把辮子，至少十多個，爲治民計，也極方便的。不幸的是所謂「海禁大開」，士人漸讀洋書，因知比較，縱使不被洋人稱爲「豬尾」，而既不全剃，又不全留，剃掉一圈，留下一撮，打成尖辮，如慈姑芽，也未免自己覺得毫無道理，大可不必了。

我想，這是縱使生於民國的青年，一定也都知道的。清光緒中，曾有康有爲者變過法，不成，作爲反動，于是義和團起事，而八國聯軍遂入京，這年代很容易記，是恰在一千九百年，十九世紀的結末。於是滿淸官民，又要維新了，維新有老譜，照例是派官出洋去考察，和派學生出洋去留學。我便是那時被兩江總督派赴日本的人們之中的一個，自然，排滿的學說和辮子的罪狀和文字獄的大略，是早經知道了一些的，而最初在實際上感到不便的，却是那辮子。

凡留學生一到日本，急於尋求的大抵是新知識。除學習日文，準備進專門的學校之外，就赴會館，跑書店，往集會，聽講演。我第一次所經歷的是在一個忘了名目的會場上，看見一位頭包白紗布，用無錫腔講演排滿的英勇的青年，不覺肅然起敬，但聽下去，到得他說「我在這裏罵老太婆，老太婆一定也在那裏罵吳稚暉』，聽講者一陣大笑的時候，就感到沒趣，覺得留學生好像也不外乎嬉皮笑臉。『老太婆』者，指清朝的西太后。吳稚暉在東京開會罵西太后，是眼前的事實無疑，但要說這時西太后也正在北京開會罵吳稚暉，我可不相信。講演固然不妨夾着笑罵，但無聊的打渾，是非徒無益，而且有害的。不過吳先生這時却正在和公使蔡鈞大戰，名馳學界，白紗布下面，就藏着名譽的傷痕。不久，就被遞解回國，路經皇城外的河邊時，他跳了下去，但立刻又被撈起，押送回去了。這就是後來太炎先生和他筆戰時，文中之所謂『不投大壑而投陽溝，面目上露』。其實是日本的御溝並不狹小，但當警官護送之際，却即使並未『面目上露』，也一定要被撈起的。這筆戰愈來愈兇，終至夾着毒詈，今年吳先生譏刺太炎先生受國民政府優遇時，還提起這件事，這是三十餘年前的舊賬，至今不忘，可見怨毒之深了。但先生手定的章氏叢書內，却都不收錄這些攻戰的文章。先生力排清虜，而服膺於幾個清儒，殆將希蹤古賢，故不欲以此等文字自穢其著述——但由我看來，其實是喫虧，上當的，此種醇風，正使物能遁形，貽患千古。

剪掉辮子，也是當時一大事。太炎先生去髮時，作解辮髮，有云——

「……共和二千七百四十一年，秋七月，余年三十三矣。是時滿洲政府不道，戕虐朝士，横挑彊鄰，戮使略賈，四維交攻，憤東胡之無狀，漢族之不得職，隕涕涔涔曰，余年已立，而猶被戎狄之服，不違咫尺，弗能翦除，余之罪也。將薦紳束髮，以復近古，日既不給，衣又不可得。於是曰，昔祁班孫，釋隱玄，皆以明氏遺老，斷髮以歿。春秋穀梁傳曰，『吳祝髮』，漢書嚴助傳曰：『越劗髮』（晉灼曰：『劗，張揖以爲古翦字也』），余故吳越閒民，去之亦猶行古之道也。……」

文見於木刻初版和排印再版的訄書中，後經更定，改名檢論時，也被删掉了。我的剪辮，却並非因爲我是越人，越在古昔，「斷髮文身」，今特效之，以見先民儀矩，也毫不含有革命性，歸根結蒂，只爲了不便：一不便於脫帽，二不便於體操，三盤在顖門上，令人很氣悶。在事實上，無辮之徒，回國以後，默然留長，化爲不二之臣者也多得很，而黃克强在東京作師範學生時，就始終沒有斷髮，也未嘗大叫革命，所略顯其楚人的反抗的蠻性者，惟因日本學監，誡學生不可赤膊，他却偏光着上身，手挾洋磁臉盆，從浴室經過大院子，搖搖擺擺的走入自修室去而已。

（此文似未完稿，於拾月十七日下午尙執筆，爲最後未完成之遺作。——景宋附記。）

關於魯迅在文學上的地位　武定河

魯迅的美術活動　苦力

# 關於魯迅在文學上的地位

## ——給捷克譯者寫的幾句話

武定河

魯迅本來是學醫的，這在中國差不多大家都知道。在辛亥革命（一九一一年）的遠前，他親身參加那時的民族革命運動，於是他就和文學近接起來。他那時抱着極熱烈的民族思想，他想利用文學的利器來喚醒民衆，以促成民族的革命。那時他並沒有創作，但他籌劃辦雜誌，翻譯歐洲有反抗精神的作品，作論文讚美拜崙，普式庚，彼得菲諸詩人的反抗思想。他那時抱有一種極遠見的見解，以爲羣衆所以愚昧昏聵，是他們的個性被埋沒了的緣故。所以要中國民族眞眞得解放，就要解放中國民衆的思想，解放他們的個性，打破數千來年的傳統的道義，使他們有反抗的戰鬥的精神。他以爲在解放個性，煽起民衆的反抗精神上，文學是一種最有用的利器。因此，他當時捨醫而就文學，因爲他相信醫治中國人的病態的精神，比醫治虛弱的中國人的肉體，更爲緊要。他的這個解放民衆個性的見解，遠超過當時的中國思想家和革命領袖的思想。

當然這是在魯迅從事文學創作的很遠以前的事。但魯迅這種開始接近文學的態度，就決定了把後來自己作爲一個作家的態度：戰鬬的社會寫實主義者。

魯迅既以一個民族的，社會的革命者的資格去接近文學，因此，在辛亥革命（這革命的成功只是表面的）以後，革命運動開始更深入，更有意識的發展着的時候，他自己的思想也更成熟，更發展，他就作爲一個思想革命者，文學革命者參加了那時的革命運動，在這中間他開始了創作。思想革命，在當時是社會革命運動的別名。那內容是反抗吃人的封建宗法社會的思想的壓迫束縛，提倡科學與民主主義的思想，在政治上的意義是反對封建軍閥與帝國主義的統治。這個思想革命，造成了有名的「五四」運動（一九一九年）和震動全世界的一九二五——二七年的大革命。文學革命是當時思想革命的主要的一翼，那內容是反對貴族文學，提倡平民文學，反對死的埋沒個性的文學，提倡活的有個性的文學，反對文言文，提倡白話文。魯迅是當時思想革命與文學革命中的健將，新青年的同人與出色的撰稿者。他爲着要反對吃人的禮敎，爲着想揭發中國國民的病症的所在，他寫了很多的簡短的論文，也於無意中寫了狂人日記，阿Q正傳等小說。他爲了要打倒文言文，證明白話文優於文言文，他就有意的繼續着寫他的小說和散文。當時，而且現在，因了他，中國封建宗法社會的思想道德的可怕，得以昭著地顯示於人；因了他，白話文和新文學，得以確立和勝利；因了他，中國有萬千的青年，投身於反帝反封建的中國革命的實際戰鬪中。所有這些：魯迅最初對文學的認識，他從事文學工作的當時的社會環境，他利用文學爲他的戰鬪的工具的態度，就決定了他在文學上的地位：澈底的爲人生，爲社會的藝術派，一個偉大的革命寫實主義者。

在中國，魯迅作爲一個藝術家是偉大的存在，在現在，中國還沒有一個作家能在藝術的地位上及得到他。但作爲一個思想家及社會批評家的地位，在中國，在魯迅自己，都比藝術家的地位偉大得多。這是魯迅的特點，也說明了現在中國社會的特點。現在中國社會，是這樣的社會！魯迅的巨大的藝術天才，顯然担得起世界上最著名最偉大的那些長篇巨製之作者；但社會和時代使他的藝術天才取另一形態的發展，所以他除了五本的創作（小說，散文詩）以外，沒有更多的創作，而以十餘本的雜感評論和散文代替了十餘卷的長篇巨製。但他的十餘本雜感集，對於中國社會與文化，比十餘卷的長篇巨製也許更有價値，實際上是更被大衆所重視。這就是在現在中國，魯迅作爲一個偉大的革命寫實主義作家的特點。他的雜感，將不僅在中國文學史和文苑裏爲獨特的奇花，也爲世界文學中少有的寶貴的奇花。

補助地說明中國現在文學者的特點——魯迅的特點的：是對於歐洲新思想的介紹，俄國與被壓追民族的前進的文學作品的翻譯及介紹。魯迅翻譯的外國作品恐怕有二三十種。同時經魯迅培養與提拔的靑年作家，也不計其數。

總之，魯迅成爲文學上的這樣的一個寫實主義者的社會的根源，是中國社會和現在的時代。在文學思想上，他受歐洲，特別是俄國的近代寫實主義的影響，如戈果理，契訶夫，科羅連珂，安特烈夫，諸人的作品等。但中國舊有的好的文學及豐富的中國歷史變演的教訓，也深刻地影響着魯迅的文學與思想。他的文學事業，有着明顯的深刻的中國的特色，特別是他的散文的形式與氣質。其次，在文學者的人格與人事關係的一點上，魯迅是和中國文學史上的壯烈不朽的屈原，杜甫，陶潛等，連成一個精神上的系統。這些大詩人，都是有着偉大的人格和深刻的社會熱情的人，魯迅在思想上當然是新的，不同的，但作爲一個中國文學者，在對於社會的熱情，及其不屈不撓的精神，顯示了中國民族與文化的可尊敬的一方面，魯迅是相承了他們的一脈的……

一九三三、七、二〇

附記：一九三六年七月半左右，我適赴滬在先生家，先生接到在日本的捷克的一個文學者的信，請求爲他所譯的魯迅短篇小說集捷克譯本寫一篇序，並請先生自己推薦一篇論他在文學上的地位的論文作參考。先生看完了信，對我說道：『序，我寫一點是容易的。推薦一篇論文，怎麽辦呢？』當時，兩人想了許多時候，還是決定叫我卽在幾天之內依題隨便寫幾句，和先生的序一倂寄去算了。因爲先生覺得論他的文章也不可謂不多，但要一個看漢文仍然很困難的捷克人來看那許多文字，再從那許多中找出他所要知道的那一點——魯迅在文學上的地位——，是太使他爲難了。當時，也想到何凝的論文，但先生以爲那太長，又專論他的雜感的，捷克人看了會一點也不接頭。當時，我對於這個題目也不大了解，先生說：『大概是問我在文學上屬於那一種主義罷。』我第二天就以『關於魯迅在文學上的地位』的題目寫了二千字光景，全憑了自己的印象寫的，沒有分折到作品。先生自己看過一遍，並且改了幾個錯字，塗了一兩句，就叫景宋先生騰抄了一遍寄出了。所以這並非一篇成文的文字。先生所塗去的是講到他受俄國文學者影響的地方，將我原稿上的託爾斯泰和高爾基兩個名字塗去了，他說：『他們對我的影響是很小的，倒是安得烈夫有些影響。』又一處，是關於講到他的藝術天才的地方。關於在後面說他在中國文學史上和屈原杜甫等的精神上的傳統的一點，他當時說：『未免過譽了，——對外國人這樣說說不要緊，因爲外國人根本不知道屈原杜甫是誰，但如果我們文豪們一聽到，我又要挨駡幾年了。』然而我覺得：誰能夠否認魯迅比屈原杜甫更偉大！至於在談話間，我提到現在中國文學在批評上和工作上亦應求出和中國文學史的聯系，先生是很同意的。所以先生也同意對於他的雜感散文在思想意義之外又是很高的並且獨創的藝術作品的評價，同時並慨嘆的說：『作這樣評價的還只有何凝一個人！同時，看出我攻擊章士釗和陳源一類人，是將他們作爲社會上的一種典型的一點來的，也還只有何凝一個人！我實在不大佩服一些所謂前進的批評家，他們是眼睛不看社會的，終始沒有覺悟，以爲總是魯迅愛罵人，我在戰場上和人鬬，他們就在後面冷笑，還甚至放冷箭……』將先生的雜感散文，看成爲先生的獨創，即在西歐文學上亦少見，並且牠和中國的散文有着很深的淵源，先生亦認爲是對的，並且以爲還沒有人說出這一點來。但我們只是如此談談而已，所有這些觀點，我是希望批評家中會有人來說出，因爲我自己並非從事文學的人，既無時間，也無學力，就不便多講話；先生則連希望也並不希望，因爲他注意的怎樣的擊死敵人，並不怎樣注意他在藝術上的地位，他希望『戰友』了解他的戰術和力量，並不希望人家稱讚他。

竟不料這一點原稿還偶然夾在先生的一本遺書中而留下來，月前景宋先生又居然寄還了我。展開來一看，在藍墨水寫的原稿上的先生修改的幾個墨筆的字跡，還鮮明地在着！我由心跳而至頹然了。先生去世，於今已將五月，我却未寫過一個字；現在騰抄了一遍，一字不改的發表，算作一個紀念，有暇時我想將此意見另作一文。

一九三七年三月四日記於天津

# 魯迅的美術活動

苦力

革命作家魯迅，自從開始了文學活動起，同時，他也開始了美術活動。在中國，首先把文學和美術作爲民族解放的與勞苦羣衆的鬥爭的武器而去實際的工作和提倡的，魯迅是一個劃分時代的開路先鋒！

魯迅對於美術，是一個中國的歷史遺產的整理者，國際藝術的介紹者，藝術的理論家，批評家，並且是革命美術運動的倡導者。中國美術有了他的活動以後，不只是把中國的美術遺產提出來整理，而且也給中國的革命美術奠定了正確的路標和基礎！

魯迅逝世了！關於美術事業上他所遺留給我們的遺產和教訓，急不容緩的，我們需要努力繼續着他的遺志去活動、組織和工作，因此，我現在把魯迅對於美術上的活動以及他的旨趣，提供出來以爲國人討論的參考。

## 一 魯迅的藝術思想出發點

他的藝術思想和他的文學思想的出發點是一致的。早些年，像在他的自序傳略（一九二五年止）裏寫着的：「……正值中日戰爭，我偶然在電影上看見一個中國人因爲做偵探而將被斬，因此，又覺得在中國還是應該先提倡文藝。」在吶喊的自序裏也寫着：「……凡是愚弱的國民，……我們第一的要着，是在改變他們的精神，而善於改變精神的是，我那時以爲當然要推文藝，於是想提倡文藝運動了。」

魯迅出身貧寒，生活困頓，加之以他生逢國際資本主義帝國主義壓迫中國的增長，加速了並且加劇了國內社會生活的矛盾。這樣，使他深切的「看見世人的眞面目」——階級社會的現實生活形成了他的世界觀，就從這個眞實的觀點出發而形成他的文學和美術上的思想！他說：「必須爲人生，而且要改良這人生！……所以，我的取材，多採自病態社會的不幸的人們中，意思是在揭發出病苦，引起治療注意」，近年，他又說：「目前的中國，眞是荊天棘地！所見的只是狐虎的跋扈和雞兔的偷生，在文藝上僅存的是冷淡與破壞，而且，丑角也在荒涼中趁勢登場。……但歷史的樞軸是決不因幫閒們的不滿而停運的；我已決定的相信：將來的光明，必將證明我們不但是文藝上遺產的保存者，而且是開拓者和建設者。」（蘇聯木刻選引玉集魯迅的後記。）

## 二　魯迅整理民族藝術遺產的工作

魯迅不只是中國文學史的著作家，而他對於中國美術史也有深切的研究，因而他的「博古」的知識與鑑賞的才能，素來是爲國內外的名家所推重的。他因時代生活上的需要，特別提倡了「插圖」和「版畫」，而對於「客廳美術」像中國的「掛軸畫」却是很少提及。魯迅曾和西締（中國文學史著作家，收藏版畫插圖最爲豐富）對於中國的版畫和插圖整理出很多的可珍貴的材料，其中，由他們兩人共同計劃於一九三三年出版的，有北平箋譜，魯迅在序子上，扼要的敍述了中國版畫史的發展與「畫箋」的源流。而中國的版畫，實際上包括着「畫家」「畫工」「刻工」和「印刷工」的工作。此外，魯迅也曾搜集「漢畫」（按卽漢代的石刻，磚印，與銅器上之刻劃的「拓本」）預備整理印出，他所收藏的「六朝造象拓本」也不少。他曾將他珍藏的西湖二集附全圖贈送給他的同好者西諦，在他去世不久以前，還曾寫信給西諦，說是「想早日看見十竹齋箋譜的刻成」（按卽西諦重印的明崇禎十六年的木刻本）（見鄭振鐸永在的溫情）。因爲我正在繼續工作着「中國美術遺產的分析」，去年夏天，魯迅贈給我一部日本印的唐宋元明名畫大觀，並介紹我去買宋人畫院眞蹟的影印本，今年九月二十九日，他還寄給我參加倫敦中國藝術國際展覽會出品圖說（書畫）一册。諸如此類，他對於整理民族的美術遺產是時時關心着的，但是，他絕對的反對「復古」思想，他在北平箋譜的序文中的結論上寫着：「意者文翰之術將更，箋素之道隨盡。後之作者，必將别闢途徑，力求新生」，再證之以他平日對於美術上的活動，就可以尋出他對於「美術上的新生」的意見了。

（一）關於畫工的工作，他說：「間亦有畫工所作，而乏韻致，固無足觀。」——按，這不是說近代的畫工作品，缺乏着「氣韻」，不好看，而就不要去改革他們的工作；實際上是，由于他們不能夠獲得繪畫上的新知識，只是專守着口訣和死板的老樣子，因此，也就不能夠運思創新。中國的畫家工作與工匠的工作有很大的分野，當然，我們希望新的版畫家能畫也能刻。而中國的「畫工」和「刻工」（同爲工匠）就不必定能在很短的時期內作到這步田地（這是於社會制度支配着生產關係與技術的原故），然而我們應該爲提高中國的文化水準而鬥爭而衝破這個難關！現在，青年的美術家應該不只是學習文人畫家的工作，而也應該同時學習並整理工匠的工作，應該條件的應用歷史遺產之文人的和工匠的技術，同時，要幫助工匠們增高他們的智識和技術，要有和他們一齊去工作的精神！

（二）關於「文人畫」，魯迅所指出的「雅趣映然」的佳作，在技術上說，那就包括「筆墨氣韻」的運用，這在「描寫的藝術」上，在宣傳畫、諷刺畫，和版畫上都可以相當的保留着運用牠。

（三）關於中國美術上之各種風格的問題，魯迅對於任何一派，都無偏見，當他說到明代之「木刻（插圖和畫譜等）盛世」時，他說：「或拙如畫沙；或細於擘髮」，那都可以成爲佳作的。但是，魯迅對於藝術，一向是主張實用和有力的，除了「裝飾的藝術」是另一問題外，對於「描寫的藝術」，他本人就是一個寫實主義的作家，因此，他也提倡寫實主義的美術，而中國之「工筆」與「寫意」的兩大系統，以任何之一個技術去表現或描寫自然的社會的和人生的生活，也覺得力量不夠。我以爲「民族風格」是應該保存的，而且亟應創造出「新的民族的革命藝術」，那末，就必須條件的應用着西方藝術上的新技術，而魯迅就非常同意這個主張——這就是說，要充實我們固有的「六法」（一、氣韻生動；二、骨法用筆；三、應物象形；四、隨類傳彩；五、經營位置；六，傳移模寫。）而且必須採用西方的技術科學，爲「透視學」、「解剖學」、「色彩學」和版畫上之最新的刻法（如人工的木刻、石刻、金屬刻、橡皮刻等）與製版術（科學的複寫的技術）以及印刷術等。

（四）關於魯迅所提出的「新年花紙」，其中，包括的有描寫着神話和民間故事等，像「年畫」上的那種版畫藝術；其中，也應該包括着含有裝飾性的「壁紙」上的「圖案藝術」。而魯迅厭看近年市上所流行的那些用「西法」（多是用粗製濫造的石印代替了舊日的木刻版畫的）和「畫工」描死樣的「俗東西。我們必須改良「年畫」（以及賀年片月份牌等）的作法和內容的取材。雖然我們已經嘗試的作過這樣的工作，但是，工作是太不夠了！全國的藝術家將可以在各地就着本地的風光，本地的風俗爲尙，去和「畫工」「刻工」「印刷」合作改良「年畫」，爲畫工改良畫稿，爲「印工」出新樣，或藝術家自畫自刻，集股創辦「年畫合作社」（或托本地之印刷所書店代辦），刻印發賣新的有趣味的有意義的版畫（並附帶贈送月份牌日歷賀年片等），這就會使全國家家戶戶的門牆變色呢。

（五）關於「插圖」與「連續圖畫」，魯迅提倡書中之「插圖」是爲了增加文藝讀者的興趣。他提倡「連續圖」（俗稱「連環圖畫」）是完全爲了中國勞苦大衆不容易獲得文字上之智識；因而用圖畫供給以智識上的滋養。近年來，中國藝術界泛濫着「藝術家浪漫性」的狂流，「雅人高士」「閒情逸致」，充滿在「洋場鬧市」與「遠鄉辟野」，一般俗流，動輒斥「插圖」等爲「不足道的」「小品」；而實際上，「小品藝術」才足以「行遠而及衆」（魯迅語）。魯迅特別的提到吳友如的製作（清末最著名之插圖藝術家），就他的那時代和他的作品之質和量上講，也是值得稱道的畫家！

（六）當然，魯迅對於美術，不只是「愛好」小品，不只愛用「短刃相接」的藝術；而也愛好「巨製」的「大作」——像那救亡的大畫布，像那公共偉大建築中之大壁畫與偉大的紀念碑式的彫刻。然而，我們的時代正是爲民族解放的酷慘的鬥爭的大時代，選擇自己的目前的武器是必要的！在這樣的鬥爭的文學與美術的活動的進程中，我們就會發展了我們的「新生」的偉大的美術，奠定了中華民族的「文藝復興」的基石！

那麽，魯迅之對於美術遺產的整理工作，正是和倡導美術上之創作工作是不可以分開的活動。不只是爲了我們將來要建設美術之歷史的博物院，而正是爲革命的美術開拓着「新生」的「途徑」。

## 三、魯迅介紹國際藝術的理論和作品

魯迅針對當時藝術界的需要而介紹到中國的著作有：廚川白村的出了象

牙之塔和苦悶的象徵；板原鷹穗的近代美術思潮；蘇俄文藝政策；盧納卡爾斯基藝術論；和文藝與批評等書（短文不計）。魯迅用了廚川白村的革命的資產階級文藝思想去掃除中國的封建餘孽的流毒，喚醒了無數的青年「來到十字街頭」執筆描寫大家的生活。而板原鷹穗「以民族的色彩去敍述近代各國的藝術意欲傾向」，當然原著者的錯誤是建築在「唯心主義」的「自然主義」的觀點上；然而也給中國青年對於近代西方的美術潮流和派別的來源去脈以研究的興趣和參考。盧納卡爾斯基的藝術論，是犯了「實驗主義美學」的錯誤；然而他的豐富的美術智識和爲勞動大衆而建設新藝術的立場，也給中國青年以有益的知識，重要的是魯迅所介紹的蘇俄文藝政策，出版不久以後對於中國革命文化與藝術的組織與活動，就盡了很大的領導的模範和效果！這些翻譯工作，譯筆的眞實與流麗和保有原著之精神，尙其餘事。這些譯本都是在一九三〇年以前出版的。

在一九二九——三〇年間，魯迅首次把德國青年版畫家梅斐爾德（Carl Meffert)之士敏士的插圖（木刻畫），在中國複印成書，魯迅在那書的後記上介紹了這個藝術家的革命生活，獄中生活和作品內容。這本書，後來就鼓動了中國的藝術學生和青年藝術家開始作革命美術的組織與活動，特別是發動了木刻的習作和創作。

在一九三一——三四年間，魯迅數次訪求蘇聯美術家的木刻作品，其間，經過了「一、二八」「上海戰爭」的炮火，因而一部分竟已失去，看他是怎樣愛護着社會主義國家的革命文化呵！在引玉集的後記上，他寫着：「萬一相偕湮滅，在我是覺得比失了生命還可惜的！」而這部爲中國革命羣衆所素來愛好的蘇聯版畫集終於在一九三四年出現於中國讀者的眼前。蘇聯之版畫名家如法復爾斯基(V.A. Favorsky)莫察維夫(S.M. Mocharov)希仁斯基(L. S. Khizhinsky)亞歷克舍夫(N.V. Alekseev)波查斯基(S.M. Pozharsky)的作品開始集合的介紹到中國。

當然，這之外，魯迅在他所主編的各種文藝刊物上，也時時注意到介紹其他的美術作品，如各國之革命的宣傳畫，諷刺畫，素描，油畫，以及插畫等，多經他本人親自選擇而加以說明文字。此外，近年，他也特別介紹過比國木刻家素綏萊勒的「連續圖畫」。同時，他注意他所要介紹的作品的內容。

爲了中國美術的表現力不夠的原故，因而他時常勸勉青年「多看外國名家的作品」。一九二五年夏，他付印了他所收藏的德國原板的女畫家珂勒惠支(Kathe Kollwitz)的金屬刻(Etlims)，這版畫的內容描寫着十八世紀德國農民暴動的故事（「已交北平故宮博物院印刷所去印了」）。

一九三六年，由「中俄文化協會」主辦在上海舉行了「蘇聯版畫展覽會」，後來，把那些作品集印成書，魯迅也寫了介紹的文章。

他對於國際的革命美術作品的介紹，實際上就推動了中國革命美術上的生長和發展。就他所介紹的作品上看，無論在內容在技巧上講，他對於美術的批評和鑑賞的眼光沒有一件不是很有價值的和很費苦心的工作。

**四、魯迅對於中國革命美術的倡導和工作**

魯迅對於中國革命美術的倡導與工作是完全以身作則的。他自己勤懇的工作着，並且熱誠的扶植着青年美術家和藝徒。他常常警惕着青年，力戒浪漫！革命美術的組織或個別的同志，在他的指導之下，在工作上和學習上就獲得了偉大的教育上的效果。

一九三三年，正當日本帝國主義者的侵略加緊和中國白色恐怖的嚴重期，馬萊反戰調査團到中國受到廣大羣衆的歡迎的時候，調查團的代表曾向中國革命文化組織徵求中國的革命美術作品帶到巴黎舉行展覽（該展覽會於一九三四年在巴黎二月事變不久以後舉行），即由魯迅徵集木刻作品並代爲補想題目，親筆小楷寫一目錄，以與其他同志所徵集的作品（宣傳畫，漫畫，集體合作的壁畫草圖，油畫，速寫，新中國畫等）共同寄交給中國人民的朋友——法國的同志們。

年來，中國革命的文化界在抗日救國的全民統一戰線之下擴大的形成了！魯迅盡了極有力的羣衆的工作。——他曾辭嚴義正的提出了×××先生等所領導的抗日救國運動以回答×××的無恥的狂吠（見魯迅答覆×××恫嚇信）！他力疾工作，不顧個人的利害，不只是經常寫文章，編刊物，而且，他參加號召抗日救國的美展，首先，於今年九月間在上海，他指導了幫助了舉行「中國木刻展覽會」。

當他去世的不久以前，牠所出版的版畫，如死靈魂百圖等，「版畫的每一頁，都是他親手折疊，親手加上襯頁的。」並且，「親自看校樣，至少有五次之多。」

魯迅批評美術作品，也是極嚴正和認眞的！他常常指出某人的近作「傾向頹廢」，或某人近作是「粗製濫造」。並且，他可以不憚煩的寫信答復一些素不相識的靑年對於美術上的問題。他可以扼要的給你解釋要怎樣學習，甚至告訴你要怎樣注意「素描」上的「明暗」等等的方法。他常常「因材施敎」指導靑年讀書和學習。這些，如果我們把歷來魯迅對於美術家和藝徒的談話收集起來，將可以成一部「魯迅對於美術問題」的「語錄」。

魯迅逝世了！他所遺留下來的未竟的事業和遺志，是：民族藝術的歷史遺產的整理，革命美術創作的促進，國際藝術的介紹，和版畫的提倡，而這些工作，正是現代中國美術家的責任呵！

（一九三六年十二月二日）

## 許廣平爲徵集魯迅先生書信緊急啓事

敬啓者，廣平前登出徵集魯迅先生書信啓事後，承各方惠寄者已達多數，現編輯大體就緒，如保有先生原信尚未惠寄者，望於一個月內趕速寄上海商務印書館周建人收轉，遲恐不及編入眞跡影印紀念版矣。

E. Verhaeren像(木刻)　比國 F. Masereel 作

E·verhaeren 作

艾 青譯

1·原野

2·城市

3·羣衆

# 原野

在天穹的悲哀與憂慮的下面
細束的人們
往原野的四週走去；
在那雲拉着的
沉壓的天穹的下面
無窮盡的，細束的人們
在那邊走着。

茅屋上直立的，是些鐘樓，
而成堆的，敗頹的人們
從村莊到村莊地走着。
徬徨着的人們
像道路般悠遠了；
從很久，他們就經歷着時間
從原野到原野地走着；
牽引着或是跟隨着他們的
那些伸長着的軌道上的貨車
朝向小小的村莊和小小的道路，

那些不間斷的貨車，
軋轢出悲痛的嘶聲，
白日，黑夜，
由牠們的輪軸朝向無限。

這是原野，廣大的
在殘喘着的原野。

圍着荆棘的可憐的園囿
分割着牠們隱着痛苦的土地；
可憐的園囿呀，可憐的農莊呀，

那些怠懈的門扉
和那些像貨箱似的茅屋
被風啊劈擊地穿鑽着。
週圍，沒有茵菲，沒有紅了的野花，
沒有蔴苧，沒有小麥，沒有初枝，沒有新芽；
很久了，樹棵被雷霆擊斷
像一個巨大的災禍般
出現在那塌壞了的門前。

這是原野，無終止的
永遠一樣的，枯萎的原野。

從上面，常常地，
風飀這般强烈地嘶着
而人將說蒼天啊
爲陰陽的拳擊所劈開了。
十一月吼着，像狠似的
悲慘的，由於瘋狂的夜。
那些枯枝敗葉
打着人面地飄過
落在泥沼上，小徑裏；
而悲哀的基督之巨大的兩臂

在十字路口，從陰暗處，
像在擴大着，突然地去了，
具着恐怖的叫喊
朝向失去了的太陽。

這是原野，這是僅只
徘徊着恐怖與哀怨的原野。
那些河流是停滯或枯乾了，
浪潮不再一直伸到牧場裏來了、
而無數的泥炭的堤堰，
徒勞地彎曲着牠們的弧線。

有如土地，水流也已死去；
在羣島之間，護送着
朝向海，海彎依然對看着，
大斧與貪婪的鐵錐
劈着那些古老的船隻之
腐朽的枯骨。

這是原野，廣大的，
在殘喘着的原野，
那兒，在貧窮與悲哀的田地的
車轍裏，到處都一樣地，

漩流着失望與痛苦；
這是原野，這是
以廣大的飛翔
洶湧着的鳥羣叫着滅亡
而穿過的北國天穹的原野；
這是原野，這是
像嫌厭一般悠久而無光澤的原野，
這是原野與
陽光像饑饉似的褪色的地域，
在那裏，孤寂的江河之上
用激浪流轉着大地之所有的痛苦。

（一八九五年）

# 城市

一切的路都朝向城市去。

從濃霧的深處，
那邊，帶着牠所有的層次
和牠所有的大的梯級
和一直到天上的

城市（木刻） 比國 F. Masereel 作

層次與梯級的運轉，朝向最高的層次，
牠夢似地出現着。

那邊，
是些跳躍的，憑空跨過的
鐵骨編成的橋梁；
是些爲神怪的彫像所制御着的
堆壘和圓柱；
是些郊外的鐘樓，
是些屋頂與屋脊的尖角——
像止住了的飛翔，在房屋之上；

這是感觸底的城市，
站着在
土地與原野的邊際。

赤紅的光
煽動在
電桿和支柱之上，
就在午時，依然
像金色的可怕的雞蛋般燃灼着，
輝耀的太陽瞧不見了：
那發光的嘴，已被

煤灰和黑烟矇住。

一道瀝靑與石油的河流
冲擊着木的浮橋和石的長堤；
放肆的汽笛，從駛過的船隻上
在濃霧裏叫出了恐怖：
一盞綠色的警燈
是牠們的
朝向海洋與空闊的瞻望。

那些碼頭在沉重的榻車的衝擊裏鳴響着，

那些重載的車輛鬥鈕似地軋轢着
那些鐵的秤機墮下了黑暗的立體
又把牠們滑進了燃火的地窖；
那些橋樑從中間打開着，
在那些豎立着灰暗的十字架的繁雜的支柱
和那些記錄着萬物的銅字之間，
無邊際地，跨越着
成千的屋頂，成千的簷角，成千的牆垣，
相對着，像在鬭爭似的。
在牠的上面，馬車過去，車輪閃着，

那些虛僞的不正的賬房
那些打動着門的銀行
就在他們的狂亂之風的吹打裏。

外面，如燒着的斂衣，
一種混濁而赤紅的光
閃閃反射地滯留着。
生活啊，已同着酒精的波濤發酵了。
那些小酒店在人行道旁打開着
牠們的那些鏡龕
映照着酩酊與爭鬭；

一個盲女靠着牆
賣着五個生丁一盒的光明，
饕餮與飢餓在牠們的巢穴裏交合着，
而肉慾的苦悶之黑色的突擊
在那些小弄裏激越地跳踏着。

而色慾依然不絕地高漲着
而熱狂呀變成騷動了：
人在燐光與金色的歡樂之搜求裏
不相容地軋碎了；
女人們——蒼白的寵婦呀

前進着，同着她們的頭髮之性的標記。
暗赭的煤色的大氣呀
常常遠着陽光伸向海，又撩起
於是像是從整個的鬨亂
朝向光明擲去的巨大的叫喊：
廣場呀，旅館呀，商鋪呀，市場呀，
這般强烈地叫囂着激動着暴力
——而垂死者們
却徒勞地在尋找着
應該暝目的靜寂的時刻。

這般的白日——同樣，當着夜
用牠的深黑的鎚，刻畫着蒼穹，
城市在遠處展開着而且制伏了原野
有如一個深邃而又廣闊的希冀；
牠發長着：祈願，榮華，煩愁；
牠的光輝一直向天上升引出餘力，
牠的金色叢簇的煤氣燈光閃射着，
牠的鐵軌是些
幸運與權力相伴着
朝向僞詐的幸福的大胆的道路；
牠的那些牆壁像軍隊似地接連着

而從牠那裏還有迷霧濃烟
帶着嘹亮的叫喊到達這些村野裏來了。

這是感觸底的城市啊，
熱烈的虔誠
和莊嚴的骸骨與骷髏啊。

而無數的道路從這裏到無限地
朝向牠去。

（一八九五年）

# 羣衆

在這烏黑的，灰黯的，
叢長着奇異的火的城市裏，
在這帶着他們的哭泣，
帶着他們的情慾，帶着他們的褻瀆，
騷動着大的津浪般的羣衆的城市裏，
在這突然爲流血的反叛和
漆黑的驚慌所驚懵了的城市裏，

我繁雜了的心
使我感到我在成長，
在激動，而且在騷擾。

熱狂，
在瘋癲和憎恨的行程中的熱狂
用震顫的手引誘着我
使我像石塊般在路上滾着。
一切的計籌閃現着，却又消失了；
心兒跳蕩着，管它趨於光榮還是趨於罪惡；
突然地，我以消失到那

一致的力之凶變的呼喊裏去的
自我以外的他而出現了。

管它是熱望，或是愛慾，或是亂行吧，
一切滚過，在轟聲之飛翔裏，在意識之底，
一切都猜惴着——當他恍悟到
那深刻的志願之釘子進到他的精神之前。

暴野的人們搖晃着火炬，
一種潮浪般的聲音在敎堂之底裏澎湃着，
牆壁，招牌，房屋，宮殿，車站，

在狂瘋的夜裏，在我的眼前，惶亂着；
廣場上，那些金黃的光的柱，朝向
黑的天穹，伸長着那激怒我的火焰；
一個時鐘的面閃着血紅的顏色，在鐘樓的額上；
一個煽動家在十字街角演說着，
而人們在了解他的話的意義之前，
已經跟隨了他的手勢——帶着憤怒
他們凌辱一個君王，把他摔在地上，
撕打着，而且推翻了那輝耀着偶像的靈座。
在聲響裏的夜是巨大而空闊的呀；
一道電火的烈焰在大空裏燃灼着，

那些心兒緊縮着了；靈魂窒息在
一種無限的憂怨裏，而且放聲嘶喊着：
人感到這同一的時刻就是那
將要生產的繁榮或是毀滅的主宰者。

羣衆是屬於那
爲了轉運霹靂與電火
運命賦以足夠的强力的臂腕的，
而在這微弱的反光當中，它顯示出
爲吸引萬衆的生活而檢選的
每個新的世紀的新的人物。

啊！告我，我的心啊，
你可感到
這在世界中心
嘶喊着鍾打着的時間之美好與深邃麼？

那管你那些古老的才智
和海上的定理的夕照呀；
看吧，時間在鯨吞着血和青春，
看吧，這强烈得毫不苦澀的濃酒之
可怕而美好的沉醉。

一種空闊的希冀，來自不知何處，改變着
那靈魂都已敗頹了的蒼古的均衡。
自然似乎在牠的永恆裏
刻畫着一個新的臉顏；
一切都跳動着——而人將說天之涯在步行了。
橋樑呀，樓閣呀，圓篠呀，
戰顫在深厚的大地的底裏。
衆人和他們的飛快的崛起
直像要把這被沉壓的城市衝破；
時間在鳴響着失敗和功蹟
和那輝煌的金色的偉業，

在那遠方大波爾山的上面。

像消失在河流裏的波濤，
像在幅員之底的被折的翼，
我的心呀，把你沉浸到那
用他們的恐怖與勝利的熱圖
拼擊着都市的羣衆裏去吧。
看呀，每一個叫喊，每一次瘋狂，
每一下驚慌，都在衝擊奮發；
把成千伸張着的肌肉和顫動着的血脈綑成一束吧；
耽愛着，應和着所有的時間之奔流——而且

如此寬懷地獻身給那
人羣和事物之匆促的幻變吧，
並願你在光耀的一閃間，能突然確定地感到那
統治着，壓迫着牠的
深沉而可怕的則律。

把你的力和那些
羣衆所不自覺的
在閃現了怨憂的今宵所頒布的運命
安置在和諧上吧。
而明天，權利和義務，

將只有牠——羣衆
是具有深邃的本能的
而整個的宇宙將並駕齊驅地協力，
同着人所不知的這成千的原由
朝向赤紅而悲慘的未來之每個努力，
牠推動着，在天的邊際。

啊！將來啊，人們聆聽着牠
轟裂大地，震破蒼穹，
在這烏黑和金色的城市裏，
好像一個鬣毛發射的雄獅似地

火焰擺蕩着那
顫慄着未來的世紀之獨一的時刻；
從鬥爭裏所謀取的勝利的結算呀；
偉大的時間呀——

那兒在轉換着人世的壯觀，
那兒，曾是正義與神聖的要變爲奇異，
那兒，人從新的信仰升到巔頂，
那兒，這擾亂裏的瘋狂
鍛鍊出新的眞理，並且宣告了牠，
而從法律的壓迫所解放了的奴隸，
好像一把給劊子手是太鋒利的

給皮鞘是太大了的劍。

在這赤紅的節日和黑夜的恐怖的
突然地驚慴了的城市裏，
爲了使你成長和褒大稱揚，
我的靈魂啊，你禁錮着吧。

二三事中的關於太炎先生的二三事勘誤：

| 頁 | 行 | 誤 | 正 |
| --- | --- | --- | --- |
| 題目 | | 先生的二三事 | 先生二三事 |
| 三 | 十一 | 令人神往 | 令人神旺 |
| 五 | 一 | 一宗公案 | 一重公案 |
| 五 | 三 | 無非晚節 | 並非晚節 |

# 普式庚與我們

——序遠東區華僑出版的「普式庚集」

E·蕭

俄國的偉大詩人普式庚（A. S. Pushkin）是 1799 年生的，活了三十八歲，到 1837 年便死了。普式庚是一個最有天才的詩人。他寫了很多的詩歌、故事、戲劇、小說。但是那時候的沙皇不歡喜他，因爲他寫的詩，對於沙皇政府表示不滿意。那時候有一個革命的組織叫作『十二月黨』的，曾經舉行暴動反對沙皇專制政治。普式庚和『十二月黨』的領袖們要好，對他們表同情。俄皇政府曾經把普式庚充軍到南方的克勒姆、高加索這些地方去，後來又把他扣留在米海洛夫斯基村裏。等他回到莫斯科、彼得堡的時候，俄皇想收羅他作一個宮庭裏的、恭維皇上的詩人。可是普式庚始終不受籠絡。最後沙皇想出一個詭計，挑撥普式庚和一個少年軍官決鬥。這少年軍官把普式庚一鎗打傷，過了幾天普式庚死了。——這是 1837 年二月十日，到今年（1937）整整一百年了。

普式庚的創作一向是非常之受人歡迎的。可是在沙皇時代大多數的人民不識字，因此有許多『下層社會』的人甚至不知道普式庚的名字。普式庚自己曾經很憤慨地寫過這樣的一句詩：『鬼叫有天才和心事的我生在俄國！』但是普式庚相信他會有他的讀者：

同志，會有的，請你相信，
無限幸福的晨光，
俄羅斯會從夢中驚醒，
在專制破滅的殘片上，
將寫上我們的姓名。

的確，普式庚的讀者漸漸增加起來了。可是，普式庚眞的走到廣大的民衆裏面來，——這是偉大的十月社會主義革命以後的事。

二十年來的蘇維埃政權教育了千百萬的讀者羣衆。全蘇聯一萬萬七八千萬人差不多全體都識字了。工農勞動羣衆對於文學藝術感覺非常大的興趣。普式庚尤其是他們所最心愛的作家，因此普式庚成了眞正、道地的民衆詩人。在社會主義的國家裏沒有一個角落不知道普式庚，敬愛普式庚的。普式庚的著作出版的一天比一天多，可是總還感覺得不夠。舉個數目字說說吧，從1917年到1936年出版了二千一百萬份。可是，在十月革命以前，1907年到1916年這十年之內，普式庚的著作一共只出版過五百一十萬份。

這裏，應該特別指出來的是，蘇聯許多民族從前沒有文字的，現在第一次用自己的文字讀普式庚。

革命以前 1907 — 1916 這十年內用各種民族文字翻譯了普式庚的作品的一共只有十三部書，出版過三萬五千份。可是 1936 年一年之內用五十種民族的文字出版了一百萬份以上普式庚的著作。

普式庚寫的那篇詩劇冊剛（"Ceigan"——一種漂泊的民族），1935年莫斯科的冊剛民族戲院 "Romen" 用冊剛語言出演了這齣戲。

普式庚在南俄克勒姆的古爾足夫地方住過。那裏的土著民族韃靼人很多。現在克勒姆的集體農莊組織了一個普式庚閱覽室，裏面擺着韃靼文譯的普式庚的書。

北冰洋、堪察加、庫頁島……的居民從『國立文學出版社』買去用北方語言譯出的普式庚集……這樣的例子多得很。

普式庚在他死的一年以前寫過這樣的幾句詩：

整個大俄羅斯都要講到我這個人，
會用牠所有的言語叫着我，
斯拉夫驕傲的孫子，芬蘭人，現在的野蠻人，
通古斯人和卡爾牟克沙漠上的朋友。

他的預言說中了。他猜着了他自己的偉大的國際的意義。

* * * *

爲着普式庚死去百週年紀念，蘇聯政府在 1935 年 12 月 16 日便決議設立一個「全蘇聯的普式庚委員會」(Pushkin Komitet)。這樣一來，紀念普式庚便成了蘇聯社會的和國家的事業。蘇聯全國的勞動羣衆在黨和政府的領導和幫助

之下都努力準備這個紀念節。各共和國、各城市、鄉村都組織各地方的普式庚委員會。全國的報紙雜誌經常地登載關於普式庚的文章，出許多專號、特號。全國的無線電台，游藝壇上都讀着普式庚的詩。作家團體擔任羣衆宣傳的工作，組織『普式庚旬』……指定批評家、詩人、作家到各處羣衆大會上作關於普式庚的報告。全國各工廠、各集體農莊、各學校、各俱樂部、各圖書館、紅軍各部隊營盤……都組織研究普式庚的文學組，召集普式庚的大會(Konferen-ce)，講演普式庚的生平和他的創作，戲劇組自動表演普式庚的戲，許多男女工人、農夫農婦都自己作關於普式庚的報告，述說他們爲什麽這樣愛普式庚，自己上台讀普式庚的詩，扮演普式庚所寫的劇本裏的角色。總括一句：全蘇聯的男女老少沒有一個不參加紀念普式庚的盛節，沒有一個不會讀普式庚的作品了。

爲什麼蘇聯的民衆這樣尊敬、歡迎普式庚呢？蘇聯政府十二月十六日的決議說得明白：『普式庚是俄國文學語言（詞藻）的創立者，是俄國新的文學的祖宗。他的永遠不朽的、非常優美的藝術的作品使人類的文化豐富起來了。』

十九世紀俄國一個天才的批評家伯林斯基（Belinski）曾經說過：『普式庚的創作是俄國全部生活的百科全書（Enciklopedia）。』蘇聯的批評家列時厄夫（Lerhnief）加上一句道：『普式庚是俄文百科全書。』的確，在普式庚的作品裏，他運用的字數有一萬五千多個。普式庚的文學的詞藻，直到現在被俄國民衆所應用。

普式庚的創作所以這樣受人歡迎，普式庚所以成爲俄國文藝語言的創立者，還有一個重要的原因。這就是因爲普式庚很有天才地利用了俄國廣大民衆的言語。普式庚所以成了俄國新文學的始祖，因爲他的藝術的作品豐富了俄國的文化，同時也就豐富了世界的文化。他運用和創造了文學領域的一切形式：短詩、長篇詩（Poema）、故事、傳奇、演義、戲劇、散文、小說……他都擅長而做到了極好處。在他的創作裏面，用很大的藝術力量反映了當時俄國民衆顚連困苦的狀况和憤怒，反抗的情緒及要求自由的希望，道出了俄國民衆最優秀的代表們的心思感情和理想。

普式庚的詩人的面目，在蘇維埃國家民衆的面前展開起了的時候，正是在神智偉大的斯大林親手製成的斯大林憲法上面登記了工人階級和勞動農民爭取得到的勝利，這些勝利正是民衆多年以來理想的實現。現在，作爲主人的民衆，留心地、愛護地囘顧他們的過去，紀念着他們從古代以來的鬬爭、生活和創造。他們對於自己的偉大的歌者、天才的詩人，用他的最優美的詩描寫出民衆的性情、喚起對於農民暴動領袖的同情、打開俄國言語豐富的泉源的詩人，怎能不異常地感謝，異常地愛護呢？

蘇聯的大衆這樣熱烈地準備這個紀念節，這個俄國文學的紀念節，這看得出蘇聯大衆的文化程度已經提得很高了。因此普式庚紀念節是蘇聯全體人民的文化節。

不久，蘇聯人民委員蘇維埃通過了『全蘇聯普式庚委員會』所提出的一些紀念普式庚死去一百週年的一些辦法：在莫斯科的歷史博物館裏組織全蘇聯的普式庚展覽會，在列寧格勒建立普式庚的銅像（直到現在，只有在莫斯科有普式庚的銅像，銅像所在的地方取名爲『普式庚坪』），在各城市建立普式庚紀念碑和普式庚博物館。

爲使普式庚的創作普及流傳起見，『全蘇聯普式庚委員會』決定這一次出版普式庚的紀念册 13,400,000 份，一共是 151,500,000 個大印張。

＊　＊　＊　＊　＊

蘇聯遠東邊疆區的中國勞動者在蘇聯這個民族友誼的國家裏享受着和蘇聯一切民族平等的權利，享受着斯大林憲法上所規定的勞動、教育、休息種種權利。從前一個字也不識的中國苦力，現在有在大學畢業了的、有當工程師的、有在高級學校當教員的、有專科醫生、有普羅文學家……現在有許多中國勞動者在全蘇聯各地的大學、專門學校、高等學校唸書。單在邊疆便有三個中國小學、一個中學、和一個高級的『列寧學校』，裏面有成百的青年在受着教育。在出版方面，遠東國立出版社的中國部，出版了不少的教科書、文學書、政治書、科學書，經常出版一種漢字的報紙——工人之路。特別值得指出的是，拉丁化的中國新文字在遠東發起，已經實行了五年多，用新文字這工具掃除了成千的中國人的文盲。出版了新文字的教科書（中文讀本、中文文法、算術、地理、自然科學……）近五十種，政治的小冊子，文學的著作二十多種。此外還經常出版一種新文字的報紙——"Yngxu Sin Wenz"（擁護新文字）。在羣衆工作方面，有四五個中國工人俱樂部進行各種文化教育的工作。在藝術方面，有一個國立的中國戲院，一個青年工人戲劇團，此外，在各學校、各俱樂部、各中國集體農莊（在遠東有十四個中國集體農莊——Kolxoz）裏都有戲劇組、音樂組、唱歌組；『義勇軍進行曲』『大路歌』等等由中國傳來的歌曲和蘇聯的許多革命的歌曲並行地不離於本地中國勞動羣衆青年的口和耳。在文學方面用漢字及新文字出版了許多種中國作家和本地中國新起作家的小說、詩歌、戲劇、雜記的集子，和翻譯了俄國古典作家及蘇聯作家的許多種作品。在蘇聯的中國勞動者的文化程度顯然地一般的地提高了。在新的中國作家當中便有不少過去是幹苦力的、挖煤礦的、作小手工業——皮匠、裁縫、木匠……的，誰說中國大衆是沒有天才的?!誰說過去沙皇時代的俄國許多落後的民族是生成低能要歸於天然淘汰的?!

在蘇聯全國慶賀蘇維埃文化，紀念俄國偉大的詩人普式庚的盛節裏，遠東出版社的中國部也出版一部普式庚紀念册。這是遠東中國勞動羣衆文化程度提高了的又一證明。在中國，俄國古典作家和蘇聯文學的影響非常的大，尤其是最近十年來翻譯出版的俄國文學作品特別多，也特別受讀者歡迎，這首先要歸功於死去不久的中國偉大文豪、民族革命戰士魯迅。但是普式庚的著作，翻譯出版的却非常之少，算來還是那本甲必丹之女譯出了許久，成爲中國讀者最歡迎的讀物之一。直到近年來各先進的刊物如譯文等雜誌才漸漸增多地登載着普式庚的作品和論述普式庚的文章……這是很可慶幸的。在這裏，遠東邊疆，除這次紀念冊外，還在文學教科書和讀本裏面及中文報紙上譯了以下的普式庚的著作：杜蒲洛夫斯基（散文）、秋、冬、囚人、黑雲、冬天的早晨、冬天的道路、冬夜……等等。自然我們不敢說，譯品的質量已經達到了普式庚原文的優美，不，還差得遠，許多譯品，只是直譯，縱令做到了相當地順口可讀，可是，尤其是詩，只是『散文詩』似的，或全無韻，或只有韻（Rifm）而沒有拍（Ritm），更說不上每個字的音響，然而這些却都是普式庚作品最講究和最優美的。這個問題　也即是中國本國的新詩的形式問題，關係非常重大，在這裏不能詳說。這裏祇能簡單地，同時很熱烈忠實地希望和中國的新詩人共同努力。中國大衆的文學語言還有待於整理、創立。在全蘇聯以及全世界，中國也在內，紀念這個偉大的詩人普式庚的時候，我們的口號是：從普式庚好好地學習呵！

（普式庚死去百年紀念日）

**我們的毒舌：**

（七）「親善」之外　連山

（八）「晚一點也好」　白平

# （七）『親善』之外

連山

近年『友邦』對於我們的進攻所取的策略可以說是瘧疾式的策略。瘧疾的病源蟲把人體的赤血球作一次大破壞，叫人大發寒熱之後，接着潛到完好的赤血球去，叫人略覺輕鬆，但它却正在預備下一次的大破壞。『友邦』對於我們也是這樣，大敵一次竹槓之後，接着是『親善』及『提攜』之類，一方面還企圖對各階級層進行白搭、鈎引、誘惑的工作。『親善』之類的言詞，使病者覺着寬緩，實際上正是另一種進攻。

其實，就在過去的時期，這種情形，國人何嘗不知道？大多數人當然都想求生存，誰甘心做奴隸？誰肯做把後輩的青年賣給敵人做奴隸、當娼妓的下賤苟當呢？問題只在沒有一個具體的辦法。不，方法是有的，而且熱心的人已經說的很多了。只是有些人希望一覺睡醒，問題已經解決，連茶飯的冷熱都一點不受到影響。要他們操心或吃一點苦，事情就覺得有些麻煩。於是就疑心這辦法，懷疑到最後的勝利了。理由提出來了，有的說，阿國的打敗仗就是『前車之鑒』，我們不要再蹈覆轍。實際上是沒有注意到，就在今日，阿國也並沒降服，還在戰鬬的。就是先前的流血，也並不白費。死者的肉雖已爛，血雖已乾，但用鮮血寫在活人的腦中的字，却永久鮮明，不會就磨滅的。它鼓動着，使生者抗戰的心愈加堅決。

有些人是更其神經質的，甚至於看了世界運動會裏中國選手的失敗，便十分憂心，斷定中國人的體格的確不如別人，於是推論到不夠和侵掠者對抗。

但是，近來的情形似乎已有點不同了，這些恐怖和憂慮已經漸成過去，多數人只聽到『親善』的呼聲。忽然一旦化干戈爲玉帛，不用出力，不遭危險，大家握手喜歡，還有比這更好的事麽？然而，遇着了艱難、困苦，和這些鬭爭生命就能繼續；遇着了天災、人禍、飢饉、貧乏，和這些鬭爭歷史就有發展，向病菌『親善』的是無救的病人，向獵戶求和的是喪失了『獸道』的該死的禽獸。

但也居然有比禽獸不如的人，看見了敵人臉上假裝的笑色就忘記了正向自己心窩刺來的屠刀。

# （八）「就晚一點也好」

白平

說來要算是一年以前的事了。那時曾在一本刊物的封面上看見過一幅轉載的漫畫：左角上畫的是一幢房屋，大門開着；M·高爾基站在門前的台階上；他的臉掉向正往他這個地方跑來的人們，兩隻手伸直攤向大門裏面；朝他飛跑而來的這些人們，有矮子，有長子，有瘦子，有胖子，有青年，有老人，有抱書本的，有挾報紙的，有一面拖着木偶跑來的，有一手提墨水瓶，一手揑着筆桿跑來的。……這是什麽意思呢？該刊的目錄頁上註着：「高爾基敎作家學習

——『晚一點也好』。」

這幅畫將高爾基的誠懇和作家們的踴躍於「學習」表現得非常生動，然而我却感到移到我們國家裏來的「不合時宜」。我們這裏，倒只有「糟糕一點也好」才是聖言，晚一點也好主義是只有處處觸霉頭的。如允許套用一句趙景深教授的「名言」，那就是「甯爛而不遲」主義的風行靡世了。

一有新的機運，大家集中精力去注意的是「搶先」、是爭頭領，對於那到來的東西之本身，倒少有人集中精力去研究、去先求理解。「革命文學」來了，哄的一聲，不三天就是滿地的「革命文學」；「國防文學」來了，哄的一聲，也不三天就都是滿地的「國防文學」；在「革命文學」的時候，只要是「我讚成革命文學」的，什麽都好；在「國防」的時候，也是只要抄去「國防」兩個字的，也什麽都行。至於眞正「革命文學」了沒有？實在「國防」了點什麽沒有？倒少有人去管、去追問的。但抄名詞容易，要保持不把這抄來的東西弄糟就很難。無論怎樣好的名詞，一被顛三倒四的「應用」，不幾下就要弄到一榻糊塗的。所以一時吵吵嚷嚷，氣焰萬丈；一時又煙消火滅，故我依然。但可嘆的還是要對之批評一下也難於下手。

若這批評是發在弄得一榻糊塗之後，那就要碰着這麼厲害不過的法寶：「你怎麼不早點站出來？早些時候你上哪兒去了？讓我們也在那個時候得來聽聽你的高見呀！」——意思是「遲」的批評就是不值一顧的批評；隱意是「你那時不敢站出來，可見你也跟我高不了多少，你『現在』不能責備我『那時』的行動。」仗恃的或自炫的是，你們終及不得我的「敏捷」，常能「獨得風氣之先」。但批評若是發在「那時」，也不行，却又是另一番的理論。你說是這，他說是那；你說該切實的研究一下，要做就要負責做得好一點，——至少要多少有點實際的益處。他却說「研究」是「學者」的態度；爲「做得好」而不「早做」便是「等待主義」的「取消觀點」。「學者」的解釋是「書獃子」；「取消觀點」的註脚是「反革命」。於是爲他們所有的仍是堂堂正正的大旗，而凡敢於有點疑義的反駁要被註定得不能超生。……

一九二七、二八時是這樣，一九三二是這樣，一九三六又是這樣！傳統悠久得很。然而一切都只作「手段」用、「花頭」用、甚至「敲門磚」用；因此一切都被寫歪、被糟踏、甚至被變價出賣。……這「結果」也一樣的「悠久」得很！

假使有一個人，在路旁吐出一口唾沫，自己蹲下去，看看，不久准可以圍滿一堆人；又假使又有一個人，無端大呼一聲，拔步便跑，同時准可以大家都逃散。……（一思而行）

嘯聚而居的時候，不過是些烏合；經不起兩個風霜，又一切都會烟消雲散，問題依舊原封的擱着，且只有更加難。人世間不過就只多這麽一場紛擾而已。……

還是眞的記住或眞去想想高爾基的話，就「晚一點也好」吧！但又得請求不要抬着這「晚一點也好」來殺人。

（三月五日。）

二三事中的魯迅的生活勘誤：

| 頁 | 行 | 誤 | 正 |
| --- | --- | --- | --- |
| 十 | 五 | 改造 | 改造 |
| 十五 | 二 | 礦堂 | 礦路 |
| 十六 | 九 | 春 | 夏 |
| 十七 | 二 | 那此 | 那 |
| 十七 | 四 | 妍 | 研 |

| | | | |
|---|---|---|---|
| 十七 | 五 | 趙宋 | 趙宋 |
| 十八 | 一 | 瘤 | 癘 |
| 十八 | 十 | 議 | 義 |
| 二十 | 一 | Nuora | Nuova |
| 二十 | 三 | 奈 | 柰 |
| 二十 | 八 | 有名 | 有名的 |
| 二十三 | 五 | 禕 | 諱 |
| 二十五 | 七 | Cogol | Gogol |
| 二十五 | 八 | 度制 | 制度 |
| 二十八 | 五 | 稱 | 種 |
| 三十四 | 八 | 路 | 略 |
| 三十六 | 三 | 蛋 | 蠶 |
| 三十七 | 一 | 通訊…… | （全行删去，插入四一頁雜文集外集之後） |
| 三十八 | 十 | 電線電 | 無線電 |
| 四十一 | 五六之間 | （漏去一行） | 通訊兩地書（與景宋合著） |
| 四十一 | 六 | 見 | 見于 |
| 四十一 | 六 | 不會由他自己…… | 編成爲「且介亭雜文集」兩册，尚未付印。 |
| 四十一 | 七 | ……有趣的書名。 | |
| 四十五 | 三 | 「救救孩子」 | 「救救孩子」 |

散文

# 母親

景宋

有時一個人的脾氣眞奇怪：看見了別人家慈祥的母親，心中會陡然發生一種被壓迫似的感覺，難受到想找一個地方逃開，毫無感動地較爲舒服些。這許是因爲我從小就沒有了母親的緣故罷。

這情形我碰着了多少次，尤其魯迅先生的母親，給了我極其深刻的印象。一位鄉下人出身的老太太，我們料想她一定很頑固的罷，其實倒不盡然！她是最能夠接受新的環境的。在看不過家裏晚輩的小脚，特自先把自己的解放起來，作爲提倡。不久她變成半天足了，而那晚輩的脚還是較她細小。後來看見女人們剪髮了，雖然是七十高年的老者，也毅然剪了下來。在夏季，人們多要穿白色鞋子了，這在頑固的年老人，是會看了不高興的，記得我小的時候就眼見哥哥們不得允許。而這位老人家，暑天也穿白色鞋子了。頭髮並不很白，面孔是細緻，白皙而圓圓的。戴起藍眼鏡，穿起玉藍色旗袍，手撐藍洋傘（她歡喜藍顏色），脚登白色鞋；坐在人力車上，實在足夠精神。所以偶然外出，人家總以為她是兒子的同輩呢。

她還有一點好處：就是從不迷信，腦裏沒有什麽神鬼在作怪。一切都自然地生活。又從不嘮叨，不多講閒話。和年青的最合得來，所以精神活潑而强健。

忽然覺得年青人拿織針編東西有趣了，她也要學習。待預備好了一切，就從頭學起，做得不好就拆掉，從新學過，一次又一次，日夜如此：坐下來也拿着織針，半夜睡醒也拿着織針。終於很複雜的花紋都給織出來了，衣服也能編成功了。七十歲的高年，就如同十五六歲小姑娘一樣埋頭苦學，終始不倦。兒子也佩服了。他說：『我的母親如果年青二三十年，也許要成爲女英雄呢。』

她老人家，現時已經是八十歲的了。我們除了民國的二十多年，再上溯五十五年，她已是生在前清咸豐時代，那時思想極端閉塞，女人整天關在家裏，多不識字的。而這位好母親，她憑了一點毅力，自修到能夠看書。這多强。她的生活就從這裏出發，使自己勃勃有生氣，毫不沾惹一些老太婆討厭的神氣，更沒有一點冷酷不近人情的態度。

在『三一八』的前夜，因了學校的風波，我們有幾個同學跑到平夙敬佩，而思想比較革新的先生們之前，懇求主持正義。自然魯迅先生也是其中的一位。因了同情被壓迫者，許多先生起來和黑暗勢力戰鬬了。正面迎來的章士釗，現代評論派陳源等背後靠着『三一八』的主兇『段執政』，更有外力做後盾，給新的勢力大加壓迫、圍攻。所以那時的國民黨員是作地下生活，一被發見就有被捕之虞的。而同情黨的人，也一樣的遭受敵視。這一派的勢力深入到一部分的學校當局，所以反對學校、反對政府等就是『大逆不道』，隨便可以槍殺。而被目爲『學匪』，自然也並不是怎麼舒服的。做了『學匪』的母親，我們想：她一定痛恨那些『毛丫頭』，多生事端，或者會拿起『母權』出來，干涉兒子們的行動。

她不是這樣的母親。

她把舊式的日夜消遣的小說丟開，每天開始學習看報紙（直到現在，沒有一天間斷。遇着生病了，也像要人們一樣找人給她讀報）。大淸早起來，搶先把兒子——魯迅先生——要看的報拿過來，戴起眼鏡細看一通。這時最歡喜看見我們『毛丫頭』的事情，必得詳盡地從報紙各節過細研究、討論。遇到不平之處，大有慷慨激昂，願意駡倒一切之狀。反而惹得兒子好笑起來了，說：

「娘何必這樣的氣呢？」

老人家這時變成了二十多歲的青年似的焦急，等不到第二天的報紙，自己買起晚報來看了，必要時竟買好幾份。看報之後，除了和有知識的人們打聽國家大事，對不識字的，她也一些些慢慢地解釋給她們聽。可惜這一着大大地失敗了。講了半天，那些中年人漠視她的苦口婆心，敷衍了事。這足見年齡和思想，並不一定是成爲正比例的。而她的日常生活，因此也相當的煩悶。

看報之後，和現社會接觸了，曉得小我和大我的關係。對於兒子的舉動，就尤其了解。爲了野狗們的兇橫、瘋狂，犯不着作無益的犧牲，終於在她那一次病中被電召到平（那次經不起朋友們邀請，曾演講了幾次，立刻就有人造謠說他負有某種使命北上，致引起當局注意。）之後，沒能夠再北上。她絕不叫他再歸省一次，她一點自私的心思都沒有，雖則衷心是希望時常見到她的愛子的。她了解兒子肩頭的重任是一刻也休息不下來的，轉而設法自己南下了。我們自然萬分的歡迎，然而終於沒有能夠實現。這失掉的機會，恐怕會使她現在想起來都增加不少的難受。

我們曉得有些老太婆是頗吝嗇的，她却不然。她把自己不多的零用錢，時常拿給急需的人。別的什物也並不怎麼珍視。有一回忽然贈給鄰居木匠的小孩一個帶響聲的『集團』風車。——北平新年，市上常有的，一條直幹，兩旁橫擱着十多個並排的帶小鼓的風車，所以我就給他起一個『集團風車』的名字——那家人想了一種表示謝意的方法，特地高豎在牆頭上，與衆共賞。不料整天風車轉動，推動十幾個小鼓，蓬蓬亂敲，使得好靜的兒子莫名其妙，這時做『娘』的也大窘了。

這種脾氣兒子也一樣秉承下來。他歡喜分書給人，就是不認識的，有時信來了，他總千方百計給寄出去，在可能範圍之內。而那第三代的小海嬰，也遺傳得一些，他時常把新得來的自己愛好的玩具奉送小朋友。用人生怕受責罵，有時先解釋說小孩子不懂事，東西都送把人了。這時做父親的，總帶笑說：『不要緊的，我記得我父親早先一句話：「有得分給人纔好呢，等到我們要受人家分給倒不好了。」』這恐怕就是這一家人的人生哲學能。

這回最疼愛的兒子死掉了，人家通知她，當時很鎮靜，不怎麼哭，但自後不會走路了，寸步都需要扶持。她後來對人說：『我聽到了這消息，我倒不哭。不過兩腿發抖得厲害，所以簡直不能獨自舉步了。』這慈祥的母親，和兒子一樣强硬。但精神却被打擊得太慘酷了。

她於是廣求關於兒子死後的一切記載，盡其力之所能及，滿滿的推了半牀。甚至作家中流都搜到披覽。她對人家說：『有些人想遮瞞我，那裏瞞得我住，我會看書的。』是的，這就是知識者的她的不同之處了。

看到各方面人士對於兒子普遍的悼念，眞誠的愛惜，老懷寬放了。她自慰自解的說：『還好，這樣子，兒子死得也不太寃枉。』

兒子是不贊成死後的一切紀念的，而這一着就給與親愛的慈母一種莫大的安慰。這恐怕做兒子的沒有計及到的。

魯迅先生說過：『女人有時候有母性，有時候有女兒性，沒有妻性。妻性是不自然的。』看見了這位老母親，或者會相信上面幾句話所含的深遠的意義罷。

## 二三事中的一個對話勘誤：

| 頁 | 行 | 誤 | 正 |
|---|---|---|---|
| 一八〇 | 六 | 對不起y，而y…… | 對不起x，而x…… |

◆小說◆

夏夜夢　張天翼

登場人物　孔嘉

# 夏夜夢

張天翼

地上到處都蒸出悶人的熱氣，叫我們覺得出牠在那里懶洋洋地上升。天上的星星似乎給爊得很不安：躲躲閃閃地霎動着。

偏東一顆流星一滑——彷彿就掉到了隔壁院子裏。烏藍的天空上畫着一道雪亮的弧線，立刻就不見了。

——筱芸芳自言自語地說：

『一個星宿落下來了。』

她歎了一口氣。

兩位客人還沒有走：史六少爺老盯着她，靜靜地坐在竹床上抽煙，好像在等着什麼似的。他左手時不時抹一下光油油的頭髮。

『史六少爺可也是個星宿。』筱芸芳想。『大學堂又畢了業，家裏又有錢。他幹麼不做點兒事呢？』

差不離每晚——總在青雲閣瞧見史六少爺，總跟廬山照相館這位小老板在一塊兒。散了戲就得悄悄地來這兒坐這麼個把鐘頭。他們談着世界上許多事：她不大聽得懂，可是很愛聽。

那位小老板把下嘴脣很難看地往外笑着，顯得天地萬物都叫他看不上眼的樣子。他癟着一口怪吃力的北平話：

『老三你看見顧曲小報嗎？昨天登了你姐姐一個照片——「筱芸豔」！

嚇，了不得！老三，我們給你拍個美術照去登畫報，好吧？登畫報——比你姐姐——更抖！不好嗎？』

『畫報——有許多女學生的那個啊？』

她瞧着天上的星星出神，又輕輕加了一句：

『她們都是有福氣的。』

師傅坐在小板橙上，拿芭蕉扇在腿上輕輕拍着，他祇要有客人在這里，就老是提起從前的事。背越來越駝，彷彿肺裏的氣已經給抽光了——可還要掙扎着迸出幾句話來。

『早先哪——嗯，夠多熱鬧。朋友誰不巴結我：吃的喝的玩的樂的全是我的。學學戲，玩玩票，店裏的事我一點兒也不用管。後來店倒了我還不知道。』

史六少爺問：

『那時候你家開的什麼店？』

『祥昌泰嘛。誰不知道，』師傅低着腦袋，好像祇是對自個兒說的。『這皮貨號在我家裏開了三代，可給我玩倒了。』

他停了停嘴，大家靜靜地聽着蚊子叫，他沒聲沒息地嘘了一口氣。

『一個玩票的可萬不能下海。玩票的時候誰都捧你，一下海就完了。我那些個朋友——誰都靠不住。你窮了，賣嗓子了，就誰也不理你了。』

不過他聲調裏一點怨氣都沒有，祇吃力地抬起了他那張瘦臉，屋子裏的燈光打窗子射出來：瞧得見他眼睛裏一汪淚水，給照得亮晶晶的。

筱芸芳從小就叫他『老老』。她記不上到底是他自己愛這個稱呼，還是媽媽要她這麼叫的，於是她歎一口氣說：

『老老，別說這些了罷。』

這些雖然不干她的事，可是不知道爲什麽，她一聽他談到——就老實想要哭。

老老可又替筱芸芳不平起來：她爸爸生前是個在旗的將軍，封了英勇巴圖魯，女兒現在可在賣唱。

蚊子有氣沒力地哼着，跟生了病一樣。遠遠地有人在唱着見娘的哭板，來了一遍又來一遍：可辨不清是哪個姐妹。聲音好像是給壓出來的，又給什麽堵住了：聽來悶得氣都透不出。

筱芸芳瞧着天上，老遠地想了開去。銀河顯然給熱氣蒸得融化了，瀉成了一條淡淡的白影子。

『牛郎織女在哪兒呢？』她挺認眞地問着。『玉皇大帝幹麽就這麽狠心呢？」

老老趕緊打斷了她：

「別胡說八道，這孩子！……唉，你媽媽還不囘來。」

他聽着那悶悶的唱聲，把腦袋搖一搖又垂下去：

「她們誰也不愛惜嗓子。嗓子唱熱了還儘唱。」

史六少爺摔了烟屁股，突然衝着小芸芳問：

「你本來姓什麽？」

「我不知道。我祇記得我爸爸——」

可是她很模糊：連自己都換不淸這是做夢，還是眞的有這麽一個爸爸。他頭髮披在後腦上，腦頂上可剃光了一塊，像唱黑頭的一樣。她給賣到一個女人手裏，她還記得她滿嘴的黑牙齒。然後又轉到現在這媽媽這里。那時候她祇六歲。

她想：她爸爸是幹什麽營生的呢？也許他也歇在這個城裏，還到青雲閣去喝過茶。

等師傅走開了一會兒，史六少爺又提到那句常常說起的話：

『眞的。老三你想不想進學校？』

他抹抹頭髮，又轉向着那位小老板，沉思地說起來：

『老三這孩子眞聰明，不讀書眞可惜。十六歲上學並不算遲。我呢——別的不說，這件事我總可以極力設法幫忙的。』

這件事——筱芸芳覺得可以辦到，可是又覺得這是很遼遠很渺茫的東西。

她胆怯怯地問：

『那麽——媽媽呢？』

前一進院子裏响起了笑聲吵聲。一個男子漢溜着小嗓子在唱大補缸：一聽就知道是那個大蘿蔔。一面唱一面走進這院子裏來，後面跟着劉小奎。

『大蘿蔔，大蘿蔔，』小老闆叫。『不要唱了，給我去拿兩瓶汽水來能。』

小老板跟大蘿蔔那幫人混得很好，就在戲院裏跑出跑進不用打票，茶館飯館裏都怕他恭敬他。他常常說：

『不要看他們流氓，倒眞夠朋友哩。』

劉小奎一來，這兒可就熱鬧了。她又是笑又是嚷，老愛談些別人的事情。她告訴大家——楊美琴因爲招待客人給警察抓去了。女叫天一等她媽媽到上海去了，她就倒了嗓子。

『她媽媽說的：「我三天就囘來。你安份些。要是你倒了嗓子，我就跟你算賬！」現在她急得不得了。』

『怎麽囘事呢？』筱芸芳很耽心地插嘴。

那個在她耳邊搗了一會鬼，她臉紅了起來：

『呸！瞎說！』

那兩位客人走了之後，師傅點着一段烟屁股抽着，一面咳嗽着。

『史六少爺這種人——』他搖搖腦袋。『現在你年紀青，他捧你。往後你眞唱好了，他們可就誰也不來理你。他們呀——誰都是這麽囘事。』

筱芸芳聽了一會什麽，偷偷地說：

『他說給我念書……』

『別說了別說了！媽媽聽見了又有一頓好揍！』

他把那捲破蓆子挾到堂屋裏，往泥地上一攤：

『你瞧，那個什麽馬先生——這會兒不是不來了？都這麽囘事。唉。』

那個馬先生在個什麽衙門裏當官，臉長長的，牙齒也長長的。眉毛老是皺着，彷彿在熬着什麽創痛。他常常說些莫明其妙的話，一會兒生氣地提高了嗓子，一會兒又平心靜氣的。

『我跟你們賣唱的一樣。都一樣，都一樣。說不定還苦些。我眞想要跟你到別處去：躲開這個地方。……呃，老三，你能吃苦不能？』

她覺得他這些話很奇怪。可是牠好像一隻溫手窩在她心上一樣，感到了一種暖氣。於是她無緣無故地淌下了眼淚來。

『他眞的到別處去了麽？』她想。

筱芸豔已經回來了。常來的王參事他們正在她屋子裏，媽媽也在那邊陪着。那幾個男人的粗嗓子在拚命嚷着，爭論着他們剛才誰唱得最多。隨後又談到楊小樓。一個帶痰的聲音很吃力地告訴大家：他聽過三十次楊小樓的連環套。

聽着他們這嚶勁兒——叫人覺得這整個世界是他們花錢買下的，要什麼有什麼。有時候他們也忽然想到了筱芸芳：

『老三呢？』

他們都把筱芸芳當做小孩子看。那位蕭老爺還拍拍她腦頂，抹着山羊似的鬍子問她：

『老三你猜我幾歲？』

接着大笑起來。不等她答嘴——就轉開臉子跟姐姐說別的話去了。他是她們的乾爹。不過她怎麼也想不透他是怎麼一個人。聽說他不做官，祇做詩。可是他掏一張名片就能把一個人逮到衙門裏去。怎麼回事呢，這是？

桌上的舊鐘重甸甸地敲了兩下。什麼地方在拉着二胡，聲音顫抖抖地抽咽着。

屋子裏的東西像做夢似地在那裏幌動。她眼睛發痠，老實想要閉下來。雖然她祇坐着插不進嘴去，彷彿世界上壓根就沒她這個人，可是她要是一走，大家就得不高興。他們就得發覺少了一件東西。蕭老爺就得把抹鬍子的手停在半路裏：

『咦，還有一個呢？』

她希望一個客人也不來，又希望客人們來。人一多了——她就感到她過的日子裏面添了一點什麽似的。

姐姐把高領上的扣子全都解開，眼睛朦朦的——顯得很瞌睡的樣子。她可還在血紅的嘴裏啣一支白金龍，挺起勁地談着笑着，跟她在媽媽跟前使性子一樣的起勁。似乎她正有一肚子悶氣，不過借着這付笑臉發洩出來就是了。

那位王參事又帶着江北腔哼起戲來，而且老是這幾句：

『師哦嗬，爺呃……說——話理伊，太差啊……』

筱芸芳偷偷地歎一口氣，心裏有什麽東西塞得滿滿的。他們的嘍聲，漸漸含糊下去，好像隔了幾道牆。她倒是聽見了角落裏的那些蚊子叫：那聲音成了一根根的細絲——一根根尖進她心裏來。

『他們多有福氣，』她昏昏地告訴自己。『要逛就逛。要囘家就囘家。睡夠了又出來找朋友。』

忽然她想起老老說給她的那些故事。聽了一半就叫她猜到了那結局：不知道是聽熟了，還是那些故事跟她的命運有什麽聯系的地方。

一直到上了床——她還是想着。手拿着的扇子輕輕搧着臉。

『祇要心眼好，總得團圓的。』

於是她拚命去記一記親爸爸那付模糊的形相。她總覺得他又高大、又和氣。他說不定已經發了財，到處跑着找他的女兒。菩薩都幫着他，顯一道紅光領他到青雲閣去喝茶聽戲，然後又跟着到這兒來。

她莫明其妙地想像爸爸是一張紅臉，穿着一件很大的黑綢袍子。他撫摸着她的臉，她這就跪在他跟前。往他身上一撲：

『爸爸！……』

眼淚打兩個眼角上流下來，沿着太陽穴滴到了枕頭蓆上。鬢角那里覺到有一道熱流，一會兒就冷掉了。

爲得不叫媽媽瞧見，她趕快抹抹眼睛，翻身向着裏面。

她媽媽祇穿着一件緊身背心，短褲也綳得緊緊的：那壞胖身子就泡得像個魚膘。下巴肉打着幾條縐，給汗水醃得發了紅。於是她照着鏡子，很小心地趴開那些縐縫——把爽身粉拍進去。

隔壁老老在說着夢話：

『這年頭兒眞奇怪……嗯，誰都可以欺侮我……』

『你聽，你聽，』媽媽嘟噥着。你老老說別人欺侮他，老是向我要錢。沒兒沒女的，也沒個媳婦兒，一個人要花那麼些個錢！要沒有我——哼，早就不餓死也得差不離！』

四面漸漸靜了下來。好像這城市掙扎得沒力氣了，躺在那里沒聲息地喘氣。

筱芸芳一閉上眼，就感到大地在呼吸着的樣子——盪呀盪的。她拚命去想像着遇見她親爸爸的情景：她知道儘在這上面轉念頭就會做這麼一個夢。

『要是老做這些個夢，老不醒，那可就好了。』

可是她祇在夢裏幹些怪膩煩怪費勁的事。她覺得她站在那個小小的台上。

一塊紅牌子寫着白粉字：

南陽關
芸芳
筱

她背貼着桌沿，臉對着台上那片畫着許多亭子的背景，準備唱那句倒板。絃子很高地拉着，好像叫痛似的。她可唱不出：怎麼嚷，怎麼着急——還是發不出一個音來。

台下茶客們笑着叫着，咚咚咚地頓着地板。

『咦！咦！好哇！』

老老眼淚巴巴地瞧着她。媽媽可一把扭住了她的耳朵，那隻帶着金戒指的手——沒命地往她腦頂上敲了過來。

『你這！你這！……』

她醒了。滿身的汗。

媽媽很响地打着鼾。屋子裏黑得叫人害怕。祇有窗子那里隱隱地透出一絲亮光，眼睛瞧不見——祇能用感覺才感得到的一絲亮光。

第二天上午九點多鐘，她就給媽媽扭醒了。

『這死丫頭！年紀青青的就這麼沒精神，這麼貪睡！』

老老坐在那張骨牌櫈上，背拚命駝着，好像怕着什麼縮起來似的。手裏懶懶地理着弦子：看來那把弓有好幾斤重，叫他不大拉得動。他試了試音，照例停了手，嘟噥了起來：

『戲子裏面祇有汪大頭——嗯，算是有個好結果。他出家做道士，修修來生。誰也比不上他。可是做道士總得有錢呀。你要是沒錢，道觀裏可不要你。』

太陽把大半個院子晒得發白，溝裏蒸出了一股刺鼻子的臭味。蒼蠅低沉沉地叫着，然後趴到了電線上——成了一條黑色的彩帶。屋頂上彷彿老是有什麼東西掉下來：熱辣辣的——落到汗淥淥的身上沾住了。

筱芸芳赤着脚趿上綉花拖鞋。精光的腿子上畫着一條條青的紅的紋路：辨不清哪幾條是媽媽打出來的，哪幾條是搔癢搔破了的。

那老頭兒拉了一下，對她點點頭：

『溜一溜罷，孩子。還是昨天那段。』

她照習慣先高叫了一聲開開嗓門，然後站直了對着衣櫃上的鏡子唱起來。臉上給汗水洗得發白，還透出了青色。那件密密扣着的馬甲——把她顯得更加瘦小，胸脯還有點往裏凹的樣子。

媽媽在使着爽身粉，一面不住地瞟着她，看看她的唱相。

可是弦子停住了：

『「家」要唱成 Gi-ia. 記住：Gi,ia.』

『Zi-ia.』

『別 Zi-ia. 這是窯派。「家」是團音：Gi,ia.』

拍！——媽媽劈她一個嘴巴。媽媽一使勁，那臉胖肉給震得抖動了一下：

『混蛋，你這！……學上了這些年——可學上了窯派！你這死豬！』

師傅看看她：這孩子臉上給沾上了點兒白粉，被眼淚糊成了膩膩的。他怪自己做錯了似的歎一口氣，衝着她翹翹下巴，又拉起弦子來。腦袋低着，稍爲側着點兒——挺仔細地在那裏聽。眼睛時不時瞟瞟鏡子，看着她腹部的起伏。

這麼着又是從頭唱起。又是『一輪明月……』

她聲音發抖，叫人想到一根細紗在風裏飄着，一個不留神就會斷掉。汗水給叫聲搾了出來，癢癢地在臉上爬着。於是弄得滿嘴都有股鹹味兒。

『不錯，不錯，』老老喃喃地說。他彷彿給感動了一樣，眼睛裏又閃着亮晶晶的淚水。

媽媽發悶地用脚在地板上打着板，在想着什麼麻煩事情。她剛梳好了髻，兩手抹着雪亮的頭髮，這屋子裏就滾着叫人惡心的頭油氣味。臉子一直繃着，下巴下的摺紋顯得多了幾條。

忽然——她脚底下頓快了一眼。她猛地轉過身來，一把扭着筱芸芳的細膀子：

『怎麼啦怎麼啦！啊？』

一經老老說明了這不是她孩子走板，她更加憤怒起來。

『你這你這——哼，牲口都不如的東西！』

接着大聲歎一口氣，坐下來使勁搧着扇子。

『你得明白——我是爲你好，』她拿扇子打着手勢。『你難道一輩子唱淸唱嗎，一輩子——一輩子——唉！』

跟平日一樣，她又來了那一套：她告訴別人——她祇期望着這個老三。這孩子要唱好了，成了名角，媽媽做人才做得有點意思。可是——唉，在年青時候總得下苦功呀。這里她霎霎眼睛忍住了眼淚，又提到了大妞：六年前病死了的那一個。

『好的呢——偏偏要死掉。老大生前可多疼我，多聰明，可是——唉！……往下唱呀！』

筱芸艷在她自己屋子裏叫：

『媽媽，媽媽！……快來！我牙疼！』

『哼，你二姐簡直的不是東西！』媽媽小聲兒埋怨着。『她現在抖了，連媽媽都瞧不起了。沒良心的傢伙！』

師傅看着老三叫得突出了青筋，臉子發了紅，他把弦子放低了一點。

『買塊燒餅給老三罷，』他哀求似地對媽媽仰起了臉。『她餓了就沒勁：她是「飽嗓子」。』

那個一面往筱芸艷屋子裏走，一面嚷：

『怎麼不生個「烟嗓子」呢！——我去買好膏子伺候她！』

老三聲音發了嗄，可還拚命掙扎着把這段二黃唱完。打媽媽一轉身，她就管不着唱相不唱相，任聽自己臉上去變成付哭喪樣子：她覺得這麼着舒服些。

末了她用手巾揩揩臉。把錫壺裏的茶倒出來，低着頭很饞地喝着。她簡直不敢去瞧一瞧師傳：老頭兒那付乾枯的身子，那付給悶着叫不出苦來的樣子——好像用不着眼睛來看，就一直照到她心底裏，叫她心上壓得很難受。

現在老老又用沉着的聲音批評她起來。他叫她注意轉灣抹角的那種味兒，並且告訴她『酒』字該咬成尖音。他歎了一口氣。唉，尖音團音如今是很少有人講究了。

姐姐跟媽媽在那里吵嘴。姐姐很煩躁地嚷：

『你疼我嗎，你疼我嗎！你祇是要錢！要是我死了也能賣錢——你才巴不得我死哩！』

這裏筱芸芳張大眼睛聽了一會，想起了一些什麼。

『老老，老老，』她小聲兒叫。『做夢幹麼不能隨人揀呢？不愛做那個夢——偏做。愛做那個夢——偏不做。」

於是一些模糊的囘憶又給勾了出來。她瞧見過一間很暗的小屋子，有個老大的罎子什麼的在牆脚跟發亮。一個女人的手摸摸她的臉。接着有一個誰——用冰冷的鼻子貼貼她的額，她忽然哇的哭了。

這是什麼地方呢？那時候她幾歲呢？——她可再也想不上。

她巴望着什麼似地盯着窗子。彷彿看得見有一陣陣的熱氣打那兒滾進來。她想要問老老一件事，可是那件事像影子那麼一閃就溜了開去，連自己也抓不住牠。

弦子又發出了叫聲：跟針一樣刺着她耳朵，釘到了她腦袋裏面。

唉，老老待她眞好。可是他跟媽媽一樣：祇望她苦苦地學，望她將來唱大戲——像小叫天余叔岩他們那麼成名。他出生到世界上彷彿專爲了敎她戲來的，他對她的嗓音有種天生成似的敏感。一看見她太累了，就又拿從前那些名角兒的故事對她説。陳德霖每天起來就唱祭江，後來成了他很出名的拿手戲。九陣風踢他媳婦見一腿——來學娘們癟着走路的台步。

隨後他就傻瞧着地下，想着從前的事，眼眶裏水滌滌的。

『幹麼不讓我唱點兒別的呢？』筱芸芳想。

她記得劉小奎有一次在青雲閣唱『月光光』，她聽着不知不覺流了許多眼淚。這齣電影——馬先生請她跟媽媽去看過，她哭得非常厲害，竟在電影場裏抽咽起來。馬先生也拿手絹揩着眼睛。媽媽可覺得有什麼不吉利似的叱她：

『哭什麼，傻瓜！別人瞧着好笑。電影是假的呀。』

要是許她唱那支歌——，唉那支歌！

可是老老看不起地説：

『那是海派！』

就祇她叫唱那些老調。老是這麽個過門。於是脚尖一點——板上起。『聽醮樓……』醮——尖音！

這些好像不是唱出來的，祇覺得是些緊縛着的東西——死命硬搯出來的。她嗓子直發乾發癢，瘦小的身子跟着她的吸氣在抽動着。臉上重新又淌下了許多汗，更加顯得蒼白了。

媽媽打那邊屋子裏走出來，嘴裏不斷地埋怨老二：

『哼，有個好乾爹，有老爺們做朋友——了不起了，爬到我頭上來了。她也不想想是誰把她領大了的。她如今可恩將仇報，這畜生！』

一聽見那邊大聲喊着她，她叫着回答：

『茶沏上了，我的小姐！就來！』

隨後她嘟囔着，嗓子提高了些，大概想要叫別人所見：

『你們姐妹老是叫我操心——唉，老害病。小的也是！這麼大了還沒發身，這是什麼毛病呀，這是？』

在這時候筱芸芳非常害怕。媽媽一受了姐姐的氣，就老是到她身上來發洩。總得狠狠地劈她幾個嘴巴，死命扭她幾把，然後哭哭啼啼告訴她：做媽媽的跟老二的緣份已經完了，祇期望小的能夠體貼她，能夠學好。於是撮一把鼻涕，又使勁扭扭筱芸芳的耳朵，發瘋樣的咬着牙嚷：

『可是——你不掙氣！你不掙氣！叫你姐姐笑我！』

老老就得苦着臉瞧着這女孩子，很傷心是喃喃叫着，誰也不知道他什麼意思：

『老三……老三……』

住在這大門裏面的——怕祇有劉小奎是個快活人。一等到這邊做完了功課，她就跑過來談天，引人發笑。她什麼話都告訴筱芸芳，她把她那些朋友都叫做寃大頭。

『那個寃大頭問我幾歲。我告訴他我十八。他眞的相信。』

說了就笑出聲音來。

筱芸芳也老實想把什麼都說給對方聽，可是她祇覺得心裏有這麼一件東西，要把牠變成一句話說出來，總是辦不到。

今天劉小奎談到了筱芸豔。她認爲她有點傻。

『何苦呢！要我就不跟媽媽嘔這個氣。』

『你可比我們好多了，』筱芸芳輕悠悠地歎着氣。『你媽媽是親生媽媽，弟弟是親弟弟。』

那個拿着蒼蠅拍子拍蒼蠅，好像不滿意似的發出很響的聲音。

『我比你們好得多？』她鼻孔裏笑了一下。『你們要怎樣就怎樣，反正不是自己的媽媽。我呢——我媽媽有時候忽然發了病，哭得很傷心，說她累壞了我。「這樣下去怎辦呢，這樣下去怎麼辦呢！」她不斷頭地哭，不斷頭地訴苦。又叫人討厭，又叫人難過。』

想了一想，她又說：

『我怎麼曉得怎麼辦呢？真好笑！』

可是筱芸芳總覺得對方跟她是兩個世界裏的人。她瞧見別人的親媽媽對女兒哭臉，對女兒那些囉哩囉嗦的談天，她就拚命去搜索那些模糊的回憶：那所黑黝黝的屋子，那個高大的紅臉漢。那些都離得她老遠的，叫她摸不清楚。一面她又似乎覺得那些景像遲早總會再來一遍的。

一看見自己那個胖媽媽。她就一下子醒了過來。她認爲她沒那個福氣。

她不把眼睛對着劉小奎，祇瞧着地下，一面咬着芭蕉扇的邊。

『劉小奎有什麽苦處呢？』

現在劉小奎活潑起來。談起了那些姐妹們的事。她不喜歡她們一面要講面子，一面可又偷偷摸摸的那種勁兒。

『這明明是沒有法子，怎麽要瞞着八呢。難道想當個歌女來養活一家呀？——眞好笑！我不怕人家說我閒話。反正都一樣：要吃飯，要賺錢。過一天算一天。』

那邊娘兒倆還在吵着筱芸艷尖聲叫着，匐匐匐地頓着脚：

『我偏要請假！我偏要請假！你生怕他們扣你一天錢，你就逼死我！』

媽媽訴着苦：老二不體諒她。孩子一長大就簡直想要飛開去了。於是筱芸艷帶着哭腔拚命地喊：

『你待我好！你待我好！……我眞夠受的了！我夠了！我的媽媽！祖宗！』

聽着聽着——筱芸芳全身的肌肉都在那裏打顫，好像受了寒。她悶悶地透了一口氣。她感到她們過的日子裏面——總有些什麼看不見的東西在那裏作祟，有些什麼東西爬在她身上，叫她覺得重甸甸的。

她沒確定問誰，祇是嘴裏喃喃着：

『好壞都是命麼？這是誰定下來的呢？幹麼要這麼定呢？』

可是快要到十二點鐘的時候，巫峽川菜館來了一個人：馬先生叫筱芸芳馬上就去。

這女孩吃了一驚：

『馬先生？』

眼面前閃了一下亮光。接着忽然有一種想要哭的感覺在心裏衝撞着，正跟聽了老老那些故事一樣：似乎經過了許多折磨又團圓了。她趕緊轉開了臉，用力霎霎眼睛，然後忙着打扮起來。

她媽媽披着下唇談到那位姓馬的：

「那個馬先生準有點瘋病。那天他突頭突腦問我：筱芸芳身價多少。我說我們這老三呀——別看她小，沒八千塊錢不成。他楞住了。」

說着瞧着筱芸芳的臉色。隨後又用眼睛送着她出門。這個當媽媽的似乎有什麼不放心，五六分鐘之後——於是穿上那件香雲紗褂子追到了飯館裏。

馬先生還像平日那麼付勁兒：老是很忙很着急的樣子，彷彿他有一肚子話，有一肚子念頭，不知道怎麼說才好。他用種煩躁的神氣吩咐了幾樣菜，然後累慌了似地往椅子上一倒。嘴巴很快地動着，皺着那張長臉：

「我到別處去了一趟，在那個——在那個——唔，我們先談正經事罷。」

他讓他自己跟她坐近些。遲疑了一會，他興奮地說：

「你也過不下去，我也過不下去。我們非想辦法不可，老三。我們走罷，我跟你一起走。」

那個睜大眼睛瞧着他。嘴唇動幾動可沒發出聲音。

電扇低沉地叫着。蒼蠅在風裏飛得很吃力，不由自主地在空中間打了一圈，這就撲到了牆上：看來牠是想找一條路子衝出去。

窗外滾進了油煙，夾着鍋鏟子的響聲：叫他們想到他們自己是關在一個鍋子裏。

那男的不住嘴地說着話。他打算跟她去另外闢一個天地。他要叫她去念書，他要待她好。他嗓子一會兒放得很低，一會提得很高。彷彿他並不是跟她談天，祇是心裏給壓着一些什麼——要儘量吐個痛快。

後來他站起了，拿兩手捧着她的腦袋：

『你總不能這麼一輩子下去。……我要讓你自由自在過活，我們一起……』

忽然——筱芸芳哭了起來。

她不知道馬先生要帶她逃到那裏去，也不知道馬先生要把她怎麼安置，拿她當什麼。她祇感覺到這個人世很奇怪。怎麼會有這麼個好人呢？怎麼她竟能夠跳出自己這個世界，到另外一個天地裏去自由自在過活呢？

這個——以前連想都沒有想到過，唉。

一些捉摸不定的東西在她腦子裏閃動着。她想像着一所很小的屋子：窗子亮亮的。她每晚可以睡得很足。她愛唱什麼就唱什麼。她還想像她穿着一件女學生穿的藍布旗袍，用不着抹粉抹得膩膩的。

有許多許多話擠在嗓子裏想要迸出來。她得告訴這位馬先生：祇要沒有一個媽媽來逼她，來硬叫她過這種日子，她什麼苦都可以吃。她要像伺候爸爸那麼伺候他，就是他打駡——她也願意。她祇要跟他先前說的一樣：另外闢一個天地。

到底還是一個字都說不出。她重新又哭了。男的問到她的時候，她抬起眼淚巴巴的臉來微笑一下：

『我自個兒也不知道幹麼要哭。』

馬先生邊喝酒邊談着。臉上冒出了大顆大顆的汗，叫人疑心他在熬着什麼苦痛。他打算跟她一塊兒回他家鄉去：暑假之後他可以在那邊找個敎書位置。接着他像做夢似的描寫他的老家：屋子後面有一座竹山，一刮風就沙沙地響。旁邊有一個不小的塘，要吃魚就臨時打一條上來。

那女孩子吃東西吃得很少，心很響地跳着。她仔仔細細聽着他的話，似乎要把這些嚼碎讓牠好消化。隨後她帶着顫歎了一口氣。

『媽媽怎麼放我走呢？』

男的叫了起來：

『你眞是小孩子！你媽媽販賣人口——是犯法的，懂吧，犯法！她敢把我們怎麼樣！』

『別嚷別嚷！要是給別人聽見了……』

『怕什麼！』——不知道是憤怒，還是幾杯酒激動了他，聲音更加提高了些。『怕你媽媽……哼，到婦女協會去告她！我先把你往婦女協會一送，看你媽媽還多嘴！』

筱芸芳覺得聽見了什麼聲音，睜大眼睛瞧瞧板壁。爲了怕再引動馬先生的火氣，她不敢打斷他。

什麼地方知了一個勁兒儘在叫，彷彿是給太陽烤出來的喊聲。屋子也似乎熱得直喘，還感得到牠在簸動着。可是電風扇好像蓋住那些响聲，用種威脅的派頭——吼得更响了起來。

『你說的是眞的吧』，她很胆小的樣子輕輕地說。『你不是逗着我玩兒吧？』

那個很不高興：

『逗你玩？——我怎麼要這樣無聊呢！』

她抱歉地微一笑下。於是眼睛釘着前面，楞了好一會兒。

『你想什麼？』他問。

這女孩子不願意叫別入看見她的眼淚，她低下了頭：

『我生怕——生怕現在我是做夢。』

隨後她覺得眼前浮上了一個陰影：屋子裏一暗——她媽媽沒聲沒响地走了進來。陪着笑對馬先生表示了些對不起的意思，帶着又小心又疼愛的神情把女孩子領囘家了。

筱芸芳走開的時候，掉轉發白的臉子瞧了馬先生一眼。她身體哪一部器官都似乎停止了活動，腦子裏痲痲的什麼念頭都沒有。

一到家——媽媽可又往外走。一路上咬着牙嚷着：

『好，好！十六歲的孩子就想飛！我可要到飯館兒裏問個明白——看你們打的什麼主意。好，到婦女協會去告我！好！……』

劉小奎跑了過來：

『什麼事什麼事？』

筱芸芳往她身上一撲，抽抽咽咽哭着：

『我不知道，我不知道。……她明明犯了法。……』

『怎麼囘事，怎麼囘事？』老老緊逼着聲音問，連手都哆索了。『你幹了什麼傻事了，你，……老三，老三！』

媽媽囘來之後，就一把揞住老三往屋子裏拖。把門窗都關上閂上。一會兒裏面就發出了尖叫，夾着帶喘的喊駡。可是竹梢老是不住地响着，在肉體上敲出了廝廝的可又很結實的聲音。

全院子的人都擁到了這裏。劉小奎跟她媽媽莫明其妙地嚷着些什麼話，大概是想要喊救。

那位老老彷彿站不住的樣子，兩手摸着板壁。他淌着眼淚嘟噥：

『唉，老三。唉，老三。』

筱芸艷打她自己屋子裏奔了出來。她左腮稍爲有點發腫，眼泡也有點發腫：似乎哭過很久了的。臉上沒抹胭脂粉，顯得黃裏帶靑。她連自己都不知道是爲了她們吵得她煩躁了，還是爲了她可憐她妹妹——就對她媽媽發了很勁，她忿忿地搥着房門，發瘋地叫：

『開門！開門！……開門！……』

筱芸芳腿上給打破了的地方長了膿，一個多星期還沒有好。可是她還照常到青雲閣去唱戲。

劉小奎很看不起史六少爺：

『什麽大學生！——他是流氓！你媽媽爲你的事去找他，還找到那個什麽小老闆。他們就叫大蘿蔔這幫人去找馬先生喝茶，往後不許馬先生到這一帶來，還說——還說——「往後要是筱芸芳跑掉了——我們就同你！」哪，這就是史六少爺幹出來的事！』

『馬先生呢？』筱芸芳害怕着什麼一樣，輕輕地問。

『馬先生？——馬先生鬥得過那夥流氓啊？』

這可叫筱芸芳想不通。史六少爺幹麼要來這一手呢？他還說過要送她上學堂的。

『哼，你倒相信他！』劉小奎怪她傻似的大聲說。『他眞會送你上學啊？——你想！他衹要捧捧你玩玩，說幾句風涼話。眞的你跑掉了——他肯幹？』

接着她湊過臉來帶着很痲木的樣子——毫無表情地告訴筱芸芳：

『你比我好多了。我要跑都沒法跑：我總不忍心叫一家人都餓死。』

說了轉身就走，低着腦袋不叫別人看見她的臉色。

筱芸芳想着：這時候馬先生已經回家鄉去了吧？她感到身體上給挖掉了一塊什麼似的。

那位史六少爺跟小老板祇來過一趟，還跟着那個大蘿蔔。媽媽挺巴結地照着拂茶呀煙的，走一步——腮巴肉震得顫一下，好像一塊肉凍。她請他們坐在院子裏乘涼，還點着一盤蚊煙香：在黑地裏像一隻紅眼睛那麼窺探着人。

小老闆用種很看不起的神氣提起馬先生。聲音可來得興高彩烈的：他越高興，他那口北平話就癟得越吃力：

『好嘛，他是什麼東西吶！沒有錢兒買身價，就要拐他跑嗎。』

那個大蘿蔔吐了口唾沫，嗓子溜得很高，打着手勢報告他的功勞。聽來聽去總是那幾句話：

『他先還强哩。看見我們人多，他癟了。氣得臉發紫，一句話都說不出。』

媽媽可祇歎着氣，把一肚子委屈迸出來，攪得這悶熱的空氣都盪動着。他並不怪老三，祇恨那個姓馬的——幹麽要引壞她：她不過是個小孩子呀。這里說話的人喘了起來：那口怨氣逼得她呼吸不靈便，又好像下巴肉擠住了勒緊了她的頸子。她眼眶發了紅，撮了一把鼻涕：

「我這老三也是！我把她領到這麽大了，她一點沒有恩情，要這麽來幹我一傢伙！我眞灰心。我老了靠誰呢，我靠誰呢？……沒良心！」

有個說不出的東西老是壓着筱芸芳。她背着燈光坐着，眼珠不轉地釘着史六少爺的臉。他可祇抹着那一腦新修過的頭髮，一個字也不說。

「他幹麽不言語了呢？」她想。她感到自己冰冷的手指在哆索着。

她老實要指着他的臉數說他一頓。他正是故事裏說到的那些小人。他在她跟前假討好。他寃她。於是她睜大了眼睛，咬緊牙齒忍住了眼淚，用力得腮巴肉都在那里抽動。

唉，不管是誰——祇要能夠帶她到別處去，能夠叫她自由自在的——唉，那個人！

臨了她什麽表示都沒有，大滴的眼淚可爆了出來。

老老也是個愛哭的。他並不管別人聽不聽，祇顧自己咕嚕着。聲音給悶在這溝水味兒跟爽身粉的氣味裏，彷彿是硬擠出來的：

『老三也難怪。吃一行怨一行，誰都是。玩票的時候挺愛唱，一下了海——誰都討厭這玩意兒。』

後來又提到從前。他駝着背，把臉對着竹床下面那盤蚊煙，背書那麽告訴大家：他常常學了幾句戲就老念着，晚上睡不着覺。一學了弦子——半夜裏常常想起了那個調門，爬起來拉一段。爲得怕他爸爸聽見，他把碼子取掉，這里他長長地歎了一聲，楞了好一會。

不知道怎麽一來——他又說到了上台的事。正月初一老是唱定軍山，取個吉利。於是他哭喪着聲調說：

『從前——唉。』

這次史六少爺他們走了，就沒有再來過。聽說他現在那里捧楊美琴。

『我說過的吧？』老老偷偷地跟筱芸芳說。『那些個大爺們誰也靠不住。你姐姐還想着蕭老爺他們眞什麽呢，眞會——嗯，瞧着罷！』

那女孩子看着天上：

『我沒說他是好人。』

不過不管怎麽樣，她總希望有人算做她的朋友，有人來看她。馬先生好像一個幻影一樣，一個夢一樣——再也不知道他到哪里去了。史六少爺雖然叫她恨，她也想他來這兒撩撩天。就是她傻坐在旁邊，不願意插一句話進去，就是聽着他們的聲音叫她討厭，她可也能夠得到一點兒什麼似的。一瞧見他們——好像就可以叫她記得這個世界還很大，叫她想到他們這些外面的人跟她是活在同一個世界裏的。

她很祕密地問着自己：

『老老那些個故事是眞的麼？眞有個神明瞧着人過日子麼？』

筱芸艷跟她似乎是沒有關係的，祇管自己過活，跟媽媽拌嘴，使性子。祇有蕭老爺王參事他們來的時候，他們搭着她到姐姐屋子裏去坐這麼一會。

『怎麼，』蕭老爺不高興地看看她，抹抹山羊鬍子。『老三總是扳着一張臉？』

媽媽趕緊接嘴：

『哦，她呀——老三你告訴你乾爹呀：你這幾天有點兒頭疼。說呀，你！你瞧你！這孩子！』

她姐姐又像看她不起，又像是可憐她似的瞅了她一眼。接着馬上跟大家談到了別的事，彷彿極力要忘掉妹妹這張苦臉，也要想法子叫大家忘掉這張苦臉。於是點起一支煙來啣着，用種發洩什麼的派頭——把嗓子儘量提高，拳頭搥着桌子：看來這個老二對世界上什麼東西都是懷着恨意的。

那位王參事又帶着很認眞的樣子唱着：

『師哦嘀，爺呃……』

忽然——筱芸艷說起了什麼，故意地大笑起來。她大概要拿這來掩飾她心底的一些東西，笑得怪不相稱，並且叫人聽着打寒噤。

『她幹麼要笑？』筱芸芳很害怕地想，偷偷地瞟姐姐一眼。

那些客人到兩點鐘才走。筱芸芳還跟劉小奎在院子裏坐了一會。老老坐在那里打盹，呼吸裏帶着痰响。還聽見筱芸艷在屋子裏埋怨什麼，茶杯什麼的碰出很大的聲音。

『孩子沒有一個有好心的，』媽媽自言自語地說。『唉，都是些個寃孽，寃孽！』

這就重脚重手地開開爽身粉盒子，拿拍子在頸子上拍起來。牆上照着她的影子，大得叫人害怕。就連坐在院子裏——都覺得眼面有個黑影在幌着。

天上黑巴巴的還透點暗藍色：四面那些煩悶的人聲好像是那上面發出來的。星星給攪得不安似乎霎着眼，閃着白裏帶青的亮光，逗得人會不落邊際地想開去，想到天上，想到這人世。於是忽然有個很奇怪的的念頭在筱芸芳腦子裏一掠：她覺得她祇有一個人活在這世界上，什麼人都跟她離得很遠。

『星星有沒有眼睛呢？』她問。

什麽地方吱的一聲响。她以爲這準是一顆流星，雖然她從來沒有聽見過流星有什麽聲音。師傅在那里說夢話：

『誰都不理我，欺侮我……』

向來快活的劉小奎也噓了一口氣。她一直沒開口，好像給悶熱的濃濃的夜色弄得呆滯了似的。這里她可想到了什麽，她跟筱芸芳搗了一句鬼：

『你還可以飛，我是不行了。』

那個鼻尖上一下刺痛。顫動着嘴唇說不出話，連思想都哽住了的樣子。銀河要瀉下來一樣，抹過那個牆角。筱芸芳覺得還聽見牠淌着的聲音，一滴一滴地都流到她心裏，叫她心裏越來越冷。她想辨出牽牛織女到底在哪里，可是滿天的星星都對她瞧着，似乎跟她很熟，又似乎很生疎。

她想：她們瞧着她，也瞧着馬先生說的那個家鄉。竹山上沙沙地响着，塘裏也映出一顆顆的亮光，水面上有魚咚的一跳。牠們也瞧見一個紅臉大漢，腦頂上剁掉了一塊，淌着汗在找他的女兒。……可是那些星星祇霎着眼瞧着，一聲也不响。

『怎麽囘事呢？到底有誰看見沒有呢？』她莫明其妙地問。

隨後——彷彿有個力量强迫着她，她抓緊了劉小奎的手，靜靜地流下眼淚來。

故鄉底囘憶（木刻） 比國 F. Masereel 作

# 登場人物

孔嘉

博士陽走進學校，眼光剛觸到「教員休息室」五個字，就聽見裏面嗡嗡的談話聲，隨手開了門，一陣煙霧立刻撲過來，這是紙煙、雪茄、烟斗混合的味兒。

「Hello！」

博士陽一眼望去，僅看出大家模糊的姿態，迎着就是幾聲同樣的招呼，像名伶出場觀衆的彩聲。他照例的答道：

「Good morning！」忽然意識到今天空氣同往日不同，平常不過三五個在這裏抽烟喝茶，今天幾乎出了全台。於是接着問道：「有什麼新聞嗎？」

「你有什麼新聞，我沒有。不過丘九老爺恩假三日，讓我們的Dr.楊捲土重來。哈哈，老兄昨天晚上不是打了敗仗麼？」政治學教授劉雨生說過，眼光向大家一掠，隨着一羣「哈哈」的笑聲。

博士楊感到有點不好意思，馬上收住笑容，大聲說道：「幹嗎不上課，口號標語有啥用？前天我在講堂同學生說：要幹，背了槍投關外義勇軍去；要不，埋頭下去，二十年後再看！」越說越激昂了，說出「再看」時，舉起拳頭，對着空氣狠狠的打了一拳，——這一下簡直是第二帝國的英姿！稍感不足的，額際隱隱暴出青筋來，漆黑的頭髮顯得同一雙八字眉更接近了。

「說正經的，Dr.楊，你這話我倒贊成！」劉雨生的態度跟着嚴肅起來。

「我在外國就沒有碰到這樣情形，中國不亡，眞是例外，青年都是……」

「對啦，外國那有這樣情形！對啦，你聽我說……」教育學的何敎授興奮的從博士楊後面跑過來，他誠懇的表現出十二分贊成的樣子。「我說，你知道，一九一四年的歐洲大戰，我正在德國，結果德意志敗了，屈服了，我說，你看他們的青年多麼鎭靜呀！那時候，我看，你知道，他們德國，不比中國還苦嗎?!他們就不嚷嚷，你看，他們不是復興了麼?我說，你知道，要不是他們鎭靜，那裏會有喜特來呀！」忽然打住了，從大腿上掏出一塊手帕，醒了鼻涕，又在玫瑰紫的鼻尖上繞了兩下。「我說，你們的高見，我贊同。你知道，我親眼看過德意志呀！我說，我們再等二十年，那時候，什麼都好了；那時候，Japanese 還要向我們磕頭呢。我說，你信麼，日爾曼民族就是我們的老師呀！」

「日爾曼就是我們的老師，眞是高見！」博士楊早已不耐煩走開了，劉雨生因爲何敎授的話匣子是他打開的，只有耐心聽着；話匣子關了，本想附和兩句，忽然近代史的講師從坐旁衝過來，他看了一眼，覺得這位臉上掛着輕蔑的微笑，遂低下頭，去拿茶杯，依舊聽着人家接下去。

「要不他們鎭靜，那裏會有喜特來呀！眞是名言！不過……」

何敎授高興起來，不等這位說完，接着道：

「是呀，你是歷史家，你知道，我說，新的德意志，我是親眼看着長大的呀！」

「不過，我要請敎，喜特來那副臉子，幹嗎賊頭賊腦的，比起威廉皇帝俾斯墨克宰相，一代不如一代，你瞧，他的小胡鬚，簡直是 Made in Japan，——也是日貨。」

何教授先很高興，以爲獲得了民衆，那知這位近代史家越說越不入耳，於是乾脆的答道：

「我說，我希望你往德國跑一趟，就會認識了偉大的喜特來呀！」

「不，我是看相主義者呀，Prof何！哈哈！」尖銳的笑了一聲，走開了。

這笑聲投進Prof何的心中，不知怎的，欠舒服。笑？有什麽好笑的？講近代史，配麽？你！然而畢竟爲了世故，沒有說出口。覺着眼睛不大清爽，原來額頭上汗津津了。

「聽差，拿手巾來！」

聽差遞上熱騰騰的毛巾，他在面具様的額頭拭來拭去，這小腦袋的外殼，像一塊黃銅鏡子，上面浮着微微的熱氣。一時心境空虛，有點無聊，偶然回頭看見坐在椅後面沙發上兩位同事，談得入港，偏過頭，像一隻鴉子，來聽聽人家的。

「我就不相信中國會亡，我們翻翻歷史看，那一代沒有外患？我們漢族還不是存在的！」

「元朝清朝呢？」

「你以爲蒙古人滿洲人到中國來，漢族就亡了嗎？那裏的話，蒙古人來了，是宋朝亡了；滿洲人來了，是明朝亡了；我們壓根兒沒有亡呀！」

「照你說，那是姓趙的姓朱的破了產麼？」

「是的，大致不差。不過，我們本身還有力量。」

「是什麼呢？」

「同化力！試看康熙皇帝拼命的讀中國書，乾隆皇帝大弄其平平仄仄，不都是漢化了麼？他們沒有亡了我們，我們的文化反而征服了他們，你說這同化力厲害不厲害？」

「原來如此，你一說我想起來了。我遇過一位同鄉，他對我說：這兩天日本飛機來了，有些南方人，帶了老婆孩子就跑，其實不必，我問你，那個朝代不要老百姓？況且小日本有什麼力量滅咱們，抽雅片烟不算好小子，他日本人在東北不也跟我們學嗎？」

「你這位同鄉的高見，雖然淺薄，未始沒道理。我常常覺着滿洲人好笑，他們闖進關來，拖着狗尾巴文質彬彬的講仁義道德，這是什麼道理？就拿現在說，東北標榜什麼王道，冀東也大談其四維的敎育，這樣，能不說是我們的精神國防嗎？」

「啊，原來如此！中國文化眞同楊梅瘡肺癆病一樣了，粘到身上就不想活！那麼，日本架起飛機來闖瘟神，豈不是自找苦頭喫！」

Prof.何依舊偏着頭，像一隻鴉子，心裏很輕鬆，覺得他們的議論，有對的，也有不對的，正想表示點意見，左邊沙發上忽然起了爭執，笑着嚷着，弄得莫名其妙。

「我還是喜歡焦德海！……」劉雨生說。

「你懂得什麼？小翠花該多麼有勁！」博士楊說。「他那種表現，才配稱天才呢？」

「胡說，與其說小翠花，不如說白玉霜，反正看了令人癢癢的。Dr.楊，焦德海該多幽默，林語堂那裏及他，可惜他不賣文章。」

「幹嗎這樣酸溜溜的！」文學教授陳伯度拿了一份上海晶報走到他們面

前，「你們看，這才是 exciting ！」

「我看，我看！」

「呵，原來是亞芳，她不是在嬉春院嗎？什麽時候到了上海？」博士楊說。

「你問我?!不如問你自己。」陳伯度滿臉狡獪的神情。「沒有喫到嘴的時候，拿出錢來央告我們打牌，以後就踢了我們，老劉你說是不是？」

「這都是幫閑的下場呀，哈哈……」

「老陳，你不要老說人家，我該來審問你。」這是站在陳伯度旁邊的物理學教授王博士，——大學裏知名之士，鼠眼、紅糟鼻子、胡鬚永遠刮得精光，望之若五十許人，然而自云尙無太太，非遇到美人不結婚，凡他所認識的人都託過，結果沒有美人來應徵，因此他的外號敎美人王。

「你審問我?! Dr. 王，難道我有什麼奇遇，我的命裏却沒有注定美人！」陳伯度笑着諷刺的說。

「是的，我就要審問你那來的美人兒？有一天，在公園社稷壇挽着手臂的是誰？你說！」

「是誰？你沒有看清楚嗎？她也許是咱們圖書館的同事罷？」陳伯度確有些怯，轉想先下手爲强，對王博士的心病來一下——因爲王博士最近在圖書館裏發現一位美人，但是這位美人冷冷的，冰似的，博士悲哀了。

「你……你同我起鬨！」王博士說話有點吃了。「你眞以爲我沒看清麼？那不是 Miss ——」

「你胡說！」陳伯度立刻截斷王博士的話，紅了臉。「儘造謠那裏成！」

他一面說，一面預備走開，他知道王博士爲人不知趣的，會認眞的說出來。

「我才不造謠呢？那不是咱們學校的花王嗎？」

「啊，原來如此，到底是文學家，風流呢。哈，哈，哈。」不知誰接着說。

陳伯度好像一個字都沒有聽見似的，可是臉色愈加紅了，像豬肝。

休息室的南邊有兩大扇玻璃窗，窗外是校園，現在園中的花草完全枯死了，窗外還掛了些沒有葉子的爬牆虎。窗下放着一個八尺長的讀書檯。陳伯度茫然走過來，看見國語文學教授李湘東正伏着讀書檯寫信。

「湘東先生，眞忙啊。」

李教授是圓臉、尖鼻、短嘴唇、牙齒露在外面，說話慢騰騰的。他的交游廣，所以遇有機會就寫信。他聽有人招呼，抬過頭來看了一下。

「伯度麽，巧得很，正想找你談談。請坐，請坐。」

「有事麽？」

「是的，有點事商量，也倒沒有什麽，請你幫忙呢。你這大文學家，誰都景仰的。我有好事找你麽，還不是綁你的票。咱們老同事。」

「找我募捐嗎？」陳伯度故意這樣問。

「那裏，那裏，眞太往壞處想了，咱們老同事，好意思挖你的腰包麽？不爲別的，老兄多來幾篇大文，使我們的小雜誌，光彩光彩。老同事，當然要幫忙的！」

「作文章麽，那容易，反正鄙人是『文貧』階級，哈哈。」李湘東從某部長包攬了一個雜誌，曾經使陳伯度眼紅過，但是自家既然沒有人家來頭大，只有借個機會打進去。「剛好我昨天完成了一篇東西……」

「好的，謝謝，回頭派人到府上去取罷。」

「但是，早已預約出去了；既然我們的新社長要，只有請你拿去罷，不管別處了。可是這篇東西作出來，眞不容易哪，我從來沒有費過那麽多的心。題目叫做紀元前兩世紀的獨裁主義，你說，這題目新奇不新奇，我敢說中外學者從沒有注意到這個問題呢。」

「好極了，我們正需要這樣的大作，我想呀，有了老兄這篇文章登在創刊號上，眞是生色不少，這固然是雜誌的運氣，也是讀者的福氣呀！」

「但是，有一層，這篇東西要照市價，可喫虧呀，哈哈，這是笑話，哈哈。」

「當然囉！」李湘東深深的看了一眼，意思是說我明白，還要吩咐嗎？

「湘東，湘東！」張威廉突然跑來，截斷了兩人談話，他是鐵路局技正兼大學工程教授。「拜託你，學生中有國文好的，給我介紹一位，小孩子放學回家，補習補習。」

「家庭教育眞注意，打算讓你的少爺補習些什麼？」

「現在不是作興經書嗎？外國人都讀聖經，中國這些年不講究了，眞不應該。我的小孩子，還得唸經書！湘東，你知道，我近來也研究經書，上禮拜局長給我們講孝經呢。『百善孝爲先』，像 Aristotle 呀，那裏懂這些！我的孩子，非讀經不成。」

「很好，很好，但是未必有合適的，好吧，我物色着看；然而，我得先知道，你打算送多少報酬？」

「報酬?!這個呀，湘東你看着辦好了。」他事前却沒有想到，躊躇一回，立刻背出道：「我想，假使一角五分一點鐘的話，每天兩點，二五一十，一二如二，一共三角；一星期六天，三六一塊八；一個月算四個星期，四八三塊二，再加四塊，一共七塊二角。我想送一整數，八角錢算車馬費，你看可以不可以？」

「一個月送八塊錢麽，大概總可以吧？那麽，就這樣說！這幾天你們路局有什麽消息？」

「大概不好，前天日本人問我們要了四掛車，又運進來不少軍火，弱國無外交，有什麽法子，還不是要什麽給什麽！」

「當然囉！究竟比我們好，學校關門了，鐵路總是有的，你們是技術人才呀！」

「老兄也不是沒辦法呀！李部長不是已經借重你了，你們文學家政治家，比我們闊呢。」

「衝出去，衝出去呀！」千百聲的呼喊，立刻鎮靜了教員休息室的談笑；大家面面相覷，心頭上横着恐怖的預感。

「不是開會麽，怎麽又鬧起來?!」

「是啊，怎麽又鬧起來了！聽差，你出去打聽一下！」

聽差出去了，隨着走出兩三個教員。聽差迅速的回轉來，倉猝說道：

「學生先生們會了議，要上街旅行，被警察大兵把住了，不許出大門，還有大刀隊呢。」

「唉，又鬧亂子！」

「眞操心，十二點鐘還有飯局呢！聽差你給我打個電話到東新樓，說王委員的客到齊了，不用等我！」

聽差，你再打一個電話到我家裏，告訴太太說，他們要打牌，坐下好了，我待一囘囘去！」

「聽差……」

「衝出去，衝出去呀！」無數的呼號，越來越大，如怒濤，如暴風雨。忽然在無數的呼聲中，透過一陣尖銳的含着殺氣的聲音，——鞭炮似的連續着。

「唉呀！開了機關槍!!」

「闖出這大亂子！」

「唉，唉，這怎麼好?!」

機關槍聲，「衝出去」的憤怒聲，大刀隊的「殺呀殺呀」的狂叫聲，混雜在一起，亘雷般的圍攻着休息室。大家感到房子將要倒蹋，地球馬上破裂，不約而同的穿好馬褂或大氅，戰慄的等着。

這時候，Prof.何倚在沙發上，心跳，發抖，幾乎昏過去。忽然一瞥，發現了靠南邊的玻璃窗，沒有葉子的爬牆虎迎風搖擺着，好像向他招手，校園裏滿是光明的太陽，心裏即時清醒過來，得救了——開開窗子，逃呀！

何教授跑到讀書檯前，右膝跨上，左膝跟着上去，膝行到了窗前，讀書檯上筆架茶碗，統統摔掉地下，他沒有聽見，大家更沒有聽見。就是坐在讀書檯前的李湘東，也沒有發見面前跪着一匹狗熊，他已經變成一隻木鷄，失去了平日所有的伶俐！

何教授沒命的打開窗子，用力過猛，身子往後一曳，幾乎同筆架茶杯一樣的摔倒地下。窗子一開，爬牆虎迎面撲來，機關槍聲已經震裂了他的心，來不及撥開爬牆虎，蹲在窗沿上就往下跳。窗外牆上倒堆着許多空花盆，他的身子剛離窗沿，兩隻皮鞋就踏在花盆上，於是他隨着花盆跌倒草地上。頭髮被爬牆虎抓去一些，塗滿了凡斯林的，一根一根的學着爬牆虎搖來搖去！手掌被花盆擦傷了，屁股失了知覺，早已舊了的嗶嘰褲子，像打魚的網。

「唉，唉……」他坐在地上，輕輕的叫着痛。

「誰?!誰?!他媽的，這裏還有人！」立刻跑來一個兵，托着槍，刺刀對了他。「你幹嗎，你造反嗎?!」警察也趕了來。

明晃晃的刺刀，挺在胸前，恐懼使他忘記教育學論文，忘記德意志，忘記喜特來呀，他顫聲說道：

「不，不！不是學生，我是教授！」

「你是教書的？媽的，教出這一批反叛！」兵依舊用了原來的姿勢，發狠的說。

—174—

「既然是教書先生，你跳出來幹嗎？」警察比較溫和的問。

「請，請，請放我回家去！」

「回家去？你想得好，我們還要檢查呢！」

「你先生，怕什麼？」警察說，諷刺似的。「這裏不保險，爬進去好，我們是奉上頭命令來的！」

「他意識到，在這刺刀下，遠不如休息室裏安全，精神一振，還是逃回休息室罷。他看了原來堆着的花盆，現在張了大口，一個一個的在笑着。他又將它們覆着堆起來，敏捷的踏着，跨上窗沿；爬牆虎又掃過來，這次却撥開了。

他狠狠的從讀書檯跳下，這時候好像是近代史講師正在大聲嚷着：

「我們的學生，死的死了，傷的傷了，把我們學生當做匪，我們得衝出去，踏着我們學生的血衝出去！」

一九三七年，一月，十二晚抄畢。

# 新波底木刻

——新波木刻集序

胡風

新波君底最初的木刻集，快要成書，囑我寫幾句話。對於木刻，我只是一個不高明的愛好者，雖研究有心，但並無可供參考的意見，現在能夠說的恐怕也只是隔靴搔癢的印象而已。

我最初看到新波君底作品，是豐收底插畫，當時得到的印象是幾幅畫裏的作者探取主題的着眼點。不是平板的場景，也不只是人物底「畫像」，我們看得出作者努力地想在一幅板面上用線條把那篇用文字抒寫的主題現給讀者。所以雖然主題依然是原作底主題，但他底把捉角度和表現方法却是自己的，也就是不奴從原作的獨創了。那以後，新波君當續有創作，但我沒有看到的機會（也許是看到了而沒有留心），直到前三個月左右才驚喜地碰着了他底新作魯迅先生葬議和魯迅先生遺容。在這兩幅畫，尤其是前一幅裏面，不管還有些構圖上的和刀法上的失敗，但作者是用着充溢的熱情刻出了那悲壯的時間。是實寫然而並非不動的「靜物」，是熱情然而是幾乎如實的場景。在豐收底插畫裏所看到的萌芽在這裏是大大地成長了。

但這回通看了預備收入畫集的作品以後，印象就比較地不那麼單純了。作者底主題主要地是民族革命戰爭，但在走向這條康莊的路徑，即採取主題的着眼點上，似乎還有未能調和的矛盾。像長征、抗敵歸來主義勇軍的遭遇、彼牛馬化的同胞等，原是目光堅利，緊站在生活實地上面，但如祖國的防衛、爲民族生存而戰等，就流於空泛，弄成了沒有個性，像標語畫似的東西了。我想，後者也許是由於作者被時論所移，想騰空地去把捉大題目的緣故罷。

但這只應作爲說明進程上的探索底踪跡，不足爲病的。即如就刀法說罷，運用細線時能刻出長征、魯迅先生葬議，到運用凱綏・珂勒惠支式的粗線時又能刻出被蹂躪後，這，一方面固然說明了作者底獨立作風尙未堅實地形成，另一方面不也恰好顯出了作者底生氣盎然的發展麽？這發展，和民族的大衆的求生存求進步的鬬爭一同，更大的成就當在將來。

一九三七年三月十二日夜，記於上海。

△書

「春天」

艾蕪作

良友圖書公司出版

二角五分

茅盾

這是五六萬字的一個中篇，背景是西南邊遠省區內一個小小的農村。跟作者其他的短篇小說一樣，這裏是富有「地方色彩」的；然而這裏的人物——可憎恨，可愛的，可笑的，而作者寄與了雖頗含蓄，但十分顯明眞摯的敬愛與同情，嘲笑與詛咒的，却是我們到處可以遇見。

這裏有一羣的被損害者。劉老九，地主汪二爺的長工，因爲「窮得來連一條好褲子也沒穿的」，便被未婚妻的父母——其實就是舅父母，所淩辱，「逼著解除了婚約」，眼看著一個情投意合，背著人有說有笑的未婚妻，被嫁給一個有錢人「做小」去了。邵安娃，也是地主汪二爺的長工，他的老婆是童養媳出身，「小時候就同一般放牛孩子放浪慣了，長大來，又更加出落得分外惹人」，他用盡心力討好這個不羈的老婆，但老婆終於和土劣馮七爺通姦，他自己成了無家可歸。第三位是女性，「她嫁過三兩個鋸木匠，都是嫁一個，死一個，所以人家說她就像鋸子一樣，將每個丈夫如用鋸木頭那麼鋸了的」，人家給她題個綽號，就是「鋸子」。她的前夫受了刻薄吝嗇的富農易老喜的壓迫，嘔血死的，而陰狠的易老喜却又來轉這「未亡人」的念頭。

這末登場的「鋸子」的丈夫，實在是書中所有被損害的小自耕農們的代表。因爲易老喜不但每年侵佔河身，並且暗暗將全村水源的大堰下的泉眼塞了幾個，好使自己的田地裏水多些。

因此，作者給了生命的三個被損害的人中間，「鋸子」的情形一方面是特殊，另一方面又是一般的。

在個人的特殊情形上，劉老九，邵安娃，和「鋸子」，多少有點相同；他們的被損害，作者都借了兩性關係給以具體的形象的。然而這三位的不同的個性，作者也從他們各自的遭遇中給明晰地表現出來。

對於劉老九，作者這樣寫：「去年他表妹出嫁時，他躲在稻草堆裏，整整睡了一天一夜，第二天爬起來，也不同人講話，也不看人，只死勁揑緊鋤頭，將一大塊菜地，半天就挖完了。這在別人，差不多要挖一兩天的。此後脾氣也改變了，對人冷淡而且固執。」（頁七三）

但是劉老九那顆心却始終是熱蓬蓬的。當易老喜因爲姤姦而將邵安娃誤打傷了以後，劉老九義憤的說：「打著別人都不要緊！邵安娃，我是不甘心的！」他和村裏其他的農民都將堰裏挑起來的泥土朝易老喜田裏直倒下去。他對於和他一樣的被損害者——邵安娃或「鋸子」，表面上雖似冷淡（和他對其他的人一樣），然而在他的沉靜樸直的舉動中，他深蘊著不同等閒的關切。他剛強，然而沉著；不輕於舉動，然而下了決心以後沒人能夠阻攔。他這種性格，作者用了許多平凡的小節目這裏那裏點逗著，終於蔚成了個活生生的人物。

作者這樣的寫法，差不多運用在書中每個重要人物的身上。

邵安娃是一個弱者。作者對這位角色的同情是偉大的。他不放過每個小節目，都用了仔細的筆觸描畫出這位情弱的好人；但邵安娃雖然弱，却決非卑鄙，雖然怯，又決非痲木和無恥。作者從邵安娃和老婆的關係上這樣寫他的性格：「原來邵安娃的老婆是童養媳出身，小時候就同一般放牛孩子放浪慣了，長大來，又更加出落得分外惹人。自然這不是邵安娃所能駕御得住的，而她也一向不把邵安娃放在眼裏。但邵安娃却十分怕她愛她，每一回家，總把衣袋裏裝的工錢兜底地全倒給出來，對她傻頭傻腦地發笑，想討她的歡心，她在這個時候，也用極好的臉色，把錢一個一個地數好收起。直到去年冬天的一個夜裏，邵安娃照例送錢回去，發現了馮七爺正躺在他床上，跟他老婆面對面燒鴉片煙時，才一下子改變了對老婆的心腸。當夜轉回主人家去，他迎著北風，一路走，一路把錢丟在麥田胡豆田裏面。此後他的工錢也讓老婆向汪二爺討去，但他却不回去了。而招財和來寶同他做朋友的日子，也就是這個時候開始的」（頁七七）。招財和來寶是兩條狗的名字，邵安娃每次喫飯總「愛把碗裏剩下的飯粒，捏成小糰子」，給牠們吃（頁二〇）；他的損傷的心需要慰安，他的率眞的愛也需要寄托，他的性格使他怯於對人申訴和寄托，只好寄托在啞巴朋友身上。

第三位，「鋸子」，却又是一種性格。她也是剛强的，但不像劉老九似的冷淡而固執；她是海闊天空的胸襟，潑辣而豪邁。她不怕和油嘴滑臉的男人接近（例如那個無聊而可笑的趙長生），但她不是輕易被此種男子抓得住的。她勇敢地和小小的女孩子獨居生活在孤立的小島似的草棚裏。當她家裏找不出一點油鹽和米的時候，她還是有說有笑，生氣勃然。當易老喜倚勢去調戲她的時候（而那時她正斷炊），她給他一頓痛快的惡罵（頁一〇九）。而最後，易老喜疑心她和趙長生有關係，指使他的兩個兒子和長年去「捉姦」而把湊巧在那裏的邵安娃打傷並搶了她所有的魚的時候，她用一口廚刀保護了自己（頁一二九）。她痛快地駁覆了趙長生說的「告官」道，「衙門大大開，有理無錢莫進來」；而當劉老九和趙長生（他們和邵安娃是應『鋸子』之邀請來吃魚的，這些魚是開堰時所得，『鋸子』因非自己的私物，故請他們三個來共享，但易老喜窺見有人在夜晚走進『鋸子』的草棚，便以爲是情人赴約了），把受傷的邵安娃扶起去時，問她一人在家怕不怕，她把嘴巴一撇，說道：「我怕啥子？

（眼睛看著呻吟的邵安娃）難道我也像他一樣，只白給人打麼？」（頁一三四）

同時也有丑角。上面提到咸的趙長生，本質上並不是壞人，但他的氣味實在不好。作者對於這個人物，用了同情的調刺，出力地描寫著。

趙長生也是汪二爺家的長工，他對於村中的權力者，如汪二爺，馮七爺，以及易老喜，都懷著憤恨，對於那個蔑片身份的汪二爺的遠房姪兒（但也是小小自耕農的）四痲子，雖然在搭襠着惡作劇時似乎氣味相投，可是也常存著鄙夷之心；然而趙長生既屬浮滑，又實在卑怯，貪懶，又喜歡說大話。他常常自說要去當兵，「那時候，你看，多少人都要吃砲兜子的」（頁二三）。但正像劉老九給他的評價：「叫喊的痲雀，沒四兩肉」，趙長生的「大志」永遠只是嘴巴上的大話罷了。

挨了責罵時，趙長生是不能忍受的；自然他的胆量只許他在背地裏發洩。但即使他「一路罵著春圓子（汪二爺的綽號），凡是一個下流中國人愛罵的醜話，他都一一使用到了，」然而「起初一陣，倒全是爲了出氣，隔一會，便成了興趣：娛樂旁人和自己了」（頁二〇）。有機會，他就躲懶，但在主人面前又裝模做樣「表示他做事的緊張和熱心」。他是個鬍鬚頭，終年頭上包著帕子，並且由於長久小心造成的習慣，一停息下來時，便會摸摸頭上纏的那條黑不黑白不白的帕子，看他那不體面的鬍鬚頭，是不是又乘其不備，出來丟醜了。（頁七）

他討厭那個有一雙「耗子眼睛」的易老喜，「一看見就生氣」，然而也只敢低聲罵。並且劈面相見時，他又「做出笑臉招呼道：請早，易大爺！」（頁四二）在淘堰時，人們發見了滿身的一年年地窖起來，原來是有人與河爭地，而這人猜來顯然是易老喜，於是趙長生又充好漢：「我們把泥巴還他好了，通給他倒在菜田裏！」可是他自己並沒去。直到後來聽得汪四麻子（他先慫恿邵安娃去倒，邵安娃不理，他就罵他不中用，待到衆人笑他也沒有胆子，他這才偷偷地倒了幾畚箕，一面却又做出鄙夷衆人的樣子，「大夥兒全是老鼠」）在那裏逞能，趙長生這才大聲拍著胸口道，「媽的，你不要充狠！」他却不管有人看見沒有，只顧照著易老喜的菜田邊倒下去（頁九七）。仗著人多，趙長生有時是會「勇敢」的。

在偷懶，油腔滑調，愛擺架子，嘴硬骨頭軟，這幾點上，趙長生和汪四麻子這兩個性格，原是頗相近似的；但做長工的趙長生跟蔑片身份的汪四麻子無論如何氣質相近，却總有不同之處。作者對於這一點，也沒有疏忽，很仔細地在趙長生的浮薄的表皮下揭露出他的屬於他那一夥人的共同的根底的好處。當淘堰的人們發現了溝底泉眼被人用桐油石灰塞了許多，而且斷定是易老喜做的手脚時，便大動了公憤，要打到易老喜家裏去，其時汪四痲子因爲先巳知道他的「二爸」——汪二爺，已經和易老喜反仇爲友，便竭力勸阻，用官冕堂皇的話欺騙羣衆，但躱在高處樹下偷懶的趙長生同時却也遠遠望見汪二爺和馮七爺在路上與易老喜周旋，並且一同走進易家大院，就恍然大悟，急急地朝草地吐一口痰駡道：「入娘的，你們現在又攪在一塊了！」他這一回不把咒駡當成了娛人兼自娛的興趣了，他明白了前幾天汪二爺「慰問」被打的邵安娃時那些和易老喜不兩立的表示是怎麽個把戲，他重重地吐口唾沫道：「呸，老子再不相信他媽的了！」（頁一五二——一四）

地主汪二爺和富農易老喜的衝突就是全書故事的樞紐。汪二爺需要現款周轉他的商業，但是吝嗇的易老喜不肯借給他，這是兩人中間不和的原因。但在故事的結尾，汪二爺終於如願一償，因爲他利用了邵安娃被打以及河身被侵佔等等要挾了易老喜。邵安娃以及村里貧窮的自耕農的利益可就做了汪二爺的「貓脚爪」了！

春天只是五六萬字的中篇而已，但牠展開給我們看的，却是衆多人物的面相以及農村中各階層的複雜的關係。這一切，作者都能給以充分的形象化；人物是活人，故事是自然渾成，不露斧鑿的痕跡。

讀罷這本書，我的喜悅使我寫了上面那些話。

（三月二十日）

# 校讀後記

校讀生

本叢刊第一本二三事出版後，許多讀者以爲太貴了。太貴了，我們自已也是這樣覺得的，但如果讀者沒有忘記這是「書」（單行本）而不是「雜誌」，那看法就也許有些不同。然而，爲了顧慮讀者諸君負擔過重，特與出版者方面商量，從第二本起減售二角，這在單行本裏面要算是頂便宜的了。

二三事裏面把比利時木刻家 F. Masereel 誤寫成法國人，特此更正。這一本又介紹了三幅，其中城市裏的左角上的老人，就是詩人凡爾哈侖自己。

這一本裏的魯迅的美術活動，是從第七十四期的 „Gio Guo Sh Bao" 轉載的，因爲這可以作爲研究魯迅先生美術工作遺產的引子。但裏面有兩點得加以更正：第一，珂勒惠支版畫集在魯迅先生生前已經出版，第二，良友出版的蘇聯版畫集，不僅有魯迅先生底序文，而且是由他編選的。作者苦力不知是誰，但大概還旅居在外，所以對於這些不大清楚。

有人以爲工作與學習叢刊不收外稿，這是誤解。我們極願和新的工作者攜手，只不願用這作爲號招讀者的旗幟罷了。評論如有創見，創作如有實感，我們是連性質和長短的限制都沒有的。（三月二十三日）

工作與學習叢刊

# 原野

每冊實價二角整
外埠酌加寄費

著者 魯迅等

發行者 工作與學習叢刊社

總經售 生活書店
上海福州路
第三八四號



中華民國二十六年三月二十五日